Kira-Sophie Gauder

»Wieder in dieses normale zivile Leben reinkommen«

Zur Bedeutung von Normalität im Wiedereingliederungsprozess haftentlassener Sexualstraftäter

Schriftenreihe des Max-Planck-Instituts für
ausländisches und internationales Strafrecht

Kriminologische Forschungsberichte

Herausgegeben von Hans-Jörg Albrecht
und Günther Kaiser

Band K 191

Max-Planck-Institut für ausländisches
und internationales Strafrecht

Kira-Sophie Gauder

»Wieder in dieses normale zivile Leben reinkommen« Zur Bedeutung von Normalität im Wiedereingliederungsprozess haftentlassener Sexualstraftäter

Teilstudie 1 der Langzeitstudie »Sexualstraftäter in den sozialtherapeutischen Abteilungen des Freistaates Sachsen«

Duncker & Humblot · Berlin

Bibliografische Information der Deutschen Nationalbibliothek

Die Deutsche Nationalbibliothek verzeichnet diese Publikation in der Deutschen Nationalbibliografie; detaillierte bibliografische Daten sind im Internet über http://dnb.d-nb.de abrufbar.

c/o Max-Planck-Institut für ausländisches und internationales Strafrecht
Günterstalstraße 73, 79100 Freiburg i.Br.
www.mpicc.de
Vertrieb in Gemeinschaft mit Duncker & Humblot GmbH, Berlin
www.duncker-humblot.de
Umschlagphoto: BOOCYS/stock.adobe.com
Porträtphoto: Fotostudio Conny Ehm
Finaler Satz: Peter Welk (Lektorat Freiburg)
Druck: Stückle Druck und Verlag, Stückle-Straße 1, 77955 Ettenheim
Printed in Germany

ISSN 1861-5937
ISBN 978-3-86113-287-5 (Max-Planck-Institut)
ISBN 978-3-428-18297-8 (Duncker & Humblot)
DOI:https://doi.org/10.30709/978-3-86113-287-5

Gedruckt auf alterungsbeständigem (säurefreiem) Papier
entsprechend ISO 9706

Vorwort

1998 trat das „Gesetz zur Bekämpfung von Sexualdelikten und anderen gefährlichen Straftaten“ in Kraft. Das Gesetz war mit der Erwartung verbunden, die sozialtherapeutische Behandlung von Sexualstraftätern werde – neben der Sicherungsverwahrung – zur Reduzierung von einschlägigen Rückfällen der nach dem Sexualmord an der siebenjährigen Nathalie Astner 1996 in das Zentrum öffentlicher und kriminalpolitischer Aufmerksamkeit gerückten Tätergruppe beitragen.

Die Frage der Wirksamkeit der Sozialtherapie führten die Abteilung Justizvollzug im Sächsischen Staatsministerium der Justiz, repräsentiert durch den damaligen Ministerialdirigenten *Harald Preusker,* und den Inhaber des Lehrstuhls für Strafrecht, Strafprozessrecht, Wirtschaftsstrafrecht und Kriminologie an der Juristischen Fakultät der TU Dresden, *Roland Hefendehl* (heute: Universität Freiburg), zusammen. So entstand, gemeinsam mit dem Max-Planck-Institut für ausländisches und internationales Strafrecht (seit März 2020 Max-Planck-Institut zur Erforschung von Kriminalität, Sicherheit und Recht), eine Kooperation zur Durchführung der Langzeitstudie „Sexualstraftäter in den sozialtherapeutischen Abteilungen des Freistaates Sachsen.“ Das Untersuchungsdesign der Sachsen-Studie wurde von unserem zwischenzeitlich leider verstorbenen Kollegen *Rüdiger Ortmann* entwickelt, der mit – auch experimentell angelegten – Forschungen zur Wirksamkeit der Sozialtherapie entscheidend zu methodischen und theoretischen Fortschritten in diesem Feld beigetragen hat. Auf diesen Grundlagen und finanziell unterstützt durch das Sächsische Staatsministerium der Justiz gelang es, die Evaluationsstudie „Sexualstraftäter in den sozialtherapeutischen Abteilungen des Freistaates Sachsen“ erfolgreich durchzuführen.

Die Untersuchung zielt auf die kritische Analyse der Auswirkungen der sozialtherapeutischen Sexualstraftäterbehandlung. Dabei geht es auch um die Frage, ob die in der Gesetzesreform des Jahres 1998 angelegte Fokussierung auf die Gruppe der Sexualstraftäter gerechtfertigt war. Diese Zielsetzung hat durch die Föderalismusreform 2006 nicht an Brisanz verloren. Denn die Strafvollzugsgesetze der Länder haben die Regelung des § 9 StVollzG in ihren Grundzügen übernommen. Im Übrigen hat die methodische und theoretische Fortentwicklung der empirischen Evaluationsforschung im Feld der Straftäterbehandlung im Strafvollzug nichts an Bedeutung verloren.

Damit stehen die Analyse des Einflusses der sozialtherapeutischen Behandlung auf den Rückfall, die Identifizierung kriminogener und protektiver Faktoren und damit zusammenhängend die Verbesserung prognostischer Aussagen zum Rückfallrisiko von Sexualstraftätern im Vordergrund. Gerade für die Rückfallprognose ist dabei von besonderer Bedeutung, welche Dynamiken sich in der Nachentlassungssituation entfalten.

In das Studiendesign wurden neben Sexualstraftätern auch Gewaltstraftäter einbezogen. Damit wird eine vergleichende Analyse des Rückfallgeschehens ermöglicht, die auf ein verbessertes Verständnis des nur recht geringen einschlägigen Rückfalls bei Sexualstraftätern zielt. Ferner erstreckt sich die Untersuchung auf wegen Sexual- und Gewaltdelikten verurteilte Gefangene im Jugendstrafvollzug. Dies erlaubt eine Erweiterung der Untersuchung um altersgruppenspezifische Aspekte.

Nach der Veröffentlichung vorläufiger Ergebnisse der Langzeitstudie im Band „Sexuelle Gewalt und Sozialtherapie“ im Jahr 2013 liegen nunmehr die abschließenden Ergebnisse vor. Aus der Struktur der Forschungsfragen folgte eine Gliederung in die Hauptuntersuchung und zwei Teiluntersuchungen. Die Hauptuntersuchung (*Wössner*, Dynamics of Recidivism among Sex and Violent Offenders – Results of a Longitudinal Study, in Vorbereitung) widmet sich den zentralen Fragestellungen zu Einflussfaktoren auf das Rückfallverhalten und der Evaluation der sozialtherapeutischen Behandlung. In einer von zwei Teilstudien untersuchte *Elke Wienhausen-Knezevic* (2020) Interaktionen zwischen sozial-strukturellen und individuellen Wirkungsfaktoren im Leben junger Haftentlassener. Dabei stand die Frage der Voraussetzungen für den Abbruch von kriminellen Karrieren junger Sexual- und Gewaltstraftäter im Vordergrund.

Die vorliegende zweite Teilstudie trägt zum Verständnis der Lebenswirklichkeit von Sexualstraftätern nach Haftentlassung bei. Sie lässt Beobachtungen der Lebenswelten und Analysen des Selbstverständnisses dieser Tätergruppe zu, die für die Weiterentwicklung der Behandlung und Resozialisierung nutzbar werden. Bemerkenswert sind dabei die große Bedeutung der Suche nach Normalität für entlassene Sexualstraftäter sowie die Strategien, mit denen ein „normales Leben“ hergestellt werden soll.

An dieser Stelle wollen wir auch all denen danken, die zum Gelingen der Untersuchung beigetragen haben. Hierzu gehören die Ansprechpersonen und die Anstaltsmitarbeiterinnen und -mitarbeiter in den Justizvollzugsanstalten des Freistaates Sachsen, die Projektmitarbeiterinnen und -mitarbeiter und schließlich die Probanden, die an der Untersuchung teilgenommen haben. Wir danken schließlich den externen Kooperationspartnern und -partnerinnen aus der Bewährungshilfe und dem Bundesamt für Justiz. Ohne diese Unterstützung hätte die Untersuchung nicht realisiert werden können.

Im Dezember 2020

Hans-Jörg Albrecht
Gunda Wössner

Danksagung

Diese Arbeit entstand während meiner Zeit als Doktorandin in der Abteilung Kriminologie des Max-Planck-Instituts für ausländisches und internationales Strafrecht in Freiburg (seit März 2020 Max-Planck-Institut zur Erforschung von Kriminalität, Sicherheit und Recht). Hier fand ich ideale Voraussetzungen und fördernde Rahmenbedingungen für die Durchführung meines Promotionsvorhabens. Für diese Chance danke ich meinem Doktorvater Herrn Prof. Dr. Dr. h.c. mult. *Hans-Jörg Albrecht*, der mir wesentliche Impulse für die vorliegende Arbeit gab, jederzeit offen für einen anregenden fachlichen Austausch war und die Arbeit letztlich in die Reihe der kriminologischen Forschungsberichte aufnahm, sodass sie in der vorliegenden Form veröffentlicht werden konnte.

Herrn Prof. Dr. *Stefan Kaufmann*, Institut für Soziologie der Albert-Ludwigs-Universität Freiburg, danke ich ebenfalls für die stetige Begleitung meines Projekts. Seine engagierte Betreuung war mir eine große Unterstützung und seine konstruktiven Hinweise haben zum Gelingen dieser Arbeit beigetragen. Außerdem habe ich von der Möglichkeit, meine Arbeit im Doktorandenkolloquium vorzustellen und die methodische Herangehensweise zu diskutieren, sehr profitiert.

Die Tatsache, dass das Projekt und die Publikation in dieser Form abgeschlossen werden konnten, verdanke ich außerdem dem neuen Direktorium des Max-Planck-Instituts zur Erforschung von Kriminalität, Sicherheit und Recht, bestehend aus Prof. Dr. *Tatjana Hörnle*, Prof. Dr. *Ralf Poscher* sowie Prof. Dr. Dr. *Jean-Louis van Gelder*. Für die Bereitstellung von Logistik und Ressourcen bei der Fertigstellung der Dissertation möchte ich mich ausdrücklich bedanken.

Mein Dank geht außerdem an Herrn Prof. Dr. *Jörg Kinzig*, der mir während meiner Beschäftigung an der Eberhard Karls Universität Tübingen den notwendigen Freiraum für die Arbeit an meinem Promotionsvorhaben gewährte. Auch hier habe ich wertvolle Erfahrungen sammeln und fachliche Anregungen für mein Projekt finden können.

Mein besonderer Dank gilt Dr. *Gunda Wössner*. Zum einen hat sie durch die Konzeption und Durchführung der Gesamtstudie „Sexualstraftäter in sozialtherapeutischen Abteilungen des Freistaats Sachsen“ die Grundlage für meine Doktorarbeit geschaffen. Sie hat Vertrauen in mich gesetzt und mich mit der Durchführung der vorliegende Teilstudie betraut. Daneben waren unsere regelmäßigen Gespräche und die gemeinsame Analysearbeit zentrale Wegweiser für mein Promotionsprojekt. Zum anderen möchte ich ihr von Herzen für die gemeinsame Zeit am Institut danken. Sie ist für mich weit über den Arbeitskontext hinaus eine geschätzte Ratgeberin und Freundin geworden.

Als wissenschaftliche Hilfskraft und Kollege leistete *David Czudnochowski* einen wichtigen Beitrag zum Gelingen der Interviewauswertung. Sein methodisches Können und reflektiertes Vorgehen bereicherten den Auswertungsprozess ungemein, wofür ich ihm sehr dankbar bin.

Dr. *Katharina Meuer* möchte ich herzlich für die Zeit in unserem gemeinsamen Büro danken. Mit niemand anderem hätte ich die vielen Stunden Arbeit lieber verbringen und die Schwierigkeiten sowie Erfolgserlebnisse auf dem Weg zur Promotion teilen wollen.

Mein Dank gilt außerdem *Susanne Knickmeier*, *Alexandra Schenk*, Dr. *Carina Tetal*, Dr. *Elke Wienhausen-Knezevic*, „der Mittagsrunde" und auch allen anderen Kolleginnen und Kollegen, die das Arbeitsklima am Max-Planck-Institut so angenehm und interessant machten. Sie trugen maßgeblich dazu bei, dass mir die Institutszeit immer in guter Erinnerung bleiben wird.

Vielen Dank auch den Mitarbeiterinnen und Mitarbeitern der Bibliothek, der IT-Abteilung, des Lektorats und der Verwaltung, die stets bei allen möglichen und unmöglichen Fragen sowie Anliegen ansprechbar und eine große Unterstützung waren. Insbesondere möchte ich mich bei *Ulrike Auerbach*, *Katharina John* und *Peter Welk* für die Bearbeitung und den finalen Satz des Manuskripts bedanken.

Dr. *Susanne Forster*, die im Rahmen des Minerva FemmeNet Programms der Max-Planck-Gesellschaft zu meiner Mentorin wurde, danke ich herzlich für die ausführlichen Gespräche, motivierenden Worte und den unkomplizierten Austausch.

Je länger der Text, desto größer ist der Aufwand und damit die Bitte an die Korrekturleserinnen; daher gebührt *Jana Baldy* und Dr. *Thaya Vester* besonderer Dank für ihren Einsatz und die Bereitschaft, sich dieses Dokuments anzunehmen. Auch Dr. *Katharina Meuer*, *Madeleine Seltmann* und *Maite von Waldenfels* haben wertvolle Anmerkungen und Hinweise zu Teilen der Arbeit gegeben.

Ein großer Dank geht abschließend an meine Familie. Ich bin sehr froh, sie jederzeit an meiner Seite zu wissen. Insbesondere bedanke ich mich bei *Monika Gauder*, die mich nicht nur auf dieser fordernden Reise, sondern schon mein ganzes Leben lang ermutigt und bedingungslos begleitet. Mein tiefer Dank gebührt außerdem *Fabian Göttert*. Seine unerschütterliche Ausgeglichenheit war und ist von unschätzbarem Wert und ebenso, dass er immer weiß, wann es Zeit ist, hinter mir zu stehen, mich an die Hand zu nehmen, nebenher- oder vorauszugehen.

Da ohne die Teilnahmebereitschaft der Befragten diese Studie nie hätte entstehen können, möchte ich mich selbstverständlich auch bei ihnen bedanken. Nur durch ihre Offenheit waren die Einblicke in die Lebensrealität und die Erkenntnisse, die daraus abgeleitet werden können, möglich.

Freiburg, Dezember 2020 *Kira-Sophie Gauder*

Abstract

In recent years, the study of desistance has become a major criminological research topic. However, despite the fact that sex offenders receive significant media and societal attention, the actual life course of released sex offenders is rarely examined. We know little about their reentry processes and subjective experiences during their transition from prison. This doctoral thesis presents the results of an empirical research project that analyzed the post-release life courses of sex offenders in order to gain insights into their subjective experiences during the reentry process as well as the dynamics and interrelationships involved. The overall research questions covered are: 1) What does the life course of sex offenders look like after release from prison? 2) What shapes the life course of this group of offenders? 3) How do released sex offenders experience their reentry?

The dissertation forms part of the larger longitudinal research project "Sexual Offenders in the Social Therapeutic Institutions of the Free State of Saxony" conducted by the Max Planck Institute for Foreign and International Law (since 2020: Max Planck Institute for the Study of Crime, Security and Law) in Freiburg i.Br. While a wide range of empirical data were collected during the longitudinal project, the doctoral dissertation project focused on the analysis of sixty-nine semi-structured interviews with released sex offenders. The study is explorative in nature and has an inductive approach. This provides insights into the social reality and lives of released sex offenders. The analysis was carried out in two steps, beginning with an in-depth analysis of a sub-sample (n = 12). Subsequently, the whole sample (n = 69) was analyzed in a more systematic manner using an inductive coding guide. This approach assists in better understanding the multifaceted reentry process. On the one hand, different aspects of the post-release life course are identified, including experienced difficulties described by the interviewees, their social environment, and their appraisal of correctional release preparation as well as post-release resocialization measures. These aspects significantly shaped the post-prison lives of the interviewees. Furthermore, more complex dynamics are uncovered, such as the framing of desistance and the internalization of stigmatization. On the other hand, different efforts on the released offenders' side to reestablish a so-called "normal" life are traced. It proved to be the core dynamic in the reentry process and, consequently, the major findings of the present analysis concern the released offenders' struggle to (re)establish normality. This volume presents various strategies that the interviewees used to (re)establish normality and illustrates how they are linked to other facets and phenomena in the post-release life course.

Inhaltsverzeichnis

Tabellenverzeichnis

Abbildungsverzeichnis

Kapitel 1

Einleitung

In Deutschland werden jährlich circa 65.000 Menschen aus der Haft entlassen (vgl. *Dünkel* 2020).[1] In den letzten Jahren hat daher das sogenannte Übergangsmanagement, das die Entlassungsvorbereitung und die daran anschließende Nachsorge koordinieren soll, zunehmend an Bedeutung gewonnen. Der Fokus liegt dort vornehmlich auf der Verbesserung der Ausgangsbedingungen für eine erfolgreiche Legalbewährung nach der Haft. Die Wiedereingliederung ist somit zwar eine alltägliche Praxis, dennoch wird sie insbesondere in Zusammenhang mit besonders schwerwiegenden Delikten kontrovers diskutiert. Vor allem Themen rund um die Haftentlassung und Wiedereingliederung von Personen, die wegen Sexualstraftaten verurteilt wurden, rufen vielfach Unverständnis und eine massive Abwehrhaltung in der Bevölkerung hervor. Insgesamt machen die aufgrund einer Sexualstraftat inhaftierten Personen zwar nur einen geringen Anteil aller Inhaftierten in Deutschland aus – nämlich mit einer absoluten Zahl von knapp 3.600 Personen (vgl. Statistisches Bundesamt DESTATIS 2020, S. 21) nur circa 7 Prozent.[2] Gleichzeitig kommt diesen Personen aber überdurchschnittlich viel Aufmerksamkeit zu – sei es durch Medien, in der Prognoseforschung oder hinsichtlich der Behandlung im Strafvollzug.

Die tatsächlichen Lebensbedingungen der Haftentlassenen spielen sowohl für das Übergangsmanagement als auch die dauerhafte Legalbewährung eine entscheidende Rolle. Trotz dieser zentralen Bedeutung ist wenig darüber bekannt, wie die Nachentlassungssituation von Personen, die Sexualdelikte verübt haben, tatsächlich aussieht. Auf die Frage, wie sich der Wiedereingliederungsprozess gestaltet und wie das Leben nach der Haft verläuft, kann die Forschung noch keine zufriedenstellende Antwort geben. Nicht zuletzt fehlen hier wesentliche Einblicke, weil die subjektive Perspektive der betreffenden Personen bei der Betrachtung dieses Themenfeldes nur selten berücksichtigt wird – obwohl qualitative Daten als besonders aufschlussreich für die Analyse von Lebensverläufen und Lebensrealitäten gelten. Entsprechende Analysen können auch wichtige Erkenntnisse hinsichtlich der Nachentlassungssituation liefern. Interviews mit haftentlassenen Sexualstraftätern können darüber hinaus

1 Darunter verbüßte etwa die Hälfte der Personen eine Ersatzfreiheitsstrafe (vgl. *Dünkel* 2020).

2 Zum Stichtag 31.03.2019 waren hierzulande knapp 50.600 Personen inhaftiert oder verwahrt (vgl. Statistisches Bundesamt DESTATIS 2020, S. 11).

Hinweise auf die gesellschaftlichen Dynamiken geben, die mit der Wiedereingliederung einhergehen. „Stigmatisierte Personen sind Goffman zufolge *marginal men* im Sinne Robert Parks", das heißt sie sind als marginalisierte Personen „besonders geeignet, um Auskünfte über das Funktionieren der Gesellschaft zu geben" (*Menzel* 2017, S. 138). Somit kommt dem exponierten Status dieser Personen als stigmatisierter Gruppe – wie bereits angedeutet – eine besondere Bedeutung zu.

Vor diesem Hintergrund konzentriert sich die vorliegende Untersuchung auf die Analyse des Lebensverlaufs von aus der Haft entlassenen Sexualstraftätern[3] anhand von leitfadengestützten Interviews. Die Arbeit basiert auf Daten des Langzeitprojektes „Sexualstraftäter in sozialtherapeutischen Abteilungen des Freistaates Sachsen", das seit 2003 am Max-Planck-Institut für ausländisches und internationales Strafrecht[4] in Freiburg im Breisgau durchgeführt wird (vgl. *Wößner et al.* 2013). Im Rahmen des Projekts wurden in mehreren Erhebungswellen quantitative und qualitative Daten von männlichen Personen erhoben, die mindestens eine Gewalt- oder Sexualstraftat verübten und infolgedessen inhaftiert wurden. Im Fokus des Gesamtprojekts stehen einerseits die Evaluation der sozialtherapeutischen Behandlung[5] und andererseits die Darstellung und Analyse der Rückfallkriminalität nach Sexualdelikten.

Mithilfe einer umfassenden Auswertung der in diesem Projekt erhobenen qualitativen Daten zur Nachentlassungssituation wird in der vorliegenden Arbeit das Erleben der Wiedereingliederung von Personen, die aufgrund von Sexualstraftaten[6] inhaftiert

---

3 Im Folgenden werden zur Bezeichnung der befragten Personen vorrangig bewusst neutrale Begriffe wie Probanden, Befragte oder Interviewte verwendet. Dennoch ist an manchen Stellen – insbesondere bezüglich bestehender Theorien und anderer empirischer Studien – auch beispielsweise von „Haftentlassenen" und „Sexualstraftätern" die Rede. Diese Begrifflichkeiten können aufgrund ihrer etikettierenden Funktion kritisch gesehen werden (vgl. *Harris* 2017, S. 57, 256). Für die vorliegende Arbeit und die zugrundeliegenden Analysen ist die Tatsache, dass die Befragten aufgrund einer Straftat gegen die sexuelle Selbstbestimmung verurteilt sowie inhaftiert gewesen sind, jedoch von entscheidender Bedeutung. Daher werden entsprechende Begriffe dennoch hin und wieder verwendet und es wird kein durchgängiger sogenannter Person-first-Ansatz verfolgt. Gleichwohl sollen die Personen dadurch nicht auf diese einzelnen Attribute festgelegt beziehungsweise die Perspektive auf sie beschränkt werden.

4 Seit 04.03.2020 Max-Planck-Institut zur Erforschung von Kriminalität, Sicherheit und Recht.

5 Die gesetzlichen Regelungen zur Verlegung in eine sozialtherapeutische Abteilung und der dort durchgeführten Behandlung finden sich in *Anhang 1*. Eine detaillierte Beschreibung der Ausgestaltung der Sozialtherapie im Freistaat Sachsen ist *Wößner & Brinkmann* (vgl. 2013, S. 98–103) zu entnehmen.

6 Straftaten gegen die sexuelle Selbstbestimmung sind im Strafgesetzbuch in den §§ 174–184j StGB normiert. Sie umfassen sowohl Straftatbestände, die den sogenannten Hands-off-Taten zuzuordnen sind, als auch sexuelle Gewalttaten mit Körperkontakt. Letztere waren bei der Mehrheit der hier einbezogenen Befragten das Indexdelikt (Anlassdelikt), jedoch wurden einige Befragte daneben auch beispielsweise aufgrund exhibitionistischer Handlungen (§ 183 StGB) oder der Verbreitung, des Erwerbs und Besitzes kinder- oder jugendpornographischer Schriften (§ 184b, § 184c StGB) verurteilt. Eine Auflistung der vornehmlich projektrelevanten Paragraphen findet sich in *Anhang 2*.

waren, nachgezeichnet. Da der Wiedereingliederungsprozess haftentlassener Sexualstraftäter nur rudimentär erforscht ist und um einen explorativen Zugang zu gewährleisten, der dem Forschungsgegenstand gerecht wird, sind die Forschungsfragen bewusst offen formuliert. Die Betrachtung der Nachentlassungssituation und der Wiedereingliederung soll dabei mit der Schwerpunktsetzung erfolgen, die sich aus den Narrativen ergibt. Der explorative Ansatz stellt sicher, dass die prinzipielle Offenheit auch Raum für Themen lässt, die eventuell unter theoretischen Vorannahmen vernachlässigt werden würden, und gleicht zudem das Defizit an entsprechenden theoretischen Erkenntnissen aus, die für eine deduktive Verfahrensweise notwendig wären. Die folgenden Fragen werden in der vorliegenden Untersuchung bearbeitet:

- Wie sieht das Leben von Sexualstraftätern nach der Haftentlassung aus?
- Was prägt den Nachentlassungsverlauf dieser Gruppe von Straffälligen?
- Wie erleben haftentlassene Sexualstraftäter den Wiedereingliederungsprozess?

Aus der Analyse lassen sich zum einen grundlegende Erkenntnisse im Sinne der Grundlagenforschung zur Lebensrealität der betreffenden Tätergruppe ziehen. Zum anderen können Schwierigkeiten im Zusammenwirken der sozialen und der subjektiven Faktoren im Wiedereingliederungsprozess aufgezeigt werden, die der Beachtung und Bearbeitung bedürfen – mit dem langfristigen Ziel, den Nachentlassungsverlauf und insbesondere die Wiedereingliederung unterstützend zu beeinflussen. Nur unter Berücksichtigung dieser Aspekte kann das Verständnis für die komplexen Zusammenhänge und Wechselwirkungen innerhalb dieser Lebenssituation erhöht werden. Im Fokus dieser Arbeit stehen somit die Herausarbeitung der subjektiven Perspektive der Haftentlassenen auf ihr Leben nach der Haft und die Frage, inwiefern das Erleben des Wiedereingliederungsprozesses von äußeren Faktoren beeinflusst wird. Dabei kommt der Bedeutung von Normalität – wie noch zu zeigen sein wird – eine Schlüsselrolle zu.

Die vorliegende Arbeit gliedert sich in sieben Kapitel. In *Kapitel 2* wird zunächst der Stand der relevanten Forschung dargestellt. Zu Beginn werden sowohl allgemeine als auch speziell auf die Gruppe der Sexualstraftäter bezogene Erkenntnisse zum Wiedereingliederungsprozess und zum Prozess der Legalbewährung beleuchtet. In *Kapitel 3* wird der Gang der vorliegenden Untersuchung näher erläutert und die methodische Vorgehensweise detailliert geschildert. Daran schließen sich zwei Ergebniskapitel an. In *Kapitel 4* werden unter anderem die erlebten Schwierigkeiten nach der Haftentlassung skizziert und das soziale Umfeld der Probanden beleuchtet, ebenso wie die Einschätzungen der Befragten zu den durchlaufenen Maßnahmen in und nach der Haft. Auch abstraktere Konzepte wie der Umgang mit Risikofaktoren oder die Deutung des eigenen Nachentlassungsverlaufs in Bezug auf die Legalbewährung sind Teil dieser ersten Ergebnisdarstellung. Das Hauptmotiv der sogenannten „Normalitätswiederherstellung“, das sich in einem weiteren Schritt bezüglich der Nachentlassungssituation identifizieren ließ, steht im Mittelpunkt der Untersuchung. Daher findet sich im zweiten Ergebniskapitel, also *Kapitel* 5, eine detaillierte Beschreibung dieses Hauptmotivs und das Kapitel stellt damit den Hauptteil der vorliegenden Arbeit dar. Hier wird beleuchtet, inwiefern die Normalitätswiederherstellung den weiteren Lebensverlauf der Befragten prägt. Es folgt die Darstellung der unterschiedlichen Aspekte dieses Phänomens, anhand derer der Wunsch und der Versuch, Normalität im Nachentlassungsverlauf wiederherzustellen, sichtbar wird. Hierunter fallen verschiedene Ausprägungen der Bemühung um Anpassung, der Aspekt der Konventionalität, die sogenannte Sinnsuche und Versuche der Wiedergutmachung sowie die Aneignung von Deutungsmacht. Als ergänzendes Phänomen der Normalitätswiederherstellung werden im abschließenden Unterkapitel Gegenbeispiele im Sinne von Einzelfällen vorgestellt, in denen sich gegenläufige Muster und Dynamiken zeigen. In *Kapitel 6* folgt die Theoriebildung, die auf den Kernergebnissen der vorangegangenen Kapitel fußt. In der Diskussion zeigt sich, wie subjektive und soziale Faktoren während des Wiedereingliederungsprozesses zusammenwirken, welche Bedeutung Normalität darin zukommt und wie soziale Ausgrenzung auf den Nachentlassungsverlauf der Probanden einwirkt. Schlüsse zur Beachtung und Bearbeitung der Schwierigkeiten, die bei diesem Prozess auftreten können, sind Teil des Fazits in *Kapitel 7.*

Kapitel 2

Stand der Forschung und thematische Einführung

2.1 Wiedereingliederung nach der Haftentlassung

2.1.1 Der Übergang von Haft in Freiheit

Die vorliegende Untersuchung befasst sich mit der Frage, wie das Leben von Sexualstraftätern nach deren Haftentlassung verläuft. Zwar gibt es zahlreiche Forschungsbemühungen und praktische Wiedereingliederungsprogramme, die sich mit der Frage auseinandersetzen, wie eine erfolgreiche Wiedereingliederung gelingen kann. Die Frage, wie das Leben von Sexualstraftätern nach deren Haftentlassung tatsächlich aussieht, ist bislang jedoch kaum erforscht. Dies überrascht, da Integration und Rückfallverhalten ohne die Berücksichtigung der Lebenssituation von aus der Haft entlassenen Straffälligen nicht zu verstehen sind.

Bei der Betrachtung des Nachentlassungsverlaufs steht als Erstes der Übergang von Haft in Freiheit und die unmittelbare Nachentlassungssituation im Vordergrund. Insgesamt ist festzustellen, dass die Welt, in die die Personen entlassen werden, in den meisten Fällen grundverschieden ist im Vergleich zu der, die sie vor der Inhaftierung kannten – sowohl hinsichtlich der Möglichkeit, Arbeit zu finden, Unterstützungsleistungen zu bekommen oder Hilfe aus dem sozialen sowie insbesondere dem familialen Umfeld zu erhalten (vgl. *Seiter & Kadela* 2003, S. 361). Die unmittelbare Nachentlassungssituation ist damit als besonders kritisch einzustufen (vgl. *La Vigne et al.* 2009, S. 5), wobei *Wößner et al.* (2016) zeigen, dass der Übergang sehr unterschiedlich erlebt und vor allem verarbeitet werden kann. Die Erlebnisformate reichen dabei von „idealer Start", über „relativ gut", bis hin zu „verdammt hart" (*Wößner et al.* 2016, S. 125).

Die Zeit direkt nach der Entlassung birgt für die straffällig gewordenen Personen bereits viele Schwierigkeiten und damit Rückfallrisiken. Grund dafür ist unter anderem, dass die Haft ein einschneidendes und kritisches Lebensereignis darstellt (vgl. *Goffman* 1981, S. 25 f.; vgl. *Bereswill* 2007, S. 177; vgl. *Bereswill et al.* 2007, S. 294). Dies ist häufig mit einem starken Gefühl der Überforderung während des unmittelbaren Übergangszeitraums verbunden, in dem sich die straffällig gewordenen Personen in einem Leben außerhalb des institutionellen Kontexts zurechtfinden müssen (vgl. *Gaum et al.* 2006, S. 414 f.; vgl. *Bereswill et al.* 2007, S. 305; vgl.

Wößner et al. 2015, S. 10 f.). Neben dem Prisonisierungseffekt sind fehlende Unterstützung und unzureichende Vorbereitung Haftentlassener zentral für einen problematischen Übergang (vgl. *Gaum et al.* 2006, S. 415; vgl. *Hosser et al.* 2007, S. 403–405; vgl. *Wagner* 2019, S. 194). Viele Haftentlassene haben in der Folge zwar gute Intentionen und Ideen für ihre weitere Lebensgestaltung, wissen aber nicht, wie sie diese umsetzen können, beziehungsweise haben keine Möglichkeit, das für eine Umsetzung Notwendige zu erlernen (vgl. *Gaum et al.* 2006, S. 417). Daher sollte bereits in der Entlassungsvorbereitung der Fokus auf den Aspekten liegen, die für den Wiedereingliederungsprozess relevant sind (vgl. *Matt* 2010, S. 35).[7] Eine frühzeitige Vorbereitung – idealerweise durch einen Personenkreis, der auch nach der Haftentlassung weiterhin zuständig bleiben kann – ist für einen erfolgreichen Übergang maßgeblich (vgl. *Matt* 2014, S. 129). Das sogenannte Übergangsmanagement (vgl. *Wirth* 2018, S. 722–725), also die Verzahnung unterschiedlicher Maßnahmen und Akteurinnen beziehungsweise Akteuren, greift jedoch häufig nach der Entlassung nicht ausreichend, obwohl es darauf abzielt, den schwierigen Wechsel von der strukturierten Umgebung in Haft zum Leben außerhalb der Justizvollzugsanstalt zu unterstützen (vgl. *Klein et al.* 2007, S. 458 f.; vgl. *Wagner* 2019, S. 195 f.). Hier wird aus der Perspektive der Praxis ein Defizit festgestellt und in der Nachsorge kann gar die Rede von einem „Entlassungsloch" sein (*Matt* 2014, S. 31; *Belz* 2019, S. 70). Im Ergebnis wird der unmittelbare Übergang als schwierige und herausfordernde Situation beschrieben, in der die Haftentlassenen mit einer Vielzahl unterschiedlicher Aufgaben und Probleme konfrontiert sind. Diese können sie nur schwer bewältigen und die nötigen Unterstützungsleistungen sind vielfach nicht ausreichend vorhanden (vgl. *Matt* 2014, S. 30–33). In der deutschen Forschung spricht man diesbezüglich von der sogenannten „Übergangsproblematik" (*Matt* 2014, S. 30).

Eine der ersten existenziellen Schwierigkeiten ergibt sich direkt nach der Entlassung bei der Suche nach einer Unterkunft. Da haftentlassene Personen häufig Schwierigkeiten haben, eine Wohnung zu finden, kommen sie in vielen Fällen bei Familienmitgliedern unter (vgl. *Visher et al.* 2010, S. 2), finden sich in prekären Wohnsituationen wieder, sind wohnungs- oder obdachlos (vgl. *Wirth* 2006a, S. 141). Eine Rückkehr in ihr früheres Umfeld wird damit wahrscheinlicher, was als Risikofaktor bewertet werden kann (vgl. *Travis* 2005, S. 246 f.). Hinzu kommt, dass die in Haft vorhandenen Strukturen den Menschen zwar vorerst Sicherheit und Orientierung bieten können, diese sich jedoch nicht zwingend nach der Entlassung auf ein selbstbestimmtes Leben übertragen lassen. Dieser Umstand verursacht Enttäuschung und Frustration (vgl. *Bereswill* 2011, S. 208 f.). Insbesondere diejenigen Inhaftierten, die hinsichtlich sozialer Kontakte nur über begrenzte Ressourcen verfügen, können eine solche Erfahrung ohne Netzwerk nur schwer bewältigen (*Bereswill* 2007, S. 177). In vielen Fällen ist die entsprechende Unterstützung nicht vorhanden, da häufig schon

7 Eine Übersicht zu entlassungsvorbereitenden Maßnahmen sowie Maßnahmen in der Nachsorge anschließend an die Inhaftierung finden sich in *Anhang 1* und *Anhang 3*.

vor der Inhaftierung keine stabilen sozialen Beziehungen bestanden. Andere können in Folge der Haft beeinträchtigt oder gar abgebrochen worden sein (vgl. *Woessner et al.* 2019, S. 70). Hinzu kommen fehlendes Selbstbewusstsein und Unsicherheiten aufseiten der Haftentlassenen, die wiederum Vermeidungsstrategien begünstigen und damit den Wiedereingliederungsprozess erschweren (vgl. *Gaum et al.* 2006, S. 416). Insbesondere Vertrauen zu erlernen und neue soziale Kontakte aufzubauen, fällt vielen Menschen dementsprechend nach der Haft schwer, wobei diese fehlende Zugehörigkeit Enttäuschungen und Frustrationsgefühle weiter fördern. Die Suche nach alternativen Anschlussmöglichkeiten in kriminellen Milieus, die Anerkennung und Bindung versprechen, liegen entsprechend nahe (vgl. *Gaum et al.* 2006, S. 417). Die Konfrontation mit Personen und Situationen, die ein Rückfallrisiko begünstigen könnten, erscheint vor diesem Hintergrund als zusätzliche Herausforderung (vgl. *Visher & Travis* 2003, S. 96) – nicht zuletzt deshalb, weil die Straffälligen in vielen Fällen mit Suchtkrankheiten umgehen müssen und auch diesbezügliche Probleme im sozialen Umfeld nachteilige Auswirkungen nach sich ziehen können (vgl. *Gaum et al.* 2006, S. 418). *Matt* (2014, S. 53) führt unter anderem darauf den sogenannten „Drehtür-Effekt" zurück. Er bezeichnet damit die Tatsache, dass viele haftentlassene Personen oft innerhalb kürzester Zeit erneut straffällig und wieder inhaftiert werden (vgl. *Matt* 2014, S. 53 f.). Alle diese Problemlagen bündeln sich zum sogenannten „cumulative disadvantage", der überwiegend bereits vor der Inhaftierung bestand und sich nach der Haft weiter verstärken kann (vgl. *Sampson & Laub* 1997, S. 145–153; vgl. *LeBel et al.* 2008, S. 134, 154; vgl. *Cornel* 2013, S. 15).

Daneben muss berücksichtigt werden, dass die Haftentlassenen zusätzlich mit weiteren Statuspassagen konfrontiert sind, die der Lebensverlauf ohnehin mit sich bringt, wie zum Beispiel eine Veränderung im beruflichen Kontext oder der Übergang in eine Partnerschaft oder Elternrolle. Diese müssen sie ebenfalls bewältigen (vgl. *Cornel* 2013, S. 19). Der Prozess der Wiedereingliederung über den unmittelbaren Nachentlassungszeitraum hinaus ist somit gleichermaßen von Bedeutung.

2.1.2 Forschung zur Wiedereingliederung

In den letzten Jahren hat das Interesse am sogenannten Reentry-Prozess kontinuierlich zugenommen, insbesondere in der anglo-amerikanischen Forschung (vgl. *Bushway* 2006, S. 562). Reentry wurde zum Schlüsselbegriff oder auch „buzzword" (*Austin* 2001, S. 314). Die zeitliche Perspektive reicht hier über das unmittelbare Übergangserleben hinaus. *Visher* und *Travis* (2003), die neben *Petersilia* (2003) als Wegbereitende dieses Forschungsbereichs gelten, liefern folgende Definition:

> […] from prison to community. We term this transition reentry, by which we mean the process of leaving prison and returning to free society. Except those prisoners who are executed or die from natural causes, all prisoners experience reentry. Reentry is neither a legal status nor a form of supervision. Even those prisoners who are released straight to the streets, without being placed on parole, experience reentry. For these

> prisoners, reentry is a fact. Juxtaposed against this fact is the experience of reintegration, or the individual's reconnection with the institutions of society, which is both a process and a goal (*Visher & Travis* 2003, S. 90 f.).

Zu dieser Definition existiert bislang kein äquivalenter deutscher Begriff. In der deutschen Forschungslandschaft bezeichnet meist das Wort Wiedereingliederung die Rückkehr in das gesellschaftliche Leben außerhalb der Justizvollzugsanstalt (vgl. *Cornel* 2018, S. 31–34) – zurück „in die soziale Gemeinschaft“ (*Bruns & Reichenbach* 2018, S. 8). Dabei beschreibt sie häufig einen Verlauf ohne strafrechtlich relevanten Rückfall. Die soziale Integration, die im Kontext des lokalen sozialen Umfelds geschieht, ist aber ebenso entscheidend (vgl. *Matt* 2014, S. 175; vgl. *Dünkel et al.* 2018, S. 42). Das Ziel besteht darin, dass am Ende die Person als Teilhabende am gesellschaftlichen Miteinander im Vordergrund steht und nicht mehr ihre vorangegangene Straffälligkeit (vgl. *Bruns & Reichenbach* 2018, S. 9). In diesem Kontext wird diskutiert, ob es sich dabei tatsächlich um eine Wiedereingliederung im Sinne einer Rückkehr handelt, oder ob der Grund für die Notwendigkeit eines entsprechenden Prozesses gar nicht in der Haft liegt. Man könnte argumentieren, dass die Personen bereits vor ihrer Inhaftierung nicht integriert gewesen sind. Es müsste daher vielmehr von einer Eingliederung als von einer Wiedereingliederung die Rede sein (vgl. *Bushway* 2006, S. 565).[8]

In der deutschen Literatur findet sich wesentlich häufiger der Begriff Resozialisierung, weil sie explizit als Vollzugsziel des deutschen Strafvollzugs definiert ist (siehe *Anhang 1*; vgl. *Dünkel et al.* 2018, S. 42). Die beiden Begriffe Wiedereingliederung und Resozialisierung werden dann vornehmlich synonym verwendet. Es ist jedoch fraglich, inwiefern eine Re- oder Nachsozialisierung überhaupt möglich ist, da jeder Mensch durch die gesellschaftlichen Bezüge, in denen er aufwächst, sozialisiert wird und sich dieser Prozess über den Lebensverlauf fortsetzt (vgl. *Roggenthin* 2018, S. 557 f.). Ferner muss berücksichtigt werden, dass Resozialisierung nicht mit dem Begriff Reintegration gleichzusetzen ist. Resozialisierung kann den Ausgleich eines Defizits implizieren, das in der primären Sozialisation begründet ist, wohingegen die Reintegration oder Wiedereingliederung sich eher auf eine soziale Einbindung der Person bezieht (vgl. *Matt* 2014, S. 28 f.; vgl. *Kupka* 2018,

---

8 Tatsächlich findet sich in der Literatur immer wieder ein ähnliches Konzept und ein Verweis auf diese Möglichkeit, die durch die Schreibweise wie etwa „Re-Entry“ verdeutlicht wird (*Lussier & Gress* 2014). Diese Auslegung kann auf den Begriff (Re-)Integration aber auch auf die Wiedereingliederung übertragen werden. Zudem ist in der deutschsprachigen Literatur eine ähnliche Diskussion zum Begriff (Re-)Sozialisierung zu beobachten (vgl. *Miller* 2016, S. 24–26; vgl. *Cornel* 2018, S. 32 f., 42–44). Im Folgenden wird die eine Klammer nutzende Schreibweise der Begrifflichkeiten zwar nicht übernommen, die Tatsache, dass die Rückkehr für eine gewisse Anzahl an Haftentlassenen vielmehr eine erste Eingliederung bedeuten kann, wird inhaltlich jedoch berücksichtigt.

S. 136).[9] Aktuellere Arbeiten grenzen ferner Reentry bewusst von Reintegration ab, wobei Letztere die erwähnte Rückkehr implizieren soll. Reentry hingegen bleibt diesem Verständnis zufolge offener für facettenreichere Prozesse nach der Haftentlassung, die zudem nicht zwingend an eine vorangegangene Situation anknüpfen müssen (vgl. *Mears & Cochran* 2015, S. 128 f.). In der vorliegenden Arbeit wird der Begriff Wiedereingliederung im Sinne von Reintegration und nicht Resozialisierung verwendet. Ferner wird Wiedereingliederung synonym zum englischen Wort Reentry gebraucht, obwohl der englische Begriff nach *Visher* und *Travis* (vgl. 2005, S. 90 f.) etwas weiter gefasst ist und damit den Aspekt der Integration nicht zwingend einbindet. Im Rahmen der folgenden Darstellung des Forschungsstands werden sowohl Ergebnisse aus dem deutschen als auch aus dem englischsprachigen Raum einbezogen.

Bezüglich der kritischen Phase nach der Inhaftierung sind die empirisch gesicherten Erkenntnisse fragmentarisch und auch über den weiteren Verlauf der Nachentlassungssituation ist noch wenig bekannt (vgl. *Visher & Travis* 2003, S. 107; vgl. *Bushway* 2006, S. 562 f.). Diejenigen Forschenden, die sich mit diesem Themenfeld auseinandersetzen, wollen ein umfassendes Bild der Lebenssituation nach der Haft zeichnen, anstatt sich hinsichtlich der Nachentlassungssituation ausschließlich mit der Legalbewährung einer Person auseinanderzusetzen (vgl. *Visher & Travis* 2003, S. 89, 93). Auch verweisen sie auf den Umstand, dass verschiedene Einflüsse und Aspekte diese Lebenssituation gleichermaßen prägen und dementsprechend jeder einzelne davon der Betrachtung bedarf (*Visher & Travis* 2003, S. 107).

Im Vordergrund der frühen Arbeiten in diesem Forschungsfeld, die überwiegend aus den 2000er Jahren stammen, stehen vorerst Bestandsaufnahmen zu demographischen Faktoren, Haftzeiten und Bewährungsbedingungen. Sie haben also das Ziel, einen faktenbasierten Überblick über die Personen geben zu können, die Wiedereingliederung erleben (vgl. *Petersilia* 2003, S. 21). Ebenfalls von Interesse sind hier die Ausgestaltung und Veränderung der Gesetzgebung, die vorgesehenen Restriktionen für Haftentlassene sowie entsprechende Wiedereingliederungsprogramme, wobei insbesondere unterstützendes Potenzial sowie eher hemmende Momente diesbezüglich identifiziert werden (vgl. *Petersilia* 2003, S. 93, 105). Die Untersuchungen sind dabei vornehmlich von dem lokalen Bezug auf die Nachentlassung und Wiedereingliederung von Haftentlassenen in den USA geprägt.[10] In der deutschen Forschung ähneln die Erkenntnisse bezüglich der Wiedereingliederung denen

9 Für eine ausführliche Diskussion der Begrifflichkeiten und insbesondere der Abgrenzung des Begriffs Resozialisierung von anderen Termini siehe *Cornel* (2018).

10 Der Grund für diese eher einseitige Perspektive kann zum einen in der ohnehin vergleichsweise großen Forschungsaktivität der US-amerikanischen Kriminologie gesehen werden, zum anderen befördert die steigende Zahl an Inhaftierten die Dringlichkeit der Auseinandersetzung mit der Wiedereingliederung – denn auf die „mass-incarceration" folgt auch ein mass-reentry (vgl.

aus dem englischsprachigen Raum (vgl. *Matt* 2014, S. 43) und basieren meist auf einem praxisnahen Zugang beziehungsweise aus den Einblicken der kriminologischen Dienste der Bundesländer – in vielen Fällen mit Fokus auf jugendliche Straffällige.

Die Erkenntnisse der Forschung zur Wiedereingliederung konzentrieren sich auf Aspekte wie die Arbeitsmarktintegration, Finanzen, Wohnsituation und soziale Beziehungen (vgl. *Hosser et al.* 2007, S. 406; vgl. *Wirth* 2012, S. 125; vgl. *Matt* 2014, S. 40 f.). Sie werden als „typische Problemlagen" (*Pruin* 2016, S. 253) verstanden, denn wie bereits bezüglich des Übergangserlebens werden hier vornehmlich Schwierigkeiten deutlich. Neben den ohnehin diffizilen Ausgangsbedingungen ergeben sich aufgrund mangelnder (Aus-)Bildung und oft brüchiger Erwerbsbiographien in Bezug auf die Arbeitssuche vielfach Probleme (vgl. *Klein et al.* 2007, S. 458 f.; vgl. *Henke & Schmitt-Wenkebach* 2008, S. 148). Gehen die haftentlassenen Personen keiner Erwerbstätigkeit nach, wirkt sich dies wiederum auf die ohnehin angespannte finanzielle Situation aus (vgl. *Petersilia* 2001, S. 366 f.; vgl. *Mears & Cochran* 2015, S. 135 f.). Ein zusätzlicher Faktor, der den Übergang sowie den weiteren Nachentlassungsverlauf häufig prägt, ist der Substanzmittelmissbrauch (vgl. *Hosser et al.* 2007, S. 407; vgl. *Reker* 2012, S. 235 f.). Dieser nimmt in vielen Fällen auch über die unmittelbare Übergangszeit hinaus entscheidenden Einfluss auf die Lebensgestaltung.

In der Folge dieser vielschichtigen Problematiken werden die betreffenden Personen von gesellschaftlicher Teilhabe und Lebensbereichen ausgeschlossen, die für ihre Wiedereingliederung entscheidend wären und Anknüpfungspunkte für eine Einbindung eröffnen könnten. Dem sozialen Umfeld kommt nicht zuletzt deshalb eine große Bedeutung zu. Die langfristige Gestaltung sozialer Beziehungen und der Umgang mit dem zunehmenden Einfluss dieser Kontakte ist für die Nachentlassungssituation entscheidend (vgl. *Visher & Travis* 2003, S. 98). Den meisten Haftentlassenen fehlen jedoch wie direkt nach der Entlassung auch später soziale beziehungsweise familiale Netzwerke (vgl. *Anderson-Facile* 2009, S. 184). In der Folge gestaltet sich die Bewältigung dieser komplexen Lebenssituation als besonders schwierig. Die aus der Haft entlassenen Personen haben somit auch über längere Zeiträume hinweg ähnliche Schwierigkeiten zu bewältigen wie direkt nach der Entlassung. Zusammengefasst lässt sich Folgendes feststellen: „Many post-release

---

Schlager 2013, S. 24; vgl. *Travis* 2005, S. 122; *Mears & Cochran* 2015, S. 2). Auffällig ist zudem, dass nur eine sehr begrenzte Anzahl an Autorinnen und Autoren an den vorhandenen Publikationen beteiligt ist und diese sich wiederum aufeinander beziehen. Insbesondere aus dem Umfeld des US-amerikanischen Urban Institute – Justice Policy Center gibt es aufgrund des entsprechenden Forschungsschwerpunktes mehrere Publikationen zum Thema des Reentry-Prozesses. Informationen hierzu sind abrufbar unter www.urban.org/policy-centers/justice-policy-center/projects [14.11.2019].

prisoners do not have the skills or support to succeed outside prison walls" (*Anderson-Facile* 2009, S. 184). Die oben genannten Lebensbereiche stehen somit bei der Analyse der Wiedereingliederung im Vordergrund und sind dementsprechend in diversen Sammelbänden als Schwerpunkte in der Forschung nachzuvollziehen (vgl. *Travis & Visher* 2005; vgl. *Stojkovic* 2017). Über diese Lebensbereiche hinaus werden nur in einzelnen Arbeiten weitere Aspekte beleuchtet, wie zum Beispiel der Einfluss der öffentlichen Meinung zur Wiedereingliederung straffällig gewordener Menschen (vgl. *Schlager* 2013, S. 205–210) oder die Frage, ob und inwiefern sich der der Prozess in Zusammenhang mit dem Geschlecht der Straffälligen unterscheidet (vgl. *Schlager* 2013, S. 223–226). Angesichts dieser Komplexität und Problematik des Themas plädiert *Matt* (vgl. 2014, S. 38, 186) dafür, das Konzept des Übergangsmanagements über den unmittelbaren Nachentlassungszeitraum hinaus anzuwenden, da offensichtlich auch im weiteren Verlauf entsprechende Maßnahmen der Nachsorge benötigt werden.

Trotz der sich erweiternden Sicht auf den Wiedereingliederungsprozess sind insbesondere qualitative Untersuchungen in der bisherigen Literatur die Ausnahme geblieben, obwohl solche Studien zusätzliche Einblicke in das Themenfeld gewähren. Dieser methodische Ansatz fördert ebenfalls Herausforderungen und Schwierigkeiten zutage, denen sich die Haftentlassenen ausgesetzt sehen (vgl. *Wagner* 2019, S. 194). Gleichermaßen werden aber auch Chancen und Unterstützung aus subjektiver Perspektive der Befragten deutlich, die Aufschluss über die entsprechenden positiven Entwicklungen in den beschriebenen Einzelfällen geben können (vgl. *Harding et al.* 2019, S. 127 f.). Neben den bisher genannten Aspekten werden unter anderem alltägliche Schwierigkeiten wie bürokratische Hürden, die Überforderung mit Erledigungen wie dem Einkauf von Lebensmitteln oder das Zurechtfinden in einem neuen Wohnort thematisiert (vgl. *Gunnison & Helfgott* 2013, S. 117–121). Darüber hinaus sprechen die befragten Haftentlassenen Probleme in sozialen Situationen an (vgl. *Gunnison & Helfgott* 2013, S. 123 f.). Die differenzierte Betrachtung von Einzelfällen in den entsprechenden Untersuchungen bildet ab, wie stark sich diese Umstände auf das subjektive Wohlbefinden der Personen auswirken. Zum Beispiel verursacht eine prekäre Wohnsituation Angst sowie permanenten Stress durch die andauernde Suche (vgl. *Middlemass* 2017, S. 99 f.). Aber auch die Rückkehr zur Familie hat nicht zwingenderweise immer einen unterstützenden, stabilisierenden Effekt, sondern kann auch von Konflikten, Abhängigkeit sowie Erwartungshaltungen geprägt sein, die sich im Gegenzug für die gewährte Unterstützung ergeben (vgl. *Harding et al.* 2019, S. 88, 96, 116). Unter solchen Umständen können sich die aus der Haft entlassenen Personen unter Druck gesetzt beziehungsweise eingeengt fühlen. Dieser erweiterte Blickwinkel macht die Besonderheit des qualitativen Zugangs aus: „I urge scholars to move beyond the familiar arguments about the success or failure of prisoner reentry and work to incorporate former prisoners' narratives into their analysis" (*Middlemass* 2017, S. 52).

Gemein ist den Beiträgen zu diesem Forschungsfeld (unabhängig von der methodischen Vorgehensweise) die Einschätzung, dass die Wiedereingliederung – oder Eingliederung – von Straffälligen ein komplexes und schwieriges, aber dennoch nicht nur für die Betroffenen sondern auch für die Gesellschaft unerlässliches Unterfangen ist. Dementsprechend wichtig ist es, Mittel und Wege zu finden, um diesen Prozess zu erleichtern und die schwierigen Ausgangsbedingungen nach der Haftentlassung zu verbessern (vgl. *Hosser et al.* 2007, S. 409 f.; vgl. *Lakotta* 2016, S. 339; vgl. *Middlemass* 2017, S. 177; vgl. *Harding et al.* 2019, S. 221 f.; vgl. *Wagner* 2019, S. 233 f.).

2.1.3 Stigmatisierung und ihr Einfluss auf die Wiedereingliederung

Für haftentlassene Personen kommt zu der ohnehin schwierigen Ausgangssituation hinzu, dass ihnen aufgrund ihrer Straffälligkeit sowie Hafterfahrung entsprechende Attribute zugeschrieben werden, wie beispielsweise gefährlich oder unehrlich zu sein (vgl. *Becker* [1963] 2014, S. 49 f.; vgl. *Hirschfield & Piquero* 2010, S. 38 f.). Nach *Goffman* erstreckt sich ein Kontinuum zwischen den Polen Normalität und Abweichung, das Raum lässt für sogenannte extrem Stigmatisierte bis hin zu normalen Abweichenden (vgl. *Goffman* 1979, S. 160 f.). Letztere ziehen die Aufmerksamkeit in der sozialen Situation nur minimal auf sich beziehungsweise auf das entsprechende Attribut. *Goffman* (vgl. 1979, S. 12, 170) spricht in diesem Zusammenhang von „Diskreditiertheit" und „Diskreditierbarkeit". Diejenigen, die diskreditiert sind, sind beispielsweise aufgrund sichtbarer körperlicher Einschränkungen mit negativen Erfahrungen wie Ausgrenzung konfrontiert und müssen ein entsprechendes Leidens- und Emotionsmanagement – bei *Goffman* (1979, S. 170) „Spannungsmanagement" – betreiben. Demgegenüber stehen diejenigen Stigmata, die weniger deutlich erkennbar sind, wie beispielsweise ein Haftaufenthalt. Diese nicht direkt sichtbaren Attribute machen die Person zwar diskreditierbar, sie hat aber die Möglichkeit zu „täuschen" und das Stigma zu verbergen. Sie betreibt Informationsmanagement statt Spannungsmanagement (vgl. *Goffman* 1979, S. 56 f.). Das Stigma, die somit deutlich gemachte Abweichung, erzeugt im Ergebnis entweder Ausgrenzung im Sinne von Diskreditiertheit oder Angst vor einer Ausgrenzung in Folge der Diskreditierbarkeit und stört in beiden Fällen die soziale Interaktion (vgl. *Goffman* 1979, S. 22–25). Die gesellschaftliche Teilhabe von Haftentlassenen kann in der Folge durch diese Dynamiken erschwert werden und damit auch die Wiedereingliederung (vgl. *Schlager* 2013, S. 197 f.; vgl. *Matt* 2014, S. 44; vgl. *Woessner et al.* 2019, S. 69 f.).

Die Stigmatisierungsthematik berührt die meisten der bereits genannten Lebensbereiche und verstärkt unter anderem die ohnehin vorhandenen Problemlagen. So haben viele Haftentlassene bereits aufgrund ihrer oft brüchigen Erwerbsbiographie und lückenhaften (Aus-)Bildung Schwierigkeiten auf dem Arbeitsmarkt (vgl. *Atkin*

& Armstrong 2013, S. 73 f.); eine Situation, die durch das Stigma der Vorstrafe(n) und Hafterfahrung(en) verstärkt wird (vgl. *Henke & Schmitt-Wenkebach* 2008, S. 158; vgl. *Anderson-Facile* 2009, S. 189 f.; vgl. *Atkin & Armstrong* 2013, S. 81). Gerade Haftzeiten können im Rahmen eines Bewerbungsverfahrens nur schwer verborgen werden und in manchen Arbeitsbereichen ist durch die erforderliche Vorlage eines (erweiterten) Führungszeugnisses eine Anstellung von vornherein ausgeschlossen (vgl. *Wirth* 2006b, S. 260 f.; vgl. *Woessner et al.* 2019, S. 69). Dieser Umstand ist wiederum bei der Wohnungssuche hinderlich, denn ohne ausreichende Mittel und den Nachweis eines geregelten Einkommens wird es deutlich schwieriger, eine Wohnung anzumieten, und das Stigma der Straffälligkeit erschwert dies zusätzlich (vgl. *La Vigne et al.* 2009, S. 7). Dies gilt für den privaten und den staatlich geförderten Wohnungsmarkt gleichermaßen, wobei vorbestrafte Personen von Letztgenanntem häufig von vornherein ausgeschlossen werden, was insbesondere für den US-amerikanischen Raum gilt (vgl. *Travis* 2005, S. 222 f., 227 f.). Darüber hinaus werden auf individueller Ebene soziale Beziehungen durch das Stigma erschwert. Selbst in familialen Bezügen, die bereits durch die Inhaftierung des Familienmitglieds beeinträchtigt wurden (vgl. *Travis* 2005, S. 126 f.; vgl. *Begun et al.* 2017, S. 91–98), kann das Stigma zur Belastung werden. Zum einen ist eine Ausweitung der Stigmatisierung auf die Angehörigen möglich, die sich aufgrund ihrer familialen Verbindung zu einer straffällig gewordenen Person Vorurteilen und Benachteiligungen ausgesetzt sehen (vgl. *Schlager* 2013, S. 89 f.). Zum anderen können sich auch Familienangehörige oder der Freundeskreis von der Person abwenden, die eine Straftat begangen hat (vgl. *LeBel* 2012, S. 99 f.). Außerdem wird die Aufnahme neuer sozialer Kontakte erschwert, was bis zu einer völligen sozialen Isolation führen kann (vgl. *Matt* 2014, S. 47 f.).

Demgegenüber kann Stigmatisierungserleben aber auch Scham erzeugen, was sich im Wiedereingliederungsprozess unter Umständen sogar förderlich auswirken kann. Scham könne laut *Goffman* (vgl. 1979, S. 16) auch als Zeichen dafür gewertet werden, dass die eigene Abweichung bewusst gemacht wurde. Die betreffende Person weiß somit grundsätzlich um die Anforderungen, die an sie gestellt werden, und akzeptiert diese auch. Dies ist im Fall begangener Straftaten insofern zu begrüßen, als dass es als Hinweis darauf verstanden werden kann, dass das Individuum sich seines Fehlverhaltens bewusst ist und dieses in Zukunft vermeiden will. Scham könnte unter diesen Umständen einen Anlass für Verhaltensänderungen darstellen (vgl. *Braithwaite* 1989, S. 81–83) und sich gleichzeitig positiv auf die soziale Einbindung auswirken, im Sinne eines „reintegrative shaming" (*Braithwaite* 1989, S. 55). Dieses reintegrative Potenzial ist aber nur dann gegeben, wenn die Reaktionen aus dem Umfeld eben nicht von Stigmatisierung und Ausgrenzung geprägt sind, sondern Nachsicht auf den Ausdruck von Scham folgt (vgl. *Braithwaite* 1989, S. 55). In beiden Fällen, sowohl in der positiven als auch in der negativen Konsequenz, nimmt Stigma somit Einfluss auf die Wiedereingliederung.

2.2 Der Prozess der Legalbewährung nach der Haftentlassung

2.2.1 Konzeptionen von Desistance und Forschung zur Legalbewährung

Die Kriminologie setzt sich vornehmlich mit dem Gesetzesbruch oder Kriminalitätsursachen und weniger mit „compliance" auseinander, also mit der Frage, warum beziehungsweise unter welchen Umständen Menschen gegebene Regeln und Gesetze einhalten (vgl. *Bottoms* 2002, S. 29–33). Dabei wäre dies eine ebenso wichtige und aufschlussreiche Perspektive (vgl. *Bottoms* 2002, S. 29). Der Aspekt der Verhinderung erneuter Straftaten ist für die Forschung zur Wiedereingliederung zwar von wesentlicher Bedeutung und findet somit in den entsprechenden Arbeiten stets Berücksichtigung. Dennoch eröffnet eine Auseinandersetzung mit dem Prozess der Legalbewährung im Speziellen noch zusätzliche Erkenntnisse, wenngleich ähnliche Lebensbereiche im Nachentlassungszeitraum auch unter dieser Schwerpunktsetzung im Fokus bleiben. Im anglo-amerikanischen Raum hat sich für diese Betrachtung im Speziellen die Desistance-Forschung herausgebildet. Sie beschäftigt sich mit der Frage, was Menschen dazu bewegt, nicht erneut straffällig zu werden. Dazu werden unterschiedliche Konzepte der Legalbewährung zugrunde gelegt, die verschiedene Perspektiven auf den Nachentlassungsverlauf eröffnen.

Desistance ist als Begriff in der Forschung nicht einheitlich definiert. Längere Zeit wurde diskutiert, ob es sich dabei um ein statisches oder dynamisches Phänomen handelt (vgl. *Laws & Ward* 2011, S. 16). Mit der Zeit kristallisierte sich heraus, dass die Anhaltspunkte für ein dynamisches, prozesshaftes Verständnis überwiegen (vgl. *Kazemian* 2007, S. 10 f.). „The definitions we find most appealing state that desistance is not an event, but a process replete with lapses, relapses, and recoveries" (*Willis et al.* 2010, S. 547). Aufgrund des dynamischen Moments ist darüber hinaus das Messen von Legalbewährung schwierig. So ist nicht eindeutig zu kategorisieren, ob der Desistance-Prozess einer Person erfolgreich verläuft oder gescheitert ist, da er in einer Wellenbewegung begriffen sein oder sich schrittweise entwickeln kann (vgl. *Glaser* 1964, S. 54; vgl. *Carlsson* 2012, S. 4). Erschwerend würde bei der Festlegung auf einen konkreten Zeitpunkt hinzukommen, dass der Beobachtungszeitraum immer eigenmächtig gewählt wäre und – konsequent zu Ende gedacht – eine endgültige Aussage über die Legalbewährung einer Person erst nach ihrem Tod möglich würde (vgl. *Bushway et al.* 2001, S. 493; vgl. *Kazemian* 2007, S. 9). Zudem kann auch die Tatsache, dass die Intensität und Frequenz krimineller Handlungen nachlassen, als Teil des Prozesses gelten und nicht ausschließlich die vollständige Legalbewährung (vgl. *Bushway et al.* 2001, S. 492; vgl. *Laws & Ward* 2011, S. 5, 15). Hier stellt sich jedoch die Frage, wie mit Personen umgegangen werden soll, die lediglich einmal strafrechtlich in Erscheinung getreten sind (vgl. *Kazemian* 2007, S. 12). Zudem bleibt die Ungewissheit, ob eventuell weitere im

Dunkelfeld verbliebene Straftaten begangen wurden, was die Person von offenkundigen Erst- und Einmalstraffälligen unterscheiden würde. Ohnehin wird bei entsprechenden Untersuchungen meist nur auf die offiziellen Rückfalldaten zurückgegriffen – in Deutschland auf die des Bundeszentralregisters. Ob eine Person aber tatsächlich seltener oder gar nicht mehr das Gesetz gebrochen hat, ist ausschließlich anhand dieser Entdeckungsrate nicht einzuschätzen und damit ein Verlauf ohne Rückfall nur schwer feststellbar (vgl. *Bushway et al.* 2001, S. 495; vgl. *Jehle et al.* 2016, S. 31 f.). Für die klassische Rückfallforschung stellt dies im gleichen Maße ein Problem dar. Nur bei einer zusätzlichen Befragung der Person zur selbstberichteten Delinquenz kann eine annähernd valide Aussage zur Legalbewährung getroffen werden (vgl. *Köllisch & Oberwittler* 2004, S. 709; vgl. *Oberwittler* 2012, S. 777). Vor dem Hintergrund dieser unterschiedlichen Erwägungen haben sich diverse Konzepte von Desistance herauskristallisiert.[11] In der vorliegenden Arbeit wird von einem prozesshaften Charakter ausgegangen und die Messung selbst ist im Rahmen der hier verfolgten Fragestellung nicht weiter von Bedeutung.

Angesichts der Komplexität des Konzepts Desistance gestaltet sich die Wahl einer deutschen Begriffsentsprechung schwierig. Im Folgenden wird der übliche deutsche Begriff Legalbewährung anstelle der englischen Bezeichnung gewählt, obwohl dieser im Deutschen eher Statik als einen Prozess impliziert. Zudem ist Legalbewährung nach einem prozesshaften Verständnis nicht als vollständig gesetzeskonformes Verhalten zu verstehen, da im beschriebenen Prozess, wie bereits erwähnt, auch etwaige minderschwere Straftaten auftreten können und dennoch von einem sich stabilisierenden Prozess ausgegangen wird. Darüber hinaus ist der Prozess der Legalbewährung nicht mit dem der Wiedereingliederung gleichzusetzen. Das Ausbleiben eines Rückfalls steht bezüglich des Prozesses der Wiedereingliederung nicht im Vordergrund. Wiedereingliederung scheint gegebenenfalls auch trotz (zumindest geringfügiger) erneuter Verstöße gegen strafrechtliche Normen möglich und umgekehrt steht die Legalbewährung nicht zwingend für eine soziale Einbindung. Unter anderem anhand dieser Ausdifferenzierung erschließt sich der Mehrwert, den die Desistance-Forschung mit ihrem spezifischen Zugang neben der Forschung mit Fokus auf der Wiedereingliederung mit sich bringt. Beide Perspektiven beleuchten mit unterschiedlichen Schwerpunkten den Nachentlassungsverlauf.

Um den Prozess der Legalbewährung zu verstehen, kommen vermehrt qualitative Forschungsdesigns zum Einsatz, wobei vornehmlich narrative Interviews mit straffällig gewordenen Personen im Zentrum stehen. In der Theoriebildung der Desistance-Forschung können grob drei Stränge ausgemacht werden, die unterschiedliche Faktoren in den Fokus nehmen. So stehen in einigen Theorien die sozialen Faktoren im Vordergrund, denen eine besondere Bedeutung zugesprochen wird, während an-

11 Einen Überblick geben beispielsweise *Maruna & Toch* (vgl. 2005, S. 142–145) oder *Kazemian* (vgl. 2007, S. 9).

dere die subjektiven Gesichtspunkte ins Zentrum rücken und in einem dritten Forschungsstrang der Schwerpunkt auf beiden Faktoren gleichermaßen unter Berücksichtigung ihrer Wechselwirkung liegt. Im Folgenden werden exemplarisch die Untersuchungen der Hauptvertreterinnen und Hauptvertreter kurz skizziert.

2.2.2 Theorien zu sozialen Faktoren

In den Untersuchungen von *Sampson* und *Laub* (1993; sowie *Laub & Sampson* 1993) stehen die sozialen Beziehungen bei der Betrachtung von Legalbewährung im Fokus. Insbesondere die damit einhergehende informelle soziale Kontrolle, aber auch die Bindung an andere Personen ist aus ihrer Sicht entscheidend (vgl. *Laub & Sampson* 1993, S. 303,311). Informelle soziale Kontrolle ergibt sich aus der Struktur sozialer Kontakte und Netzwerke – Beispiele sind unter anderem Erwerbsarbeit, Familie und Schule (vgl. *Laub & Sampson* 1993, S. 303 f.). Die Autoren nehmen an, dass soziale Beziehungen gegenseitige Verpflichtungen und Zugzwänge schaffen, die kriminelle Handlungen schwer umsetzbar machen. In der Folge zeigten diejenigen eher kriminelles Verhalten, die nicht in solche Bezüge eingebettet seien (vgl. *Laub & Sampson* 1993, S. 311). Daraus leiten *Sampson* und *Laub* auch unter Berücksichtigung der Age-Crime-Curve[12] die sogenannte altersabhängige Theorie informeller sozialer Kontrolle ab (für eine schematische Abbildung siehe *Sampson & Laub* 1993, S. 244 f.). Im Rahmen dieser Theorie ist ihr Konzept von Wendepunkten zu verorten, denen ein maßgeblicher Einfluss auf den weiteren Verlauf des Lebens beigemessen wird (vgl. *Laub & Sampson* 1993, S. 309 f.). Als konkrete Beispiele für Ereignisse, die als positive Wendepunkte fungieren, nennen sie „cohesive marriage, meaningful work, and serving in the military" (*Laub & Sampson* 1993, S. 317). Demgegenüber stehen Aspekte, die langfristig negative Auswirkungen haben: „prolonged incarceration, heavy drinking, and subsequent job instability during the transition to young adulthood" (*Laub & Sampson* 1993, S. 317).

Allerdings stellen *Laub* und *Sampson* (1993) auch fest, dass diese Wendepunkte nicht für alle Menschen gleichermaßen relevant sind beziehungsweise wirken müssen und je nach Sichtweise und Definition der einzelnen Aspekte und Ereignisse variieren können (vgl. *Laub & Sampson* 1993, S. 318). Ergänzend dazu kann die Qualität einer sozialen Beziehung ausschlaggebend für den weiteren Verlauf sein (vgl. *Sampson & Laub* 1993, S. 140 f.). Hier sehen sie weiteren Forschungsbedarf, um

12 Die sogenannte Age-Crime-Curve zeigt einen allgemeingültigen Zusammenhang zwischen delinquentem Verhalten und Alter an. Sie ist eines der am wenigsten umstrittenen Phänomene in der Kriminologie, da sie länderübergreifend und in zahlreichen Studien empirisch belegt ist (vgl. *Loeber & Farrington* 2014, S. 12). Die höchste Kriminalitätsbelastung liegt demnach bei Jugendlichen in ihren späten Teenager-Jahren bis Mitte zwanzig vor. Danach nimmt die Delinquenz mit steigendem Alter ab (vgl. *Loeber & Farrington* 2014, S. 13). Abweichungen sind – meist in geringfügigem Rahmen – beispielsweise bei einer geschlechterspezifischen oder deliktspezifischen Verteilung zu beobachten.

unterscheiden zu können, weshalb manche Menschen sich dementsprechend verändern und andere nicht (vgl. *Laub & Sampson* 1993, S. 317). Im weiteren Verlauf ihrer Forschung sprechen *Laub et al.* daher von Wendepunkten als sogenannten auslösenden Ereignissen, die teilweise exogen bedingt sind und vornehmlich eine Chance zur Veränderung bieten (vgl. *Laub et al.* 1998, S. 225); der Einfluss der sozialen Bindungen bleibt dabei aber nach wie vor wesentlich:

> We emphasize that turning points are 'triggering events' that are, in part, exogenous – that is, they are chance events. If these events were entirely the result of conscious calculations or enduring patterns of behavior, we could not argue for the independent role of social bonds in shaping behavior (*Laub et al.* 1998, S. 225).

Wendepunkten und neuen Rollen in einem sozialen Gefüge kommt somit nicht die Bedeutung zu, dass sie unweigerlich Veränderung bewirken, sondern sie müssen als Möglichkeiten verstanden werden – denn die Umsetzung hängt letztlich von den individuellen Gegebenheiten ab. Dennoch stellen sie häufig den Beginn der Veränderung und eines stabilisierten Verlaufs dar. Diesen Punkt unterstreichen *Laub* und *Sampson* (2001, S. 48) in ihren späteren Ausführungen. Hier werden neben den sozialen letztlich auch die subjektiven Faktoren im Prozess der Legalbewährung berücksichtigt, was in der ursprünglichen Form der Theorie so nicht der Fall ist. Die zentrale Rolle, die sie den sozialen Beziehungen zuschreiben, bleibt aber bestehen.

Die altersabhängige Theorie informeller sozialer Kontrolle ist eine der prominentesten in der Desistance-Forschung und wurde verschiedentlich in weiteren empirischen Untersuchungen bestätigt – beispielsweise von *Stelly et al.* (vgl. 2003, S. 121–125; sowie *Stelly & Thomas* 2001), einer der seltenen deutschen Untersuchungen in diesem Feld. Sie fanden ebenso Anhaltspunkte dafür, dass Veränderungen im Delinquenzverhalten mit Aspekten des sozialen Lebens in Verbindung stehen (vgl. *Stelly & Thomas* 2001, S. 293). Dabei spiele die informelle soziale Kontrolle durch Institutionen oder Personen eine Rolle und eine Veränderung des Legalverhaltens werde durch soziale Einbindung wahrscheinlicher (vgl. *Stelly & Thomas* 2001, S. 304 f.). Auch für die Annahme der kumulativen Benachteiligung, die mit länger andauernden kriminellen Verhaltensweisen einhergeht, fanden sie Hinweise (vgl. *Stelly & Thomas* 2001, S. 303). Während die Theorie von *Sampson* und *Laub* hier Unterstützung und weitere empirische Belege findet, wurde vielfach auch Kritik daran geübt. Insbesondere das Zusammenspiel unterschiedlicher Faktoren, ist für andere Forschende essenziell und sie sehen dies in den Theorien zu Wendepunkten zu wenig beachtet. Vor allem die subjektiven Aspekte würden neben sozialen und strukturellen vernachlässigt (vgl. *LeBel et al.* 2008, S. 134). Beispielsweise wäre dies der Fall, wenn von einer unabhängigen Rolle der sozialen Bindungen (vgl. *Laub et al.* 1998, S. 225) ausgegangen wird. Außerdem wird die Reihenfolge der für eine Änderung entscheidenden Faktoren in Frage gestellt und davon ausgegangen, dass nicht die auslösenden Ereignisse am Beginn der Veränderung stehen, sondern vielmehr innere Veränderungsprozesse vorausgegangen sein müssen. Auf diesen Annahmen fußt der zweite Strang der Desistance-Forschung und auch *Sampson* und *Laub* haben diese Perspektive später in ihre Arbeiten einbezogen, wenn auch nur in abgeschwächter Form (siehe beispielsweise *Sampson & Laub* 2005, S. 37).

2.2.3 Theorien zu subjektiven Faktoren

Ein wegbereitender Vertreter der sogenannten Identitätstheorien – also dem zweiten Strang in der Desistance-Forschung – ist *Maruna* (2001). Bei ihm stehen die Narrative und damit die subjektive Sichtweise der befragten straffällig gewordenen Personen im Vordergrund (vgl. *Maruna* 2001, S. 37 f.):

> The LDS [Anm. der Verfasserin: Liverpool Desistance Study] is an empirical analysis of the phenomenological or sociocognitive aspects of desistance. The study involves a systematic comparison between the self-narratives of desisting ex-offenders and those of a carefully matched sample of active offenders. By isolating the ways in which members in these two groups differ in their worldviews and self-perspectives, this research is an attempt to specify the cognitive adaptions and self-schemas that may help ex-offenders make good and stay that way (*Maruna* 2001, S. 38).

Die untersuchten Narrative unterscheiden sich innerhalb seiner Stichprobe stark und stehen in Zusammenhang mit den jeweiligen Rückfalldaten der Befragten. Das Selbstkonzept hängt somit entscheidend mit der Legalbewährung zusammen und lässt Rückschlüsse auf die Entwicklungen während des Prozesses zu. Die weiterhin kriminell aktiven Interviewten beschreiben sich als abhängig und determiniert von äußeren Faktoren sowie ihrer eigenen Vergangenheit. Diese Fälle zeichnen sich durch ein Narrativ aus, das mit dem Schlagwort Verdammung („condemnation") charakterisiert werden kann (vgl. *Maruna* 2001, S. 73). In der Folge fühlen sie sich nicht in der Lage dazu, ihr Verhalten zu verändern, obwohl dies ihr Wunsch wäre (vgl. *Maruna* 2001, S. 74 f.). Gleichzeitig sehen sie die eigene Einschätzung in der Reaktion anderer auf sie bestätigt (vgl. *Maruna* 2001, S. 79). Demgegenüber identifiziert *Maruna* bei der Vergleichsgruppe andere Dynamiken. Diejenigen, bei denen er von Legalbewährung ausgeht, skizzieren im Narrativ eine Erzählung der Besserung („recovery story"), die sie „zu sich kommen" lässt, beziehungsweise die Beschreibung einer Erlösung („redemption script") (vgl. *Maruna* 2001, S. 87). Die Einschätzung der eigenen Vergangenheit, der aktuellen Situation und des Prozesses der Legalbewährung unterscheiden sich somit maßgeblich. Die Aussagen der Befragten lassen hinsichtlich ihres delinquenten Verhaltens auf einen inneren Veränderungsprozess schließen. Sie fühlen sich weniger determiniert und präsentieren sich insgesamt zufriedener sowie motiviert, Einsatz für andere zu zeigen (vgl. *Maruna* 2001, S. 96 f.). *Maruna* spricht in diesem Zusammenhang von Generativität (vgl. *Maruna* 2001, S. 99). In diesen Fällen können die straffällig gewordenen Personen etwas Gutes aus ihrer Vergangenheit und den schlechten Erfahrungen ableiten. Diese Erfahrung stellt sozusagen einen notwendigen Schritt auf dem Weg in ihr jetziges Leben dar (vgl. *Maruna* 2001, S. 87). Dementsprechend identifizieren sie sich nicht mehr mit ihrem alten, kriminellen Selbst, sondern finden zu einer Identität, die davon losgelöst ist. Zentral ist hier der Begriff des „true self" oder „real me" (*Maruna* 2001, S. 88). Dieses Konzept ist weniger im Verständnis einer Resozialisierung oder Besserung zu sehen, sondern vielmehr als ein Hervorkommen des eigentlich ohnehin positiven Kerns der Person (vgl. *Maruna* 2001, S. 95 f., 131).

Maruna und *Farrall* (2004) unterscheiden ferner zwischen primärer und sekundärer Desistance, wobei der erste Begriff etwaige Unterbrechungen oder eine Abschwächung des delinquenten Verhaltens einschließt. Von sekundärer Desistance wird hingegen gesprochen, wenn Legalbewährung langfristig zu erkennen ist und mit entsprechenden Entwicklungen bezüglich der Identität einhergeht. Die zweite Phase ist damit für die Forschung die interessantere (vgl. *Maruna & Farrall* 2004, S. 174). Sie schließt neue Rollen ein und wird an einer deutlichen Veränderung in der Identität beziehungsweise des Selbstverständnisses der Person festgemacht, die sich in der Folge weniger mit dem Attribut der Straffälligkeit identifiziert (vgl. *Healy* 2014, S. 875). Dieses neue Selbst wird tatsächlich umgesetzt und gelebt. Im Falle einer strikten Auslegung der Identitätstheorie, von der beispielsweise *Bachman et al.* (vgl. 2016, S. 183) ausgehen, steht diese Veränderung der Identität immer am Beginn des Verlaufs einer Legalbewährung. Während *Laub* und *Sampson* also eher auf die sozialen Faktoren in diesem Prozess blicken, sind hier die subjektiven Aspekte in Form von inneren Veränderungen maßgeblich für die weitere Entwicklung.

2.2.4 Integrierende Theorien einer Wechselwirkung

Die Theorie der sogenannten „Cognitive Transformation" (*Giordano et al.* 2002, S. 990) wird häufig als eine weitere Identitätstheorie neben *Maruna*s (2001) genannt, kann aber auch als integrierende Theorie verstanden werden und wird daher an dieser Stelle beschrieben. Denn *Giordano et al.* (2002) berücksichtigen sowohl subjektive als auch soziale Faktoren, wobei die subjektiven im Prozess zeitlich vor den sozialen verortet werden. Sie sprechen in einer Weiterentwicklung der Wendepunkttheorie und zugleich Positionierung gegenüber derselben von vier miteinander zusammenhängenden Arten der kognitiven Veränderung (vgl. *Giordano et al.* 2002, S. 1000). Diese Transformationen seien notwendige, obgleich keine hinreichenden Bedingungen für Veränderung und somit für Legalbewährung.

Zu Beginn des von ihnen beschriebenen Prozesses steht die erste Transformation, eine generelle Offenheit und Bereitschaft zur Verhaltensänderung (vgl. *Giordano et al.* 2002, S. 1000). Auf diese Bereitschaft muss jedoch auch eine Möglichkeit zur Umsetzung folgen, damit ein langfristiger Erfolg im Hinblick auf die Legalbewährung möglich wird. Solche Anlässe für eine Veränderung – „hooks for change" (*Giordano et al.* 2002, S. 1000) – müssen nicht nur vorhanden sein, sondern auch erkannt und wahrgenommen werden (vgl. *Giordano et al.* 2002, S. 1001), lassen aber grundsätzlich mehrere Entwicklungsmöglichkeiten offen. Hier wird die Interaktion zwischen Akteurin beziehungsweise Akteur und Umwelt betont. Insgesamt ist aus dieser Perspektive das Zusammenwirken der internen Veränderungen und der externen Gegebenheiten komplexer als in den ursprünglichen Ausführungen von *Laub* und *Sampson* (vgl. *Giordano et al.* 2002, S. 1001). Die äußeren Umstände und inneren Prozesse wirken gemeinsam (vgl. *Giordano et al.* 2002, S. 1002 f., 1055). Eine weitere kognitive Veränderung tritt auf, wenn die straffällig gewordenen Personen in der Lage sind, ein alternatives Selbst zu entwickeln: „a satisfying, conventional replacement self" (*Giordano et al.* 2002, S. 1055 f.). Ein solches neues, konventionelles Selbst muss so konzipiert sein, dass es mit Delinquenz nicht zu vereinbaren ist und seine Ausbildung insbesondere mit den erwähnten externen (Wendepunkt-) Ereignissen einhergehen kann. Diese bieten sowohl einen ersten Anknüpfungspunkt für einen solchen Umbruch als auch eine wichtige Unterstützung im weiteren Verlauf des inneren Veränderungsprozesses (vgl. *Giordano et al.* 2002, S. 1002). Als vierte Transformation beschreiben *Giordano et al.* (2002) eine Wandlung der eigenen Sicht auf kriminelles Verhalten. Die Person bewertet in der Folge entsprechende Handlungen anders und hat damit eine stabile Basis geschaffen, auf der Legalbewährung langfristig möglich ist (vgl. *Giordano et al.* 2002, S. 1002). Insgesamt wird also davon ausgegangen, dass eine innere Veränderung beziehungsweise die Bereitschaft zur Veränderung vorhanden sein müssen, um die externen Anlässe als entsprechende Auslöser nutzen zu können. Dies ermöglicht dann die langfristige Ausbildung einer prosozialen Identität, die mit Kriminalität nicht einhergehen kann, sodass Legalbewährung folgt (vgl. *Healy* 2014, S. 875).

Wenn das Selbstkonzept der Haftentlassenen weiterhin vom Attribut der Straffälligkeit bestimmt wird und sie keine alternativen Identifikationsmöglichkeiten finden, scheitern ihre Vorsätze der Legalbewährung (vgl. *Healy* 2014, S. 873). Dies vermuteten *Giordano et al.* (2002) bereits mit Blick auf Personen, die zwar den Eindruck vermitteln, dass sich eine Veränderung ereignet habe, die aber dennoch nicht in der Lage sind, die neuen Verhaltensmuster umzusetzen und zu etablieren (*Giordano et al.* 2002, S. 1055 f.). Diesen Zusammenhang und die Bedeutung der subjektiven Faktoren für den Prozess der Legalbewährung hat *Healy* (2014) im Anschluss daran empirisch untersucht und die These bestätigt. Ihre Ergebnisse belegen, dass Gestaltungsmöglichkeiten mit der Identitätskonstruktion eines neuen Selbst einhergehen. In der Folge kommt sie zu dem Schluss, dass Selbstwirksamkeit, Bewältigungsstrategien und grundsätzliches Wohlbefinden dazu beitragen, ein neues Selbst konstruieren zu können und damit wiederum Legalbewährung zu befördern (vgl. *Healy* 2014, S. 873). Damit stützen ihre Ergebnisse nicht nur die Ausführungen von *Giordano et al.* (2002), sondern auch die von *Maruna* (2001) bezüglich des Zusammenhangs von Selbstwirksamkeit und Identitätskonstruktion (vgl. *Healy* 2014, S. 886 f.). Somit wird diesen Aspekten viel Bedeutung eingeräumt ebenso wie bei dem bereits erläuterten Konzept der sekundären Desistance von *Maruna* und *Farrall* (2004).

Soyer (2014) analysiert ergänzend dazu das Phänomen imaginierter Desistance, womit sie die Lücke zwischen der primären und sekundären Phase bezeichnet – wenn also ein neues Selbst bereits gedacht wird, aber (noch) nicht umgesetzt wird oder werden kann. Dabei entsteht eine Diskrepanz zwischen Wunsch und Realität (vgl. *Soyer* 2014, S. 105 f.). Dies kann auch dazu führen, dass Situationen erlebt werden, die als Wendepunkte wirken könnten, aber ungenutzt bleiben (vgl. *Soyer* 2014, S. 104).

LeBel et al. (2008) forschen mit der Intention, das ‚Henne-Ei-Problem' (vgl. *LeBel et al.* 2008, S. 131) in Bezug auf die subjektiven und sozialen Faktoren im Prozess der Legalbewährung zu klären. Letztlich liefern sie ebenfalls eine Argumentation, die auf eine Kombination beider Faktoren abhebt. So unterscheiden sie bereits vorab zwischen subjektiven und sozialen dynamischen Rückfallfaktoren (vgl. *LeBel et al.* 2008, S. 131). Subjektive Faktoren werden als intern oder die Identität betreffend beschrieben. Sie bezeichnen Veränderungen bezüglich dessen, wie Personen die Welt sehen, sie interpretieren und ihr Sinn verleihen. Darüber hinaus werden aber auch Entscheidungen, Motivationen, Werte und Ziele diesen Faktoren zugerechnet (vgl. *LeBel et al.* 2008, S. 133). Soziale Faktoren umfassen hingegen Institutionen, Entwicklungen oder Ereignisse wie beispielsweise die Ehe, Erwerbsarbeit oder Elternschaft (vgl. *LeBel et al.* 2008, S. 133 f.). Auf der Grundlage ihrer Untersuchungen kommen auch sie zu dem Schluss, dass tatsächlich nicht ausschließlich soziale Faktoren den Verlauf der Legalbewährung beeinflussen. Umgekehrt ist jedoch aus ihrer Sicht die einzige subjektive Variable, die einen signifikanten Einfluss auf die Wiederinhaftierung zu haben scheint, Stigma (vgl. *LeBel et al.* 2008, S. 151). Damit trifft auch ein ausschließlich subjektives Modell nicht zu, sondern man muss von einer Kombination ausgehen (vgl. *LeBel et al.* 2008, S. 153). Ferner werden Wechselwirkungen zwischen den subjektiven und sozialen Faktoren deutlich. Es bestehen beispielsweise Zusammenhänge zwischen sogenannten schwierigen Wiedereingliederungsprozessen und Rückfalltaten, wobei subjektive Faktoren hier indirekt entgegenwirken können (vgl. *LeBel et al.* 2008, S. 149). Als Schwierigkeiten bei der Wiedereingliederung gelten auch in dieser Untersuchung Probleme in den oben bereits genannten Lebensbereichen wie der Wohnsituation, Erwerbsarbeit, Finanzen, Paarbeziehungen sowie familialen Beziehungen (vgl. *LeBel et al.* 2008, S. 143). Gleichzeitig hilft unter anderem ein Selbstverständnis als Familienmensch dabei, Wiedereingliederungsproblematiken entgegenzuwirken. Dies veranschaulicht, dass soziale Faktoren durch subjektive beeinflusst werden und abhängig davon auftreten können (vgl. *LeBel et al.* 2008, S. 153). Zeitlich stehen bei *LeBel et al.* (2008) ähnlich wie bei *Giordano et al.* (2002) die subjektiven Faktoren vor den sozialen, beide sind aber untrennbar miteinander verbunden (vgl. *LeBel et al.* 2008, S. 154). Damit kann man den Standpunkt von *LeBel et al.* ebenfalls im dritten Strang der Desistance-Forschung verorten.

2.3 Sexualstraftäter nach der Haftentlassung

2.3.1 Wiedereingliederung im Kontext des exponierten Status der Deliktgruppe

Alle bisher präsentierten Erkenntnisse basieren auf Untersuchungen, die keinen Schwerpunkt auf die Nachentlassungssituation von Personen legen, die Sexualstraftaten begangen haben. Diese Deliktgruppe wird bezüglich der Wiedereingliederung meist nicht gesondert erwähnt oder ist nicht Teil des Samplings. Sexualdelinquenz nimmt in vielerlei Hinsicht eine Sonderrolle ein, wobei insbesondere mit Blick auf die Häufigkeitszahlen auffällt, dass sie keinen besonders großen Anteil am Gesamtaufkommen registrierter Straftaten hat. Dennoch ist vor allem der mediale Diskurs darüber stark emotional aufgeladen (vgl. *Seifert* 2014, S. 67–70). Der Anteil der Sexualkriminalität lag im Jahr 2019 bei 1,3 Prozent (vgl. Bundeskriminalamt 2020, S. 17), und fiel damit im Vergleich zu den Vorjahren verhältnismäßig hoch aus. Diese Entwicklung kann mit der Schaffung neuer Straftatbestände gegen die sexuelle Selbstbestimmung zusammenhängen (vgl. Bundeskriminalamt 2020, S. 17). Dabei muss jedoch berücksichtigt werden, dass die polizeiliche Kriminalstatistik grundsätzlich ausschließlich Aussagen über das Hellfeld treffen kann (vgl. Bundeskriminalamt 2020, S. 6 f.) und dass insbesondere bei Straftaten gegen die sexuelle Selbstbestimmung das Anzeigeverhalten durch zahlreiche Faktoren beeinflusst wird, wie beispielsweise Scham oder die Häufung auch schwerer Übergriffe innerhalb des familialen Kontexts (vgl. *Seifert* 2014, S. 88 f.). Insbesondere bei (innerfamilialen) Sexualstraftaten ist zudem die sogenannte retrospektive Opferbefragung – eine der gängigen Methoden der Dunkelfeldforschung – sehr problematisch, sodass die Aufhellung des Dunkelfeldes im Hinblick auf diese Deliktgruppe erschwert wird (vgl. mit weiteren Verweisen *Elz* 2001, S. 39 f.; *Quenzer* 2010, S. 58 f.).

Einschlägige Rückfalltaten nach Sexualdelinquenz stehen häufig im medialen Fokus und sorgen in ihrer erhöhten öffentlichen Wahrnehmung ferner für die verstärkt negative Zuschreibung der in diesem Deliktsbereich straffällig gewordenen Haftentlassenen (vgl. *Levenson & D'Amora* 2007, S. 187). Dies ist insbesondere vor dem Hintergrund der vergleichsweise niedrigen einschlägigen Rückfallquoten auffällig (vgl. *Seifert* 2014, S. 106). Zwar gibt es hier keine gesicherten einheitlichen Angaben, jedoch bewegen sich die Ergebnisse unterschiedlicher deutscher Studien zu einschlägigen Rückfällen nach Sexualdelinquenz zwischen 22 Prozent (vgl. *Elz* 2001, S. 202), 20 Prozent (vgl. *Egg* 1998, S. 65), 15,2 Prozent (vgl. *Rehder & Suhling* 2008, S. 255) und 3 Prozent bei sexuellen Gewalttaten (vgl. *Jehle et al.* 2016, S. 253) beziehungsweise 5 Prozent bei sexuellen Missbrauchsdelikten (vgl. *Jehle et al.* 2016, S. 256). Die Zahlen schwanken unter anderem deshalb so stark, weil sich der Beobachtungszeitraum, die Zusammensetzung der Stichprobe und die Definition des einschlägigen Rückfalls sowie die Kategorisierung nach Art des Delikts unterscheiden. Außerdem muss berücksichtigt werden, dass es sich hierbei ebenfalls um Auswertungen von Hellfelddaten handelt. Straftaten, die der Polizei nicht bekannt und die daher nicht strafrechtlich verfolgt wurden, wurden nicht einbezogen.

Sexualstraftaten stehen nicht zuletzt im Fokus der Kriminalpolitik und speziell für diese Deliktgruppe ergeben sich hier Besonderheiten in der Gesetzgebung. In den USA folgen beispielsweise auf eine entsprechende Verurteilung Einträge in öffentlich einsehbare Register[13] oder vorgegebene Wohn- und Aufenthaltsbeschränkungen nach der Entlassung (vgl. *Laws & Ward* 2011, S. 128–133). Die zusätzlichen Restriktionen beeinflussen die Bedingungen für den weiteren Lebensverlauf der Haftentlassenen maßgeblich (*Yoder & Farkas* 2017, S. 40). Die betreffenden Personen sehen sich in Folge des Bekanntwerdens der Straftat auf der Grundlage entsprechender Register mit Drohungen und Vigilantismus konfrontiert, was ebenfalls für ihre Familien gilt (vgl. *Yoder & Farkas* 2017, S. 44). Wohnbeschränkungen können gleichermaßen destabilisierende Folgen nach sich ziehen, wie Isolation, verschärfte finanzielle Probleme und emotionale Belastungen (vgl. *Farkas & Miller* 2007, S. 89 f.). Doch auch darüber hinaus sind vermehrte Schwierigkeiten bei dieser Gruppe Haftentlassener zu beobachten. Die praktischen, rechtlichen und sozialen Konsequenzen nach der Inhaftierung in Folge einer Sexualstraftat sind noch gravierender als bei anderen Straftaten und beeinflussen dementsprechend den Wiedereingliederungsprozess besonders negativ (vgl. *Levenson et al.* 2007, S. 598). Vor allem Probleme in Bezug auf Wohnsituation, Erwerbsarbeit und Beziehungsgestaltung sind zu beobachten (vgl. *Levenson et al.* 2007, S. 598; vgl. *Mercado et al.* 2008, S. 200 f.). Zudem treten bei Personen, die aufgrund einer Sexualstraftat inhaftiert waren, in schwerwiegenderem Maße und häufiger Gefühle der Verletzlichkeit auf, als dies bei anderen Haftentlassenen der Fall ist, nicht zuletzt da sie und ihre Familienmitglieder Bedrohungen und Fälle von Sachbeschädigung erleben (vgl. *Levenson et al.* 2007, S. 593 f.; vgl. *Mercado et al.* 2008, S. 201 f.). Dabei scheinen Missbrauchstäter noch stärker von entsprechenden Konsequenzen betroffen zu sein als andere Sexualstraftäter (vgl. *Levenson et al.* 2007, S. 593). Im Hinblick auf berufliche Schwierigkeiten stellen *Atkin* und *Armstrong* (2013) eine geringere Bereitschaft aufseiten potenzieller Arbeitgeberinnen beziehungsweise Arbeitgeber fest, Personen mit bestimmten Vorstrafen einzustellen. Dies gilt beispielsweise für Mord und Raub ebenso wie für Vergewaltigung (vgl. *Atkin & Armstrong* 2013, S. 86).

Diese in US-amerikanischen Studien identifizierten Ausgrenzungserfahrungen sind nicht gänzlich auf den europäischen beziehungsweise deutschen Kontext zu übertragen. Es bestehen wesentliche Unterschiede in den jeweiligen vorgefundenen Gegebenheiten, also rechtlichen Rahmenbedingungen und gesellschaftlichen Dynamiken

13 Welche Delikte hier als Sexualdelikte gelten und damit für die Registrierungspflicht relevant sind, ist in den US-Bundesstaaten unterschiedlich geregelt, hat sich über die Zeit hinweg verändert (vgl. *Harris* 2017, S. 258) und entspricht nicht in allen Punkten der Definition von Straftaten gegen die sexuelle Selbstbestimmung im Sinne des deutschen Strafrechts.

der unterschiedlichen Länder. Ganz grundsätzlich ist zu beachten, dass sich die Sozialsysteme und damit beispielsweise die Arten der finanziellen Existenzsicherung für aus der Haft entlassene Personen voneinander unterscheiden (zur Situation Haftentlassener und ihrer Familien in den USA im Hinblick auf staatliche Unterstützung siehe beispielsweise *Petersilia* 2003, S. 124–126 oder *Sugie* 2012, S. 1404–1408). Zudem müssen Unterschiede berücksichtigt werden, die sich aufgrund der Bevölkerungszusammensetzung und der gesellschaftlichen Strukturen beziehungsweise der damit verbundenen Benachteiligung einzelner Bevölkerungsgruppen ergeben – „race matters" (vgl. *Middlemass* 2017, S. 39–44). Außerdem sind für Haftentlassene in den USA generell diverse Restriktionen wie beispielsweise bezüglich des Wahlrechts vorgesehen (vgl. *Laws & Ward* 2011, S. 128 f.). Insbesondere die zusätzlichen Regelungen in Anschluss an Sexualstraftaten könnten dafür sorgen, dass die Ausgrenzungserfahrungen in Ländern mit den bereits angesprochenen besonders strengen Regelungen eventuell verstärkt zu beobachten sind (vgl. *Levenson et al.* 2007, S. 587, 598). In Bezug auf die spezifische Nachentlassungssituation von Personen, die in Deutschland aufgrund eines Sexualdelikts inhaftiert waren, ist zu bemerken, dass diese in vielen Fällen im Anschluss an die Inhaftierung im Rahmen ambulanter Nachsorgemaßnahmen begleitet werden (vgl. *Leygraf* 2004, S. 57). Daraus ergeben sich zwar ebenfalls Weisungen, wie beispielsweise Restriktionen bezüglich des Aufenthaltsorts, das Untersagen gewisser Freizeitaktivitäten, oder die Pflicht, einen Wohnortwechsel anzuzeigen (vgl. *Kurze* 2004, S. 248 f.; siehe *Anhang 3*). Jedoch sind beispielsweise strenge Wohnbeschränkungen oder insbesondere öffentlich einsehbare Register wie in den USA nicht vorhanden. Inwiefern dennoch ähnliche Stigmatisierungserfahrungen auch für wegen eines Sexualdelikts verurteilte Personen in Deutschland zutreffen, ist noch wenig erforscht.

Nach *Goffman* ist zwar grundsätzlich jede Person stigmatisierbar (vgl. *Goffman* 1979, S. 161, 169 f.), dennoch erhöhen nach seiner Theorie bestimmte Stigmata die Wahrscheinlichkeit und Häufigkeit der Ausgrenzung (vgl. *Goffman* 1979, S. 170). Davon kann im Falle von Straffälligen oder Haftentlassenen ohnehin ausgegangen werden und insbesondere Personen, die in Folge einer Straftat gegen die sexuelle Selbstbestimmung inhaftiert waren, sind diesbezüglich wohl besonders exponiert. Die Häufigkeit der Berichterstattung und die Darstellung der Straftaten in den Medien spielen dabei eine wesentliche Rolle. Dort werden in erster Linie einzelne, besonders schwerwiegende Straftaten in den Fokus gerückt, die als Sensation präsentiert werden. Dies befördert die beschriebene Dynamik. Ein ähnlich aufgeladener gesellschaftlicher Diskurs wie in den USA ist auch in Deutschland zu beobachten (vgl. *Hefendehl* 2000, S. 181 f.; vgl. *Seifert* 2014, S. 67–70; vgl. *Kröber* 2018, S. 291). Dabei werden Personen nach einer entsprechenden Verurteilung meist als einer homogenen Gruppe angehörig wahrgenommen, was so nicht zutrifft (vgl. *Hahn* 2008, S. 97). In der Forschung spricht man diesbezüglich von der „myth of homogeneity" (*Yoder & Farkas* 2017, S. 20). Entsprechend entwickeln sich die Stereotype entlang dieser (medialen) Darstellung (vgl. *Willis et al.* 2010, S. 553; vgl. *Seifert* 2014, S. 67–70, 156).

> In summary, it seems that negative public attitudes towards sex offenders are partly a function of moral outrage and disgust towards sex offenders, regardless of their typology or assessed level of recidivism risk, and partly a function of public misperceptions about sex offenders (*Willis et al.* 2010, S. 551).

In der Folge ist eine negative Auswirkung dieser Dynamiken auf die Wiedereingliederung möglich. Haftentlassene Personen lehnen daher häufig entschieden das Label des Sexualstraftäters ab, um den negativen Konnotationen entgegenzuwirken, die damit einhergehen (vgl. *Farmer et al.* 2016, S. 1767). In der Forschung ist bekannt, dass die Abgrenzung anderer Straffälliger von Personen, die Sexualstraftaten begangen haben, schon während des Haftaufenthalts weit verbreitet ist. Es ist anzunehmen, dass diese Distanzierung der eigenen Identitätsbildung dient und mit moralischen Vorstellungen verknüpft ist, die innerhalb der sogenannten Gefängnis-Hierarchie gelten. Insbesondere eine Straftat gegen eine vermeintlich schwächere Person gilt dabei als problematisch (zur narrativen Konstruktion einer solchen Abgrenzung sowie zu ihren Motiven und Folgen siehe beispielsweise *Ugelvik* 2015).

Ausgehend von diesen Erkenntnissen wird deutlich, dass die Chancen auf eine gleichwertige Teilhabe an sozialer Interaktion und damit auf Wiedereingliederung für Verurteilte eines Sexualdeliktes im Vergleich mit anderen Straftätern erschwert sein können. In der Folge können sich diese Hindernisse und diese Formen der Ausgrenzung auch auf die Legalbewährung der haftentlassenen Personen negativ auswirken.

2.3.2 Der Prozess der Legalbewährung nach Sexualstraftaten

In der deutschen Forschung stehen hinsichtlich Sexualdelinquenz häufig Rückfalluntersuchungen sowie Fragestellungen zu Risiko- und Schutzfaktoren im Vordergrund. Als Risikofaktoren werden hier bezogen auf die Nachentlassungssituation beispielsweise „Gefühle der Hilfslosigkeit", „fehlende Struktur", „Alkohol- und/oder Drogenabhängigkeit", „familiäre Probleme/Defizite", „soziale Isolation" und „deviante Peer Groups" identifiziert (*Koch-Arzberger et al.* 2011, S. 75). Während der Rückfälligkeit von Personen, die Straftaten gegen die sexuelle Selbstbestimmung begangen haben, besonders viel Aufmerksamkeit zukommt, werden sie in der Desistance-Forschung häufig vernachlässigt beziehungsweise sogar explizit beim Sampling der Studien ausgeschlossen (vgl. beispielsweise *Healy* 2010, S. 51). Ein Grund für diese Sonderbehandlung kann die Annahme sein, dass der Prozess der Legalbewährung nach Sexualdelikten anders verläuft (vgl. *Lussier & McCuish* 2016, S. 1792). Die bereits zum Thema veröffentlichten empirischen Studien lassen aber vermuten, dass dies nicht zutrifft und ähnliche stabilisierende Faktoren greifen wie bei anderen Deliktgruppen (vgl. *Lussier & McCuish* 2016, S. 1792). Dementsprechend sind die Erkenntnisse aus der Forschung zur Legalbewährung im Allgemeinen durchaus aufschlussreich. Jedoch stellen *Lussier et al.* (2016) fest, dass der genaue Verlauf des Prozesses für Personen, die eine Sexualstraftat begangen haben, dennoch nach wie vor nicht abschließend geklärt ist und weiter empirisch untersucht werden muss (*Lussier et al.* 2016, S. 1712).

Eine Untersuchung des Prozesses der Legalbewährung anhand qualitativer Daten unternimmt *Hahn* (2007), der mit seiner Analyse eine Ausnahme in der deutschen Forschungslandschaft darstellt. Er arbeitet auf der Grundlage von 12 Interviews mit Personen, die in Folge einer Sexualstraftat im Maßregelvollzug untergebracht waren, stabilisierende Faktoren für einen Verlauf ohne Rückfall heraus (vgl. *Hahn* 2007, S. 206, 214 f.). Dabei konzentriert er sich sowohl auf protektive Faktoren, die sich aus der Kindheit, Adoleszenz oder dem Erwachsenenalter vor der Unterbringung im Maßregelvollzug ergeben (vgl. *Hahn* 2007, S. 325, 333, 339), als auch auf Aspekte, die sich aus dem therapeutischen Setting in und nach der Maßnahme ableiten lassen (vgl. *Hahn* 2007, S. 349, 359). Hier stehen vornehmlich Faktoren im Vordergrund, die bei der Betrachtung des gesamten Lebensverlaufs beziehungsweise aus psychologischer Fachperspektive von Bedeutung sind. Abschließend beleuchtet er Einflussfaktoren, die sich in der Lebenssituation nach der Entlassung identifizieren lassen (vgl. *Hahn* 2007, S. 361). Letztere Aspekte sind für die vorliegende Arbeit von besonderem Interesse.

Als erste stabilisierende Einflüsse bezüglich dieses Lebensabschnitts werden das „Gefühl von Verstehbarkeit“ und „Handhabbarkeit“ angeführt (*Hahn* 2007, S. 361, 363). Es handelt sich hier um die Fähigkeit der Befragten, Lebenszusammenhänge erfassen und verstehen und damit auch die Entwicklungen in ihrem Lebensverlauf reflektieren zu können (vgl. *Hahn* 2007, S. 361 f.). Gleichzeitig haben sie den Eindruck, dass ihre Lebenssituation für sie zu bewältigen ist (vgl. *Hahn* 2007, S. 364). Zudem werden Strategien, die die Befragten im Laufe der Therapie erlernt haben, von ihnen umgesetzt und auf die aktuelle Lebenssituation übertragen. Sie schaffen damit einen Transfer von erlernten Verhaltensweisen in die konkrete Umsetzung in ihrem Alltagsverhalten (vgl. *Hahn* 2007, S. 364 f.). An dieser Stelle ergibt sich eine Verbindung zu protektiven Faktoren, die aus der Maßnahme heraus entwickelt wurden. Ein weiterer stabilisierender Faktor ist das sogenannte „Hoffnungspotenzial“ (*Hahn* 2007, S. 366). Dies ergibt sich aus einem gewissen Optimismus hinsichtlich des weiteren Verlaufs, wobei zugleich die Risikofaktoren von den Befragten nicht ignoriert werden (vgl. *Hahn* 2007, S. 366). Besonders deutlich wird die psychologische Perspektive, die *Hahn* seiner Analyse zugrunde legt, – und eventuell auch die spezifische Stichprobe von Tätern aus dem Maßregelvollzug – bei Aspekten wie der Empathiefähigkeit, der Besserung psychiatrischer Symptomatik, der Introspektionsfähigkeit und dem Selbstwirksamkeitserleben, die er ebenfalls als protektiv identifiziert (vgl. *Hahn* 2007, S. 367 f., 372 f.). Zwei weitere stabilisierende Aspekte hängen dagegen direkt mit den oben beschriebenen Schwierigkeiten während des Wiedereingliederungsprozesses und der Übergangsproblematik zusammen. Relevant sind hier sowohl die Fähigkeit zur Anpassung an vorgefundene Gegebenheiten als auch die Distanzierung von negativen Einflüssen (vgl. *Hahn* 2007, S. 369 f.). Abschließend wird die Bedeutung eines geregelten Einkommens und der Verfügbarkeit sowohl institutioneller als auch informeller Hilfs- und Kontrollinstanzen beschrieben. Beispiele dafür sind die Bewährungshilfe oder eine stabile Partnerschaft sowie sonstige soziale Kontakte zu nicht delinquenten Personen im Nahraum (vgl. *Hahn* 2007, S. 373, 376 f.). An dieser Stelle wird deutlich, dass „interne (in der Person angesiedelte) und externe Faktoren" (*Hahn* 2007, S. 361) als protektiv für den Nachentlassungsverlauf identifiziert werden können. Betont wird zudem, dass die Ausgewogenheit dieser Aspekte entscheidend für einen Verlauf ohne Rückfall ist (vgl. *Hahn* 2007, S. 379).

Diese Untersuchung gibt somit einen sehr detaillierten und gleichzeitig vielseitigen Einblick in stabilisierende Einflüsse, die den Nachentlassungsverlauf von Sexualstraftätern prägen können. Da es neben dieser Studie kaum ähnlich gelagerte Ansätze in Deutschland gibt, werden im Folgenden zusätzlich zwei wegweisende Forschungen aus den USA beziehungsweise Kanada genauer dargestellt.

Eine der wenigen Studien, die auf der Grundlage qualitativer Daten ausschließlich den Desistance-Prozess von männlichen Sexualstraftätern untersucht, ist die Analyse von *Harris* (vgl. 2017, S. 43). Sie konzentriert sich nicht wie *Hahn* (2007) auf die Identifizierung von protektiven Faktoren, sondern arbeitet Strategien innerhalb des Prozesses der Legalbewährung heraus. Mit über 70 Interviews ist ihre Stichprobe für eine qualitative Analyse sehr umfassend. Die von *Harris* identifizierten Strategien der Befragten sind „retirement", „regulation" und „recovery", die jeweils durch zwei bis vier unterschiedliche Muster zu charakterisieren sind (vgl. *Harris* 2017, S. 13 f., 136).

Der erste Begriff, „Retirement", verweist auf eine Art natürlich entstehende Legalbewährung beispielsweise aufgrund eines Reifeprozesses, nicht aber im Sinne eines Alterungsprozesses, der Straftaten in Folge des hohen Alters unmöglich macht (vgl. *Harris* 2017, S. 141 f., 173). Diese Beobachtung findet sich in ähnlicher Weise auch in anderen Konzepten des Forschungsfelds. Beispielsweise ist das Herauswachsen aus kriminellem Verhalten entsprechend des Zusammenhangs von Alter und Kriminalitätsaufkommen bereits bekannt und empirisch belegt (vgl. *Harris* 2017, S. 139). Ferner wird in der Forschung darauf verwiesen, dass Haftentlassene in der retrospektiven Erzählung ihr Leben in zwei Abschnitte teilen. Der eine wird mit kriminellem Verhalten in Verbindung gebracht und der andere ohne Delinquenz mit einem neuen Selbstkonzept beschrieben (vgl. *Harris* 2017, S. 140–143). Eine solche Einteilung nehmen jedoch nur die wenigsten der von *Harris* befragten Probanden vor, und interessanterweise eher die jüngeren innerhalb der Stichprobe (vgl. *Harris* 2017, S. 145).

Bezüglich der zweiten Strategie, die *Harris* als Regulierung bezeichnet, stehen die Auflagen und Anforderungen im Mittelpunkt, die an die Haftentlassenen herangetragen werden. „Their behavioral change was often described, quite simply, as the product of zealous regulation" (*Harris* 2017, S. 181). Diese Beobachtung findet keine Entsprechung in den gängigen Theorien zur Legalbewährung (zum Beispiel soziale Kontrolltheorien oder Identitätstheorien (vgl. *Harris* 2017, S. 180)) obwohl diese Ausprägung in *Harris*' Untersuchung mit Abstand am häufigsten auftritt (vgl. *Harris* 2017, S. 179). Dabei ist die Bandbreite der Reaktionen und des Umgangs mit den Auflagen, beziehungsweise das Spektrum der Schlüsse, die die Befragten daraus ziehen, sehr weit (vgl. *Harris* 2017, S. 181). Letztlich geht es bei den betreffenden Probanden aber nicht nur um die formalen Auflagen beziehungsweise Restriktionen, sondern auch um ihre – wie *Harris* (vgl. 2017, S. 182) es ausdrückt – Paranoia und Angst. Die von ihr Befragten befürchteten stets, sich falsch zu verhalten, und setzten sich beinahe obsessiv damit auseinander, wann sie sich wie verhalten und wo aufhalten können und dürfen (vgl. *Harris* 2017, S. 181). Somit sei bei diesen Befragten eine besonders starke Belastung, Verunsicherung und Anspannung zu beobachten und die Stimmung in den Interviews wird häufiger als ausgesprochen negativ und hoffnungslos beschrieben (vgl. *Harris* 2017, S. 183, 215 f.).

Hinsichtlich der dritten und letztgenannten Strategie beschreiben die Probanden eine Veränderung, die jedoch auf unterschiedliche Wirkmechanismen und Motivationen zurückgeführt wird. Allerdings schließt sie nicht zwingend ein „Narrativ der Erlösung" ein, wie *Maruna* es skizziert (vgl. *Harris* 2017, S. 219). Diese Tatsache führt *Harris* auf die spezifische Situation der betreffenden Tätergruppe zurück, der aufgrund der Sexualdelinquenz und des stets zugeschriebenen hohen Rückfallrisikos kein solches Narrativ zur Legalbewährung offenstehe (vgl. *Harris* 2017, S. 223). Dennoch sind die Befragten, bei denen eine Strategie der Besserung oder eines „Zu-Sich-Kommens" („recovery") vorliegt, diejenigen, die sich am ehesten vom Label des Sexualstraftäters distanzieren können (vgl. *Harris* 2017, S. 223 f.).

Die Untersuchung von Harris macht jedoch auch deutlich, dass die Nachentlassungssituation aller Befragten von Restriktionen und Auflagen, Stigmatisierung sowie diversen Schwierigkeiten geprägt ist (vgl. *Harris* 2017, S. 260 f.). Die zuvor beschriebene Stigmatisierungs-Problematik, die die Wiedereingliederung beeinträchtigt, kann sich ebenso auf die Legalbewährung auswirken – im Spannungsfeld der exponierten Situation und damit verbundenen zusätzlichen Restriktionen (vgl. *Levenson & Hern* 2007, S. 67 f.). „The marginalization and social exclusion of sex offenders reduces their citizenship potential and may in turn diminish their investment in mainstream social values and increase their resentment toward society" (*Levenson et al.* 2007, S. 598). Damit bestehen Zusammenhänge zwischen Stigmatisierung und erneuter Straffälligkeit (vgl. *LeBel et al.* 2008, S. 151). Anhand der von *Harris* identifizierten Strategie, die mit den Auflagen in Verbindung steht, ist dieser Einfluss ebenfalls anzunehmen. Sie spricht in diesem Kontext von auffallender Unsicherheit und Hoffnungslosigkeit sowie negativen Entwicklungen, die in den Interviews auffielen und als risikoreich eingestuft werden können, auch wenn bisher Desistance anzunehmen war (vgl. *Harris* 2017, S. 215 f.). Allgemein ist ein grundlegendes Ergebnis ihrer Studie, dass nach Sexualstraftaten ebenso Legalbewährung erreicht werden kann, wie es bei Personen der Fall ist, die andere Delikte begangen haben. Diese Annahme war auf Grundlage des bisherigen Forschungsstands zu diesem Zeitpunkt nicht selbstverständlich und ist daher umso wichtiger, insbesondere weil sie die Sonderbehandlung dieser Tätergruppe bezüglich Restriktionen und Auflagen in Frage stellt (vgl. *Harris* 2017, S. 258–263). Die zusätzlichen Einschränkungen gründen zwar auf der Annahme einer erhöhten Gefährlichkeit von Personen, die Sexualstraftaten begangen haben, und sollen die Gesellschaft vor weiteren Übergriffen schützen, sie tragen aber wie gerade beschrieben vielmehr zu destabilisierenden Nachentlassungsverläufen bei (vgl. *Levenson & Hern* 2007, S. 68 f.). Damit wirken sie ihrem eigentlichen Ziel entgegen und scheinen das Rückfallrisiko eher zu verstärken. *Harris* problematisiert diesbezüglich die beträchtliche Zahl von knapp einer Millionen Menschen, die im US-amerikanischen Register für Sexualstraftäter, das öffentlich zugänglich ist, geführt werden (vgl. *Harris* 2017, S. 8).[14] Diese Einblicke, die *Harris* durch die Analyse qualitativer Interviews mit haftentlassenen Sexualstraftätern gewährt, liefern wegweisende Erkenntnisse zu dieser Tätergruppe und ihren Nachentlassungsverläufen ohne Rückfall.

Fragestellungen zur Legalbewährung nach Sexualstraftaten gehen auch *Lussier* und *McCuish* (2016) in ihren in Kanada durchgeführten empirischen Analysen nach. Entgegen den beiden vorab ausführlich dargestellten Studien bedienen sie sich vornehmlich quantitativer Methoden (vgl. *Lussier & McCuish* 2016, S. 1799). Bei der Stichprobe handelt es sich um 500 ausschließlich männliche Probanden, die mindestens ein Sexualdelikt begangen haben (vgl. *Lussier & McCuish* 2016, S. 1795). Es wird – in Übereinstimmung mit den oben dargestellten Theorien mit Schwerpunkt auf sozialen Faktoren – argumentiert, dass Legalbewährung nicht ohne den entsprechenden sozialen Kontext gedacht werden kann – nicht ohne „friends, activities of social control agents, as well as self-identity, cultural views, and opportunities" (*Lussier & McCuish* 2016, S. 1804). Zwar unterstützen die Ergebnisse ihrer Studie diese Annahmen, dennoch weichen sie von einigen der Ergebnisse von *Sampson* und *Laub* (1993; 1997) ab. Beispielsweise reduziere die Ehe zwar Kontakte zu delinquenten Freunden und sollte somit stabilisierend wirken, das konnte in der Studie zu Sexualstraftätern so jedoch nicht belegt werden. Als mögliche Erklärung hierfür wird angeführt, dass die Ehen der Befragten anders beschaffen seien und die jeweiligen

14 *Harris* ist zwar eine australische Forscherin, ihre Studie führte sie jedoch im Nordosten der USA durch. Der Großteil der Stichprobe hatte (langfristig oder zumindest kurzzeitig) Kontakt zum Massachusetts Treatment Center in Bridgewater (vgl. *Harris* 2017, S. 42). Dementsprechend gelten auch hier diverse Wohn- und Aufenthaltsbeschränkungen sowie die Registrierungspflicht in öffentlich einsehbaren Registern.

Partnerinnen beziehungsweise Partner nicht im selben Maße direkte und indirekte soziale Kontrolle ausübten (vgl. *Lussier & McCuish* 2016, S. 1804). Eine weitere Erkenntnis bezieht sich auf den Einfluss des Substanzmittelkonsums. Zum einen verursache der Konsum einen verzögerten Eintritt in prosoziale, erwachsene Rollen, die nicht mit deviantem Verhalten vereinbar sind. Der Prozess würde damit gehemmt. Zum anderen bewegten sich die betreffenden Personen häufig in Subkulturen, die diese Rollen nicht befördern sowie keine ausreichende informelle soziale Kontrolle bieten (*Lussier & McCuish* 2016, S. 1805). Auch hier stellt sich somit kein positiver Einfluss durch die sozialen Kontakte auf die Legalbewährung ein.

Insgesamt ist anzunehmen, dass Sexualstraftäter ohnehin nur ein sehr begrenztes Maß an sozialer Unterstützung während ihrer Wiedereingliederung erfahren und zudem lediglich über minimale Ressourcen verfügen, um ein neues soziales Netzwerk aufzubauen. Entsprechend schwer fällt ihnen die Loslösung von alten Kontakten und Freunden, auch wenn ihnen bewusst ist, dass diese Kontakte risikobehaftet sind (*Lussier & McCuish* 2016, S. 1805). Die Autoren gehen auf der Grundlage ihrer Untersuchung davon aus, dass generell die Möglichkeit besteht, dass Legalbewährung für manche Haftentlassene trotz fehlender Wiedereingliederung möglich ist (vgl. *Lussier & McCuish* 2016, S. 1791). Ein denkbarer Erklärungsansatz für diese übergeordnete Einschätzung ist, dass eine Wiedereingliederung für die Befragten von vornherein keine Option darstellte, da sie schon vor ihrer Haft nicht in die Gesellschaft integriert waren oder sich zumindest selbst nicht integriert sahen. Das Label eines haftentlassenen Sexualstraftäters verstärke diese Haltung und befördere die Hinwendung zu anderen Personen, denen ebenfalls ein solches oder ähnliches Attribut zugeschrieben wird (vgl. *Lussier & McCuish* 2016, S. 1806). Hier stehen *Lussier* und *McCuish* der Forschung zu Wiedereingliederung nahe, die – wie eingangs erwähnt – genau diese Vorannahme der Wiedereingliederung gegenüber der Eingliederung in der gängigen Literatur in Frage stellt (vgl. *Bushway* 2006, S. 565). Sie beschreiben somit den Prozess bezüglich der Legalbewährung nach Sexualstraftaten mit gewissen Besonderheiten gegenüber dem anderer Deliktgruppen und gewähren einen Einblick in mögliche Verläufe. Sie stellen aber selbst fest, dass ihre Ergebnisse vor dem Hintergrund der kognitiven Schemata der Haftentlassenen erneut untersucht werden müssten (vgl. *Lussier & McCuish* 2016, S. 1807).

2.3.3 Integrierende Theorie zur Legalbewährung nach Sexualstraftaten

Die Verbindung zwischen strukturellen und individuellen Faktoren ist in Hinblick auf den Wiedereingliederungsprozess und die Legalbewährung von großer Bedeutung (vgl. *Hahn* 2007, S. 379, 395). Geht man generell davon aus, dass Strukturen Handlungsmächtigkeit möglich machen oder verhindern können (vgl. *Baur* 2005, S. 150), sind gleichermaßen der Prozess der Legalbewährung wie auch der Wiedereingliederungsprozess immer ein Produkt des Zusammenspiels beider Faktoren.

Man kann diesen Blickwinkel mit einem Konzept von *Sen* (2009) in Verbindung bringen. Er spricht von „functioning“ und „capabilities“. Ersteres steht für die Dinge, die eine Person gerne sein und tun möchte – im Sinne der Desistance-Forschung zum Beispiel „being a good father“, „a normal person“, „a good citizen“ (*Farrall et al.* 2010, S. 562). „Capabilities“ hingegen sind die Dinge, die eine Person umsetzen kann und die Möglichkeiten, die sich ihr bieten – also „real opportunities“ (*Farrall et al.* 2010, S. 562) wie etwa gesellschaftliche Teilhabe, Erwerbsarbeit, Familiengründung. Sie müssen gegeben sein, da die Personen nur auf diese Weise werden können, wer sie sein wollen, und ihr Leben entsprechend gestalten können (vgl. *Farrall et al.* 2010, S. 561–563).

Ausgehend von einer solchen Verzahnung der unterschiedlichen Faktoren plädieren *McAlinden et al.* (2017, S. 276) für eine sogenannte „integrated theory of desistance from sexual offending“. Sie halten fest, dass der allgemeine Zusammenhang zwischen Alter und Delinquenz ebenfalls im Fall von Sexualdelikten zu beobachten ist, jedoch etwas weniger deutlich. Die Kriminalitätsbelastung nimmt mit dem Alter etwas langsamer ab und die Rückfallraten sind insgesamt niedriger als bei anderen Straftaten. Man kann daher davon ausgehen, dass sich der Verlauf der Legalbewährung von Sexualstraftätern von jenem anderer Straftäter unterscheidet (*McAlinden et al.* 2017, S. 267 f.). Die ihrer Untersuchung zugrunde liegende Stichprobe umfasst 32 Interviews mit Personen, die aufgrund mindestens eines Missbrauchsdelikts an Kindern verurteilt worden sind (vgl. *McAlinden et al.* 2017, S. 269 f.). Dabei unterscheiden *McAlinden et al.* zwischen Befragten, die nach ihrer Entlassung nicht mehr strafrechtlich in Erscheinung getreten sind, und denjenigen, die weiterhin kriminell aktiv sind (vgl. *McAlinden et al.* 2017, S. 270).

Die Studie kommt zu dem Ergebnis, dass die alternative Identität der Straffälligen maßgeblich durch Erwerbstätigkeit und Beziehungen mitgestaltet wird, die pro-soziale Rollen sowie die Ausbildung eines zukünftigen Selbst ermöglichen und bestärken (*McAlinden et al.* 2017, S. 276). Insbesondere bei den Personen, die nicht mehr straffällig geworden sind, zeigten sich klare Vorstellungen von diesem neuen Selbst, wobei die Befragten gleichzeitig eine Vielzahl an Schwierigkeiten und Hindernissen benannten, denen sie sich in diesem Verlauf ausgesetzt sahen. Vergleichbare Problematiken seien so in Untersuchungen mit anderen Straffälligen, die keine Sexualdelikte begangen haben, nicht zu finden (vgl. *McAlinden et al.* 2017, S. 277). Die Studie endet mit folgendem Fazit:

> Put simply, the agentic willingness to change on the part of individuals like those in this sample needs to be accompanied by credible social opportunities for change and a range of external situational supports to help sex offenders achieve meaningful lives (*McAlinden et al.* 2017, S. 278).

Die Identitätskonstruktion bedarf also sowohl der Bemühungen der Person als auch entsprechenden Strukturen, damit die Umsetzung dieser Konstruktion gelingen und sie in das Alltagsleben überführt werden kann. Damit ähneln die Ergebnisse den Erkenntnissen, die schon für anders zusammengesetzte Stichproben ohne Berücksichtigung von Sexualdelinquenz herausgearbeitet wurden (vgl. *LeBel et al.* 2008, S. 154; vgl. *Soyer* 2014, S. 104; vgl. *Healy* 2014, S. 873). Im Falle des Verlaufs nach Sexualstraftaten scheint der entsprechende Schritt allerdings aufgrund des erhöhten Ausmaßes der Stigma-Problematik erschwert zu sein und beschneidet die Möglichkeiten der zukünftigen Ausgestaltung (vgl. *McAlinden et al.* 2017, S. 278). Diese Erkenntnisse, die eine Wechselwirkung zwischen sozialen und subjektiven Faktoren bezüglich der Legalbewährung bestätigen, sind ein entscheidender Aspekt in der Forschung zur Nachentlassungssituation haftentlassener Sexualstraftäter.

McAlinden et al. problematisieren zwar die Kategorisierung in Vergleichsgruppen, die auf Daten der Legalbewährung basieren, haben jedoch wie auch die wenigen anderen publizierten Untersuchungen in diesem Feld eine entsprechende Einteilung zu Beginn ihrer Studie vorgenommen (vgl. *McAlinden et al.* 2017, S. 271). Außerdem untersuchen sie ebenfalls gezielt die Aspekte Beziehung, Arbeit und Veränderung mit einem Fokus auf dem Prozess der Legalbewährung. Diese Schwerpunktsetzung ist zwar mit Blick auf die bisherigen theoretischen und empirischen Erkenntnisse zur Wiedereingliederung und Legalbewährung gut zu begründen, dennoch könnte ein eher offener und explorativer Ansatz darüber hinausgehende Erkenntnisse hervorbringen. Außerdem bezieht die genannte Studie ausschließlich Personen ein, die ein Missbrauchsdelikt an Kindern begangen haben (vgl. *McAlinden et al.* 2017, S. 269). Eine Forschungslücke in diesem Themenfeld ist also weiterhin gegeben (vgl. *McAlinden et al.* 2017, S. 266 f.).

2.3.4 Forschungsbedarf

Zusammengefasst leisten alle hier dargestellten Studien einen wertvollen Beitrag zur Erforschung des Prozesses der Legalbewährung und des Wiedereingliederungsprozesses im Allgemeinen sowie im Besonderen zur Deliktgruppe der Sexualstraftaten. Jedoch ist insbesondere der Prozess der Wiedereingliederung noch wenig erforscht und die Mehrzahl der Untersuchungen zu Personen, die Sexualstraftaten begangen haben, konzentriert sich auf den Aspekt der Legalbewährung. Darüber hinaus sieht man an der vergleichsweise geringen Zahl an Publikationen, dass es sich hier nur um eine sehr kleine Gruppe an Forschenden handelt, die zu diesem Thema arbeitet. Dabei kommt es vielfach zu Überschneidungen in den Konstellationen der jeweiligen Autorinnen und Autoren. Beispielsweise haben *Lussier, Harris* und *McAlinden* auch gemeinsam publiziert (vgl. *Lussier et al.* 2016, S. 1713 f.), ebenso wie *Farmer, McAlinden* und *Maruna* (2016). Sie wollen auf den Forschungsbedarf in diesem Themenbereich aufmerksam machen, fordern politische Veränderungen und tragen die bisherigen Kenntnisse aus der kanadischen, US-amerikanischen und britischen Forschung zusammen (vgl. *Lussier et al.* 2016, S. 1715). Daneben stellt *Hahn* (2007) in der deutschen Forschungslandschaft mit seiner qualitativen Analyse eine der wenigen Ausnahmen dar, da er eine ähnliche Fragestellung mit diesem methodischen Ansatz verfolgt und zudem über eine Rückfallanalyse hinaus den Nachentlassungszeitraum erforscht. Trotzdem besteht weiterhin ein großer Forschungsbedarf und viele Aspekte der Legalbewährung von Personen, die Sexualstraftaten begangen haben, bleiben nach wie vor unklar. So kann die bisherige Forschung insbesondere über die Lebensrealität der Haftentlassenen nur wenig aussagen. Darüber hinaus können die Ergebnisse aus anderen Ländern nur begrenzt auf die Situation in Deutschland übertragen werden, auch wenn sich einzelne Überschneidungen in den Erkenntnissen der ausführlich dargestellten zeigen. Letztlich fehlen damit Einblicke in weiterreichende Dynamiken losgelöst vom Fokus auf Rückfälligkeit und Legalbewährung. Die etwaige Voreingenommenheit bei der Analyse des Datenmaterials generiert in diesem Fall eventuell Unterschiede, die so nicht zwingend vorhanden sind. Mit dem diesbezüglich gesetzten Schwerpunkt der dargestellten Studien werden etwaige andere Aspekte des Nachentlassungsverlaufs gegebenenfalls vernachlässigt. Es bedarf daher weiterer Untersuchungen, die die Nachentlassungssituation und das Erleben der Wiedereingliederung von Sexualstraftätern abbilden. Vor diesem Hintergrund entstand die vorliegende Untersuchung.

Kapitel 3

Methode

3.1 Studiendesign der Gesamtstudie

Die hier ausgewerteten Daten sind Teil des Forschungsprojekts „Sexualstraftäter in sozialtherapeutischen Abteilungen des Freistaates Sachsen“. Es handelt sich dabei um eine Langzeitstudie, die seit 2003 am Max-Planck-Institut für ausländisches und internationales Strafrecht in Freiburg im Breisgau durchgeführt wird. Zielsetzungen dieses Projekts sind zum einen die Evaluation der sozialtherapeutischen Abteilungen in Sachsen und zum anderen die Darstellung und Analyse der Rückfallkriminalität von Personen, die Sexualstraftaten begangen haben. Zu diesem Zweck wurden in mehreren Erhebungswellen quantitative und qualitative Daten von ausschließlich männlichen Gewalt- und Sexualstraftätern erhoben. Die Gewaltstraftäter dienten dabei als Vergleichsgruppe zu den Sexualstraftätern, um deliktspezifische Unterschiede herausarbeiten zu können. Die Probanden sind entweder nach Jugend- oder Erwachsenenstrafrecht zu einer Freiheitsstrafe verurteilt worden und waren zum ersten Erhebungszeitpunkt in einer Justizvollzugsanstalt im Freistaat Sachsen inhaftiert. Dabei wurden Personen aus unterschiedlichen Vollzugsarten berücksichtigt: (a) Inhaftierte, die die Sozialtherapie in Haft durchliefen (SothA)[15], (b) Personen, die als Sozialtherapie-Abbrecher klassifiziert werden, da sie die Sozialtherapie vorzeitig beendet haben (SothA-Abbruch) sowie (c) Teilnehmer, die ihre gesamte Haftzeit im Regelvollzug untergebracht waren und somit nicht sozialtherapeutisch behandelt wurden (Regel). Die unterschiedlichen Befragungen fanden je nach Gruppe kurz nach Haftantritt beziehungsweise kurz nach Verlegung in eine sozialtherapeutische Abteilung (t1) statt, kurz vor Haftentlassung beziehungsweise kurz vor Beendigung der sozialtherapeutischen Maßnahme (t2) und bei allen Gruppen ungefähr eineinhalb Jahre nach der Haftentlassung (t3). Die detailliertere Beschreibung der Erhebung und des Verlaufs der Gesamtstudie sowie die bisherigen Erkenntnisse sind bereits in einem Band zu den vorläufigen Untersuchungsergebnissen veröffentlicht worden (*Wößner et al.* 2013). *Abbildung 1* zeigt den Erhebungsablauf der Gesamtstudie.

---

15 Die gesetzlichen Regelungen zur Verlegung in eine sozialtherapeutische Abteilung und der dort durchgeführten Behandlung finden sich in *Anhang 1*. Eine detaillierte Beschreibung der Ausgestaltung der Sozialtherapie im Freistaat Sachsen ist *Wößner & Brinkmann* (vgl. 2013, S. 98–103) zu entnehmen.

Abbildung 1 *Erhebungsablauf der Gesamtstudie*

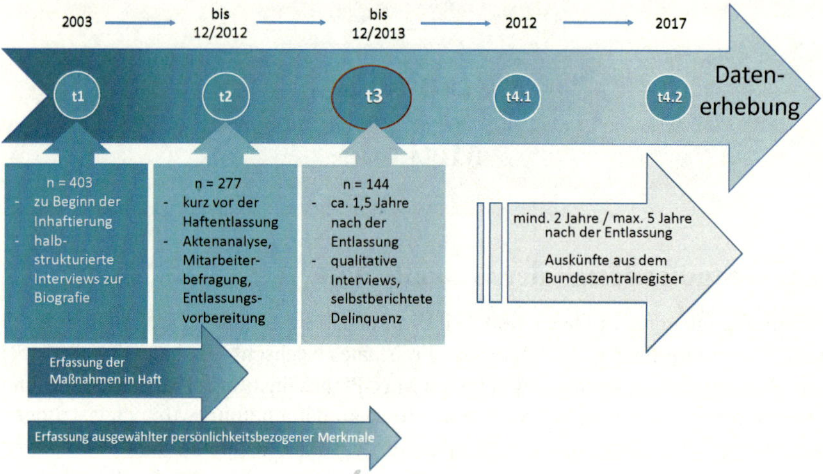

Im Fokus dieses Teilprojekts stehen die Daten der dritten Erhebungswelle t3, deren Schwerpunkt auf der qualitativen Erhebung in Form von teilstrukturierten Interviews zur Nachentlassungssituation lag. Daran anschließend füllten die Befragten einen Fragebogen zur selbstberichteten Delinquenz aus. Parallel zu diesen Erhebungen führten Mitarbeiterinnen und Mitarbeiter des Max-Planck-Instituts eine Aktenanalyse der Gefangenenpersonalakten durch. Somit konnten auch Rückfalldaten sowie täterbezogene statische Faktoren und deliktspezifische Merkmale in den Datenkorpus eingehen und zu einem späteren Zeitpunkt in der Analyse berücksichtigt werden.[16] Im Folgenden wird einleitend genauer auf die qualitative Datengrundlage dieser Untersuchung eingegangen und anschließend werden die Wahl des methodischen Zugangs und die konkreten Auswertungsschritte beschrieben. Danach folgen eine kurze Stichprobenbeschreibung und ein Hinweis zum Einbezug von Kontextinformationen. Abschließend werden die Grenzen der Studie aufgezeigt.

3.2 Datengrundlage

Die für die vorliegende Arbeit relevanten Daten stammen aus dem eben beschriebenen Datenkorpus der Gesamtstudie. In der letzten Erhebungswelle t3 wurden 147

---

16 Weitere zum ersten und zweiten Erhebungszeitpunkt gesammelte Daten flossen nicht in das durchgeführte Teilprojekt ein, da sie für die hier verfolgte Fragestellung nicht zielführend sind. Hierzu gehören unter anderem die innerhalb der Erhebungswellen t1 und t2 standardisierten psychologischen Testverfahren, Erhebungen zum Gefängnisklima oder die Befragung der in den Justizvollzugsanstalten vertretenen Fachdienste.

teilstrukturierte leitfadengestützte Interviews geführt und mithilfe eines Audiodatenträgers aufgenommen. Zwar haben 147 Probanden an dieser Nachbefragung teilgenommen, zur Auswertung waren jedoch nur 144 Interviews verwendbar. Mitarbeiterinnen und Mitarbeiter des Max-Planck-Instituts führten die Interviews mit den Haftentlassenen durch, wobei sie entweder in Besprechungsräumen von Hotels oder der Bewährungshilfe befragt wurden. Im Falle einer erneuten Inhaftierung zum Zeitpunkt des Nachentlassungsinterviews wurden die betreffenden Probanden in der jeweiligen Justizvollzugsanstalt interviewt. Für die anschließende Auswertung verschriftlichte und anonymisierte ein Transkriptionsbüro das Datenmaterial. Die Interviews dauerten zwischen ca. 45 Minuten und drei Stunden, was umfangreiches Datenmaterial zur Analyse bereitstellte. Bei den 144 Befragten handelt es sich sowohl um Personen, die in Folge eines Gewaltdelikts zu einer Freiheitsstrafe verurteilt wurden, als auch um Personen, die aufgrund einer Sexualstraftat inhaftiert waren. Verurteilt wurden sie mehrheitlich nach Erwachsenenstrafrecht, aber auch einzelne Verurteilte nach Jugendstrafrecht nahmen an den Interviews teil.

Der für die teilstrukturierten Interviews verwendete Leitfaden deckte thematisch unter anderem den unmittelbaren Nachentlassungszeitraum ab sowie die soziale Situation in Freiheit und das Erleben des Wiedereingliederungsprozesses. Am Anfang des Interviews stand ein offener Erzählimpuls zur Nachentlassungssituation, was die Einstiegssequenz als eine besonders dichte und aufschlussreiche Passage kennzeichnet (vgl. *Kruse* 2015, S. 569 f.). Ein Interview erhält auf diese Weise an der entsprechenden Stelle einen narrativen Charakter, wobei dieser nach *Schütze* (1983) unter anderem von einer einleitenden Erzählaufforderung „zu sozialwissenschaftlich besonders interessierenden Phasen der Lebensgeschichte" (*Schütze* 1983, S. 285) geprägt ist. Hier fanden die Probanden somit den Raum, ihre eigenen Relevanzsysteme zu entfalten und hatten die Möglichkeit, für sie entscheidende Themenbereiche der Nachentlassungssituation selbst einzuführen. Auf dieser Grundlage kann die Perspektive der Haftentlassenen besonders gut in der Analyse berücksichtigt werden. Anschließend deckte der Leitfaden Kernbereiche der sozialen Situation ab (unter anderem Beschäftigungsverhältnis, Wohnsituation, Freizeitgestaltung), aber auch die in der Einstiegspassage eingeflossenen Aspekte wurden im Laufe des Interviews wieder aufgegriffen. Darüber hinaus wurden der Umgang mit der Haftstrafe, die Bewertung auferlegter Maßnahmen und hypothetische Rückfallszenarien thematisiert. Der Interviewleitfaden ist *Anhang 4* zu entnehmen.[17]

Da die hier verfolgte Fragestellung im Speziellen die Nachentlassungssituation und Wiedereingliederung von haftentlassenen erwachsenen Sexualstraftätern in den Blick nimmt, reduzierte sich die Datengrundlage für diese Teilstudie entsprechend. Die Vergleichsgruppe der Gewaltstraftäter wurde nicht berücksichtigt ebenso wie

---

17 Der Interviewleitfaden wurde im Verlauf des Gesamtprojekts von der Projektleiterin *Dr. Gunda Wössner* und der Projektmitarbeiterin *Sonja Brauner* entwickelt.

die jugendlichen Befragten.[18] Somit wurden ausschließlich die 69 mit erwachsenen Sexualstraftätern geführten Interviews analysiert, was dennoch einen beträchtlichen Umfang an Datenmaterial bereitstellte.[19] Eine nähere Beschreibung der Stichprobe und ihrer Ziehung findet sich in *Kapitel 3.4*, eine Übersicht zu Merkmalen der Stichprobe in *Anhang 5*.

3.3 Wahl des methodischen Zugangs

Der Fokus der Auswertung lag auf der Biographie der Befragten nach einem einschneidenden Lebensereignis, weniger auf den quantitativen, den Lebenslauf betreffenden Daten. Um die Lebensrealität und den Lebensverlauf der Haftentlassenen nachzeichnen zu können, waren grundsätzlich (teil-)rekonstruktive Auswertungsmethoden zielführend. Auf diese Weise konnte auch der von ihnen subjektiv zugeschriebene Sinn der Handlungen und Erlebnisse in der Analyse herausgearbeitet werden. Da die Untersuchung eine dichte Beschreibung verschiedenster Lebensverläufe, Desistance- und Wiedereingliederungsprozesse hervorbringen sollte, war die Auswertung einer möglichst großen Fallzahl notwendig und aufgrund der Datenlage auch möglich. Dies machte jedoch rein rekonstruktive Analyseverfahren zur Auswertung ungeeignet. In diesem Kontext bot es sich vielmehr an, eine Querschnittauswertung (vgl. *Fuchs-Heinritz* 2009, S. 304–307) der qualitativen Daten vorzunehmen. Um dem explorativen Charakter, den das Forschungsfeld erfordert, dennoch gerecht werden zu können, wurde das dazu verwendete Kategoriensystem nicht theoriegeleitet, sondern induktiv erarbeitet. Dabei wurde den Daten Priorität vor der Theorie eingeräumt (vgl. *Flick* 1995, S. 57). Die zugehörigen einzelnen Auswertungsschritte werden im Folgenden dargelegt.

3.3.1 Erste Auswertungsphase: Feinanalyse

Die geplante Querschnittauswertung erforderte ein zweistufiges Vorgehen. Zur Entwicklung induktiver Analysekategorien wurden diese zuerst aus den Daten heraus entwickelt. In Form eines Kodierleitfadens dienten diese Kategorien dann als Grundlage der zweiten Auswertungsstufe.

Die induktive Herangehensweise steht unter dem Vorbehalt, dass eine vollständige Offenheit und Distanzierung von Vorwissen unmöglich sind (vgl. *Kruse* 2015,

---

18 Diese Altersgruppe wurde aus zwei Gründen nicht berücksichtigt. Zum einen hätte die zusätzliche Analyse der eventuell vorhandenen altersbedingen Unterschiede für diese Untersuchung zu weit geführt. Zum anderen ist die Analyse der Nachentlassungsinterviews der jugendlichen und heranwachsenden Probanden Gegenstand eines weiteren Teilprojekts der Gesamtstudie (vgl. *Wienhausen-Knezevic* 2020).

19 Aus der Befragung der 69 haftentlassenen Sexualstraftäter ergab sich Interviewmaterial von ca. 122 Stunden, das in Transkripten von insgesamt über 3.000 Seiten verschriftlicht wurde.

S. 70–74; 112). Eigene Erfahrungen und bekannte Theorien führen dazu, dass die Analysen vor dem Hintergrund eines bestimmten Sinnsystems stattfinden (vgl. *Kruse* 2015, S. 59). Alle Forscherinnen und Forscher stehen vor der Herausforderung, dieses Wissen im Sinne von Reflexionen und Erweiterungen nutzbar zu machen. Unter diesen Vorzeichen wurde die Feinanalyse einer Substichprobe[20] nach den Paradigmen der Grounded Theory durchgeführt. In der Form der Ausführungen, wie sie ursprünglich von *Glaser* und *Strauss* (1967) dargelegt wurden, können sie noch nicht als Auswertungsmethode, wohl aber als „Stil" (*Strübing* 2013, S. 112) betrachtet werden. Sie stellen wesentliche Grundannahmen für die Analyse bereit. Der später von *Strauss* und *Corbin* (1996) beschriebene Kodierprozess in drei Schritten diente als Leitlinie für die Analyse der vorliegenden Interviews (vgl. *Strauss & Corbin* 1996, S. 54 f.; 92–96; 108 f.).

Aufgrund der Dichte und Bedeutung als Kernpassage (vgl. *Kruse* 2015, S. 569 f.) wurde der Einstiegssequenz besonders viel Aufmerksamkeit geschenkt. Daran schloss sich eine offene In-vivo-Kodierung des Textmaterials an. In diesem Schritt wurde darauf geachtet, möglichst eng an den Daten zu arbeiten und die Kodes durch die vom Befragten verwendete Wortwahl leiten zu lassen. Damit wurde der Text aufgebrochen (vgl. *Strauss & Corbin* 1996, S. 44–46; 50). Danach erfolgte eine weiterhin möglichst eng am Datenmaterial orientierte axiale Kodierung, um die aufgebrochenen Daten neu zu strukturieren und dabei erste Kategorien zu identifizieren – allerdings auf weniger deskriptiver Ebene. Hierbei wurden In-vivo-Kodes gruppiert und „auf erklärende Bedeutungsnetzwerke" geachtet, „die in der Lage sind, die jeweils fokussierte Kategorie möglichst umfassend zu erklären" (*Strübing* 2013, S. 120). Eine noch höhere Abstraktionsebene wurde schließlich bei der selektiven Kodierung erreicht. Diese führte zu sogenannten Hauptkategorien und erfasst Phänomene, die komplexer und abstrakter sind als die vorangegangenen Kategorien (vgl. *Strauss & Corbin* 1996, S. 95). Jede Hauptkategorie ist in diverse Subkategorien sowie Eigenschaften beziehungsweise Dimensionen untergliedert, die wiederum Aufschluss über die jeweiligen Ausprägungen geben. Diese Kodiervorgänge sind als Arbeitsschritte nie streng voneinander zu trennen oder linear zu vollziehen – vielmehr durchdringen sie sich gegenseitig. Diese Tatsache ist als Teil des iterativ zyklischen Erkenntnisprozesses zu sehen und bereichert die Analyse (vgl. *Kruse* 2015, S. 120–122; 125–128). Fallinnere Vergleiche sowie Fallkontrastierungen wurden während des gesamten Analyseprozesses durchgeführt. Zudem sicherten intersubjektive Verifikationsprozesse ein entscheidendes Qualitätsmerkmal qualitativer Forschung. Dazu wurden die beschriebenen Arbeitsschritte nicht von einer einzelnen Person ausgeführt, sondern im Rahmen einer Analysegruppe, um nicht auf

20 Genauere Beschreibung der Fallauswahl siehe *Kapitel 3.4* zur Stichprobe.

eine subjektive Sichtweise und einseitiges Theorie-Wissen vertrauen zu müssen (vgl. *Kruse* 2015, S. 557–561).[21]

Die Ergebnisse der Feinanalyse wurden für alle Arbeitsschritte in einem Analyseprotokoll festgehalten. Hier wurde deutlich, dass sich 41 der insgesamt 46 offen erarbeiteten Kategorien aus dem ersten Analysedurchgang bereits aus dem Material von nur zwei Interviews ergaben. Anschließend fanden sich in erster Linie neue Subkategorien und zahlreiche Ausprägungen. Noch gänzlich neue Kategorien konnten danach nur vereinzelt identifiziert werden. Somit konnte eine relative Sättigung der Analysekategorien innerhalb der Feinanalyse und mit dem gegebenen Umfang der Substichprobe (n = 12) erreicht werden. Das anfängliche Kategoriensystem bestand somit aus 46 offen erarbeiteten Kategorien. Diese wurden im Arbeitsschritt der selektiven Kodierung zusammengefasst, wobei Positiv- oder Negativ-Ausprägungen beziehungsweise sich überschneidende Aspekte unter einer Kategorie subsumiert wurden. Zudem wurden diese Ergebnisse unter Zuhilfenahme von bestehenden theoretischen Ansätzen zu verdichteten Kategorien gebündelt.

Parallel zu den Kodiervorgängen wurden im Einklang mit einer Abkürzungsstrategie des integrativen Basisverfahrens nach *Kruse* (vgl. 2015, S. 563–573) insbesondere sogenannte Kernstellen analysiert und Teile des Interviews wurden mikrosprachlich ausgewertet.

> Denn der Sinnhaftigkeitsunterstellung folgend gestalten Sprecher/innen ihre Versprachlichung stets sinnhaft. Und diese Sinnstruktur gilt es offenzulegen, da sie einen relevanten Hinweis auf den mitgeteilten, symbolisch verdichteten Sinn der Sprecher/innen bildet (*Kruse* 2015, S. 477).

Bei dieser Vorgehensweise wird betrachtet „was wie bzw. wie was" (*Kruse* 2015, S. 540) versprachlicht wird. Somit können selbst bei einer wie hier vorliegenden geglätteten Transkription durch die Berücksichtigung verwendeter Begrifflichkeiten und Formulierungen weitere Erkenntnisse aus dem Text herausgearbeitet werden. Diese wurden ebenfalls in Form von Kategorien festgehalten.

Insgesamt ermöglichte die erste Auswertungsphase zum einen die Identifikation von explizit benannten Themen und zum anderen konnten mittels rekonstruktiver Methoden übergeordnete Phänomene aus dem Material herausgearbeitet werden. So

---

21 Die Verfasserin (Soziologin, M.A.) erarbeitete in regelmäßiger Rücksprache mit der Projektleiterin *Dr. Gunda Wössner* (Dipl. Psychologin) alle Analysekategorien. Außerdem unterstützte die wissenschaftliche Hilfskraft *David Czudnochowski* (zum Zeitpunkt Sozialwissenschaftler, B.A.) die Analyse. In diesem Kontext eines interdisziplinären Austauschs wurden die Kategorien später auch gruppiert, hierarchisiert und umbenannt. Somit konnten vielseitiges und interdisziplinäres Wissen sowie unterschiedliche subjektive Denkschemata in Form einer intersubjektiven Betrachtung der Kategorien konstruktiv eingebracht werden und eine Reflexion der Analyse sicherstellen. Für die Unterstützung und gewinnbringende Zusammenarbeit bedanke ich mich auch an dieser Stelle nochmal sehr herzlich bei den beiden.

entstanden letztlich 13 Hauptkategorien, die teilweise vornehmlich deskriptive oder interpretativ herausgearbeitete Elemente enthalten. Zur Dokumentation der Erkenntnisse wurden alle erarbeiteten Kategorien über den gesamten Verlauf der Auswertung hinweg in einem Logbuch protokolliert. Dieses bildete die Grundlage für das spätere Analyseinstrument (vgl. *MacQueen et al.* 1998, S. 31–35). Es enthielt Angaben dazu, welche Kategorien, Subkategorien und Eigenschaften beziehungsweise Dimensionen sich aus welchen Interviews ergaben, die grundsätzliche Definition der entsprechenden Kategorie und beispielhafte Interviewpassagen, die die Ausprägungen verdeutlichten. Auf diese Weise wurden die Grenzen einer Kategorie gegenüber einer anderen festgelegt und dafür Sorge getragen, dass eine anschließende, konsistente Kodierung der folgenden Interviews gewährleistet war. Die so definierten Hauptkategorien bildeten den Kodierleitfaden, anhand dessen die anschließende Querschnittauswertung aller Interviews durchgeführt wurde. Er konnte mithilfe der Feinanalyse weitestgehend frei von reifizierenden Interpretationen erarbeitet werden und dies setzte sich so in der Querschnittauswertung fort, die auf der Grundlage des Systems durchgeführt wurde. *Anhang 6* stellt den ausführlichen Kodierleitfaden mit Definitionen und Kodierregeln dar und *Anhang 7* und *8* (*Abbildungen 13* und *14*) das daraus entstandene Kategoriensystem.

3.3.2 Zweite Auswertungsphase: Querschnittauswertung

Das Grundprinzip der Querschnittauswertung dient ursprünglich dazu, offene Fragen aus standardisierten Interviews analysieren zu können. Dabei werden die Antworten einem vorher festgelegten Kategoriensystem zugeordnet und dann weiter ausgewertet. Doch auch umfassendere Textmaterialien – wie hier die transkribierten Interviews – können auf diese Weise zergliedert werden (vgl. *Fuchs-Heinritz* 2009, S. 304 f.). Indem man die Aussagen den bestehenden Kategorien zuordnet, interpretiert man sie gleichermaßen und ermöglicht einen Vergleich mit anderen Fällen – auch einer großen Anzahl anderer Fälle. Dabei kann das Kategoriensystem als eine Art Schablone wirken, die an die unterschiedlichen Daten angelegt wird und so als Analyseinstrument fungiert. Damit sollen keinesfalls vorgegebene Denkschemata und Erklärungsansätze über die Daten gestülpt werden, sondern eher eine Sortierung stattfinden, um dann einzelne Gesichtspunkte mit dem zugehörigen Datenmaterial näher betrachten zu können. Mit dieser Vorgehensweise wird weniger der Einzelfall in den Mittelpunkt gestellt, sondern es werden „die für eine sozialwissenschaftliche Problemstellung wesentlichen Informationen aus einem komplexen Gesprächstext herausgelöst" (*Mühlfeld et al.* 1981, S. 327). Um trotz der damit einhergehenden Umstrukturierung der Textstellen kontextsensitiv arbeiten zu können, wurde in der Auswertung versucht, die als Kode markierten Interviewpassagen nicht unnötig kurz zu halten (vgl. *Fuchs-Heinritz* 2009, S. 306). Außerdem wurde jedes Interview auch als Ganzes gelesen, womit ebenfalls die Eindrücke in die Auswertung einflossen, die sich aus dem Gesamtnarrativ ergaben. Darüber hinaus wurde darauf geachtet, gegebenenfalls neu auftauchende Aspekte noch nachträglich in den Kodierleitfaden zu integrieren.[22]

Um die Reliabilität der Kodierungen überprüfen zu können sowie gleichzeitig das Analyseinstrument zu validieren und zu verbessern, wurde ein Pretest des erarbeiteten Kodierleitfadens durchgeführt. Alle Beteiligten der Analysegruppe kodierten hierzu dasselbe Interview, um anschließend durch einen Vergleich feststellen zu können, ob der Leitfaden in dieser Form anwendbar ist und die entsprechenden Definitionen für eine eindeutige Zuordnung der Textpassagen ausreicht (vgl. *MacQueen et al.* 1998, S. 35). Gegebenenfalls wurden die Definitionen überarbeitet und nach zwei Pretests konnte der Leitfaden für die vorgesehene Querschnittauswertung eingesetzt werden. Doch auch während des gesamten folgenden Auswertungsprozesses war die Offenheit gegenüber neuen Beobachtungen und eventuellem Überarbeitungsbedarf des Analyseinstruments eine der maßgeblichen Prämissen. Unter diesen Voraussetzungen wurde das gesamte Datenmaterial kodiert und in der Analysegruppe besprochen. Nachdem die Kodierung von ungefähr der Hälfte der Interviews abgeschlossen war, wurde zudem – ähnlich dem Pretest – eine weitere Überprüfung anhand eines von allen Beteiligten ausgewerteten Transkripts durchgeführt. Dieser Schritt sollte erneut dazu dienen, sich kritisch mit eventuellen Vorannahmen auseinanderzusetzen. Darüber hinaus stellte dieses Vorgehen sicher, dass sich das Verständnis und die Verwendung der Kategorien innerhalb der Analysegruppe nicht zu weit auseinanderentwickelten.

Im Verlauf der Querschnittauswertung verdichteten sich die Erkenntnisse insofern, als dass zu ihrem Ende hin eine Schlüsselkategorie identifiziert werden konnte. Diesen Schritt beschreiben *Corbin* und *Strauss* als „Integration“ (vgl. 2008, S. 263–274). Er dient der Theoriebildung und identifiziert eine Hauptkategorie als Mittelpunkt oder Kern des Gefüges der anderen. Es ergibt sich somit eine Verbindung aller herausgearbeiteten Aspekte. Die Hauptkategorien sind mit Beispielen sowie den entsprechenden Ergebnissen neben dem Schritt der Integration in *Kapitel 4* beschrieben. Die herausgearbeitete Schlüsselkategorie wird anschließend ausführlich als Kern der Arbeit in *Kapitel 5* dargestellt.

3.3.3 Nutzung von QDA-Software

Der Großteil der hier dargestellten Auswertung fand zur besseren Dokumentation und Handhabbarkeit des umfangreichen Datenkorpus computergestützt mit Hilfe von QDA-Software statt. Zu Beginn der Kodierung wurde in der ersten Auswertungsphase MAXQDA verwendet. Hier konnte das dreischrittige Kodierverfahren durchgeführt werden. Der zusätzliche Einsatz des Programms quintexA ermöglichte

22 Insgesamt handelt es sich somit um ein Analyseverfahren, das der von *Schmidt* (2000) beschriebenen Herangehensweise zur Analyse von Leitfadeninterviews ähnlich ist.

es, auch komplexere Phänomene innerhalb der Interviews zu identifizieren und festzuhalten. Diese Software ist unter anderem zur Analyse nach *Kruses* (2015) integrativem Basisverfahren entwickelt worden. Im weiteren Verlauf wurden die erarbeiteten Hauptkategorien in Form eines Kodesystems wiederum in MAXQDA übernommen, um auf diese Weise die Querschnittauswertung durchzuführen. Dies erleichterte die Handhabung der großen Fall- und Kodeanzahl. Um jedoch zu verhindern, dass die bereits vorhandenen und in die Software eingepflegten Kategorien die Analysen zu sehr leiten, wurde gelegentlich auf die klassische Arbeitsweise mit Papier, Stift, Schere und Kleber zurückgegriffen (vgl. *Kuckartz* 2006, S. 455 f.). Außerdem wurde für jeden Probanden ein Fallmemo angelegt, das die wichtigsten Eckdaten und markanten Informationen des jeweiligen Interviews enthält, aber auch eine Zusammenfassung der vorläufigen einzelfallbezogenen Analyseergebnisse.

3.4 Stichprobe

Die oben beschriebene Auswertungsmethode erforderte unterschiedliche Sampling-Ebenen. Ausgehend vom Datensatz der Gesamtstudie standen 144 Interviews mit sowohl Gewalt- als auch Sexualstraftätern unterschiedlicher Altersgruppen zur Verfügung. Wie bereits erwähnt, beschränkte sich die für diese Teilstudie relevante Stichprobe jedoch auf die Interviews mit erwachsenen Sexualstraftätern und damit auf n = 69. Außerdem wurde die erste Analysephase anhand einer kleineren Substichprobe mit n = 12 durchgeführt. *Abbildung 2* zeigt die verschiedenen Sampling-Ebenen. *Tabelle 1* bildet die zur Stichprobenbeschreibung relevanten Aspekte bezüglich der Indexdelikte und der Vollzugsart ab.

Abbildung 2 Sampling-Ebenen

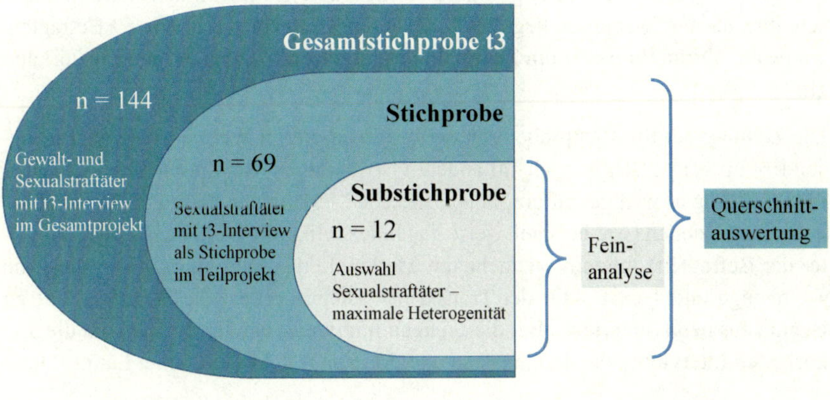

Tabelle 1 *Stichprobe erwachsener Sexualstraftäter nach Deliktgruppe und Vollzugsart*

	Vollzugsart			
Delikt	**Sozialtherapie**	**Sozialtherapie-Abbruch**	**Regelvollzug**	**GESAMT***
sexuelle Nötigung	0	0	2	2 ≙ *2,9 %*
sexueller Missbrauch	32	7	12	51 ≙ *73,9 %*
Vergewaltigung	13	1	1	15 ≙ *21,7 %*
sexueller Missbrauch + Totschlag	1	0	0	1 ≙ *1,5 %*
GESAMT*	46 ≙ *66,7 %*	8 ≙ *11,6 %*	15 ≙ *21,7 %*	69 ≙ *100 %*

* Die prozentualen Angaben sind auf- beziehungsweise abgerundet. Dementsprechend addieren sich die Werte nicht in allen Fällen auf 100 %.

Einen Überblick zur Stichprobe aller 69 Befragten gibt *Anhang 5*. An dieser Stelle sind zum einen detailliertere delikt- und vollzugsspezifische Informationen zu finden. Zum anderen sind hier ebenfalls Angaben zu soziodemographischen Merkmalen zusammengetragen – sowohl zum Tat- als auch zum Interviewzeitpunkt.

Im Mittel beträgt die Inhaftierungsdauer aller Befragten der Stichprobe knapp viereinhalb Jahre. Die kürzeste Haftzeit liegt bei einem Jahr, die längste bei 10 Jahren. Dabei handelte es sich bei 41 Befragten um ihre erste Inhaftierung, die übrigen 28 waren bereits zum wiederholten Mal inhaftiert. Einschlägige Vorstrafen sind jedoch bei lediglich 17 der Befragten bekannt. Insgesamt bewegt sich die Anzahl der Vorstrafen unabhängig der Deliktgruppe zwischen null bis maximal 16. Das Durchschnittsalter der Stichprobe liegt bei 44,2 Jahren. Betrachtet man alle 69 Befragten, waren der älteste Proband zum Zeitpunkt des Interviews 76 und der jüngste 26 Jahre alt.

Die Ziehung der Substichprobe orientierte sich an diesen Werten, fußte aber insbesondere im ersten Schritt auch auf anderen Erwägungen. Bei dieser ersten Auswahl der Fälle ging es weniger darum, fallspezifische Merkmale in Bezug auf die Probanden einzubeziehen (wie beispielsweise das Indexdelikt, die Vollzugsart oder das Alter der Befragten) sondern vielmehr um Merkmale des Interviews – also die reine Textmenge und Textstruktur der Transkripte. Daher bestand die Substichprobe zu Beginn aus neun Interviews. Bei diesen neun Interviews handelte es sich um die drei kürzesten Interviews, die drei längsten und drei von durchschnittlicher Länge. Diese lag im vorhandenen Datenmaterial bei 1 h 46 min. Die Intention hinter dieser Auswahl bestand darin, ein möglichst breites Spektrum an unterschiedlichen Textmaterialien auszuwerten. Nach dieser ersten Ziehung ergab sich jedoch ein großes Ungleichgewicht in Bezug auf die fallspezifischen Merkmale der neun Befragten. Sie beinhaltete einen großen Anteil an Missbrauchstätern, die die Sozialtherapie in Haft abgeschlossen hatten. Dies entspricht der allgemeinen Tendenz innerhalb der Stichprobe, in der ein Ungleichgewicht bezüglich der Deliktgruppen und der Vollzugsart herrscht (vgl. *Tabelle 1*). Ausgehend von diesem Ungleichgewicht kam die unterschiedliche Verteilung in der Substichprobe weder überraschend, noch musste sie gänzlich ausgeglichen werden. Eine Ergänzung der ersten Ziehung war dennoch geboten.

Zwar haben die aus qualitativen Daten gewonnenen Ergebnisse keinen repräsentativen Charakter, sie gewinnen ihre Aussagekraft aber aus dem Versuch, das untersuchte Feld möglichst breit gefächert nachzuzeichnen. Daher wird darauf geachtet, dass die Heterogenität des Feldes möglichst gut abgebildet wird. Das geschieht unter Berücksichtigung der maximalen Variation innerhalb des Feldes oder der Fallgruppe (vgl. *Kleining* 1982, S. 234–237). Dementsprechend wurden zur ursprünglichen

Tabelle 2 *Übersicht Substichprobe*

Proband*	Delikt	Vollzugsart	Länge des Interviews (M = 1 h 46 min)	Alter zum Zeitpunkt t3
Frank	sex. Missbrauch	SothA	51 min	49 Jahre
Gerd	sex. Missbrauch	Regel	2 h 50 min	68 Jahre
Yannick	Vergewaltigung	Regel	51 min	31 Jahre
Marco	Vergewaltigung	SothA	44 min	32 Jahre
Sascha	sex. Missbrauch	SothA-Abbruch	2 h 1 min	33 Jahre
Herbert	sex. Missbrauch	Regel	3 h 4 min	59 Jahre
Rainer	sex. Missbrauch	SothA	1 h 43 min	50 Jahre
Robin	sex. Missbrauch	SothA	51min	49 Jahre
Sven	Vergewaltigung	SothA-Abbruch	1 h 33 min	34 Jahre
Alexander	sex. Missbrauch	SothA	1 h 46 min	38 Jahre
Detlev	sex. Missbrauch	SothA	1 h 48 min	43 Jahre
Christian	sex. Missbrauch	SothA	3 h 6 min	48 Jahre

* Die in der vorliegenden Arbeit verwendeten Probanden-Namen sind frei erfunden, entsprechen also nicht den tatsächlichen Vornamen der befragten Personen.

Fallzahl von neun Interviews, die aufgrund der Textbeschaffenheit ausgewählt wurden, noch drei weitere hinzugezogen. Sie ergänzten die Substichprobe für die ersten Analysen in Bezug auf die fallspezifischen Merkmale. Das Hauptaugenmerk lag bei dieser zweiten Erweiterung auf der Vollzugsart und dem Indexdelikt, aber auch das Alter wurde berücksichtigt. Somit standen für die Feinanalyse und zur Vorbereitung der Querschnittauswertung letztlich insgesamt n = 12 Interviews als Substichprobe zur Verfügung. Die endgültige Größe der Substichprobe von n = 12 entspricht der von *Guest et al.* (2006) empfohlenen Interviewanzahl, um eine relative Sättigung der Analysekategorien zu erreichen (vgl. *Guest et al.* 2006, S. 73 f.). Diese Annahme wurde auch, wie oben beschrieben, während der Durchführung der Analyse mithilfe eines Kodelogbuchs bestätigt. Die Feinanalyse der Substichprobe genügte somit, um ein valides Kategoriensystem zu entwickeln. *Tabelle 2* sind detailliertere Angaben zu diesen 12 Haftentlassenen zu entnehmen.

3.5 Einbezug fallspezifischer Kontextinformationen

Grundsätzlich verlangt die induktive qualitative Forschung einen stets offenen und reflektierten Zugang zu den Daten, um valide Ergebnisse generieren zu können. Der Einbezug von Kontextinformationen ist somit erst einmal nicht vorgesehen – wie in diesem Fall beispielsweise Informationen bezüglich der Vorstrafen oder des Indexdelikts. Dennoch können gerade in diesem speziellen Forschungsfeld der Nachentlassungssituation von Sexualstraftätern die betreffenden Informationen nicht gänzlich unberücksichtigt bleiben. Der folgende Fall soll dies beispielhaft skizzieren: Angenommen ein Proband nimmt nach der Haft die Beziehung zu seiner früheren Partnerin wieder auf und verbringt viel Zeit in ihrem Haushalt. Dort lebt ebenfalls das gemeinsame Kind der beiden. Ohne den Einbezug von Kontextinformationen, würde man diese im Interview geschilderten Lebensumstände eventuell als stabilisierend betrachten, da der Proband soziale Kontakte pflegt, in einen Familienverbund eingegliedert wird und dort in der Vaterrolle Verantwortung zu übernehmen scheint. Seine Schilderung der Lebensumstände ist positiv. Gibt die Kontextinformation jedoch preis, dass das erwähnte Kind die beziehungsweise der Geschädigte[23] des Indexdeliktes war, muss dies bei der Einschätzung der

---

23 Da der Begriff „Opfer“ ebenso etikettierend wirken kann wie „(Sexualstraf-)Täter“, wird im Folgenden vornehmlich der Begriff „Geschädigter“ der Straftat verwendet. Auch hier ist die mögliche Implikation, dass die Person dauerhaft durch die erlebte Straftat „geschädigt“ sei, zu problematisieren. Ein solches Verständnis des Begriffs wird in der vorliegenden Arbeit bei der Verwendung nicht vertreten, sondern er wird im Folgenden bezugnehmend auf den juristischen Terminus gewählt.

Lebensumstände berücksichtigt werden. Dementsprechend kann es durchaus gewinnbringend sein, Kontextinformationen einzubeziehen, da sich so ein vollständigeres Bild der Lebenssituation nach der Haftentlassung abbilden lässt. Die vom Probanden im Narrativ dargelegte Bewertung der Situation steht aber dennoch erst einmal im Vordergrund und das Vorgehen lässt so zusätzlich etwaige Diskrepanzen deutlich werden. Entsprechende Kontextinformationen sind Teil der im Gesamtprojekt durchgeführten Aktenanalyse. Die Gefangenenpersonalakten liefern dabei deliktspezifische Informationen wie beispielsweise zum Tathergang, zur Frage in welchem Verhältnis der Befragte zu der oder dem Geschädigten der Straftat stand sowie über Vorstrafen, diagnostische Befunde und die Lebensumstände zum Zeitpunkt der Tat.

Eine vorab getroffene Einteilung der Probanden anhand von Rückfalldaten wird in dieser Arbeit bewusst vermieden, obwohl der Datenkorpus des Gesamtprojekts sowohl offizielle Rückfalldaten aus dem Bundeszentralregister als auch Daten zur selbstberichteten Delinquenz enthält. Sie könnten zwar ein Kriterium der Binnendifferenzierung der Stichprobe sein und weitere Informationen zum Nachentlassungsverlauf bereitstellen, dennoch liegt der Fokus dieser Untersuchung nicht auf einer Rückfallanalyse, sondern auf dem Wiedereingliederungsprozess. Die Analyse folgt der Relevanzsetzung der Befragten, die in den meisten Fällen selbst keine diesbezüglichen Informationen im Interview preisgeben. Die Kenntnis über begangene Rückfalltaten könnte zudem die Auswertung beeinflussen und den gewählten Analyseansatz damit gefährden. Zudem können mit einem Fokus auf diese Kategorisierung etwaige andere interessante Aspekte in den Hintergrund rücken könnten (vgl. zur Problematisierung einer entsprechenden Einteilung beispielsweise *Maruna* 2001, S. 43; *McAlinden et al.* 2017, S. 271). Aber auch ein Einbezug nach der Auswertung der Interviews stellt bei der vorliegenden Untersuchung keine zentralen Erkenntnisse bereit. Insbesondere vor dem Hintergrund, dass Legalbewährung als prozesshaft verstanden wird und damit durchaus auch weitere Straftaten Teil dieses Prozesses sein können, soll aus dieser Sicht keine Gruppierung beziehungsweise Typisierung vorgenommen werden. Die Wiedereingliederung und der Nachentlassungsverlauf werden breiter angelegt betrachtet. Eine ausführliche quantitative Rückfallanalyse des gesamten Datensatzes findet sich in der abschließenden Publikation des Gesamtprojekts (*Woessner* in Vorbereitung). Hier werden sowohl die offiziellen Rückfalldaten aus dem Bundeszentralregister als auch die Daten der selbstberichteten Delinquenz berücksichtigt. *Abbildung 3* zeigt abschließend den methodischen Ablauf der vorliegenden Studie im Überblick.

Abbildung 3 Methodischer Ablauf

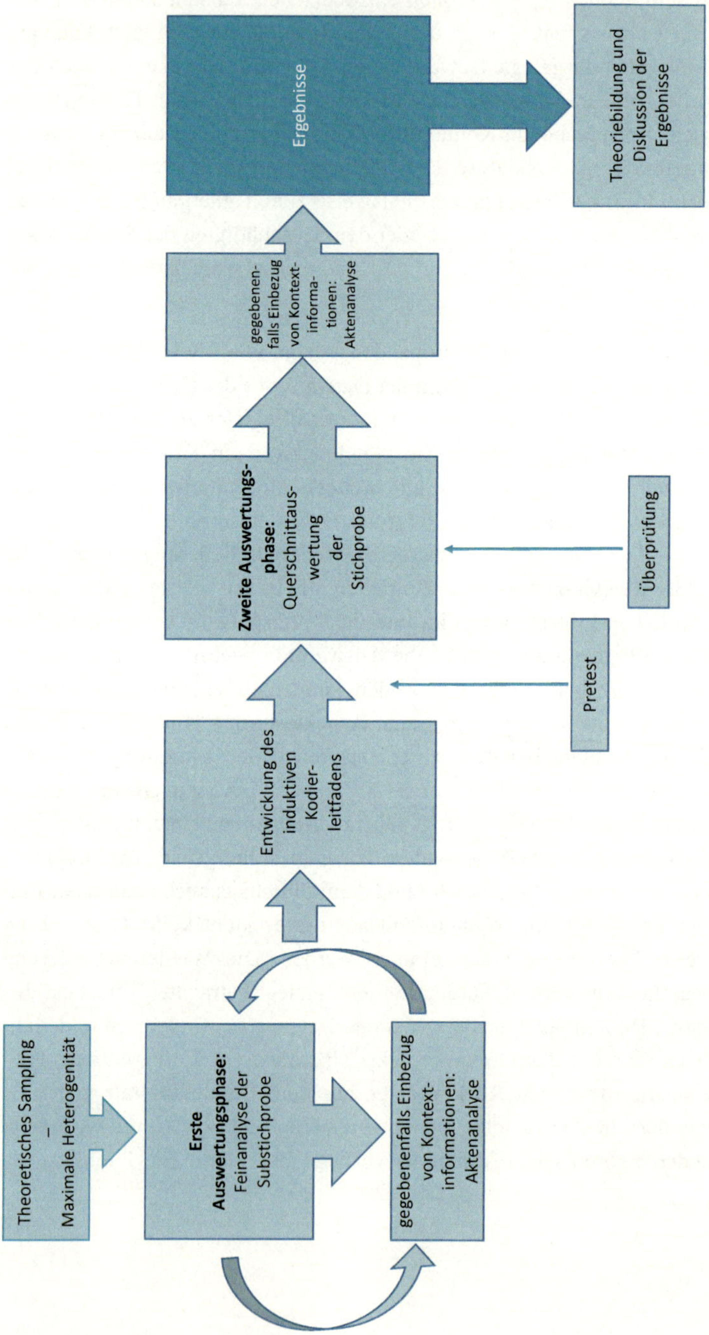

3.6 Grenzen der Studie

Bei der Interpretation der Ergebnisse müssen mehrere Einschränkungen berücksichtigt werden, die sich aus der Konzeption der Studie und dem methodischen Vorgehen ergeben.

Da die Teilnahme an den Befragungen, die das Datenmaterial der vorliegenden Untersuchung bereitstellt, auf Freiwilligkeit basierte, ging bereits mit der Bereitschaft zur Teilnahme an den Erhebungswellen t1 und t2 eine erste Selektion einher.[24] Dies gilt erneut für die qualitativen Interviews, sodass hier eine weitere Selbstselektion stattfand. Zwar bot die Aufwandsentschädigung, die für die Teilnahme am qualitativen Interview bezahlt wurde, einen gewissen Anreiz, aber auch hier ist davon auszugehen, dass nicht alle Personen gleichermaßen dadurch angesprochen wurden. Die Aufwandsentschädigung mag insbesondere für diejenigen relevant gewesen sein, die nach der Haftentlassung und zum Zeitpunkt des Interviews in prekären finanziellen Verhältnissen lebten. Darüber hinaus spielt der Zeitaspekt eine entscheidende Rolle für die Teilnahme an einer Studie und könnte potenzielle Teilnehmer mit einer festen (Vollzeit-)Arbeitsstelle oder anderweitig strukturierten Tagesabläufen an der Teilnahme gehindert haben. Diesen Problemen ist jedoch nur schwer sinnvoll zu begegnen und daher unterliegen ihnen beinahe alle vergleichbaren sozialwissenschaftlichen Studien.[25] Dennoch müssen diese Selektionseffekte und Faktoren in Bezug auf die Interpretation der Ergebnisse berücksichtigt werden. Die genauen Zahlen der Teilnehmenden zu den unterschiedlichen Erhebungszeitpunkten sind *Abbildung 1* zum Studiendesign zu entnehmen.

Der explorative Ansatz der Untersuchung war aufgrund der mangelnden Erkenntnisse hinsichtlich der tatsächlichen Nachentlassungsverläufe haftentlassener Sexualstraftäter und deren Wiedereingliederungsprozess geboten. Dennoch sind mit dieser Herangehensweise sowie stichprobenbedingten Besonderheiten auch diverse Einschränkungen der Aussagekraft der vorliegenden Arbeit verbunden. Zwar ist die analysierte Stichprobe mit 69 Befragten und damit insgesamt über 122 h Interviewmaterial ungewöhnlich groß für eine qualitative Auswertung, trotzdem dürfte die Generalisierbarkeit der hier gewonnenen Erkenntnisse eingeschränkt sein, da es sich aufgrund des Samplings innerhalb des Gesamtprojektes hinsichtlich der Merkmale Ge-

---

24 Zwar war die Bereitschaft der angefragten inhaftierten Personen zur Teilnahme grundsätzlich sehr groß, jedoch musste zudem entsprechend der Ressourcen des Projekts ein gewisser Rahmen eingehalten werden. Darüber hinaus konnten die Personen, die nicht zu einer Teilnahme an den Befragungen bereit waren, zumindest als sogenannte Nicht-Teilnehmer in der Gesamtstudie berücksichtigt werden. Im Rahmen der Aktenanalyse der Gefangenenpersonalakten bildeten sie eine Vergleichsgruppe. Die Ergebnisse des Vergleichs zwischen den teilnehmenden Befragten und den Nicht-Teilnehmern ist Teil der abschließenden Publikation des Gesamtprojekts (vgl. *Woessner* in Vorbereitung).

25 Ein Gegenbeispiel wären hier Befragungen von Schülerinnen und Schülern. Sie stellen unter anderem aufgrund der guten Erreichbarkeit im Klassenverbund eine gerne und häufig befragte Personengruppe dar (vgl. *Neubacher* 2017, S. 47).

schlecht (ausschließlich männlich), Nationalität (ausschließlich Deutsch), Alter (zwischen 26 und 76 Jahre) und Deliktbandbreite (siehe *Anhang 5.1, Tabelle 15*) um eine eingeschränkte Auswahl an Befragten handelt. Aufgrund des regionalen Fokus waren sie ausschließlich im Osten Deutschlands inhaftiert und sind größtenteils in der DDR aufgewachsen. Zudem wurde deutlich, dass eine Überrepräsentation der Missbrauchstäter gegenüber der Vergewaltigungstäter in der Gesamtstichprobe vorliegt und außerdem ein größerer Anteil an Probanden in einer sozialtherapeutischen Abteilung im Vergleich zum Regelvollzug untergebracht war (siehe *Anhang 5.1, Tabelle 15*). Es ist anzunehmen, dass die erhöhte Bereitschaft zur Teilnahme an den qualitativen Interviews in irgendeiner Form mit der Therapieerfahrung zusammenhängt.[26]

Alle Ergebnisse fußen auf den transkribierten Audioaufnahmen der geführten Interviews. Die Angaben der Befragten wurden als Teil des Narrativs verstanden und daher nicht durch zusätzliche Daten „überprüft" oder hinterfragt. Lediglich in Form der beschriebenen Kontextinformationen wurden hier sehr eingeschränkt weitere Daten berücksichtigt. In der Folge besteht die Möglichkeit, dass die Befragten bewusst oder unbewusst „falsche" Informationen in das Interview einfließen ließen. Selbst wenn dies zuträfe, ist dieser Umstand jedoch aus unterschiedlichen Gründen nicht zwingend problematisch. Zum einen ist diese Art der „Manipulation" eine Einschränkung, der erneut jede entsprechende sozialwissenschaftliche Forschung ausgesetzt und die quasi unvermeidbar ist. Zum anderen ist davon auszugehen, dass der Großteil der Befragten aufgrund der Zusicherung von Anonymität und der bewusst hergestellten ungestörten Interviewsituation keinen Anlass hatte, in einem problematischen Ausmaß bewusst „unwahre" Angaben zu machen.[27] Abgesehen von den bewusst „falschen" Darstellungen von Ereignissen oder Gegebenheiten, müssen sonstige Abweichungen, die eventuell aus der Sicht anderer Beteiligter entstehen würden, nach dem Thomas-Theorem dennoch als auswertbare Größe angenommen werden. Denn berichtet ein Befragter von seiner Interpretation oder Wahrnehmung beispielsweise einer bestimmten Situation, war diese in der Folge auch Grundlage seiner Reaktion. Ein Hinterfragen der „Wahrheit" wäre in diesem Fall unangebracht und wenig zielführend. Die qualitativen Daten setzen auf die erzählte subjektive Sichtweise der Befragten und gerade diese macht die dadurch erschlossene Perspektive so aufschlussreich. Zusätzliche Informationen wurden daher wie oben beschrieben nur sehr eingeschränkt beziehungsweise punktuell einbezogen und nicht in den Vordergrund der Analyse gestellt.

In der vorliegenden Untersuchung wurde ein Analyseansatz verfolgt, der wie bereits erwähnt nicht von vornherein eine Einteilung in rückfällige und nicht mehr kriminell

26 *Niemeczek* und *Richter* (vgl. 2012, S. 212) gehen ebenfalls von einem solchen Zusammenhang bezüglich der Offenheit aus.

27 Zur generellen Reichweite qualitativen Interviewmaterials sowie entsprechenden Schwierigkeiten und Vorkehrungen siehe beispielsweise *Fuchs-Heinritz* (2009, S. 292–297).

aktive Befragte vornimmt, wie es in zahlreichen Forschungsarbeiten zu Desistance der Fall ist – obwohl auch dort diese Einteilung häufig problematisiert wird (vgl. überblicksartig *Laws & Ward* 2011, S. 15–26, sowie beispielhaft *Maruna* 2001, S. 43 oder *McAlinden et al.* 2017, S. 269). Diese Voranname sollte in der hier vorliegenden Studie die qualitative Auswertung nicht beeinflussen. Daher wurde bewusst darauf verzichtet Rückfalldaten in die explorative Analyse einzubeziehen. Es konnten auch ohne die Orientierung an Rückfalldaten aufschlussreiche Erkenntnisse über die Nachentlassungssituation und den Wiedereingliederungsprozess gewonnen werden – wenn auch nicht hinsichtlich der Legalbewährung. Dieser Aspekt wurde hingegen im Rahmen der abschließenden Rückfalluntersuchung analysiert (*Woessner* in Vorbereitung). Ähnliches gilt für etwaige psychische Störungsbilder und Krankheiten der Befragten, die bei der vorliegenden Analyse ebenfalls unberücksichtigt blieben.

Vor dem Hintergrund des Gesamtanliegens der Studie leistet die vorliegende Arbeit trotz dieser Einschränkungen einen wichtigen Beitrag zum Verständnis des Wiedereingliederungsprozesses von Sexualstraftätern.

Kapitel 4

Zwischenergebnisse – Aspekte des Lebensverlaufs nach der Haftentlassung

4.1 Die Hauptkategorien im Überblick

Wie zum methodischen Vorgehen beschrieben, wurden alle Interviews der Stichprobe mithilfe der erarbeiteten Hauptkategorien ausgewertet, wobei sich im weiteren Verlauf die Normalitätswiederherstellung als Schlüsselkategorie herauskristallisierte und zum Kernergebnis dieser Untersuchung verdichtetet wurde. Dieser Schritt, den *Corbin* und *Strauss* (2008, S. 263) „Integration" nennen, kann nur auf Basis aller vorher herausgearbeiteten Hauptkategorien nachvollzogen werden. Außerdem liefern sie wichtige Erkenntnisse zur Nachentlassungssituation der Befragten. Daher werden in den folgenden *Unterkapiteln 4.1.1* bis *4.1.12* alle Hauptkategorien und die entsprechenden Zwischenergebnisse kurz beschrieben und mit Ankerzitaten[28] illustriert, um aufschlussreiche Einblicke in die Lebensrealität der Probanden zu geben und gleichzeitig den Auswertungsprozess und die abschließende Theoriebildung nachvollziehbar zu machen. Dabei wird erläutert, wie die Integration verlief, und die Verknüpfungen zwischen der Schlüsselkategorie zu den restlichen Hauptkategorien werden aufgezeigt. Erst in *Kapitel 5* werden die Ergebnisse der 13. Hauptkategorie – der Schlüsselkategorie Normalitätswiederherstellung – dann ausführlich dargestellt und im Anschluss diskutiert.

Die Hauptkategorien umfassen mehrere Subkategorien mit ihren Ausprägungen. Ein Teil der entwickelten Hauptkategorien bündelt deskriptive Aspekte, die explizit im Narrativ der Probanden thematisiert werden. Andere hingegen beziehen sich auf komplexere Phänomene, die eher implizit enthalten sind – sie wurden interpretativ aus dem Datenmaterial erarbeitet und können beispielsweise davon abgeleitet werden, wie etwas thematisiert wird. Diese Einordnung ist nicht trennscharf zu verstehen. Die folgenden Begriffe benennen die im Folgenden beschriebenen Hauptkategorien:

---

28 Da in *Kapitel 4* die Ergebnisse der Hauptkategorien nur überblicksartig dargestellt werden, werden nur punktuell Interviewzitate zur Untermauerung und Illustration verwendet. Im darauffolgenden *Kapitel 5*, das die Kernergebnisse darstellt, werden weitaus häufiger Textstellen aus den Narrativen angeführt und es wird dort genauer darauf eingegangen.

1) Phasen
2) Schwierigkeiten
3) Soziales Umfeld
4) Desistance
5) Veränderung
6) Maßnahmen
7) Weitere Risikofaktoren
8) Internalisierung des Stigmatisierungsdiskurses
9) Agency
10) Pseudoreflexivität
11) Desistance-Rahmung
12) Autonomie
13) Normalitätswiederherstellung

4.1.1 Phasen

Viele Probanden beschreiben insbesondere in der Eingangspassage sehr ausführlich den unmittelbaren Nachentlassungszeitraum, der dann in die weitere Entwicklung der Nachentlassungssituation übergeht. Diese Aspekte fokussiert die Hauptkategorie *Phasen.* Sie bildet in erster Linie das Übergangserleben ab, wobei sich die Einordnung dieses Erlebens an einer vorangegangenen Teilstudie orientiert (vgl. *Wößner et al.* 2016). Hier wurden folgende Übergangsformate definiert: „idealer Start", „eigentlich gut" und „verdammt hart" (vgl. *Wößner et al.* 2016, S. 105–113). Die Mehrzahl der Probanden in der vorliegenden Untersuchung schildert ihr Übergangserleben lediglich als relativ gut oder sogar als schwierig. Nur vereinzelt sprechen sie von einem uneingeschränkt guten Start in ihr Leben nach der Haftentlassung. Häufig ergeben sich direkt nach der Entlassung Schwierigkeiten bei der Wohnungssuche, bezüglich der finanziellen Mittel oder Probleme mit Ämtern und Behörden. Einen Überblick gibt beispielsweise das Zitat[29] von *Yannick*:

---

29 Die Interpunktion und der Satzbau innerhalb der Interviewzitate orientieren sich in Übereinstimmung mit gängigen Transkriptionsrichtlinien am Redefluss der Interviewten. Sprechpausen sind mit „(.)" dargestellt, wobei die Anzahl der Punkte in Klammern die Dauer anzeigt. Auslassungen sind stets mit „[…]" gekennzeichnet und verkürzen beziehungsweise vereinfachen das aus dem Interview entnommene Zitat. Dabei wurde darauf geachtet, den Sinn des Gesagten dadurch nicht zu verfälschen. Redeanteile der Interviewerinnen beziehungsweise des Interviewers sind mit „I:" eingeleitet, die der Befragten gegebenenfalls mit „B:". Angaben, die etwaige Rückschlüsse auf die Identität der Befragten zulassen würden, wurden durch neutrale Angaben wie beispielsweise „XY [Stadt]" ersetzt. Außerdem sind die im Folgenden verwendeten Namen frei erfunden und entsprechen nicht den tatsächlichen Vornamen der befragten Personen. Auf diese Weise wird die Anonymität der Befragten gewährleistet.

> Ja, ich hab zwar auch Startschwierigkeiten gehabt, aber ich hab es irgendwo geschafft [...] ich hab überall Angst gehabt, keine Wohnung zu kriegen oder Arbeit oder irgendwas anderes. Oder wenn ich auf dem Amt nicht klargekommen wäre und ich dort, die mich mit ihrem Kauderwelsch zuquatschen und ich nichts verstehe, warum, weshalb, weswegen, worum es ging, eigentlich allgemein hatte ich Angst gehabt, draußen nicht klarzukommen nach den Jahren, die ich drinnen gesessen habe. *(Yannick)*

Zudem nehmen Berichte von Überforderung und die Beschreibung einer Art Reizüberflutung viel Raum in den Erzählungen ein.

> Die Flut, die auf einen eintrifft, also die zu verarbeiten, ist sehr anstrengend. Also ich habe in den ersten Tagen viel, viel Kopfschmerzen gehabt. Ich konnte nicht allzu lange rausgehen, weil ich diese Flut, also diese optischen, akustischen Eindrücke, die man hat, die sind so groß, so dimensional. *(Heinz)*

An diesen Eindruck schließt sich die Beschreibung einer Eingewöhnungsphase an. In diesem Zeitraum versuchen die Befragten sich im Alltag zu orientieren. Einige Probanden räumen sich diese Phase bewusst ein, um sich im Leben außerhalb der Justizvollzugsanstalt zurechtzufinden. Sie versuchen „Fuß zu fassen" *(Sam)*, brauchen Ruhe und/oder Zeit, um sich an die neue Situation gewöhnen zu können. Andere hingegen sehen sich dazu gezwungen, diese Phase zu durchlaufen, weil sie sich zu Beginn „überfordert" *(Heinz)* fühlen. „Habe die erste Zeit auch erst mal so ein bisschen für mich gebraucht. (.) Jetzt erst mal hier mit der ganzen Materie draußen, ich habe Freiheit und so weiter, erst mal klarzukommen" *(Mario)*. Nur vereinzelt beschreiben die Befragten ihren Übergang als gänzlich schwierig. In diesen Fällen prägt der negative Eindruck des unmittelbaren Übergangs meist auch darüber hinaus die weitere Gestaltung des Lebensverlaufs und hemmt den Probanden bei der Wiedereingliederung.

Daneben sind auch die Zukunftspläne der Probanden aus zeitlicher Perspektive interessant und die Interviews gewähren damit Einblicke in ihre Wünsche und Verlaufsvorstellungen. Dieser Aspekt ist eine wichtige Facette des Nachentlassungsverlaufs, auch wenn er sich nicht auf das tatsächliche Erleben bezieht. Wenn die Probanden sich dazu äußern, beziehen sie sich beinahe ausschließlich auf ihr Arbeits- oder Familienleben. Die Vorstellungen sind in diesem Rahmen aber häufig eher vage und drücken vielmehr insgesamt den Wunsch nach einer positiven Entwicklung oder Vorwärtsbewegung aus. „Ja und versuche halt, jetzt meinen meinen Weg zu gehen und, öfters halt an die Zukunft zu denken wie es halt mit mir selber weitergeht und bisschen bodenständiger" *(Enrico)*. Konkretere Maßnahmen in Bezug auf die Umsetzung dieser Pläne lassen sich nur selten identifizieren. Insgesamt äußern viele der Befragten allerdings überhaupt keine konkreten Pläne für die Zukunft. Zwar werden auch bei ihnen auf Nachfrage teilweise konkrete Wünsche wie beispielsweise Urlaubsreisen oder das Erlangen einer Fahrerlaubnis benannt, darüber hinaus werden langfristige Planungen aber nicht erwähnt. Exemplarische Beispielzitate zu den beschriebenen Übergangsformaten sowie der Eingewöhnungsphase und den Zukunftsplänen finden sich in *Tabelle 3*.

Tabelle 3 Ankerzitate der Hauptkategorie „Phasen"

Subkategorie	Eigenschaft/ Dimension/ Ausprägung	Beispielzitat
Übergangserleben		
	Schwierig	„Ich sage mal: zu Anfang, der Start war sehr hart; sage ich mal." *(Dirk)*
	Relativ gut	„Tja, wie ist es mir ergangen? (..) Eigentlich gut. Eigentlich – na ja – ist eigentlich alles aufwärts gegangen – soweit." *(Manfred)*
	Idealer Start	„[…] also ich hatte einen bombigen Start." *(Jürgen)*
Eingewöhnungsphase		„[…] du musst dich ja erst wieder an diese sogenannte Freiheit gewöhnen." *(Otto)*
Zukunftspläne		„Ich habe meine Biographie noch nicht fertig." *(Volker)*

4.1.2 Schwierigkeiten

Die Hauptkategorie *Schwierigkeiten* ist deskriptiv konzipiert. Alle Probanden aus der Substichprobe berichten in irgendeiner Form von Problemen, Herausforderungen oder Rückschlägen. Zwar ist darauf hinzuweisen, dass der Interviewleitfaden bewusst Raum für die Thematisierung von Schwierigkeiten eröffnete, dennoch werden auch an anderen Stellen über die Narrative hinweg immer wieder problematische Aspekte von den Befragten thematisiert. Die von ihnen beschriebenen Schwierigkeiten lassen sich in drei Hauptstränge gliedern: die erlebten Diskrepanzen – beispielsweise zwischen erwarteten und vorgefundenen Bedingungen –, die sogenannten Haftschäden, also Probleme, die sie selbst explizit auf den Haftaufenthalt zurückführen, und die alltäglichen Schwierigkeiten, die eine Sammelkategorie bilden. Letztere subsumiert vielfältige Themengebiete wie beispielsweise finanzielle und gesundheitliche Probleme oder Einsamkeit. Am Beispiel der Einsamkeit kann der deskriptive Charakter der Hauptkategorie verdeutlicht werden. Die Narrative einzelner Probanden lassen Rückschlüsse darauf zu, dass sie ein vergleichsweise isoliertes Leben führen. Die entsprechenden Textpassagen wurden aber nur dann als Schwierigkeit kodiert, wenn diese Aspekte vom Probanden selbst als problematisch dargestellt werden. Bei jemandem, der den Rückzug beispielsweise selbst wählt und sich damit zufrieden zeigt, wurde keine Kodierung bei *Schwierigkeiten* gesetzt – auch wenn dies von außen betrachtet mit problematischen Lebensumständen einhergehen kann. Der Fokus sollte hier aber weiterhin auf der Darstellung der Perspektive der Befragten bleiben.

Die Ergebnisse zeichnen ein komplexes Bild der Herausforderungen und Schwierigkeiten, mit denen sich Haftentlassene in ihrem weiteren Lebensverlauf konfrontiert sehen. Besonders schwer scheint ihnen die Akzeptanz erlebter Diskrepanzen zu fallen. Insbesondere enttäuschte Erwartungen bezüglich der Gegebenheiten nach der Entlassung oder im Hinblick auf Hilfestellungen sind immer wieder Thema. Zudem erleben die Befragten, dass ihre – häufig in Haft – erlernten Kompetenzen in der Praxis schwerer umzusetzen sind, als sie es erwartet hätten. Deshalb können sie Chancen nicht immer wie erhofft nutzen. Diese Erfahrungen prägen vor allem die Nachbetreuung und den Einstieg in das Berufsleben, wobei sie beispielsweise keine Möglichkeit sehen, erlernte Fähigkeiten aus beruflichen Weiterbildungen einzusetzen.

> Ich habe zwar fünf Jahre in der XY [handwerklicher Arbeitsbereich] gearbeitet, in XY [JVA]. Wir haben uns in unserem Wahn vorgestellt, das würde ausreichen als Qualifikation. […] Ja, es ist, im wahren Leben, ist es nicht so. Da darf man also ohne irgendwelche Qualifikationen nicht an irgendwelche Maschinen ran. *(Bodo)*

Daneben führen viele Befragte Schwierigkeiten an, die sie in direktem oder indirektem Zusammenhang mit ihrer Haft sehen. Besonders häufig kommen hier gesundheitliche Einschränkungen zur Sprache. Aber auch Überforderung und Unkenntnis hinsichtlich Ämterstrukturen sehen sie in der Hafterfahrung begründet. Durch die dort fehlende Auseinandersetzung mit den entsprechenden Anforderungen, fühlen sie sich diesen Aufgaben nach der Haft nicht mehr gewachsen.

> Also, äh, äh, also ich muss mal ehrlich sagen, von den Behörden jetzt, ehrlich, wenn ich jetzt hier, wo ich entlassen worden bin, also alles was neu war und alles was ich, also da wusste ich ja gar nichts. Wenn das jetzt wäre, das, aber es war es war ja alles ein Neuland für mich hier draußen. Denn immerhin war ich ja eine ganze Weile weg. *(Ernst)*

Darüber hinaus zeigt sich bei den sogenannten alltäglichen Schwierigkeiten ein Schwerpunkt im Bereich der finanziellen Probleme, der Arbeitslosigkeit sowie bezüglich der Mobilität. Der Großteil der Haftentlassenen beschreibt finanziell prekäre Verhältnisse, die direkt mit der Arbeitslosigkeit im Nachentlassungsverlauf in Verbindung stehen. Einen Arbeitsplatz zu finden, fällt vielen Befragten schwer, weil sie nicht die erforderlichen Qualifikationen mitbringen und aufgrund dessen nur äußerst prekäre Beschäftigungsverhältnisse angeboten bekommen, die sie in vielen Fällen nicht annehmen wollen. Außerdem rechnen sich einige als aus der Haft entlassene Straftäter von vornherein keine Chancen auf dem Arbeitsmarkt aus und vermeiden die Bewerbungssituation. Die erwähnte Mobilitätsproblematik wirkt sich ebenfalls auf die Beschäftigungssituation aus, stellt aber auch für sich genommen eine Hürde dar. Auffallend viele Befragte geben an, keinen Führerschein zu besitzen und deshalb in ihrer Lebensgestaltung eingeschränkt zu sein. Gleichzeitig wird der öffentliche Nahverkehr von einigen als zu kostspielig empfunden, sodass er für sie keine Alternative darstellt. Ihr Bewegungsradius und somit Möglichkeiten zur Beschäftigung und Kontaktaufnahme sind dementsprechend eingeschränkt. Neben diesen drei häufig angesprochenen Problemlagen treten weitere auf, wie beispielsweise die Wohnsituation, Langeweile oder Konflikte mit anderen Personen.

Tabelle 4 enthält Ankerzitate für die beiden Subkategorien Diskrepanzen und Haftschäden sowie für die identifizierten alltäglichen Probleme.

Tabelle 4 Ankerzitate der Hauptkategorie „Schwierigkeiten"

Subkategorie	Eigenschaft/ Dimension/ Ausprägung	Beispielzitat
Diskrepanzen		„Die Richterin gibt es als Auflage, aber hier draußen entspricht es nicht der Realität." *(Andreas)*
Haftschäden		„Man sagt immer so schön Haftmacke. Ich denke, das stimmt. Also dass du im Laufe der Zeit doch einen kleinen Schaden davon trägst." *(Paul)*
alltägliche Probleme		
	Beziehung/ Konflikt	„[…] im Prinzip lebe ich jetzt mit einer Freundin seit 2 Jahren zusammen. Wir haben uns mal ein bisschen mehr getrennt, mal ein bisschen mehr wieder zusammengefunden." *(Michael)*
	Langeweile	„[…] was weiß ich hier? – irgendwelche Hobbys oder so was; habe ich nicht. Ich langweile mich den Tag halt. So." *(David)*
	Überforderung	„Der Einkauf, dann bin ich mit meiner Mutter danach direkt einkaufen gegangen, das war, die hat gesagt, ich soll mir irgendwelche Cornflakes aussuchen. Ein riesengroßes Regal, und ich war total überfordert. Das

Subkategorie	Eigenschaft/ Dimension/ Ausprägung	Beispielzitat
		war zu viel, zu groß, zu viele Leute alle auf einmal.“ *(Ole)*
	Gesundheit	„Also da spielen ja auch gesundheitliche Faktoren eine Rolle, also Bandscheibenprobleme habe ich ständig, und na ja, mit meiner Nase halt. Diese chronischen Nasennebenhöhlenentzündungen, die sind auch damals entstanden durch meine kaputten Zähne.“ *(Christian)*
	Bedrohung	„B: Aber das war ja nun eben da in XY [Stadt], wo der eine mir da so einen Baseballschläger über den Schädel ziehen wollte. I: Wo? Wo Ihnen da körperliche Gewalt angedroht wurde? B: Jaja. Ja. Und da ist aber einer von dem seinen Brüder da, der hat noch ein bisschen Courage gezeigt, dazwischengegangen.“ *(Rainer)*
	Arbeitsplatz	„In der Baustelle ist es halt, ja, schwierig, ist halt, (..) bisschen anders und die sind auch ein bisschen erhabener das merkt man auch gleich so du bist bloß so ein Leiharbeiter und du das ist halt ein Festangestellter und das merkt man auch gleich. Dass, (..) dass die einen das so spüren lassen.“ *(Enrico)*
	Verlust	„[…] einen Todesfall gab es da aus meinem Freundeskreis auch. […] die hat es dieses Jahr nicht mehr geschafft. Und an Lungenkrebs ist sie gestorben. […] Wo ich das erfahren habe, dass die gestorben ist, hat es mich mitgenommen.“ *(Timo)*
	Bürokratie	„Ich wollte Invo‘ Insolvenzverfahren machen hatte meine ganze Akte in XY [Stadt] schon diesem Sozialarbeiter gegeben der ja mittlerweile auf einmal nicht mehr auffindbar ist. […] Ich bin bis jetzt noch nicht zur Ruhe gekommen mit Ämtern und so weiter. Bin jetzt immer noch am Kämpfen […] Hilflos.“ *(Dieter)*

Subkategorie	Eigenschaft/ Dimension/ Ausprägung	Beispielzitat
	Fehlende Mobilität	„Es hängt viel an diesem Führerschein. Das ist immer so: ohne Führerschein ist man heute – sage ich mal – fast aufgeschmissen. […] Mit einem Führerschein hätte man viel mehr andere Möglichkeiten.“ *(Ricardo)*
	Wohnsituation	„Ja, die Gegend ist scheiße ist die. Weil das muss ich ehrlich zu Deutsch sagen […] Nee. XY [Stadt] ist schön aber, das ist zu laut dort und. Da knallt's und kracht's und das, da passiert immer jedes Mal was Neues im Haus, weil die besoffen sind […] die Küche ist zu klein. Und kein richtiges Schlafzimmer. Da ist bloß eine Schlafnische. Das ist Mist, ist das.“ *(Jörg)*
	Isolation/ fehlende Unterstützung	„Ich tu mich ein bisschen schwer damit, auf Menschen zuzugehen und den Kontakt dann zu halten. Das ist aber kein neues Problem, das war eigentlich schon immer so. […] Also, die paar Kontakte, die ich vorher hatte, die haben sich während der Haft nun erledigt.“ *(Alexander)*
	Finanzen	„Schwierig, weil ich ja immer noch andere Nebenkosten habe, die ich mit berappen muss und da sieht es schon, sagen wir mal so, ziemlich schlimm aus.“ *(Nils)*
	Arbeitslosigkeit/ Arbeitssuche	„Ja, schwierig ist Arbeitslosigkeit für mich, im Moment.“ *(Axel)*
	Rückschlag	„Das wurde überhaupt gar nicht angemessen bearbeitet, die wussten alle nicht. Und der eine hat mich an den anderen verwiesen und alle haben das eigentlich mit wüsten Begründungen abgelehnt, so dass ich dann letztlich dort kapitulieren musste.“ *(Marlon)*

4.1.3 Soziales Umfeld

Eine ebenso zentrale Thematik wie die der *Schwierigkeiten* stellt das *soziale Umfeld* dar. Vor dem Hintergrund des Haftaufenthalts der Befragten, ist es interessant, aus welchem Kontext ein erwähnter sozialer Kontakt stammt – ob es sich um eine frühere Bekanntschaft handelt, an die der Proband nach seiner Entlassung wieder anknüpfen kann, einen Kontakt aus der Haftzeit oder nach der Haftentlassung. Entscheidend für den Nachentlassungsverlauf ist weiterhin, welchen Einfluss diese Personen auf den Befragten nehmen – also die Art oder Qualität der Beziehung. Aus einer Metaperspektive ergeben sich diesbezüglich fünf verschiedene Möglichkeiten, die von der Eröffnung sozialen Kapitals bis hin zu einem risikobehafteten Kontakt reichen. Außerdem gibt es Probanden, deren Narrative eine gänzlich fehlende (Re-)Integration in engere soziale Bezüge aufzeigen. Diese Haftentlassenen pflegen keinerlei Außenkontakte und thematisieren ihren Rückzug – wie oben bereits erwähnt – aber nicht als Schwierigkeit.

Bei der Betrachtung der sozialen Kontakte wird zum einen deutlich, dass sie in der Mehrzahl aus dem früheren Umfeld der haftentlassenen Interviewten und insbesondere aus familialen Bezügen stammen. Ihre Herkunfts- sowie eigenen Kernfamilien stellen am häufigsten soziales Kapital zur Verfügung und vermitteln den Befragten zum Beispiel Zugänge zu etwaigen Arbeitsstellen oder bieten instrumentelle Unterstützung in Form von Unterkunft und finanziellen Hilfen an. Doch auch die emotionale Unterstützung, Verständnis und Rückhalt aus der Familie werden von auffällig vielen Probanden hervorgehoben. Grob lässt sich die Bereitstellung des gewinnbringenden sozialen Kapitals vornehmlich auf die Mütter, Großmütter und die Partnerschaft eingrenzen. Negativ und risikobehaftet erscheinen dahingegen vor allem der frühere Freundeskreis und Bekannte. An dieser Stelle trägt jedoch die Tatsache, dass der Kontakt zu ehemaligen Mithäftlingen dem früheren Umfeld zugerechnet wird, einen wesentlichen Anteil zum negativen Gesamtbild bei. Diese Kontakte sind besonders häufig durch risikobehaftete Elemente geprägt, wie zum Beispiel der gemeinsame Drogenkonsum oder Aufforderungen zur Beteiligung an anderen illegalen Aktivitäten. „Das heißt, wenn ein Kumpel kommen würde und jetzt sagen würde, ‚komm, wir machen das Ding jetzt' oder was, würde ich nein sagen. Die Anfragen hatte ich auch schon gehabt" *(Patrick)*. Dies heißt jedoch nicht, dass die Kontakte zu ehemaligen Mitinhaftierten ausschließlich als risikobehaftet auffallen. Teilweise bieten diese beispielsweise eine Unterkunft oder Unterstützung bei alltäglichen Schwierigkeiten an, da sie selbst ähnliche Erfahrungen gemacht haben und daher Verständnis für die Situation der Probanden zeigen.

Auf der anderen Seite spielen neue Kontakte bei wesentlich weniger Befragten eine Rolle. Verglichen mit alten Kontakten eröffnen sie selten soziales Kapital. Wenn dies aber doch der Fall ist, geschieht es fast ausschließlich im Rahmen einer Partnerschaft, wobei die Beziehung erst nach der Haftentlassung eingegangen wurde. Diese Beobachtung deutet darauf hin, dass sich die Kontaktaufnahme und Integration in ein soziales Gefüge nach der Haftentlassung schwierig gestaltet. Die Befragten beschreiben nur sehr eingeschränkte Möglichkeiten, um mit anderen Menschen in Kontakt zu treten.

> B: Das Schwierigste war eben, Freunde zu finden, ne? Also was heißt Freunde zu finden, ich meine es laufen ja genug herum.

```
I: Ja Menschen laufen viele rum, aber Freunde?

B: Ja man nicht zu einem Menschen hingehen und sagen, du
bist jetzt mein Freund oder so, das nicht, aber für mich
war es schwierig. (Mirko)
```

Insbesondere enge Freundschaften knüpfen sie äußerst selten und neue Kontakte kommen – wenn überhaupt – dann meist in Form einer Paarbeziehung zustande. Eine Reintegration in das alte Umfeld findet hingegen häufiger statt und zeigt die Möglichkeit des Erhalts von sozialen Beziehungen trotz des Delikterereignisses und der teilweise langen Haftzeiten. Nur einzelne Probanden bestreiten ihren Nachentlassungsverlauf weitestgehend ohne (enge) soziale Kontakte. Die selbst gewählten und zufriedenen Einzelgänger sind die Ausnahme gegenüber denjenigen mit vielseitigen sozialen Verflechtungen. Rückzug oder Isolation sind somit innerhalb der Gruppe der Befragten nicht weit verbreitet, kommen aber durchaus vor und werden, wenn sie auftreten, meist im Sinne einer Schwierigkeit gerahmt.

Die gefundenen Konstellationen des Kontakts werden in *Tabelle 5* beispielhaft illustriert.

Tabelle 5 Ankerzitate der Hauptkategorie „Soziales Umfeld"

Subkategorie	Eigenschaft/ Dimension/ Ausprägung	Beispielzitat
fehlende (Re-) Integration/ keine Kontakte		„Und sonst habe ich mit keinem weiter Kontakt. Ich bin eher ein Einzelmensch." *(David)*
Reintegration – altes Umfeld		
	soziales Kapital	„Wenn ich da auf meine Verwandten, auf meine Bekannten, auf meine Freunde sehe, möchte ich sagen, dass sie mich prinzipiell weiter geachtet, respektiert haben und wenn Hilfe notwendig war, auch mir zur Seite gestanden." *(Gerd)*
	positiv	„Na ja gut, wie gesagt der XY [Vorname] kann man nicht sagen das sind Freunde das sind halt alles kameradschaftlich alle so." *(Sven)*
	ambivalent	„Meine Frau hat mich gestützt, aber dann [...] also da hatte ich auch eine Auseinandersetzung verbal mit meiner Frau [...] da habe ich dann auch mal durchgedreht." *(Andreas)*

Subkategorie	Eigenschaft/ Dimension/ Ausprägung	Beispielzitat
	negativ	„Schlechter ja, schlechter, weil weil weil die nicht meine Meinung akzeptieren können. Und ich hab den Kontakt dann auch abgebrochen." *(Karsten)*
	risikobehaftet	„Nach der Haftzeit die Alten wiedergesehen: Hallo, tschüss. (...) Einem Hallo gesagt, kamen die anderen: Ach ja, ich hab, gehen wir erst mal Bierchen trinken. Von Bierchen auf Drogen zu." *(John)*
neue Kontakte		
	soziales Kapital	„Hatte ja auch letztes Jahr [...] habe ich meine Partnerin kennengelernt, mit der ich jetzt zusammen bin. [...] Da bin ich schon mal in einen neuen Freundeskreis mit reingekommen. Habe schon viele Freunde so, weil sie hat ja auch eine ganze Menge Freunde hier und in XY [Stadt], habe ich auch schon viele Freunde von ihr kennengelernt." *(Mario)*
	positiv	„In so einem Portal habe ich noch einen kennengelernt mit dem ich immer mal telefoniere und wir haben uns auch schon ein, zwei Mal gesehen." *(Marlon)*
	ambivalent	„Ich bin nach XY [Kleinstadt] gezogen. Da war ein Spielcasino, da im Ort, gleich nebenan. Und dort hatte sich natürlich das ganze Dorf getroffen. [...] Durch die Leute habe ich dann meinen Geschäftspartner kennengelernt; also mit dem ich mich selbstständig gemacht habe [...] mit meinem Geschäftspartner, mit dem kann ich auch immer reden; ne? [...] Er hat selber jetzt gerade Probleme; ne? Er hat ein Alkoholproblem, muss zur Therapie, und jetzt muss ich das Geschäft übernehmen – ne? – wo ich selber mich noch gar nicht bereit dazu fühle. So. Und. Jetzt ist es so, dass bei uns der Auftraggeber nicht zahlen will, und jetzt sind wir selber ein bisschen in Geldnot." *(Stefan)*
	negativ	„Und habe mich dann halt in sie verliebt so von der Optik her [Anm: Foto online] und

Subkategorie	Eigenschaft/ Dimension/ Ausprägung	Beispielzitat
		hab Ihre Nummer gehabt, ihre Telefonnummer rausbekommen, ihre Handynummer und habe mit der sehr oft geredet und telefoniert. Einen Monat lang, ungefähr einen Monat lang. Da wollte ich mich mehrmals mit ihr treffen, die hat gesagt die freut sich schon und hat mich aber immer abserviert. […] dann war ich enttäuscht gewesen, weil sie mich die ganze Zeit angelogen hat das Mädchen.“ *(Ole)*
	risikobehaftet	„I: Und jetzt nach der Haft? Haben Sie sich dann einen neuen Freundeskreis aufgebaut? B: Ja, aber da gehe ich immer nur selten hin, weil das ist im Haus alles, aber das ist nicht gut. […] weil die viel trinken. Und dann quatschen sie nur blöde rum. Dann sind sie wie kleine Kinder. Auch kein Benehmen. Alles, alles kein Benehmen. ?Vor allem? die Worte. Ich sag manchmal auch ein bisschen Mist, aber, aber, aber nicht so dolle.“ (*Jörg*; Anm.: nach eigenen Angaben zum Zeitpunkt des Interviews trockener Alkoholiker)

4.1.4 Desistance

Aus den Interviews lassen sich ebenfalls relevante Aspekte für *Desistance* ableiten – also Faktoren, die einen greifbaren Bezug zur Legalbewährung haben. Dabei handelt es sich um konkrete Strategien und Verhaltensweisen, die die Befragten zur Vermeidung einer erneuten Straftat verfolgen und selbst als solche thematisieren. Aber auch einzelne Faktoren, die sie mit dem Prozess der Legalbewährung in Zusammenhang sehen, können sich stabilisierend auswirken. Der Fokus liegt in diesem Fall, wie bei den Angaben der erlebten *Schwierigkeiten*, auf der deskriptiven Ebene.

Eine Relevanz für den Prozess der Legalbewährung wird in den Narrativen vor allem bestimmten Personen zugeschrieben. Die Probanden sehen sich in erster Linie durch ihre Familienangehörigen gestützt oder motiviert, hin und wieder auch durch Freunde. Daneben sind aus Sicht der Befragten strukturgebende Faktoren entscheidend, wie beispielsweise eine Aufgabe im Leben zu haben. Aktivitäten geben ihnen Orientierung und lassen daneben keinen Raum für kriminelle Handlungen. Außerdem stehen sie für positive Aspekte im Leben, die mit einer erneuten Straffälligkeit gefährdet würden. Eng verknüpft sind diese Aspekte, weil die Aufgabe im Leben häufig an die Rolle gekoppelt ist, die sie innerhalb ihres Familiengefüges einnehmen. Vielfach beschrieben werden beispielsweise die Rolle als verantwortungsvoller Vater, unterstützender Partner oder Ernährer. Dabei steht ein heteronormatives Rollenverständnis im Vordergrund und eine entsprechende Männlichkeitskonstruktion wird in vielen Interviews deutlich.

> Ich denk auch ziemlich viel an meine Tochter. (..) Und dann, an die Kindsmutter, weil, ja sie alleine bekommt das gar nicht alles so auf die Reihe, die, na ja ist halt froh dass sie mich hat, kann ich nicht noch mal aufs Spiel setzen. *(Enrico)*

Neben diesen Aufgaben wird der Erwerbsarbeit eine ähnlich stabilisierende Wirkung zugeschrieben. Sie strukturiert den Tag und bietet zudem einen Anknüpfungspunkt und Kontaktmöglichkeiten zu anderen Personen sowie gesellschaftlichen Gruppen. Nicht zuletzt vermindert die Erwerbstätigkeit finanzielle Schwierigkeiten und Engpässe, sodass die Arbeitssuche ebenso zu einer Desistance-Strategie werden kann.

> […] bin ich einfach reingegangen, und habe gesagt 'hier bin ich, habt Ihr ein Job für mich?' Hab ich da so einen Bogen ausgefüllt. (..) Naja und, nach sechs Wochen hat das dann halt geklappt. […] Ja früher war ich auch nie arbeiten. Das, da hab ich genau dieses Lotterleben geführt. (..) Klauen gegangen, das gemacht das gemacht. *(Karsten)*

Die identifizierten Strategien können sich auf diese Faktoren beziehen – also beispielsweise die Suche nach einer Arbeitsstelle, weil die Erwerbstätigkeit selbst als

Tabelle 6 Ankerzitate der Hauptkategorie „Desistance"

Subkategorie	Beispielzitat
Faktor	„[…] in erster Linie meine Arbeit (.) ist verdammt wichtig (.) nimmt auch viel Zeit weg […] zweiter wichtiger Punkt ist die Familie bei der man einen Rückenhalt hat […] was ein sehr schöner Rückenhalt ist das hab ich mitgekriegt ist ne Freundin zu haben (..) mit der kann man auch mal verschiedenen Sachen unternehmen […] das alles zusammen ist der perfekte Rückenhalt meiner Meinung nach (.) (?um keine Straftaten zu machen?) zwangsläufig, man hat keine Zeit, man hat immer jemanden der für einen da ist (..) hat jemand den man für wichtig erachtet." *(Benjamin)*
Strategie	„Oder auch wenn man mit kriminellen Leuten zusammen ist. Wie gesagt. Und nicht immer sich Leute aussuchen, die sich da gerade einen Joint reinziehen oder sonst was machen, sondern von den Leuten wegbleiben, weil das ja straffällig schon wieder ist." *(Ole)*

stabilisierend eingeschätzt wird. Aber auch der Besuch von Therapiegruppen, der Umzug in ein anderes Umfeld oder das Vermeiden bestimmter Personen werden genannt. Zusammengenommen zeichnet sich so ein facettenreiches Bild an unterschiedlichen Einflüssen, die positiv auf den Prozess der Legalbewährung einwirken können oder zumindest aus der Perspektive der Befragten damit zusammenhängen. Beispiele der identifizierten Faktoren und Strategien finden sich in *Tabelle 6.*

4.1.5 Veränderung

Ein weiteres Phänomen, das mit der Legalbewährung in Zusammenhang zu sehen ist, ist das der *Veränderung*. Einige Probanden sehen sich als Person gänzlich verändert oder betonten neue Verhaltensweisen. Damit gehen zwei Möglichkeiten der Zuschreibung einher: Entweder schließen die Befragten die Beteiligung externer Faktoren dabei gänzlich aus, oder aber sie sehen andere Personen beziehungsweise Einflüsse an ihrer Veränderung beteiligt.

Die beschriebene Veränderung ist nie durch einen expliziten Wendepunkt oder ein plötzliches Ereignis gekennzeichnet, sondern vielmehr durch einen länger andauernden Prozess. Häufig sehen sich die Befragten diesen Prozess bereits in Haft durchlaufen. Dabei entfernen sie sich von ihrer früheren Identität, ihren damaligen Taten und Verhaltensweisen. Insbesondere verglichen mit dem ‚alten Ich' beschreiben sie sich als reifer, ruhiger oder sogar als gänzlich andere Person. Sie können sich somit neu definieren und positionieren. Gemein ist allen Beschreibungen, dass es sich um einen positiven Veränderungsprozess handelt. Inwiefern diese Veränderung umgesetzt wird, ist nicht Teil der Erfassung innerhalb der Kategorie. Vielmehr steht das Narrativ der Veränderung der Befragten im Vordergrund.

Die Zuschreibungen der Verantwortlichkeit für den beschriebenen Veränderungsprozess stellen sich unterschiedlich dar. Zum einen werden externe Faktoren wie beispielsweise die Therapie in oder nach der Haft angeführt, zum anderen betonen einige Befragte stetig, dass sie diese Veränderung selbst herbeigeführt und umgesetzt hätten. Letztere sehen alles aus sich selbst heraus entstehen und verneinen eine Beteiligung externer Faktoren oder anderer Personen. In einzelnen Fällen wird weniger spezifisch von einem Einfluss des Alters gesprochen, man sei „reifer geworden" *(Yannick)*. In allen Fällen jedoch eröffnet das Veränderungsnarrativ den Befragten einen Bezugspunkt, auf den sie ihr ‚neues Ich' beziehen können und damit aus ihrer Sicht auch die Möglichkeit für veränderte Verhaltensweisen schaffen.

> B: Also ich halte mich aus jedem Ärger raus auch wenn mich auf der Straße mich einer anpöbelt. Dann, lasse ich den links liegen und gehe oder. Wenn es nun gar nicht anders geht dann versuche ich schon irgendwo das Gespräch zu suchen. Nicht so wie früher dass ich dann gleich, losgehe und
>
> I: Und gleich hochfahren und, naja, okay.
>
> B: Also da bin ich schon ruhiger geworden. *(Sven)*

Das ‚alte Ich' soll auf diese Weise abgelegt werden. Daneben gibt es ein Kontrastbeispiel in der Stichprobe. In diesem Ausnahmefall betont der Proband, dass er sich überhaupt nicht verändert habe. „Weil ich mich als Charakter ja nicht verändert habe, also als Wesen oder so" *(Josef)*. Er rahmt seinen Haftaufenthalt vielmehr als „Intermezzo" *(Josef)* und sieht sich nach der Entlassung da anknüpfen, wo er zuvor aufgehört hat: „damit konnte ich die Pläne meiner Vergangenheit wieder aufnehmen" *(Josef)*. Er distanziert sich aber dennoch von seiner Straftat, indem er statt eines Veränderungsnarrativs seine Reue betont. Über die Reue, die er beschreibt, eröffnet er sich ebenfalls eine Möglichkeit, einen Anknüpfungspunkt zu finden. Anstatt sich unter Zuhilfenahme eines neuen Ichs einzugliedern, hat er aus seiner Sicht mit der Haft und der Reue seine „Entgleisung" *(Josef)* abgegolten. Die gleiche Funktion übernimmt bei einer größeren Anzahl an Probanden aber das Veränderungsnarrativ. Sie verhalten sich in ihrer Beschreibung nun grundsätzlich anders als früher. „Früher habe ich nicht überlegt, da habe ich einfach nur gehandelt" *(Joachim)*.

Ein Interviewbeispiel, an dem sich das Veränderungsnarrativ nachvollziehen lässt, findet sich in *Tabelle 7* und ebenso Beispiele für die Zuschreibung der an der Veränderung beteiligten Faktoren.

Tabelle 7 Ankerzitate der Hauptkategorie „Veränderung"

Subkategorie	**Eigenschaft/ Dimension/ Ausprägung**	**Beispielzitat**
Veränderungsprozess		„Ich bin viel (.) ich sage mal ein besserer Mensch geworden, für mich. Ich komme mit vielen Sachen viel besser klar." *(Philipp)*
Faktoren		
	Zuschreibung externe Faktoren	„Die Therapie nicht gemacht hätte, dann würde ich es vielleicht so handhaben wie früher." *(Oliver)*
	Zurückweisung externer Faktoren	„Also was man (.) mir dort vermittelt hat oder wollte vermitteln oder vermittelt hat, erst mal war mir das schon bekannt […] Aber im Großen und Ganzen, für mich war das zu 85 Prozent/ Ich meine, mein, mein Leben oder meine Einstellung oder genau, die Einstellung und die Vorstellung, haben sich, ich sage mal, innerhalb meiner intraindividuellen Varianz nicht geändert, überhaupt nicht." *(Detlev)*

4.1.6 Maßnahmen

Die nächste Hauptkategorie umfasst den Bereich der *Maßnahmen*. Hier konzentrieren sich die Ergebnisse auf zwei große Themenbereiche: einmal die Entlassungsvorbereitung, die noch in Haft stattfindet. Diese beeinflusst vor allem den unmittelbaren Übergang in Freiheit und damit auch die weiteren Entwicklungen. Der zweite Schwerpunkt der Maßnahmen bezieht sich vornehmlich auf die Bewährungshilfe oder Führungsaufsicht, aber schließt auch alle anderen auferlegten oder angebotenen Maßnahmen nach der Haft ein, die nicht mit der Haft in Verbindung stehen und gesetzlich vorgeschrieben sind wie Angebote von Vereinen oder Vorgaben anderer Behörden. Entscheidend ist an dieser Stelle die Perspektive des Probanden auf die jeweiligen Maßnahmen beziehungsweise deren Bewertung sowie seine diesbezügliche Akzeptanz, die sich anhand der berichteten Einhaltung der entsprechenden Vorgaben bemisst. Eine Übersicht zu gesetzlich vorgesehenen entlassungsvorbereitenden Maßnahmen sowie Maßnahmen in der Nachsorge beziehungsweise die Ausgestaltung der Führungsaufsicht anschließend an die Inhaftierung finden sich in *Anhang 1* und *Anhang 3*.

Die Interviewten berichten von einem breitgefächerten Angebot an Entlassungsvorbereitungen in Haft.[30] Zu nennen sind hier konkrete Hilfen wie beispielsweise Unterstützung bei der Wohnungssuche oder Bewerbungstrainings, aber auch Weiterbildungsmaßnahmen, verschiedene Therapieangebote und gegen Ende der Haftstrafe die Verlegung in den offenen Vollzug. So unterschiedlich die Art der Angebote ist, so sehr unterscheiden sich auch die Ansichten bezüglich der durchlaufenen Maßnahmen und ebenso deren Akzeptanz. Einige Probanden lehnten die Angebote in Haft komplett ab oder nahmen nur Teile davon wahr, andere hingegen besuchten diverse Angebote sogar mehrfach. Als besonders hilfreich werden vor allem die berufsbezogenen Maßnahmen beschrieben, häufig selbst dann, wenn später keine weitere Anwendung des Erlernten im Erwerbsleben erkennbar wird. Als uneingeschränkt gut wird der offene Vollzug von den Befragten gelobt, Ausgänge hingegen werden vereinzelt als überfordernd oder nutzlos bezeichnet. Die Bewertungen der entlassungsvorbereitenden Maßnahmen hängen in den meisten Fällen vom persönlichen Verhältnis zur zuständigen Person ab. Persönliche Sympathien werden so zum entscheidenden Kriterium. Besonders deutlich zu beobachten ist dieser Einfluss bezüglich der Führungsaufsicht oder Bewährungshilfe, also der Maßnahmen nach der Entlassung. Hier wird betont, dass für die Befragten vor allem Aspekte wie Vertrauen und Zuverlässigkeit entscheidende Komponenten in der Beziehung zu den entsprechenden Personen sind. Daneben gibt es jedoch auch einzelne Probanden, die sich von vornherein nicht auf diesen Kontakt einlassen, weil sie die Person als Vertretung des

30 Die Bewertung der Sozialtherapie wird an dieser Stelle nicht weiter ausgeführt, da eine umfassende Evaluation und Darstellung der Einschätzung Bestandteile der Analyse im Rahmen des Gesamtprojektes sind und in einer abschließenden Publikation detail- und umfangreich nachvollzogen werden können (*Woessner* in Vorbereitung).

Systems begreifen, das ihnen eine ungerechtfertigte Verlängerung ihrer Strafe aufbürdet.

> [...] nicht so gut find ich dass ich eben, sehr große Beschränkungen, auferlegt gekriegt hab vom Gericht, die mich kaum am gesellschaftlichen Leben teilnehmen lassen [...] eigentlich hab ich meine Strafe ja verbüßt, ne, und, Auflagen, das sind eigentlich nur sollten eigentlich nur den Leuten unterstellt werden die, ihre Strafe zur Bewährung haben ausgesetzt. *(Gerhard)*

Angebote über die auferlegten Maßnahmen hinaus nehmen nur die wenigsten Befragten in Anspruch. In diesen seltenen Fällen handelt es sich um Suchttherapien, Schuldnerberatung oder Angebote des Jobcenters. Außerdem werden einige Befragte von gemeinnützigen Organisationen oder Vereinen unterstützt. Zusammenfassend kann somit festgestellt werden, dass die wiedereingliederungsrelevanten Maßnahmen sowohl als stabilisierend und hilfreich angenommen werden können, als auch als zusätzliche „Schikane" *(Thomas)* empfunden, die Frust und eine Abwehrhaltung bei den Haftentlassenen hervorruft. *Tabelle 8* zeigt Ankerzitate, aus denen die Bewertung der Maßnahmen in den Interviews abgeleitet werden kann.

Tabelle 8 Ankerzitate der Hauptkategorie „Maßnahmen"

Subkategorie	**Eigenschaft/ Dimension/ Ausprägung**	**Beispielzitat**
Entlassungsvorbereitung		„Ja die [Anm.: Wohnung] haben wir uns während der Haft gesucht, mit dem Sozialdienst." *(Karsten)*
	Akzeptanz	„[...] es gab so ne Entlassungsvorbereitung vom Sozialdienst, die ich verweigert hab." *(Benjamin)* „Ich habe eigentlich in der Haft alles mitgenommen, was es gibt." *(Sam)*
	Positive Bewertung	„Und das hat eigentlich doch relativ gut und wunderbar geklappt, weil ich war die letzten Wochen noch im offenen Vollzug und dadurch hat das dann funktioniert." *(Holger)*
	Negative Bewertung	„Das ist für den Arsch, ist das. Weil, du kriegst zwar deine Lockerungen, kriegst deinen Ausgang, [...] Läufst du mit ein paar Knackis durch die Stadt und dann guckst du dir ein paar

Subkategorie	Eigenschaft/ Dimension/ Ausprägung	Beispielzitat
		Läden an und kannst dir nichts kaufen und das ist die Wiedereingliederung. Top.“ *(Yannick)*
Rolle/Beziehung Bewährungshelfer*in		„[…] sie geht mit mir nicht um wie ein Mensch, sondern wie, weiß ich nicht, wie ein böser Wolf so ungefähr, wie ein böses Tier und gibt mir in dem Sinne keine Chancen.“ *(Mirko)* „Ja, Bewährungshelferin. Und. Also. Hut ab vor dieser Frau – volles Vertrauen. Und das ist so ein wunderbares, harmonisches Arbeiten zwischen ihr und meiner Person; herrlich. Wunderbar.“ *(Rainer)*
Maßnahmen		„[…] also fünf Jahre Führungsaufsicht mit Auflage hier und regelmäßig zur Bewährungshilfe gehen.“ *(Enrico)*
	Akzeptanz	„Ich habe 5 Jahre Führungsaufsicht und mich dann jeden Monat melden. Ab und zu kommt der Herr hier her. […] Na der Anfang war im Monat zwei Mal und jetzt, weil es gut läuft, brauche ich nur im Monat ein Mal.“ *(Frank)* „Läuft. Ich versuche es halt, dass ich meine Termine einhalte. Manchmal geht es nicht. Manchmal vergesse ich es auch, dass ich da arbeite und so.“ *(Marco)*
	Positive Bewertung	„So habe ich es mir eigentlich vorgestellt, so ist es auch gut. Wenn man Probleme hat, dafür ist ein Bewährungshelfer da, da geht man hin. Oder ruft den an oder fragt oder was man machen kann, wie damals, mit dem Insolvenzverfahren, das ganze da hab ich ihn auch gefragt, wie man

Subkategorie	Eigenschaft/ Dimension/ Ausprägung	Beispielzitat
		das machen kann, da hat er mich auch darauf hingewiesen, wie man das machen kann. Also auch beraten, auch allgemein Nicht bloß gucken: ‚ahh macht der alles richtig‘." *(Bernd)*
	Negative Bewertung	„Die wollen dich überwachen. Und da ist es sinnvoll, wenn der Knacki, wo rauskommt, eine Wohnungsadresse hat. Also bemühen sie sich, dass du eine Wohnungsadresse hast. Alles andere ist denen scheißegal; ne? Ob du da Möbel drinstehen hast oder ob du was zu Essen und zu Trinken hast, das interessiert die nicht. Das ist für die uninteressant. Nur, dass du wirklich greifbar bist, dass sie dich überprüfen können, dass sie dich immer an der Hand haben." *(Lutz)*
Weitere Angebote/ Anforderungen		„Also aufgesucht hab ich eigentlich nur diesen Verein für Straffälligenhilfe in XY [Stadt], (..) und, um Unterstützung gebeten." *(Günther)*
	Akzeptanz	„Ich hatte nach der Entlassung habe ich als Auflage vom Gericht her bekommen, diese vier Jahre Bewährung mit einem Jahr Suchtberatung. Und dem Bewährungshelfer. Die Suchtberatung wäre ja in dem Sinne, wäre die ist ja schon abgeschlossen […] das ist die Suchtberatung, ich mach von mir aus eine Therapie. […] Ja, ich mache eine mit, das will ich für mich machen." *(Otto)* „Habe dort, die da haben mich abgelehnt. Weil die halt, das war ausgemacht Drogentherapie, ja, Alkoholtherapie statt Drogentherapie. Und

Subkategorie	Eigenschaft/ Dimension/ Ausprägung	Beispielzitat
		die wollten mich ja als Drogentherapie, auch mit weiter behandeln. Und da habe ich gemeint: Nein, gibt es nicht.“ *(John)*
	Positive Bewertung	„Meine erste Betreuerin, die ich hier [Anm.: Verein] hatte, zum Beispiel, […] dass ich da jemanden hatte, der halt mit mir auf die Behörden rennt und mir das erklärt ein bisschen; und so.“ *(Markus)*
	Negative Bewertung	„Mir wurden da auch von Schuldenberatern da Dinge geraten, die haarsträubend sind, dass man da einfach nie zahlen soll oder was, aber bekommt man Kontosperrung und alles.“ *(Michael)*

4.1.7 Weitere Risikofaktoren

In den analysierten Interviews wird an unterschiedlichen Stellen Risikopotenzial sichtbar, das zu einem möglichen Rückfall im Nachentlassungsverlauf beitragen könnte. Dabei werden zum einen Risikofaktoren von den Probanden selbst identifiziert und explizit benannt. Zum anderen sind auch Aspekte zu finden, die in der kriminologischen Forschung als rückfallrelevant gelten und daher entsprechend berücksichtigt werden müssen. Darüber hinaus gibt es an einigen Stellen Anhaltspunkte für sozial deviantes oder delinquentes Verhalten. Die Hauptkategorie *weitere Risikofaktoren* erfasst alle diese Aspekte und erfüllt dabei einen ergänzenden Zweck, da bereits an anderer Stelle – wie beispielsweise bei risikobehafteten sozialen Kontakten – ein entsprechendes Risiko impliziert wird.

Die Inhalte der Interviews zeigen, dass insbesondere die Suchtthematik bei vielen der Probanden in der Nachentlassungssituation auftritt. Auffällig ist, dass vor allem Alkohol als Suchtmittel präsent ist und damit ungleich häufiger als andere Substanzen. Eng verbunden mit der Sucht ist der Kontakt zum alten Freundeskreis und folglich zu Menschen, die selbst suchtkrank sind. Damit zeigt sich ein gewisses Milieuverhalten, das die Probanden in destabilisierenden Bezügen verhaften lässt und so eine Vielzahl an weiteren Risikofaktoren bedingt. Beispielsweise beschreiben mehrere Befragte regelmäßige Treffen vor Getränkemärkten, wo sie gemeinsam mit anderen Personen Alkohol konsumieren und es dann hin und wieder zu Auseinandersetzungen kommt. Daneben finden sich aber auch als problematisch zu wertende

Einstellungen zu Sexualität und Straftaten, wie beispielsweise in folgendem Zitat deutlich wird: „aufgetakelt als Modepuppe, es war Tatsache, es war halt so. […] – kein Wunder, die wurde hier bestialisch vergewaltigt. Bleibt doch nicht aus!“ *(Uwe)*. Auch in Bezug auf sexuellen Kindesmissbrauch sind ähnlich risikobehaftete Aussagen in einzelnen Interviews vorhanden.

Frust und fehlende Strukturen können sich im Alltag ebenfalls destabilisierend auswirken. „Da haben wir viel gesoffen. Wir haben PlayStation gespielt; ne? Weil wir arbeitslos waren, Langeweile und die Behördengänge“ *(Markus)*. Bezogen auf sozial deviante oder strafrechtlich relevante Handlungen finden sich vor allem Erwähnungen von Schwarzarbeit, das Verschleiern von Einkommen oder Lebensverhältnissen gegenüber Ämtern sowie vereinzelt der Verstoß gegen Bewährungsauflagen beziehungsweise Weisungen der Führungsaufsicht. Dies betrifft vor allem Aufenthaltsverbote an Örtlichkeiten wie Schulen oder Schwimmbäder. Des Weiteren werden Termine mit der Bewährungshilfe oder Suchtberatung in vielen Fällen nicht eingehalten. Hinweise auf Straftaten wie beispielsweise Verstöße gegen das Betäubungsmittelgesetz oder Gewaltdelikte finden sich nur sehr selten. Anhaltspunkte für ein erneutes Sexualdelikt und damit einen einschlägigen Rückfall enthält nur eines der Interviews. In diesem Fall berichtet der Proband, dass gegen ihn Anschuldigungen vorgebracht worden seien und entsprechende Ermittlungen laufen. Diese Tat bestreitet er jedoch. Davon abgesehen sind erneute Sexualdelikte nur in Interviews Thema, die in Haft geführt wurden, weil die Probanden bereits zum Zeitpunkt t3 erneut inhaftiert waren (n = 4). In einigen Narrativen lassen sich neben den erwähnten Risikofaktoren und den beschriebenen Verhaltensweisen auch Rückschlüsse auf die impliziten Rückfalltheorien der Haftentlassenen ziehen. Bei diesen, mit einem Rückfall assoziierten Theorien, handelt es sich meist um eine Abwägung der Kosten und des Nutzens einer Straftat oder eine Art Verführungsnarrativ, das Frauen und Kindern eine aktive Rolle in einem Rückfallszenario zuschreibt. Somit können neben

Tabelle 9 Ankerzitate der Hauptkategorie „Weitere Risikofaktoren“

Subkategorie	Beispielzitat
sozial deviante/illegale Handlung	„[…] weil ich dann kein Geld hatte, dann bin ich dann in die Kaufhalle und habe mir eine Flasche Sprit geklaut.“ *(Klaus)*
Faktor	„Tja, ich war ja am Anfang, wo ich da war, sehr häufig im Internetcafé und meine Spielsucht vorangetrieben.“ *(Mirko)*
assoziierte Rückfalltheorie	„[…] wenn da zwölfjährige Mädchen mit einem Minirock rumrennen und, so kurz wie möglich […] für mich persönlich, nicht so aufreizend aber, (...) ich sag mal so man guckt hin, und, (..) wer da nicht widerstehen kann.“ *(Sascha)*

Hinweisen auf vorhandene Risikofaktoren im Lebensverlauf auch abstraktere Schemata bezüglich des Rückfallverhaltens identifiziert werden.[31]

In *Tabelle 9* werden Beispiele aus den Interviews für die beschriebenen Inhalte angeführt.

4.1.8 Internalisierung des Stigmatisierungsdiskurses

In allen Interviews thematisieren die Probanden Stigmatisierung und in den meisten Fällen nicht nur im dafür vom Interviewleitfaden vorgesehenen Umfang. Bei der Analyse zeigte sich, dass oftmals weniger die Stigmatisierung selbst, als vielmehr die *Internalisierung des Stigmatisierungsdiskurses* für die entlassenen Sexualstraftäter von Bedeutung ist. Damit ist diese Hauptkategorie trotz ihrer deskriptiven Anteile ebenso durch interpretativ herausgearbeitete Ergebnisse geprägt.

Zwar berichten einzelne Befragte von teils massiven Ausgrenzungserfahrungen, wie beispielsweise dem Ende von Freundschaften oder sogar Belästigungen. „Und dann hatte ich auch zwei Anrufe, schäbige, […] ‚Dem sollen sie den Pimmel abhacken'. So, und eine Bemerkung musste ich mir, das heißt also, ich hab mein Telefon abbestellt" *(Oscar)*. Diese folgen mehrfach auf öffentlich verbreitete Hinweise bezüglich ihrer Vorgeschichte, die in lokalen Zeitungen oder mithilfe von Flugblättern bekannt gemacht wurde. „Und dann war, irgendwann im August so, ein schöner Zeitungsartikel in der, örtlichen Presse. (....) Das Dorf möchte keine Sexualstraftäter" *(Günther)*. In der Folge fühlen sie sich „wie gehetztes Wild", denn „wo will man, (..) Sexualstraftäter haben? Da nicht da nicht" *(Günther)*. Einige Befragte berichten außerdem von Absagen durch potenzielle Arbeitgeberinnen beziehungsweise Arbeitgeber aufgrund von Eintragungen im Führungszeugnis. Trotz dieser Erfahrungsberichte sind auffällig viele Probanden vor allem von ihrer Angst vor Stigmatisierung geleitet und berichten auch auf Nachfrage hin von keinen entsprechenden Erlebnissen. In diesen Fällen kommt es zu einer Diskrepanz zwischen Erwartung und Erfahrung. Die Probanden verhalten sich aber dennoch entsprechend zurückhaltend und vermeiden aus Angst vor Ausgrenzung zum Beispiel den Kontakt zu anderen Personen.

> Es wäre schon eine tolle Sache da einen größeren Kreis um sich wieder zu haben. […] Ich muss auch auf einer Seite möchte ich es momentan auch nicht, weil ich da hier in XY [Stadt] ähnlich, weil ich da Berührungsängste habe. *(Michael)*

---

31 Zu den impliziten Rückfalltheorien erneut inhaftierter Probanden wurde im Rahmen des Gesamtprojektes „Sexualstraftäter in sozialtherapeutischen Abteilungen des Freistaates Sachsen" eine Master-Thesis von der Autorin der vorliegenden Arbeit verfasst. Die Ergebnisse wurden anderweitig publiziert (*Gauder & Wößner* 2019).

Aus dieser Beobachtung kann abgeleitet werden, dass die Internalisierung des Stigmatisierungsdiskurses bereits Einfluss auf das Verhalten und Erleben des Nachentlassungsverlaufs nehmen kann – unabhängig davon, ob konkrete Ausgrenzungserfahrungen gemacht werden oder nicht. Nur einzelne Probanden verneinen die Stigmatisierungsthematik gänzlich. Vor allem bei Befragten, die nach der Entlassung in einem kriminellen Milieu bleiben, kommt dies vor. Der Haftaufenthalt stellt hier keinen Makel dar, sondern gehört im Freundeskreis, bei Bekannten oder auch Familienmitgliedern zum Lebensverlauf dazu. Aber selbst in diesen Fällen zeigt sich ein Aspekt, der bei einer deutlichen Mehrheit der Haftentlassenen zu beobachten ist: insbesondere die Sexualstraftat wird als besonderer Makel gesehen, die eine höhere Gefahr der Stigmatisierung mit sich bringt. Selbst im eben beschriebenen Umfeld kann zwar die Haftstrafe an sich offen und ohne die Konsequenz der Stigmatisierung thematisiert werden, die Art des Deliktes wird aber dennoch verschleiert. „Na gut, dann meine Kumpels hier in XY [Stadt], die wissen dass ich in Haft war. Weshalb und so wissen sie natürlich nicht, ist klar, müssen sie nicht wissen" *(Kim)*. Bei Probanden, die in erster Linie Kontakt zu nicht straffälligen Personen haben, ist dieser Punkt gleichermaßen sensibel. Den entsprechenden Eindruck sehen die Befragten unter anderem durch die Art der Thematisierung in den Medien und die erlebte „Hierarchie" *(Andreas)* in Haft bestätigt, in der ein Sexualdelikt „ziemlich weit, ziemlich weit unten steht" *(Mario)*. Dieses Ergebnis unterstreicht erneut die Tatsache, dass vor allem die Internalisierung des Diskurses im Nachentlassungsverlauf für die Befragten wirksam wird.

Über die Erwartung von Stigmatisierung, Labeling und die konkreten Ausgrenzungserlebnissen hinaus, stellt auch der Umgang mit der Haftstrafe, beziehungsweise die Kommunikation darüber, einen wichtigen Aspekt der Nachentlassungssituation dar, der durch die Internalisierung geprägt ist. Die von vielen empfundene Angst vor Stigmatisierung bestimmt, wie die Entlassenen mit ihrer Haft umgehen, ob sie überhaupt darüber berichten und mit wem sie darüber sprechen. Dieser Umgang lässt sich auf einem Kontinuum abbilden. Manche Probanden berichten sehr offen über ihre Haft, während andere differenzieren, wem sie was erzählen, und wieder andere den Umstand der Hafterfahrung und/oder den Anlass der Haft vollständig verschweigen. Aus der Wechselwirkung dieser unterschiedlichen Strategien resultieren wiederum verschiedene Stigmatisierungserfahrungen.

Die Stigmatisierungsthematik ist ein wesentlicher Bestandteil der Nachentlassungssituation. Daher sind die entsprechenden Erkenntnisse entscheidend für die späteren Gesamtergebnisse. Alle fünf beschriebenen Subkategorien werden in *Tabelle 10* mit exemplarischen Interviewtextstellen illustriert, um die komplexen Aspekte zu veranschaulichen.

Tabelle 10 Ankerzitate der Hauptkategorie „Internalisierung des Stigmatisierungsdiskurses"

Subkategorie	Eigenschaft/ Dimension/ Ausprägung	Beispielzitat
Umgang mit Hafterfahrung/ Kommunikation		
	Offenheit	„Weil, ich gehe damit ja eigentlich relativ offen um, weil mir ist es egal, weil Knast, das heißt doch was Normales, nicht mehr unnormal. (..) Ist man schneller drinnen, als man denkt." *(Patrick)*
	Differenzierung	„Natürlich belüge ich einige, […] Ich erzähle das ja nicht jedem […] Den Unterschied mache ich dort, wenn ich finanzielle, materielle oder geschäftliche Nachteile befürchten muss." *(Herbert)*
	Verheimlichen	„Ja es wusste keiner von meiner Straftat hier. […] wenn keiner was weiß ist es ein leichterer Einstieg, als wie, wenn irgendwo, einer weiß aha der saß wegen dem und dem." *(Sascha)*
Stigmatisierungserfahrung		
	Angst/ Erwartung	„Man hat einfach Angst, dass dich jemand erkennen könnte oder was auch immer. Einfach nur die Angst, die Beklommenheit, dass irgendwas wieder aufkommt." *(Philipp)*
	Labeling	„[…] ich mit meiner Oma mütterlicherseits eh immer so ein bisschen das schwarze Schaf war. Böse." *(Lorenz)*
	Ausgrenzung	„[…] bin dann halt immer so offen, im Bewerbungsgespräch und sage halt, dass ich in Haft war. Da sagen die meisten Chefs dann immer schon nein." *(Sven)*
	Akteur	„Ich hätte sie [Anm.: Mietwohnung] schon bekommen, aber die Hausbewohner haben das rausbekommen. Und die haben dann

Subkategorie	Eigenschaft/ Dimension/ Ausprägung	Beispielzitat
		Beschwerde eingelegt und dann haben die Vermieter gesagt: ‚Nein, machen wir nicht'." (*Olaf*)
Diskrepanz Erwartung - Erfahrung		„[…] ich habe denen dann gesagt, wo ich herkomme, was ich getan habe. Ich muss sagen, ich war eigentlich erstaunt über die positive Reaktion. Wir sind nun mittlerweile gute Freunde." *(Paul)*
Sextäter-Label als besonderer Makel		„Es gibt auch Situationen, wo jemand unschön reagiert, aber nicht aufgrund dessen, dass ich inhaftiert war, sondern aufgrund dessen, weswegen ich inhaftiert war; ja?" *(Bodo)*
Fehlende Stigmatisierungsthematik		(Anm: auf Nachfrage zu negativen Reaktionen bei Bekanntwerden seines Haftaufenthalts) „Nein. […] Gar nicht. […] Nein, gar nicht. […] Gar nicht. Keine Vorurteile, nichts. Nein." *(John)*[32]

4.1.9 Agency

Agency[33] kommt grundsätzlich in jedem Narrativ zum Tragen, was insbesondere durch eine mikrosprachliche Auswertung herausgearbeitet werden kann. Auch in den vorliegenden Nachentlassungsinterviews verwenden alle Probanden bei der Beschreibung ihres Lebensverlaufs sprachliche Markierungen, die Rückschlüsse auf Agency zulassen. Obwohl in dieser Untersuchung keine Agency-Analyse im eigent-

32 Eine etwaige Ausnahme hinsichtlich der Stigmatisierungsthematik bildet bei *John* die Reaktion seines Bruders. Dieser war zu selben Zeit wie der Befragte wegen Mordes inhaftiert. Aufgrund der unterschiedlichen Delikte wollten die beiden keinen weiteren Kontakt zueinander. Allerdings schildert der Befragte dies als einvernehmliches Ablehnen des Kontakts, in dem sich gewissermaßen auch die Gefängnis-Hierarchie widerspiegelt: „Weil der hat wegen Mord gesessen, ich habe mit, meinem sexuellen Missbrauch gesessen und das ist, passt nicht zusammen. Und dadurch haben wir auch keinen Kontakt mehr" *(John)*.

33 Agency ist ein theoretisches Konstrukt, das in verschiedenen Fachdisziplinen unterschiedlich definiert wird. Hier orientiert sich die Verwendung des Begriffs an *Helfferich*s (vgl. 2012, S. 10) Beschreibung eines Oberbegriffs und Agency wird somit als Handlungs- und Wirkmächtigkeit einer Person verstanden beziehungsweise schließt hier als übergeordneter Begriff auch die Möglichkeit der Abwesenheit derselben ein.

lichen Sinne durchgeführt wurde, fand die sprachliche Ausgestaltung dennoch Berücksichtigung. Interessant ist die Betrachtung der entsprechenden Textpassagen, weil sie einerseits die Selbstzuschreibung der Handlungsmächtigkeit des Probanden abbildet. Andererseits lassen sich daraus Rückschlüsse auf die Gestaltungsmöglichkeiten des Einzelnen bezüglich seines Lebensverlaufs ziehen.

Die Handlungsmächtigkeit kann entweder in Form der Selbstwirksamkeitserwartung des Probanden oder aber in seiner tatsächlich selbstwirksamen Handlungsweise auftreten. Selbstwirksamkeit bezieht sich dabei auf tatsächlich ausgeübte Handlungsmächtigkeit, die Selbstwirksamkeitserwartung bezeichnet die Zuschreibung von Handlungsmächtigkeit oder beispielsweise eine geplante aber noch nicht ausgeführte Handlung. Die meisten Haftentlassenen geben deutlich mehr Hinweise auf ihre eigene Handlungsmächtigkeit, als auf Selbstwirksamkeitserwartung. Beispielsweise zeigen sich viele bei der Suche nach einer Arbeitsstelle handlungsmächtig. Zudem wird immer wieder betont für Familienmitglieder aktiv werden zu können und zu wollen. Aber auch im Hinblick auf die Wohnungssuche und die Einrichtung des Wohnraums wird Handlungsmächtigkeit beschrieben. Die Selbstwirksamkeitserwartung hingegen bezieht sich häufig auf die zukünftige Gestaltung des nicht delinquenten Lebens, somit die Erwartung den Desistance-Prozess erfolgreich vorantreiben zu können, und den damit eng verwandten Veränderungsprozess: „Bis jetzt hat es geklappt im Großen und Ganzen. Es klappt zwar nicht immer, aber man darf in dem Moment nicht aufgeben. Man muss weiterkämpfen“ *(Philipp)*.

Demgegenüber steht die fehlende Handlungsmächtigkeit, wenn die Probanden externalisieren oder sich passiv beziehungsweise fatalistisch zeigen. Diese passiven Formulierungen sind in den Interviews seltener zu beobachten. Die besonders ausgeprägten Fälle hinsichtlich des Fatalismus zeigen, dass Lebensbereiche, in denen ein Teil der Befragten Selbstwirksamkeit zeigt, von anderen – wenn auch wenigen – Probanden überhaupt nicht gestaltet werden. Sie ziehen sich beispielsweise komplett vom Arbeitsmarkt zurück oder zeigen keine Bemühungen sich in ihrem Leben außerhalb der Haft einzurichten. Außerdem sehen sie sich nicht in der Lage erneute kriminelle Handlungen zu vermeiden, sondern machen das Schicksal oder Glück dafür verantwortlich. Dabei kommt es zu vielen Überschneidungen mit der Externalisierung im Allgemeinen. Einige Interviewte projizieren Verantwortlichkeit und Handlungsmacht auf andere – meist auf Personen in ihrem sozialen Umfeld, aber auch auf Vereine, Behörden oder andere Personen im institutionellen Kontext. „Das ist der Verein und (I: Mhm, schön.) somit, und die lösen dann, wenn es möglich ist, lösen die alle die Dinge […] Wenn der Verein wieder sich nicht dahintergeklemmt hätte, weil ich immer gesagt, ja, ja, ich mache es mal“ *(Ernst)*.

In den meisten Fällen ergibt sich hinsichtlich unterschiedlicher Themenbereiche eine Tendenz bezüglich der Agency in der Beschreibung der Befragten, oder sie erscheint sogar als wegweisend im Hinblick auf die Gestaltung des gesamten Nachentlassungsverlaufs. Sie verhalten sich also insgesamt eher passiv oder selbstwirksam. Bezüglich der weiteren Entwicklung kann der Proband mit seiner Haltung erfolgreich sein oder aber scheitern. Ungeachtet der zahlreichen Schwierigkeiten und Herausforderungen beschreiben die meisten Befragten vornehmlich Erfolge, die sie sich selbst zuschreiben. Erzählungen des Scheiterns sind seltener Teil der Interviews und häufen sich nicht bei einzelnen Personen, sondern kommen punktuell bezogen auf einzelne Ereignisse vor. Es ist jedoch anzunehmen, dass es sich dabei um gängige Mechanismen der Attribution handelt, sodass diese Verteilung keine Auffälligkeit darstellt.

In *Tabelle 11* finden sich Beispiele für Interviewstellen, aus denen Rückschlüsse auf Agency gezogen werden können.

Tabelle 11 *Ankerzitate der Hauptkategorie „Agency"*

Subkategorie	**Eigenschaft/ Dimension/ Ausprägung**	**Beispielzitat**
Handlungsmächtigkeit		
	Selbstwirksamkeit	„[...] habe ich ja vorher gewusst, dass der Vertrag zum 31.08. ausläuft, habe mich dann irgendwo vorher schon parallel wieder gekümmert mit neuer Arbeit." *(Sam)*
	Selbstwirksamkeitserwartung	„Für mich sind Probleme nur Lösungen in Arbeitskleidung. Also ich habe ein Problem, also kümmere ich mich um die Lösung und versuche nicht das Problem weiter auszubauen. Und wenn man sich in Ruhe hinsetzt und versucht Alternativen zu finden, es gibt immer eine Lösung." *(Paul)*
fehlende Handlungsmächtigkeit		
	Passivität	„Es ist so ein bisschen am Abflauen, weil – sage auch mal – es ist nicht am Abflauen, aber man sieht sich seltener. [...] Liegt an meiner Faulheit." *(Ricardo)*
	Externalisierung	„[...] nur weil die eben einem solche Steine vor die Füße schmeißen." *(Detlev)*
	Fatalismus	„Ich denke einmal, könnte es wieder passieren, dass ich abrutsche oder so.

Subkategorie	Eigenschaft/ Dimension/ Ausprägung	Beispielzitat
		(...) Ich sage kann passieren, muss nicht. Man weiß es halt nicht.“ *(Uwe)*
Output		
	Erfolg	„Was mein Leben noch schön macht, ist das was ich bis jetzt schon alles geschafft habe. Ich habe mir das Ziel gesetzt: Ich will meinen Führerschein wiederhaben. Das habe ich geschafft. (.) Wohnung. Pi, pa, po. Also ich habe viele Ziele, was ich mir als positive Ziele gesetzt habe, habe ich mir schon geholt.“ *(Timo)*
	Scheitern	„Ja ja, ich bin gerannt, was das Zeug hält. Dann hatte ich auch noch ?Personalbüro? angefragt wegen Arbeit, die hatten ja auch Staplerfahrer hatten die ja irgendwie gesucht, ne, aber da ist nichts gekommen?.“ *(Jörg)*

4.1.10 Pseudoreflexivität

In den Narrativen findet sich ein interessantes Phänomen, das insbesondere in der Zusammenschau verschiedener Interviewpassagen sichtbar wird. Bei einigen Probanden ist beispielsweise zwar das Wissen über Risikofaktoren vorhanden und sie reflektieren über entsprechendes Verhalten, an anderer Stelle wird jedoch gegenteiliges Verhalten sichtbar. Dabei sind sich die Probanden in der Regel dieser Diskrepanz zwischen der Einsicht und ihrer mangelnden Umsetzung nicht bewusst beziehungsweise verbalisieren sie nicht, weshalb für dieses Phänomen der Begriff *Pseudoreflexivität*[34] gewählt wurde.

Am häufigsten ist die Pseudoreflexivität bezüglich der Desistance-Strategien der Haftentlassenen zu beobachten. Viele Probanden haben Strategien zur Legalbewäh-

34 Die Diskrepanz, die zwischen Wissen und Handeln bestehen kann, ist unter anderem bei *Mandl & Gerstenmaier* (2000) sowie *Renkl* (1996) thematisiert. *Renkl* verwendet in diesem Zusammenhang den Begriff „träges Wissen“ (*Renkl* 1996, S. 78), wobei das Konzept nicht mit der hier herausgearbeiteten Pseudoreflexivität gleichzusetzen ist, aber durchaus gewisse Parallelen deutlich werden.

rung, die sich sowohl auf bestimmte Verhaltensmuster beziehen können, die vermieden werden sollen als auch auf soziale Kontakte. Dennoch können sie diese nach der Haftentlassung nicht umsetzen oder kehren in ihr altes Umfeld zurück. Darüber hinaus spielt Suchtverhalten für die Legalbewährung eine große Rolle. Trotz des Wissens um die destabilisierende Wirkung, kann dies von den Befragten häufig nicht bewältigt werden. „Eine Flasche. Dann waren es abends schon drei wieder. Ja, am nächsten Tag kam dann der Schnaps schon wieder zu. […] Die Aggressivität und so, das verstärkt sich ja in dem Moment nur bei mir“ *(Klaus)*. Des Weiteren treten Diskrepanzen zwischen der starken Selbstwirksamkeitserwartung der Probanden und einer gleichzeitig fehlenden Handlungsmächtigkeit auf. Diese kommt zwar seltener vor, einige Probanden betonen aber mehrfach, dass jeder selbst den Lauf seines Lebens in der Hand habe und insbesondere Straftaten vermieden werden könnten, wenn man sich nur ausreichend bemühe. Gleichzeitig zeigen sie sich an anderer Stelle passiv, fordernd oder externalisieren die Verantwortlichkeit, wenn sie von sich selbst in eben solchen Situationen sprechen. Ähnliche Diskrepanzen sind mit diesem Aspekt eng verknüpft: Einerseits fordern die Haftentlassenen beispielsweise mehr Hilfsangebote oder zeigen sich unzufrieden mit den Maßnahmen, andererseits beschreiben sie gleichzeitig, wie sie solche Angebote ablehnen. Ebenso schätzen sie Verhaltensweisen bei anderen als risikoreich ein, bei sich selbst sehen sie in ähnlichen Situationen aber keinerlei Rückfallgefahr.

Anhand dieses Phänomens wird deutlich, dass die Haftentlassenen zwar beispielsweise in Haft oder der Therapie Anhaltspunkte erlernen, welche Faktoren für die Legalbewährung entscheidend sind oder wie sie ihr Leben nach der Haft gestalten könnten, sie darüber sprechen und ein Stück weit auch ihr eigenes Handeln reflektieren können; gleichzeitig fehlt es aber an der Internalisierung und Umsetzung dieses Wissens in der Praxis nach der Entlassung. Generell lässt sich sagen, dass die beschriebene Pseudoreflexivität besonders häufig bei den Haftentlassenen vorkommt, deren Interviews viele Hinweise auf eine hohe Rückfallgefährdung und instabile Nachentlassungsverhältnisse aufweisen. Sie deuten somit vermehrt eine Abwärtsspirale an und ihr Reentry-Prozess gestaltet sich entsprechend problematisch.

Daneben gibt es auch Probanden, die eine authentisch nachvollziehbare Reflexion erkennen lassen. Beispiele dafür geben Befragte unter anderem, wenn sie Einsicht in ihr eigenes Rückfallrisiko thematisieren und reflektieren. Auf den ersten Blick könnte beim Einräumen eines Rückfallrisikos den betreffenden Probanden zwar eine destabilisierende Dynamik nachgesagt werden – schließlich zeigt sich hier sehr deutlich, dass sie sich ihrer Legalbewährung nicht vollständig sicher sind. Gleichzeitig versetzt sie diese Einsicht in die Lage, entsprechende Gegenmaßnahmen zu ergreifen. Die identifizierte Unsicherheit eröffnet ihnen einen erweiterten Handlungsspielraum und stabilisiert sie somit vielmehr, als dass es sie destabilisieren würde. Zwar ist diese Ausprägung nur bei einzelnen Probanden zu finden, dennoch wird deutlich, dass ihm Potenzial zur Verhaltensänderung innewohnt.[35]

Um die Pseudoreflexivität noch besser darstellen zu können, werden in *Tabelle 12* Ankerzitate aus den Interviews aufgeführt. Es handelt sich dabei – außer bei der Subkategorie Reflexivität – um jeweils zwei Zitate aus demselben Interview. Bei der Gegenüberstellung wird die identifizierte Diskrepanz nachvollziehbar.

Tabelle 12 Ankerzitate der Hauptkategorie „Pseudoreflexivität“

Subkategorie	Beispielzitat
Diskrepanzen	*zwei Fundstellen innerhalb eines Interviews:* [Anm.: Frage zu Verbesserungsvorschlägen] „Ich spreche da nicht nur für mich, ich spreche da für jeden Inhaftierten, der vor der Entlassung steht, dass der mehr Hilfe von drinnen kriegt.“ *(Yannick)* „[…] die haben gesagt […] ich bräuchte eine Hilfe von einer Betreuerin oder solche Dinger, ich würde das hier alleine nicht auf die Beine kriegen und alles. […] hab ich den Finger gezeigt. ‚Ihr seid ja nicht ganz dicht‘.“ *(Yannick)*
fehlende Selbstwirksamkeit trotz Selbstwirksamkeitserwartung	*zwei Fundstellen innerhalb eines Interviews:* „Wie man das dann sein Leben dann weitergestaltet. Das hängt von jedem selber da drinnen ab.“ *(Dirk)* „[…] na ja, dann habe ich halt so eine kleine Mami gebraucht, die mich an die Hand nimmt und sagt: ‚Dort musst du hin. Dort musst du hin‘.“ *(Dirk)*
fehlende Umsetzung bekannter Desistance-Strategien	*zwei Fundstellen innerhalb eines Interviews:* „Ich bin mir bewusst geworden, dass ich, so leben muss dass ich mit dem, mit dieser, Menschengruppe, Kindern nie mehr in Berührung kommen kann.“ *(Gerhard)* „Ich hab absolut keine Probleme mit den Nachbarn. Ich hab neben mir eine junge Frau wohnen die ist

35 An dieser Stelle ist nicht die Einsicht und Reflexion bezüglich der vergangenen Straftat gemeint, sondern nur bezüglich des eigenen Rückfallrisikos. Die retrospektive Sichtweise ist Teil einer anderen Subkategorie – siehe Normalitätswiederherstellung/Deutungsmacht *Kapitel 5.5*.

Subkategorie	Beispielzitat
	Mutti, der Mann ist bei der Armee, die haben eine hübsche kleine Tochter […] drüben wohnt, auch eine ganz nette Familie mit denen kann man sich auch unterhalten." *(Gerhard)*
Reflexivität	„Aber hat man natürlich einen schlechten Umgang. Dann kann man natürlich rückfällig werden. Dann kann es schief gehen. Also, das ist meine Meinung. Aber wäre ich nämlich nach XY [Stadt] zurückgekommen, dann wäre ich in den alten Trott reingekommen. Also, wäre ich hundertprozentig rückfällig geworden. Da habe ich mir aber dann gesagt, in der Klinik. ‚Nein, machst du nicht. Du fängst total von vorne an.' Das hat mir geholfen. […] Ich bin weggezogen." (*Olaf*)

4.1.11 Desistance-Rahmung

In der Analyse wurde deutlich, dass viele Befragte ihre Legalbewährung und die damit in Verbindung gebrachten Einflussgrößen thematisieren und dabei in einen Deutungsrahmen setzen. Je nach *Desistance-Rahmung* schreiben die Interviewten einzelnen Aspekten ihres Lebens eine gewisse Bedeutung zu oder auch ab. Dabei kann es sich um Zuschreibungen handeln, die Aspekten des Nachentlassungsverlaufs stabilisierende oder destabilisierende Wirkung beimessen. Dieser Faktor kann dann entsprechend der Zuschreibung wirksam werden. Die Deutung des eigenen Legalbewährungsprozesses nimmt damit maßgeblichen Einfluss auf den Nachentlassungsverlauf.

Es zeigen sich drei verschiedene Dynamiken. Erstens fällt das sogenannte Reframing auf. Dabei schreibt der Proband Aspekten seines Lebens eine stabilisierende Bedeutung zu – und dies selbst dann, wenn sie nicht zwingend aus sich heraus positiv wirksam zu werden scheinen. Somit beschreibt der Begriff die Rahmungsleistung des Haftentlassenen, der durch seine Zuschreibung eine Desistance-Konstruktion aufrechterhalten oder sogar internalisieren kann. Er baut den stabilisierenden Rahmen durch seine Deutung selbst auf. Reframing ist zwar nur bei wenigen Probanden zu finden, in deren Interviews zeichnet es sich jedoch sehr deutlich ab und stellt eines der zentralen Motive im Verlauf dar. Beispielsweise rahmen diese Haftentlassenen mehrfach ihre Paarbeziehungen als stabilisierend, obwohl bei der Beschreibung des gemeinsamen Alltags erkennbar wird, dass die Partnerin oder der Partner kein soziales Kapital bereitstellen. Mit der Zuschreibung können die Befragten den Prozess der Legalbewährung aber dennoch gewissermaßen stabilisieren, weil diese ihm Sicherheit und Zuversicht eröffnet.

> [...] hab eine Freundin, bin ich mit der zusammengezogen vor Kurzem. Ja, also momentan ist es so, wie ich es mir eigentlich im Knast vorgestellt habe, eigentlich gut verlaufen [...] Ja, sie kommt mit meinen Eltern klar und sie kommt auch mit meinen Eltern klar, also ja, wie gesagt, wir passen zusammen und haben beide am gleichen Tag Geburtstag. *(Yannick)*

Allein die Überzeugung, mit der Beziehung bereits einen entscheidenden Schritt in ein glückliches Leben gegangen zu sein, ist damit wesentlich. Dieses Muster wirkt sich in den identifizierten Fällen letztlich stabilisierend aus. Es bleibt aber schwer absehbar, inwiefern die Rahmungsleistung von den Haftentlassenen auf Dauer aufrechterhalten werden kann, ohne ein Pendant in der entsprechenden Struktur, der Person oder den Umständen zu finden. Das Phänomen kann auch genereller auftreten, wobei sich der Befragte ganz grundsätzlich seines Desistance-Prozesses und einer positiven Entwicklung sicher ist, sodass allein diese Überzeugung ihn schon zu stabilisieren scheint im Sinne einer sich selbsterfüllenden Prophezeiung.

Demgegenüber steht zweitens das Gegenteil dieser Dynamik. In der eher destabilisierenden Form handelt es sich um eine fehlende Ausschöpfung eines grundsätzlich vorhandenen stabilisierenden Rahmens. Beim Auftreten dieser Entwicklung sind die Befragten nicht in der Lage, Unterstützungsleistungen anzunehmen oder Ressourcen in ihrem Lebensverlauf für sich nutzbar zu machen. Sie erkennen sie nicht als solche und profitieren somit nicht von vorhandenen stabilisierenden Angeboten oder Hilfeleistungen. So ergeht es beispielsweise den Befragten, die sich zwar zurück in ihren Familienverbund integrieren können, aber dennoch keinen Halt finden. Obwohl ihre Familienmitglieder Unterstützung anbieten, lehnen die Befragten sie ab.

> Und so den Kontakt zu der Familie XY (Nachname Familie 1) habe ich komplett abgebrochen [...] Ich habe die Familie XY (Nachname Familie 1) damals als meine Pflegefamilie angesehen. Aber nachdem die sich dann extreme Sorgen gemacht haben und mir vorschreiben wollten: 'Du musst dies machen, du musst das machen, du darfst mit denen Kontakt haben. Mit denen nicht, die sind schlecht für dich.' *(Timo)*

Häufig zeigen sie sich im Ergebnis überfordert und orientierungslos.

Ähnliche Prozesse lassen sich auch bezüglich der Erwerbstätigkeit oder der Paarbeziehung beobachten, die den Probanden die ersehnte Struktur geben könnten, die diese aber nicht für sich nutzbar machen können. Dies mündet häufig in erneut deviantem Verhalten. Beispielsweise gehen sie unter Vorwänden nicht zur Arbeit oder konsumieren weiterhin Alkohol mit alten Freunden und provozieren auf diese Weise zusätzliche Konflikte in der Partnerschaft. Auch Hilfsangebote werden von ihnen kategorisch abgelehnt oder sie können sie nicht annehmen: „da versucht einen Kontakt auszumachen. Aber wenn es dann wirklich drauf ankam habe ich halt, den Rückzieher gemacht so. Habe mich dann doch nicht getraut dann (....) mir helfen zu lassen“ *(Lorenz)*. Dieses identifizierte Muster wirkt somit negativ und destabilisierend auf den Nachentlassungsverlauf ein und bildet deutlich ab, wie entscheidend das gleichzeitige Vorhandensein äußerer struktureller Faktoren und der subjektiven Einstellung dazu ist.

Die dritte etwas allgemeinere Dynamik beschreibt jegliche Positivdeutung von Aspekten, die eigentlich negativ auf Legalbewährung einwirken und daher als Risikofaktoren begriffen werden können. Auch diese deutet gewissermaßen auf das gerade beschriebene Reframing hin. Die Dynamik ist aber weniger weitreichend, da sie in erster Linie Risikopotenziale in unterschiedlichen Lebensbereichen verharmlost. Auch hier bietet der Alkoholkonsum ein anschauliches Beispiel. Einige Probanden beschreiben den Konsum als ausgelassenen Zeitvertreib mit Freunden und erkennen das darin enthaltene Risikomoment nicht an, obwohl sie früher mit Suchtproblematiken belastet waren. Die fehlende Erkenntnis, die bei dieser Rahmungsleistung deutlich wird, unterscheidet dieses Phänomen von der *Pseudoreflexivität*, die das Nebeneinander von Einsicht und fehlender Umsetzung erfasst. Ankerzitate in *Tabelle 13* illustrieren die identifizierten Aspekte.

Tabelle 13 Ankerzitate der Hauptkategorie „Desistance-Rahmung"

Subkategorie	Beispielzitat
Reframing als Desistance-Konstruktion	„[…] bin jetzt 14 Monate draußen, das ist eigentlich die längste Zeit, die ich überhaupt draußen bin. Weil, ich bin sonst immer bloß vier Monate, fünf Monate draußen gewesen, dann bin ich wieder eingefahren. […] Ja, ich hab zwar auch Startschwierigkeiten gehabt, aber ich hab es irgendwo geschafft, trotzdem und ich bin seit 14 Monaten draußen, was will ich denn? Und ich schaffe es auch länger." *(Yannick)*
Fehlende Ausschöpfung unterstützender Rahmenbedingungen	„Durch meine Drogen. (..) Das wollen sie jetzt zu Hause nicht. Weil die haben mit Drogen nichts zu tun und mit Alkohol. (..) Na ja, und da haben sie gemeint, na ja, ja. Ich habe bis jetzt kein Alkohol, keine Drogen und. Ich nehme ja keine (..) illegale Drogen, ich nehme ja, legale Drogen. (..) Und das verstehen die nicht und dadurch bin ich froh, wenn ich raus bin dort bei den Eltern. Da kann ich wieder machen, was ich will. (..) Und das ist die Hauptsache." *(John)*
Positive Rahmung negativer Aspekte	„Also mittlerweile trinke ich so gut, wie jeden Tag wieder – ne? – aber meistens mit Kumpels halt zusammen, dann. […] aber ohne Auseinandersetzungen, und alles. Das ist einfach nur mit viel Gelache und viel Spaß und so. Ne? Ja. Ne? (lacht)." *(Markus)*

4.1.12 Autonomie

Einige Probanden stellen sehr stark ihre eigene Handlungsmächtigkeit und *Autonomie* in den Mittelpunkt des Interviews. Diese übermäßige Betonung der Handlungsmächtigkeit steht neben einem starken Streben nach Unabhängigkeit. Beides ist eng verwandt mit den Beobachtungen der Hauptkategorie *Agency*, da sowohl das Streben nach Autonomie als auch das Betonen der Unabhängigkeit stets mit einer deutlichen Selbstwirksamkeitserwartung einhergehen. In den meisten Fällen ist diese Betonung auch ein Abbild der Anstrengungen im Nachentlassungsverlauf, in welchem sich die Befragten stets um ihre Autonomie bemüht zeigen. Größtenteils geht mit dem Streben ein Betonen der Autonomie einher, umgekehrt ist dies aber nicht immer der Fall, weil die Unabhängigkeit bereits erreicht scheint. Besonders deutlich wird dieser Umstand bei den Probanden, die sich als ‚Macher' und ‚Könner' beschreiben, als Männer, ‚die mit beiden Beinen im Leben stehen'.

> [...] meine Aufgaben sind erledigt und ich kümmere mich ums Arbeitsamt, ich habe mich auch um die Papiere vom Arbeitsamt, dass ich auch mein Geld kriege, ich habe mich um meine Bude gekümmert, alleine, was will ich denn mit denen [Anm.: Bewährungshilfe]? Die brauche ich überhaupt gar nicht. Das ist das. Ich kümmere mich um mein Zeug. *(Jörg)*

Sie äußern dementsprechend kein Streben nach Autonomie, da sie sich ohnehin schon als handlungsmächtige und selbstständige Personen beschreiben. Sie betonen vielmehr das, was sie selbst schon erreichen konnten. Andere hingegen wollen diesen Status erreichen, streben nach Autonomie und heben die Aspekte des Lebens hervor, in denen ihnen das bereits gelungen ist. Es liegt nahe, dass sich diese Ausprägung vor allem bei jüngeren Probanden findet. „Ich habe keine Unterstützung von keinem gekriegt. Wollte ich auch gar nicht. Weil, ich hab gesagt, ich bin alt genug, ich kümmere mich darum" *(Marco)*. Jedoch zeigen sich die entsprechenden Verhaltensweisen auch vereinzelt bei älteren Probanden. Dies ist somit nicht zwingend auf das Lebensalter zurückzuführen, sondern vielmehr auf die Lebenssituation. Insbesondere im Hinblick auf Lebensbereiche wie den beruflichen Werdegang oder die Wohnsituation fällt dieses Muster auf – beispielsweise, wenn die Probanden bei ihren Herkunftsfamilien unterkommen oder die Wohnung mit Mitbewohnern teilen. „Das war eine Übergangslösung. Der Mietvertrag war ja erst einmal für ein halbes Jahr [...] Ja, ich habe meine richtige eigene Wohnung, ich bin mein eigener Herr. Ich habe meine vier Wände" *(Christian)*.

Hin und wieder betonen die Haftentlassenen die dennoch beibehaltene Autonomie aber auch in Bezug auf die von ihnen eingegangenen Paarbeziehungen. Es ist ihnen wichtig, dass sie weiterhin tun und lassen können, was sie möchten. Von diesem Phänomen ausgehend lassen sich Rückschlüsse auf die Wünsche und die Gestaltungsmöglichkeiten im Nachentlassungsverlauf ziehen – gleichzeitig aber auch auf das Selbstkonzept und die Attribute, die die Probanden sich zuschreiben. Auch wenn hin und wieder andere Identitätskonstruktionen im Narrativ verwendet werden, bleibt dieses doch das deutlichste. In *Tabelle 14* werden entsprechende Ankerzitate dargestellt.

Tabelle 14 Ankerzitate der Hauptkategorie „Autonomie"

Subkategorie	Beispielzitat
Betonung der Autonomie	„Ich habe keinen weiteren um Hilfe gebeten. [...] Nein, da bin ich zu stolz zu, außerdem habe ich mein Leben lang alles selber auf die Reihe gekriegt und ich habe es ja auch wieder auf die Reihe gekriegt." *(Bernhard)*
Streben nach Autonomie	„[...] ich würde gerne eine Arbeit haben, zu sagen ich habe jetzt wieder Arbeit vorzuweisen, und dass alles reibungslos läuft. Man ist nicht so gerne vom Staat oder von den Ämtern abhängig." *(Volker)*

4.2 Integration: Schlüsselkategorie

Die letzte Hauptkategorie neben den 12 bisher beschriebenen bezeichnet das Phänomen der *Normalitätswiederherstellung*. Diese Hauptkategorie stellt die Schlüsselkategorie der Studie dar und ihr kommt somit die größte Bedeutung in der Theoriebildung zu. Im Schritt der Integration wurde sie von der Hauptkategorie zum Mittelpunkt des Kategoriensystems und damit auch zum Schlüssel der Untersuchungsergebnisse. Die Verbindungen, die diese Sonderstellung bedingen, werden in *Kapitel 5* deutlich. Allen Aspekten kommt dabei ein eigenes Unterkapitel zu, das die unterschiedlichen Ausprägungen beinhaltet. Diese werden anhand des vorliegenden Datenmaterials nachgezeichnet. Im Anschluss kann angesichts der Verbindungen zwischen diesen Ergebnissen und denen, die sich aus den anderen Hauptkategorien ergeben, die Sonderstellung der Normalitätswiederherstellung verdeutlicht werden – in Form von Zwischenfazits. In der Gesamtschau wird somit offenkundig, dass dieses Phänomen den Kern des Analyseergebnisses darstellt.

Die Hauptkategorie *Normalitätswiederherstellung* umfasst verschiedene Subkategorien und Ausprägungen ebenso wie die anderen bisher beschriebenen Kategorien. Der Begriff „Normalitätswiederherstellung" geht im Wesentlichen auf eine Gegenüberstellung zweier Fälle aus der Substichprobe zurück. Hier zeichnete sich das erste Mal ab, dass für beide Probanden der „normale, konventionelle Lebensentwurf" (Zitat aus einem Fallmemo) ein maßgeblicher Faktor in der Nachentlassungssituation ist, trotz ihrer entgegengesetzten Voraussetzungen im Lebensverlauf. Zudem zeigen beide einen grundsätzlich unterschiedlichen Umgang mit den wiedereingliederungsrelevanten Faktoren. Letztlich lassen sie das ganz eigene Skript der

Normalität im Nachentlassungsverlauf erkennen. Im Fortgang der weiteren Analyse zeichneten sich dann weitere Interviews ab, auf die dies ebenfalls zutrifft, und explizit fallen auch Begriffe wie „normal (sein)", „Normalität" und „normales Leben" auffallend häufig in den Interviews. Vor diesem Hintergrund wurde die Kategorie als eine der 13 Hauptkategorien in die Querschnittauswertung mit einbezogen und dort weiter verdichtet. Dabei ergaben sich zudem Aspekte, die als Gegenentwurf zur Herstellung von Normalität fungieren – „schleifen lassen" beziehungsweise „Gleichgültigkeit". Der Wortbestandteil „wieder" im Kompositum Normalitätswiederherstellung ist grundsätzlich eingeklammert, da je nach Fall die Anknüpfung an eine vorherige Normalität eine Rolle spielt oder auch nicht.[36] Der Bestandteil „Herstellung" impliziert an dieser Stelle eine Agency, die dem Probanden zuzuschreiben ist beziehungsweise die er sich zuschreibt. Es kann sich dabei sowohl um eine Motivation oder Idee handeln, die der Befragte formuliert, als auch um selbstwirksames Handeln. Im weiteren Verlauf der Analyse zeigten sich vielschichtige Verbindungen zu den anderen Hauptkategorien und gegenseitiger Erklärungsgehalt. Die Konzeption vieler Hauptkategorien konnte insbesondere im Kontext der Normalitätswiederherstellung weiter geschärft werden. Außerdem wurde die übergreifende Aussagekraft dieser einen Kategorie deutlich, wobei in jedem der 69 analysierten Interviews diverse Ausprägungen dieses Phänomens herausgearbeitet werden konnten. Damit kann die Normalitätswiederherstellung als ein Begriff definiert werden, der unterschiedliche Aspekte subsumiert und somit alle der vorher einzeln herausgearbeiteten Ergebnisse miteinander in Beziehung setzt. Dies begründet die herausgehobene Rolle der Normalitätswiederherstellung als der Schlüsselkategorie. Ihre vielseitigen Ausprägungen werden im folgenden *Kapitel 5* ausführlich dargestellt. *Abbildung 4* zeigt überblicksartig den Aufbau der Hauptkategorie „Normalitätswiederherstellung". Der Aufbau des darauffolgenden Kapitels orientiert sich vornehmlich am Schema dieser Kategorie.

---

36 Im Folgenden wird der Begriff zur Vereinfachung des Schriftbildes ohne die Klammer verwendet. Jedoch gilt weiterhin, dass eine Wiederherstellung im Gegensatz zur erstmaligen Herstellung nicht zwingend gegeben sein muss. Wenn die Unterscheidung zum Verständnis der dargestellten Ergebnisse notwendig ist, wird an den entsprechenden Stellen darauf hingewiesen.

Abbildung 4 *Aufbau der Schlüsselkategorie Normalitätswiederherstellung*

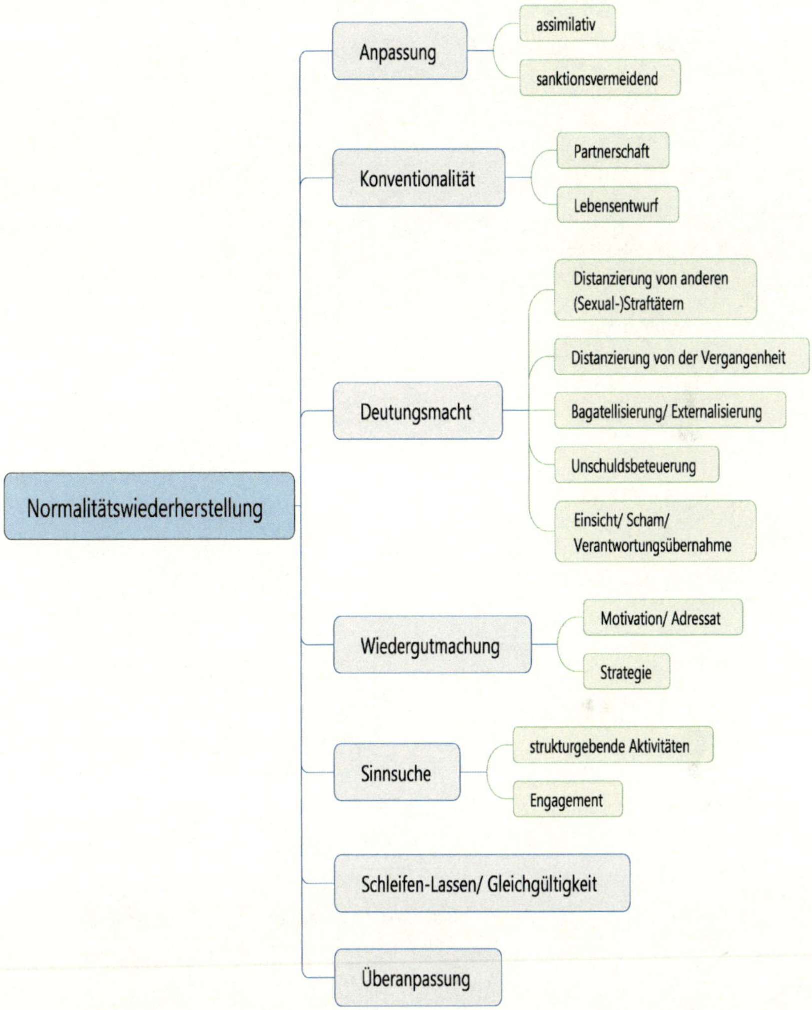

Kapitel 5

Ergebnis – Normalitätswiederherstellung: „ein schönes, ordentliches, normales Leben“

Die Herstellung von Normalität nach der Haftentlassung durchzieht die Narrative aller befragten Probanden. In der Gesamtschau zeigt sich, dass die Ausprägungen sehr unterschiedlich ausfallen können – es kann sich dabei sowohl um bloße Versuche als auch um erfolgreiche Bemühungen handeln, sich auf verbaler Ebene abspielen oder im Handeln niederschlagen. Viele der immer wieder auftauchenden Aspekte sind dabei eher versteckte Versuche der Normalitätswiederherstellung, wie noch zu zeigen sein wird. Die Struktur dieses Kapitels orientiert sich an den Subkategorien, die im Folgenden die Unterkapitel konstituieren. Diese wiederum umfassen verschiedene Eigenschaften beziehungsweise Dimensionen mit ihren Ausprägungen. Die dargestellten Ergebnisse werden zum besseren Verständnis anhand von exemplarischen Interviewzitaten im Fließtext illustriert. Da die meisten Subkategorien sehr facettenreiche und komplexe Ausprägungen aufweisen, geschieht dies unter Zuhilfenahme mehrere Interviews. Dadurch kann außerdem das Potenzial der relativ großen Stichprobe besser genutzt werden. Lediglich bei der Darstellung einzelner sehr starker Ausprägungen wird gelegentlich auf eine Einzelfalldarstellung zurückgegriffen. Am Ende jedes Kapitels steht ein Zwischenfazit, das die Verbindungen der jeweiligen Subkategorie mit den Ergebnissen der anderen Hauptkategorien aufzeigt.

5.1 Anpassung – „mich wieder dem normalen Leben anzupassen“

Anpassung ist ein zentraler Punkt bei der Herstellung von Normalität nach der Haftentlassung. Für die Befragten ist sie ein entscheidender Schritt im Wiedereingliederungsprozess und eine Voraussetzung, um im Leben außerhalb der Haft „Fuß fassen“ *(Sam)* zu können. Da die Vorstellungen von einem normalen Leben variieren, unterscheiden sich auch die Versuche der Anpassung deutlich. Die Ausprägungen, die hinsichtlich des Anpassungsverhaltens zu beobachten sind, lassen sich auf einem Kontinuum verorten. Sie reichen von vor allem auf Sanktionsvermeidung und Regelkonformität abzielende Anpassungshandlungen bis zu assimilierenden Bemühungen. Letztere zeichnen sich dadurch aus, dass die Befragten Anstrengungen unternehmen, um Erwartungen und Anforderungen zu erfüllen. Das Kontinuum von

Sanktionsvermeidung bis Anpassung lässt sich beispielhaft an zwei Zitaten verdeutlichen: „ich mache meine Sachen, was ich zu tun habe, und ich gehe hin und bin höflich“ *(Fritz)* auf der einen Seite und „ich muss mich im Leben neu integrieren und muss eben sagen, ich gehöre hier rein“ *(Gerhard)* auf der anderen. Diese Ansätze sind bezüglich verschiedener Lebensbereiche zu finden. Besonders anschauliche Beispiele sind der Umgang mit Behörden und Reintegrationsmaßnahmen beziehungsweise Reintegrationsangeboten sowie das Verhalten im Bereich der Erwerbsarbeit. Diese Aspekte werden im Folgenden dargestellt und ein Extremfall in der am stärksten ausgeprägten Form der Anpassung nachgezeichnet.

5.1.1 Ämter, Behörden, Reintegrationsmaßnahmen: Schikane vs. Hilfestellung

Der erste Weg zum Einwohnermeldeamt oder dem Jobcenter direkt nach der Entlassung wird von fast allen Befragten gemeistert, obwohl gerade Ämtergänge vielen von ihnen große Schwierigkeiten bereiten. An dieser Stelle erschließt sich eine Anpassung an die strukturellen Gegebenheiten durch regelkonformes Verhalten – also eine Sanktionsvermeidung. Die Probanden, die dieses Verhalten zeigen, wollen vor allem vermeiden, bei Behörden negativ aufzufallen. Mit der Zeit werden die anfangs gefürchteten Behördengänge dann zur Normalität und ein Gewöhnungseffekt stellt sich ein.

> Das ist ein bisschen belastend gewesen für mich, am Anfang, aber dann hab ich mich, ja, eigentlich daran gewöhnt und gesagt, das ist Pflicht, diese Gänge zu machen und seitdem, ich hab keine Schwierigkeiten. *(Yannick)*

Hier erwähnt der Befragte eine bewusste Komponente der Anpassung. Er habe sich selbst „gesagt“, was zu seinen Pflichten zähle, sich daran „gewöhnt“ und dementsprechend gehandelt. Das Einfügen in ein gegebenes System wird für ihn somit zum „Alltag“ *(Yannick)*. Wie weit die daran anschließende Kooperation reicht, ist jedoch sehr unterschiedlich ausgeprägt: „ich sage, ‚ich nehme Ihre Termin, muss ich ja wahrnehmen, da komme ich nicht drum rum. So und setze ich mich hin, lasse Sie babbeln und ich schweige‘“ *(Christian)*.

Dieser Befragte entgeht somit einer Sanktion und sichert sich insoweit ab, als dass er nicht mit Nachteilen aufgrund seines Verhaltens rechnen muss. Gleichzeitig lässt er sich jedoch nicht weiter auf die dahinterstehenden Forderungen und Normen ein. Er hat folglich eine Möglichkeit gefunden, sich in reglementierten Strukturen zu bewegen und seine Interessen durchzusetzen. In einem anderen Fall hält ein Haftentlassener sich an eine Vorschrift, obwohl er grundsätzlich kein Verständnis dafür aufbringt. Es geht ihm lediglich um die Sanktionsvermeidung.

> B: Ich bin fast 20 Jahre schwarzgefahren.
>
> I: Ohne Führerschein?
>
> B: Ja. […]

```
I: Wurden Sie angehalten?

B: Noch nie.

I: Ist das, haben Sie auch nach der Haft Schwarzfahren
ausgeübt sozusagen?

B: Nee. Das war mir zu riskant. Ich hab meinen Führerschein
gemacht. (Oliver)
```

Eine ähnliche Dynamik zeigt auch das Verhalten einiger Probanden bezüglich der Maßnahmen, Weisungen beziehungsweise Auflagen, die mit der Führungsaufsicht oder der Bewährungshilfe einhergehen. Es gibt Befragte, die diesbezüglich keinerlei Einsicht zeigen. Sie sehen in diesen Vorgaben den Grund dafür, dass ihnen kein normales Leben möglich ist und empfinden sie als „Schikane, weil auf eine Art sollst du dein Leben leben und führen und auf eine gerade Bahn kommen und auf der anderen Seite hast du immer so das Gefühl, die warten im Grunde genommen nur auf einen Fehltritt" *(Thomas)*. Die Auflagen oder Weisungen beschränken ihren Handlungsspielraum verglichen mit Personen, die nicht in Haft waren, und grenzen sie so von einer normalen Lebensführung aus. Sie äußern eine stetige Angst aufgrund eines Verstoßes erneut inhaftiert zu werden. Daher halten sich einige Befragte trotz der fehlenden Überzeugung bezüglich der Berechtigung dieser Reglementierungen an die Vorgaben. Sie tun dies in der Hoffnung, so zumindest weiteren Sanktionen zu entgehen und mithilfe dieser Anpassungsleistung ihren Vorstellungen eines normalen Lebens näher kommen zu können. Andere Befragte hingegen können sich aus ihrer Perspektive nur dann der Normalität annähern, wenn „sie diese Standardblöcke aufheben und mich endlich normal leben lassen" *(Detlev)*. Eine Alternative dazu bietet aus der Sicht einiger ein Leben außerhalb Deutschlands: „im Ausland interessieren mich diese Schanddiktate sowieso nicht, also da lebe ich wirklich mein normales Leben" *(Detlev)*.[37] Der Versuch, sich der Kontrolle zu entziehen, erscheint somit für den Probanden als eine Möglichkeit, in ein normales Leben zu finden. Neben denjenigen, die eine Auswanderung erwägen, gibt es einige Befragte, die Weisungen sehr flexibel handhaben und sie stark zu ihren Gunsten interpretieren. So finden sie einen eigenen Weg, der angestrebten normalen Lebensführung ein Stück näher zu kommen, was aus ihrer Sicht unter den Bedingungen der Weisungen nicht zu erreichen wäre. Diesen Mittelweg wählen sie auch in anderen Kontexten. Unter anderem ist ein ähnliches Verhalten bereits in Haft zu beobachten, beispielsweise in Bezug auf die Therapieangebote: „Na im Knast habe ich es gemacht. Aber dann auch bloß zu meinen eigenen Vorteilen; ne? […] Na ja, damit ich eine gute Führung bekomme" *(Stefan)*.

---

37 An dieser Stelle spricht der Befragte zwar von einem Verstoß gegen Weisungen durch das Verlassen des Bundesgebiets, gleichzeitig beinhaltet sein Konzept eines normalen Lebens aber keine weiteren Straftaten – soweit dies aus dem Narrativ abgeleitet werden kann. Er geht demnach nicht bewusst ins Ausland, um dort erneute Straftaten zu begehen, aber durchaus, um sich der Kontrolle zu entziehen und dort beispielsweise Schwimmbäder besuchen zu können und mit seiner Partnerin zusammen leben zu können, die eine minderjährige Tochter hat.

Insgesamt machen diese Anpassungsbemühungen deutlich, dass es Probanden gibt, die vornehmlich eine sanktionsvermeidende Anpassung verfolgen. Diese wenden sie an, um unbehelligt ihr Leben gestalten zu können, auch wenn das nicht immer in Einklang mit den Weisungen der Führungsaufsicht und den Erwartungen der Ämter und Behörden zu bringen ist. Letztlich passen sie sich damit an die vorgefundenen Gegebenheiten und Regeln an, die nach der Haftentlassung ihr Leben mitbestimmen.

Dahingegen gibt es andere, die eben diese Aspekte als Teil ihrer Assimilationsbestrebung rahmen und beispielsweise Therapieangebote im Zuge der Auflagen als Chance begreifen. „Habe meine Therapie erfolgreich abgeschlossen. Ich hätte regulär bloß 12 Wochen machen müssen, habe aber 16 Wochen gemacht“ (*Olaf*). Diese Probanden gehen von der Notwendigkeit einer Hilfestellung aus, um die Wiedereingliederung voranzutreiben. Das gilt auch, wenn die Therapie einen kräftezehrenden Prozess für sie darstellt. „Man muss aber auch ein bisschen Schmerz zulassen, tut ja auch weh, darüber zu reden, über gewisse Dinge, denn die Psychologen, die Psychiater, die gucken ja bis auf den tiefsten Grund der Seele“ *(Volker)*. Damit zeigen die Befragten ihre Bereitschaft an, die an sie gestellten Erwartungen zu erfüllen und betrachten zum Beispiel die Therapie als einen zentralen Baustein der Resozialisierungsmaßnahmen.

Diese Probanden nehmen darüber hinaus auch andere Angebote und Maßnahmen wahr wie beispielsweise im Rahmen der Bewährungshilfe. Darin drückt sich die Überzeugung aus, dass die Unterstützung durch eine Ansprechperson stabilisierend wirken kann. „Und wenn es mal ein Problem gab, bin ich ganz einfach zu meiner Bewährungshelferin, ich sage hier, so sieht es aus. Da hat die mir Ratschläge gegeben“ *(Paul)*. Den entsprechenden Institutionen gegenüber zeigen sie sich kooperativ und halten Termine und Vorgaben ein. Doch nicht nur die ohnehin angebotenen Maßnahmen werden von den Haftentlassenen genutzt, sondern ein Teil von ihnen sucht sich zusätzlich weitere Hilfen.

> Nein, das ist kein Vormund. Das heißt so viel, dass die mit dir zu Behörden geht. Du kannst dein Konto übergeben, Du musst es aber nicht. […] Aber ich habe das erst mal so gemacht, damit ich erst mal wieder auf die grüne Bahn komme. […] Und ich muss auch ganz klar sagen, ich bin froh dass ich die habe, die Frau. Die ist eine ganz ganz liebe Frau. (*Olaf*)

Die Motivation, eine solche Unterstützung in Anspruch zu nehmen, beschreibt *Volker* folgendermaßen: „Weil ich die [Anm.: Auflagen] eh einhalte. Ich habe die Chance wiedergekriegt, ein freier Mensch zu sein und nütze die auch“. Normalität wird für sie also auch dadurch erreicht, dass sie sich an die Vorgaben und Erwartungen anpassen. Ihr Augenmerk bei der Herstellung von Normalität liegt dabei auf der Erfüllung solcher Anforderungen. Sie wollen damit ein angepasstes und unauffälliges Leben führen statt eines Rückzugs und Loslösens von den Reglementierungen.

5.1.2 Erwerbsarbeit: notwendiges Übel vs. willkommene Chance

Der unterschiedliche Umgang mit strukturellen Gegebenheiten und Anforderungen kann auch an anderen Stellen beobachtet werden. Nach der Entlassung steht für die Befragten insbesondere die finanzielle Absicherung im Fokus, was vor dem Hintergrund der meist prekären Situationen direkt nach der Entlassung nahe liegt. Die Motivation, sich finanziell abzusichern, kann zum einen mit der Suche nach einer Arbeitsstelle beantwortet werden: „die suchten dort Leute die im XY [Gewerk im Bauwesen] tätig waren, hatten zwar auch polnische Tariflöhne, aber besser als gar kein Geld war das. […] für mich war es eben besser wie nichts" *(Bernhard)*. Zum anderen kann diese Funktion aber auch durch Transferleistungen übernommen werden, die für einige andere Probanden ungleich attraktiver scheinen als eine Arbeitsstelle. „Da habe ich dann nur kurzen Prozess gemacht. Schluss, aus, vorbei! Ich habe keinen Bock mehr. Ich bleibe daheim und beziehe dann Hartz IV wieder" *(Timo)*. Die Existenzsicherung stellt damit sowohl das Thema Erwerbsarbeit als auch das soziale Sicherungssystem in den Fokus. In beiden Fällen bewegen sich die Befragten in reglementierten Strukturen. Im Zusammenhang mit Leistungen des Jobcenters werden sie mit den Erwartungen und Anforderungen konfrontiert. Auffallend viele Probanden bewerben sich in der Folge zwar in dem geforderten Maße um eine Anstellung, zeigen aber keine intrinsische Motivation. Insbesondere die vom Jobcenter angedrohten Konsequenzen spielen hier eine Rolle: „Aber was macht man, wenn man das vom Arbeitsamt aufkriegt, ne? Die sagen: ‚entweder das oder Sanktion'" *(David)*. Es handelt sich somit in erster Linie um eine Anpassungsleistung an das Sanktionssystem, die ein davon unbehelligtes Leben ermöglicht. Ähnliche Aussagen finden sich auch in Bezug auf Qualifizierungsmaßnahmen oder vermittelte Aushilfstätigkeiten. *André* beispielsweise berichtet von seiner Anstellung als Tellerwäscher. Er sah sich hier gezwungen, diese trotz der schlechten Arbeitsbedingungen zeitweise auszuüben. „Aber bloß, ich musste das machen. Wenn ich das jetzt vom Arbeitsamt aus nicht gemacht hätte, hätten sie mir das Geld gekürzt. […] Geld regiert die Welt."

Zusammengenommen kann in diesen Fällen die Arbeitslosigkeit[38] somit eine gleichermaßen legitime – und damit normale – Alternative zur Erwerbsarbeit darstellen, die keinen Handlungsbedarf erzeugt. „Selbst die Arbeitslosigkeit war ja erträglich. […] Ja, nun. Ich hatte Arbeitslosengeld 890 Euro. Das ging halbwegs. Da kommt man zupass" *(Robin)*. Trotz dieser abgemilderten finanziellen Zwänge sehen andere Befragte sich auf lange Sicht dennoch dazu gedrängt, eine Arbeitsstelle zu suchen:

---

38 Aus soziologischer Sicht können die Begriffe Erwerbslosigkeit und Arbeitslosigkeit gleichermaßen „das Fehlen selbstständiger oder abhängiger Beschäftigung für potenziell Erwerbstätige" (*Bosch* 2017, S. 125) bezeichnen. Von dieser Definition wird im Folgenden ausgegangen, auch wenn die Begriffe von Legaldefinitionen überlagert wurden und unterschiedliche statistische Konstrukte bezeichnen (vgl. *Bosch* 2017, S. 125 f.). Diese Unterscheidung berücksichtigt die vorliegende Untersuchung nicht, da sie vor dem Hintergrund der Forschungsfrage nicht relevant ist.

> B: […] ich habe in dem Sinne ja nicht so einen Druck gehabt, einen Job zu suchen, weil ich, weil ich den positiven Aspekt hatte, dass ich ja Arbeit hatte und diese Arbeit wurde ja angerechnet ans Arbeitslosengeld.
>
> I: Ja. Sie hatten erst mal Arbeitslosengeld I sozusagen.
>
> B: Ich hatte Arbeitslosengeld I und das für zwei Jahre gesichert. Also im Prinzip war ich in der Richtung wenigstens finanziell abgesichert. Natürlich, auf der anderen Seite wieder nicht so, weil in der Gesellschaft hier wird permanent auf einen Druck ausgeübt. *(Michael)*

An dieser Stelle des Zitats lässt sich an den Ausgangspunkt der Anpassungsthematik anschließen, wenn der Befragte sich gemessen an den Erwartungen der „Gesellschaft“ angemessen verhalten möchte oder sogar aufgrund des ausgeübten „Drucks“ *(Michael)* entsprechend verhalten muss.

In anderen Fällen ist weniger entscheidend, nicht anecken zu wollen, sondern vielmehr die Anerkennung, die aus Arbeit resultieren kann. In der Rahmung der Erwerbsarbeit sind hier neben den finanziellen Aspekten noch weitere für die Befragten von Belang. Dennoch drückt sich auch darin eine Anpassungsbemühung aus, wobei an dieser Stelle nicht die Vermeidung von Sanktionen, sondern erneut ein assimilierendes Moment im Vordergrund steht. Die Anpassung wird aktiv verfolgt und nach außen getragen. Die Befragten erhoffen sich, dass ihnen aufgrund ihrer Arbeitsleistung Wertschätzung entgegengebracht wird. Das Bedürfnis nach Anerkennung über die Arbeit kann bereits in Haft ein wichtiger Identifikationsfaktor sein und dementsprechend auch im Narrativ nach der Entlassung viel Raum einnehmen.

> […] war dort auch recht beliebt, weil ich habe viele Arbeiten erledigen können, die sonst der – also der XY [landwirtschaftlicher Arbeitsbereich], wie sie es damals nannten – nie machbar hätten sein können […] das hätten die alleine nicht gepackt, also ohne das fachmännische Wissen hätten die es nicht gepackt. Ja, die waren natürlich ganz traurig, wo es hieß: 'Der Herr XY [Nachname Pb] wird entlassen.' *(Sam)*

Dieser Wunsch nach Anerkennung besteht auch nach der Haftentlassung oder wird durch das Streben nach Wiedereingliederung sogar verstärkt. „Das ist die Schnelligkeit und die Qualität. […] Und wenn die Leute zufrieden sind, das ist doch das beste Lob“ *(Ingo)*. Der Grund dafür ist der Stellenwert, der Erwerbsarbeit zugeschrieben wird: „Hat man eine Arbeit, ist man jemand, hat man keine ist man niemand“ *(Ole)*. Die Erwerbstätigkeit stellt für sie damit einen entscheidenden Schritt in der Identitätskonstruktion nach der Entlassung dar. Wird der Arbeit diese Bedeutung zugemessen, ist auch der Rahmen entscheidend, in dem die Arbeitskraft eingesetzt wird. Eine Absage an die Schwarzarbeit macht diesen Unterschied in den Dimensionen der Anpassung deutlich.

> Aber ich war vom Arbeitsamt und das war angemeldet auf 165-Euro-Basis, habe da aber bei dem voll gearbeitet. Ja, das war halt nicht ganz okay, […] da habe ich gesagt: Okay, ewig kann ich das nicht machen. Ich habe gesagt: 'Ich muss dich leider verlassen, ja, ich brauche einen ordentlichen Arbeitsvertrag mit einem ordentlichen Einkommen.' *(Sam)*

Während manche Befragte auch Schwarzarbeit als legitime Möglichkeit zur Sicherung des Auskommens sehen, können andere diese nicht mit ihrer Vorstellung eines normalen Lebens in Einklang bringen. Sie wollen sich an die (angenommenen) Erwartungen der Behörden – oder allgemeiner der Gesellschaft – anpassen.

Die bisherigen Befunde sind nicht als spezifische Verhaltensweisen von Haftentlassenen zu begreifen. Ähnliche Anpassungsmechanismen können selbstverständlich auch bei Personen wirken, die (bisher) nicht straffällig geworden sind. Allerdings existieren einige Details, die als Besonderheit für diese Personengruppe zu verstehen sind. Es ist nicht selbstverständlich, dass beispielsweise das Berufsleben als Lebensbereich der Anpassung und Anerkennung für sie dienen kann. Gerade die Bewerbungssituation ist für einige Haftentlassene mit Ausgrenzungserlebnissen verbunden. Dennoch machen einzelne Probanden auch explizit gegenteilige Erfahrungen, die diese Perspektive auf die Erwerbsarbeit stützen: „Hatte auch viele Firmen gehabt die gesagt haben, sie machen das, weil denen ist es scheißegal, wo ich herkomme, was ich gemacht habe, sie wollen fähige Arbeiter haben" *(Sam)*. Mit dieser Wechselbeziehung vor Augen wird die Identifikation mit der Rolle als guter Arbeiter noch wichtiger. Das wiederum verdeutlicht den Stellenwert der Arbeit als Merkmal für ein normales Leben nach der Haft und warum in diesem Bereich Anpassungsleistungen gezeigt werden.

Über diese Aspekte hinaus führen einige Haftentlassene weitere Vorteile der Erwerbstätigkeit an. Sie verbinden damit eine positive Veränderung in ihrem Leben. Für sie bedeutet Arbeit eine Strukturierung des Alltags, die Normalität verspricht sowie einen Anlass, das Haus zu verlassen. „Ich suche trotzdem weiter, wenn ich bloß drei Stunden gehe oder so, ist mir egal, Hauptsache ich komme mal raus" *(Joachim)*. Daher werden auch Tätigkeiten, die von ihnen als eher unangenehm eingestuft werden, von dieser Gruppe an Probanden angenommen. Jede Tätigkeit bietet aus ihrer Sicht eine willkommene Alternative. „Nachtreinigung im Hotel und so was naja. Da habe ich halt schnell zugegriffen, besser wie erst mal nicht" *(Sven)*. Für manche Probanden berührt die Arbeit darüber hinaus weitere Lebensbereiche und führt sie auf diese Weise in ein normales Leben. „Also für mich ist die Arbeit und die Wiedereingliederung wichtiger als wie, (Einatmen) da zum Bewährungshelfer zu gehen und zu sagen ‚hier guten Tag und auf Wiedersehen' sozusagen" *(Sascha)*. Dieser Aspekt wird auch von anderen Befragten stark betont und unterstreicht die Bedeutung der Erwerbstätigkeit als Anpassungsfaktor. Dabei zeigt sich zudem, dass die Erwerbsarbeit gerade einen für Haftentlassene spezifischen Zweck erfüllt, der neben der üblichen Bedeutung der Arbeit im Lebensverlauf einer nicht haftentlassenen Person steht.

Zusammenfassend stehen somit entweder eine sanktionsvermeidende Anpassung an die Anforderungen der Behörden und die Sicherung des Lebensunterhalts im Vordergrund. Die Probanden wollen nicht auffallen, um dann ihren Alltag ihren Wünschen entsprechend gestalten können (das heißt ein unbehelligtes, normales Leben führen). Oder sie rahmen alternativ dazu Erwerbsarbeit als wichtige Größe und passen sich an die dem Arbeitsmarkt entsprechenden Anforderungen an (das heißt ein angepasstes, leistungsorientiertes und anerkanntes normales Leben).

5.1.3 Extremfall: Überanpassung

Der Extremfall der Überanpassung stellt zwar eine Ausnahme in der Analyse dar, bildet aber mit ihrer besonderen Ausformung die Anpassung mit ihrem assimilierenden Moment gut ab. Die Befragten, auf die das zutrifft, streben nach einer ganz und gar assimilierenden Anpassung. Einige Aspekte sind zwar bereits oben beschrieben worden, kommen bei diesen Probanden aber kombiniert vor und beziehen sich nicht nur auf Lebensbereiche, in denen offen Anforderungen an sie gestellt werden, sondern reichen auch in andere hinein. Insgesamt zeigen sich die überangepassten Haftentlassenen sehr bedacht darauf, nicht negativ aufzufallen und verstärkt ihre positiven Eigenschaften in den Vordergrund zu rücken. Dabei stellen sie in erster Linie Aspekte wie Fleiß, Sparsamkeit, Bescheidenheit und Sauberkeit beziehungsweise Ordnungssinn in den Vordergrund. Zudem wird die Anpassung mit einer solchen Intensität verfolgt, dass man verglichen mit anderen von einer Überanpassung sprechen kann. Die Einzelfälle *Oscar* und *Frank*, die beide aufgrund eines Missbrauchsdelikts inhaftiert waren, illustrieren dies besonders gut.

Die oben beschriebene Bedeutung, die der Anerkennung beigemessen wird, ist in diesen Fällen sehr stark ausgeprägt. Die Befragten verweisen auffällig häufig im Verlauf des Interviews auf ihre Leistungen und die erfahrene Rückmeldung. Ein Beispiel liefert *Oscar* bezogen auf Veranstaltungen, die er organisiert hat.

> Die Anerkennung, das Dankeschön und die freundlichen Augen der Gäste, die vorbeikommen, einem die Hand geben 'Herr XY [Nachname Pb], das war wunderbar, Dankeschön' und (schmunzelt) ab und zu mal stecken die mir sogar ein Zweieurostück oben in die/ Da hab ich gesagt 'Das muss nicht sein.' Aber das ist eine absolute Anerkennung, wenn die Leute, die auch nicht viel Geld haben, vorbeikommen und versuchen, mir etwas zu geben. *(Oscar)*

Auf ähnliche Weise unterstreichen sie auch ihren Fleiß, der sich an den Erfolgen ablesen lässt.

Ihre Sparsamkeit benennen diese Befragten ganz explizit und beschreiben sich dabei zudem als bescheiden und wenig anspruchsvoll. „Das Zimmer ist eigentlich nicht groß. Aber ich bin zufrieden. Ich habe ein eigenes Bad, eigene Toilette. […] Eigentlich ich bin sehr zufrieden. Ich bin sparsam. Das merken die alle hier, dass ich ein bisschen sparsam bin“ *(Frank)*. Ähnlich heben sie auch Sauberkeit hervor. Sie nimmt bei den überangepassten Befragten besonders viel Raum ein, ebenso wie ihre Ordnungsliebe.

> […] alles noch DDR-Standard hab. Sie könnten ein Museum bei mir eröffnen, aber top-sauber. […] das Bad mit Plastikkacheln an, aber sauber alles, ich brauche mich nicht schämen, und ich hab das so gehalten. […] die Schuhe sind im Schuhspanner, ich habe auf dem Kleiderbügel alles, sauber, hhmm […] Es ist alles sauber. Arm kam man sein, aber sauber muss es sein, ist meine Devise. *(Oscar)*

Oscar sieht auf diese Weise die Möglichkeit, eine positive Außendarstellung aufrechtzuerhalten. Wenn sein Haushalt gepflegt erscheint, kann er damit den von ihm empfundenen Mangel an hochwertiger Ausstattung ausgleichen. Insbesondere Sauberkeit und Ordnung spielen bei *Oscar* eine solch große Rolle, dass er dafür sogar Konflikte eingeht, die er ansonsten zu vermeiden versucht, da sie ein negatives Licht auf ihn werfen könnten.

> Ich bin nun ein sehr sauberer Mensch und ich mache meine Aufgaben, die mir laut Mietsvertrag auferlegt wurden oder sind, immer korrekt, und gehe dagegen vor, wenn mein Nachbar denkt, ich bin seine Putzfrau, der macht vier Wochen nicht sauber [Anm.: Thema Kehrwoche im Treppenhaus] […] mit brennender Zigarette durch das Haus nach unten und mein schöner Duft war vergessen. Und da habe ich höflich gesagt, […] 'wenn Sie durch das Haus gehen, nicht mit brennender Zigarette, das ist laut Hausordnung verboten, schriftlich, hat jeder Mieter. Offener Umgang mit Feuer und Rauchen im Haus ist verboten. Und außerdem ist es eine Missachtung meiner Arbeit. Ich denke, ich mache hier unten einwandfrei sauber und Sie verpesten die Luft'. *(Oscar)*

Um Konflikte oder Schwierigkeiten gar nicht erst entstehen zu lassen, wollen die überangepassten Probanden Anforderungen zuvorkommen und kümmern sich freiwillig gerade um die Dinge, die andere gänzlich zu umgehen suchen. *Oscar* erzählt beispielsweise: „mauschel nicht rum, hab sogar eine Steuererklärung zu machen. Die lachen immer beim Finanzamt […] ich brauchte normalerweise gar keine machen, aber es muss seine Ordnung haben“ *(Oscar)*. Auch Besuche bei der Bewährungshilfe werden von einzelnen noch vor dem ersten vereinbarten Termin gemacht, damit keinerlei Zweifel an ihren Bemühungen aufkommen können.

Zusammengefasst definieren sich diese Probanden sehr stark darüber, was andere über sie denken und wollen in keinem Fall negativ auffallen, denn „wenn du was Falsches sagst, ist ein bisschen peinlich“ *(Frank)*. Dies kann wie das Beispiel von *Frank* zeigt, eher schüchtern und unsicher wirken, oder wie bei *Oscar* eher offensiv nach außen getragen werden. Sie betonen Aspekte in ihrem Charakter und Handeln, die sie für erwünscht halten. Die Anerkennung, die sie darüber beziehen können, ist aus ihrer Sicht unabdingbar für den weiteren Nachentlassungsverlauf. Diese Überanpassung zeichnet ein extremes und überspitztes Bild der Anpassungsbemühungen der in den vorangegangenen Kapiteln erwähnten Befragten und weist auf eine Normalitätsvorstellung hin, die völlige Makellosigkeit nach außen hin erfordert.

5.1.4 Zwischenfazit Anpassung

Wendet man sich dem assimilierenden Moment der Anpassung zu, zieht *Gerhard* eine aufschlussreiche Parallele zwischen der Wiedereingliederung von Haftentlassenen und der Integration von Migrantinnen und Migranten:

> […] wenn sie heute aus dem Ausland hier herkommen müssen sie sich integrieren, wenn sie nicht sich nicht integrieren, sind sie der böse Ausländer, den keiner haben will, und so ist es mit mir, ich muss mich im Leben neu integrieren und muss eben sagen, 'ich gehöre hier rein' ich gehöre hier auf die Straße, ich gehöre in die Wohnung, ich, kaufe hier ein, und ihr müsst mit mir leben, ich rede mit euch deutsch und nicht chinesisch oder irgendwas, dass ich nicht im Regen stehe. *(Gerhard)*

An dieser Aussage wird nicht nur die von ihm gezogene Parallele deutlich, sondern sie unterstreicht auch die Notwendigkeit, die der Proband in seiner Anpassungsbemühung sieht. Denn würde er nicht wiedereingegliedert, würde er außerhalb der Gemeinschaft „im Regen stehe[n]“. Zusammenfassend zeigt sich, dass die Anpassung ein wichtiger Aspekt innerhalb des Wiedereingliederungsprozesses ist und er in der einen oder anderen Ausprägung beim Großteil der Interviewten eine Rolle spielt. Egal, ob die Befragten sich assimilierend verhalten oder sanktionsvermeidend agieren, gemein ist ihnen eine Anpassungsleistung außerhalb der Haft, die sich in unterschiedlichen Lebensbereichen ausdrückt. Zudem teilen sie eine Intention, die Sam folgendermaßen formuliert: „So lange Haft, noch mal zu müssen, habe ich keinen Bock und deshalb weiß ich mich an die Regeln zu halten und hoffe, dass ich nie wieder dort rein muss“. Die Vermeidung erneuter strafrechtlicher Sanktionen ist somit der kleinste gemeinsame Nenner der Anpassungsleistung, der in den Interviews zu finden ist.

Insgesamt werden bei diesen Ergebnissen Verbindungen zu mehreren herausgearbeiteten Hauptkategorien deutlich. Um Anpassungsbemühungen überhaupt verwirklichen zu können, müssen die Befragten sich selbst einen Handlungsspielraum zuschreiben. Danach zeigen die Anpassungsbestrebungen in ihrer Umsetzung wiederum Handlungsmächtigkeit an. An dieser Stelle besteht somit eine Verbindung der Anpassung zur Hauptkategorie *Agency*.

Des Weiteren spiegelt die Akzeptanz der Reintegrationsmaßnahmen die Anpassungsleistung des Probanden wider. Ähnliches ist in Bezug auf die Angebote und Anforderungen von Ämtern und Behörden festzustellen. Somit besteht auch zwischen den

Ergebnissen der Hauptkategorie *Maßnahmen* und der Anpassungsbemühungen zur Normalitätswiederherstellung eine Verbindung. Darüber hinaus ist der Versuch, Auflagen und Weisungen einzuhalten sowie Therapieangebote anzunehmen, auch als *Desistance*-Strategie formuliert in den Narrativen zu finden. Daneben wollen einige Befragte durch Erwerbsarbeit eine Anpassung erreichen, die gleichzeitig als Faktor für Legalbewährung wirksam werden kann, da sie, wie oben erwähnt, die erwünschte und benötigte Struktur bietet. Vor diesem Hintergrund trägt die Erwerbsarbeit auf zwei Arten zur Normalitätswiederherstellung bei: einmal über die in diesem Bereich gezeigte Anpassungsleistung und einmal über ihren Beitrag zur Rückfallfreiheit – also Sanktionsvermeidung – was wiederum Normalität befördert.

Ein wichtiger Schritt in Richtung der Wiedereingliederung ist *Veränderung*, die sowohl wie oben beschrieben für sich allein genommen Einblicke in den Nachentlassungsverlauf gewährt, als auch gleichzeitig den Bereich der Anpassungsleistung berührt. Dies ist insbesondere dann der Fall, wenn man die Übernahme neuer Rollen betrachtet. So geht Anerkennung über das Bild eines fleißigen Arbeiters beispielsweise mit einer Identifikation mit der entsprechenden Rolle einher. Dies kann Teil des Veränderungsnarrativs sein, wobei die Bemühungen dadurch verstärkt werden. Umgekehrt wird das Narrativ durch die von außen sichtbaren Anpassungsbemühungen gestützt, die Anerkennung hervorrufen können. Sie zeigen im Ergebnis eine Veränderung an.

Betrachtet man die Subkategorie der Anpassung im Ganzen, erscheint die *Internalisierung des Stigmatisierungsdiskurses* als ursächlich. Durch das Bewusstsein, aus der Haft entlassen zu sein, ist eine Anpassungsleistung umso wichtiger. Beim Thema Erwerbsarbeit beispielsweise kann auf einen Anpassungsversuch ein positives Erlebnis folgen, bei dem der Proband Bestätigung erfährt. Er wird eingestellt, obwohl sein tabellarischer Lebenslauf in den Bewerbungsunterlagen Lücken aufweist oder die Arbeitgeberin beziehungsweise der Arbeitgeber über seine Hafterfahrung informiert sind. In diesen Fällen steht die Arbeitsleistung oder die Qualifikation im Vordergrund und ermöglicht dem Interviewten Anknüpfungspunkte im Nachentlassungsverlauf. Dies wirkt der Stigmatisierungserfahrung entgegen. Umgekehrt können negative Erfahrungen gemäß der Stigmatisierungserwartung gemacht werden, wenn eine Anpassung über die Erwerbsarbeit scheitert, weil der Betreffende beispielsweise aufgrund des Eintrags im Führungszeugnis nicht eingestellt wird. In extremen Fällen kann die Angst vor der Stigmatisierung dazu führen, dass sich die Befragten nicht trauen, sich in eine Bewerbungssituation zu begeben. Das Wiedereingliederungspotenzial, das über Erwerbsarbeit möglicherweise vorhanden gewesen wäre, bleibt so von vornherein ungenutzt. Vielmehr passt der Befragte sich damit an eine widrige Situation an und arrangiert sich mit der durch Stigmatisierungserwartungen verfestigten Arbeitslosigkeit.

Abbildung 5 Verbindungen zwischen den Hauptkategorien und Anpassung

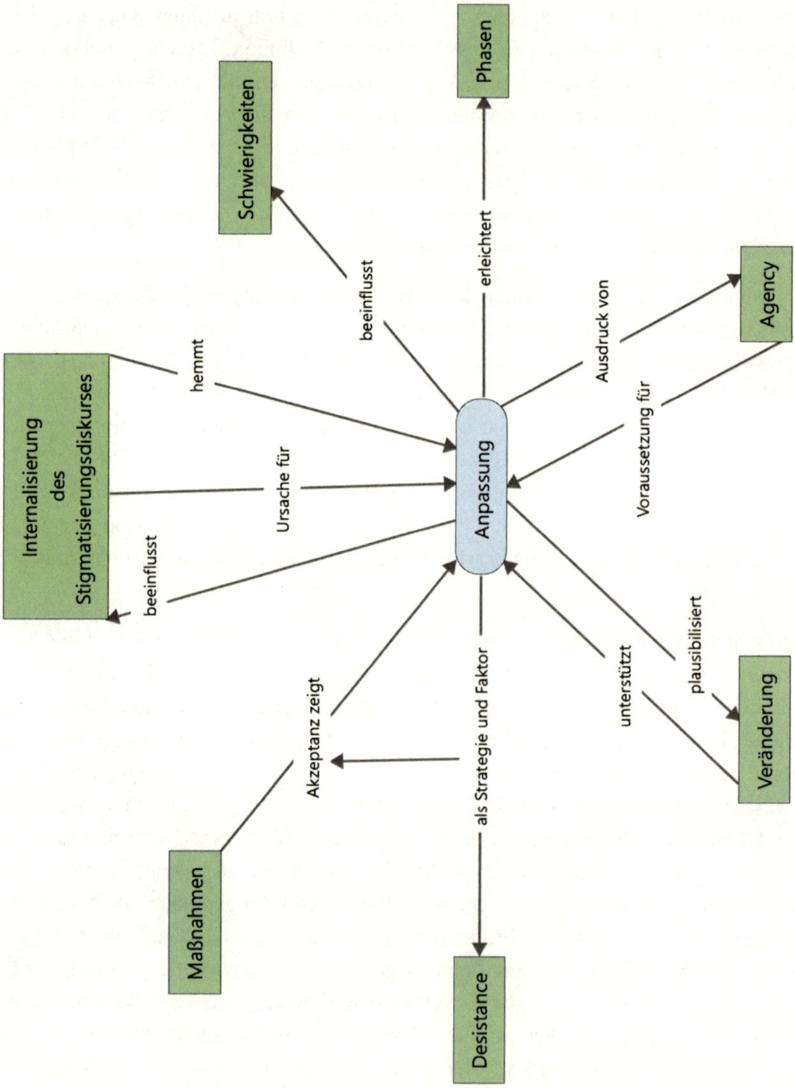

Die Erwerbslosigkeit wiederum wirkt letztlich hemmend und verhindert zudem eine mögliche Lösung der finanziellen Probleme, was in der Hauptkategorie *Schwierigkeiten* deutlich ins Gewicht fällt. Von Normalität kann in diesem Sinne aber dennoch gesprochen werden, wenn der Befragte als Teil der Normalität definiert, dass ein

Haftentlassener vom Arbeitsmarkt ausgeschlossen wird. Diejenigen, die diese Ansicht vertreten, hadern nicht mit der Situation, sondern arrangieren sich mit ihr. Auch den Schwierigkeiten mit Behörden kann durch Anpassung begegnet werden. All diese Aspekte und exemplarischen Entwicklungen tauchen somit ebenfalls in den Ergebnissen der anderen Hauptkategorien auf und stützen so die Verbindung zwischen den entsprechenden Aspekten. Neben den Schwierigkeiten beeinflusst die Anpassung auch noch die erlebten *Phasen* nach der Haftentlassung. Dies ist insbesondere hinsichtlich der Eingewöhnungsphase und der Übergangsproblematik erkennbar, die durch Anpassung erleichtert werden kann.

Zusammengefasst spannt die Anpassung einen Bogen zwischen den Ergebnissen diverser Hauptkategorien. Diese Tatsache unterstreicht die zentrale Stellung der Normalitätswiederherstellung und damit ihren Wert als Kernergebnis der Untersuchung. Illustriert werden die gerade geschilderten Verbindungen in *Abbildung 5*.

5.2 Konventionalität – „alles in geregelten Bahnen"

Neben der Anpassung kann die Normalitätswiederherstellung über konkrete Lebensentwürfe stattfinden. Es wird deutlich, wie sich die Befragten ihr Leben nach der Haft vorstellen und wie sie es gestalten wollen. Im Mittelpunkt der Lebensgestaltung stehen vornehmlich konventionelle Konzepte. Dabei spielt die Partnerschaft als erster und wichtigster Anknüpfungspunkt für die Befragten eine entscheidende Rolle und darüber hinaus zeichnet sich ein konventioneller bis traditioneller Lebensentwurf ab. Somit sind sowohl die Partnerschaft als auch der konventionelle Lebensentwurf zugleich der Weg und das Ziel der Lebensgestaltung nach der Haft. Die Paarbeziehung markiert den Beginn eines neuen Lebens, das zudem langfristig durch sie gestützt werden soll. Darauf bauen weitere Aspekte eines konventionellen und damit normalen Lebens auf. Die Konzepte und mit ihnen verbundenen Dynamiken werden in den folgenden Unterkapiteln nachgezeichnet.

5.2.1 Partnerschaft

Im Leben vieler Probanden steht nach der Haft vor allem eine Person im Vordergrund: die Partnerin beziehungsweise der Partner[39]. Unabhängig davon, ob es sich

39 Bezüglich der sexuellen Orientierung ist bei 52 (75,4 %) der Befragten Heterosexualität, bei 10 (14,5 %) Bisexualität und bei vier (5,8 %) Homosexualität anzunehmen. Diese Angaben wurden unterschiedlichen Quellen entnommen und miteinander abgeglichen (Aktenanalyse, Interview). Bei den übrigen drei (4,3 %) Befragten geht eine Paraphilie im Sinne einer ausschließlich pädophilen Sexualpräferenz aus der Aktenanalyse hervor. Diese Probanden äußern sich im Interview entweder überhaupt nicht zu ihrer Sexualpräferenz oder thematisieren Pädophilie. Keiner der drei erwähnt im Interview eine Partnerschaft.
Ergänzend ist bei 11 (15,9 %) der heterosexuellen, bisexuellen oder homosexuellen Befragten eine teilweise pädophile Neigung anzunehmen.

um die Rückkehr in eine frühere Beziehung handelt oder eine neu eingegangene Beziehung, die Partnerschaft wird als entscheidender Aspekt in der Nachentlassungssituation gerahmt. Es geht „von der harten Pritsche in ein weiches Ehebett" *(Bodo)*. Das mit der Partnerin oder dem Partner verbundene soziale Kapital hat weitreichenden Einfluss auf die Lebenssituation der Befragten. Die Beziehung gilt für viele als Startpunkt oder für manche gar als Garant für ein normales Leben ohne Straftaten. „Ja, eigentlich der Übergang in das – sogenannte – zivile Leben, ist mir eigentlich sehr leichtgefallen. Dank der Unterstützung durch meine langjährige Lebensgefährtin" *(Luis)*. Besonders symbolisch wählte beispielsweise ein Proband als Hochzeitstag das Datum seiner Entlassung im vorangegangenen Jahr. Diese Entscheidung verdeutlicht für ihn die Verknüpfung einer Partnerschaft mit einem Neustart in ein normales Leben nach der Entlassung.

Inwiefern die Beziehung im weiteren Verlauf die Nachentlassungssituation beeinflusst, kann in vielen Fällen am Beispiel der Wohnsituation nachvollzogen werden. So ist die Partnerin beziehungsweise der Partner häufig die erste Anlaufstelle und entsprechend fällt die Wahl des Wohnorts aus. Das trifft vor allem auf diejenigen Befragten zu, die in eine bereits bestehende Beziehung zurückkehren. „Ich von meiner Seite aus hatte immer den Wunsch – immer das Ziel – zu meiner Familie zurückzukehren. Für mich gab es gar keine andere Alternative" *(Bodo)*. Diejenigen, die erst während oder nach der Haft eine Bindung eingehen, berichten Ähnliches. Erst von dort aus kann für sie die Wiedereingliederung beginnen.

Doch nicht nur für die Haftentlassenen, die in einer Beziehung sind, auch für diejenigen ohne Partnerin oder Partner, ist eine Beziehung von essenzieller Bedeutung. Sie wünschen sich eine Partnerschaft und erwarten dadurch einen ersten und wichtigen Schritt in Richtung Normalität und Eingliederung gehen zu können.

> I: Und wie lange können Sie hier [Anm.: betreutes Wohnen] noch bleiben? Also steht irgendwann mal
>
> B: Ich habe noch ein halbes Jahr verlängert, weil durch die Partnerin die ich noch suchen will (lächelt). Das klappt noch nicht. *(Frank)*

Dieser Proband macht beispielsweise Entscheidungen und Entwicklungen nach der Entlassung von der Partnerschaft abhängig. Er kann sich nicht von der institutionalisierten Wohnform lösen, bis er eine Partnerin gefunden hat. Damit nimmt die (potenzielle) Paarbeziehung einen weitreichenden Einfluss auf die gesamte Lebensgestaltung nach der Haftentlassung. Vor diesem Hintergrund ist zu beobachten, dass sich in vielen Fällen die neu geknüpften Beziehungen sehr schnell intensivieren. Insbesondere Entwicklungen wie die erste gemeinsame Wohnung oder die Verlobung und je nach Lebensphase und Alter der Befragten auch die Familiengründung geschehen meist innerhalb weniger Monate. „Freundin noch kennengelernt, mit der bin ich jetzt auch über 8 Monate zusammen. Die hat 3 Kinder, das Vierte ist unterwegs. Das erste eigene" *(Marco)*.

Ein Lebensbereich, in dem die wichtige Rolle der Partnerschaft ebenso deutlich wird, ist die Freizeit. Für viele Probanden ist die Beziehung der einzige soziale Bezugspunkt. Dies zeigt sich beispielsweise anhand der Freizeitaktivitäten.

> Meine Lebenspartnerin, die tut sehr viel häkeln und so was, machen - so Decken und so was; gucke ich sehr gerne zu. […] Gemeinsam haben wir dann das Hobby irgendwie: Wir haben unseren Balkon so ein bisschen, ein paar Blumen geholt, und so was. *(Rainer)*

Aber auch kulturelle Veranstaltungen und andere Aktivitäten, bei denen die Interviewten an der Öffentlichkeit teilhaben, werden vor allem mit der Partnerin beziehungsweise dem Partner erlebt.

Somit können die Haftentlassenen durch die Beziehung am gesellschaftlichen Leben teilhaben. In diesen Fällen wird die Partnerin beziehungsweise der Partner häufig zum Bindeglied zu weiteren sozialen Kontakten. Dies kann so weit führen, dass alle sozialen Kontakte ausschließlich im Kontext der Paarbeziehung hergestellt und gepflegt werden. „Neue Freundschaften? Eigentlich sind es bloß, profitiere ich von den Bekanntschaften und Freundschaften meiner Frau“ *(Luis)*. Ähnliche Zusammenhänge werden mit Blick auf die finanziellen Belange deutlich. Es gibt sowohl Haftentlassene, die vollständig auf das Einkommen der oder des anderen angewiesen sind, als auch diejenigen, die sich den Lebensunterhalt gemeinsam finanzieren.

Die Partnerschaft ist damit schon aufgrund ihrer Bedeutung für die existenziellen Aspekte des Lebens – wie etwa Wohnen, Freizeit, soziale Kontakte und Finanzen – entscheidend. Zwar kann man davon ausgehen, dass dies auch für andere Menschen außerhalb der Gruppe der Haftentlassenen gilt, dennoch prägt die Partnerschaft insbesondere im Zusammenhang mit der Nachentlassungssituation den weiteren Verlauf noch auf zusätzlichen Ebenen. „Ich meine: wenn ich jetzt meine Kirsche verliere, dadurch auch die Wohnung verlieren – ne? – würde ich drinnen sein; ne“ *(Stefan)*. Mit dieser Schlüsselfunktion, die der Proband der Partnerin für seine Legalbewährung zuschreibt, unterstreicht er diese Bedeutung. Die Unterstützung wird dabei als entscheidend für die stabilisierende Entwicklung beschrieben. Sicherlich spielt im Zusammenhang mit der Bedeutungszuschreibung ebenfalls der Wunsch nach Nähe im Rahmen einer Beziehung eine Rolle. Auch wenn diese nicht ausschließlich für Haftentlassene ein wichtiger Faktor ist, kommt ihr in diesem Kontext dennoch ein besonderes Gewicht zu. Der emotionale Rückhalt scheint hier nämlich bezüglich des Rückfalls ebenso entscheidend zu sein, wie die instrumentelle Unterstützung. „Deswegen spinnen wir – oder haben uns gesponnen – so ein bisschen ein Netz, das uns beide dann zusammenhält, und um genau das zu vermeiden, dass so was passiert“ *(Bodo)*. Eben diesen Halt sehen die meisten Probanden ausschließlich innerhalb einer Partnerschaft gegeben. Welche Tragweite der Bedeutung der Paarbeziehung damit zukommt, wird an diesem Beispiel deutlich. Sie bietet einen festen Ankerpunkt, der aus ihrer Sicht benötigt wird, um generell außerhalb des Justizvollzugs bestehen zu können. Darüber hinaus kann der Proband bezüglich konkreter Problematiken durch die Partnerschaft beeinflusst werden. „Ich hab ja damals eben halt auch die Schwierigkeiten mit dem Alkohol gehabt und das ist ja nun nicht mehr. […] Ich hab, na ja, durch meine Frau jetzt. Die hat gesagt, entweder ich höre auf oder es ist vorbei" *(Manfred)*.

So unterschiedlich die Beziehungen bei näherer Betrachtung auch sein mögen, in irgendeiner Form besteht für die Befragten immer eine Verknüpfung zwischen der Unterstützung durch eine Partnerschaft und der Vorstellung eines Lebens ohne Straftaten. In manchen Konstellationen durch die aktive Hilfe, oder aber über die Rolle, die der Proband innerhalb dieser Partnerschaft einnehmen kann. Diese Aufgabe eröffnet ihm eine Projektionsfläche und er sieht beispielsweise, dass er gebraucht wird. „Sie ist sehr ängstlich gewesen; von ihrem Sohn her auch so ein bisschen Druck und alles, […] Und ich habe sie ganz schön aufgebaut; ne?" *(Rainer)*. Auf Grundlage dieser Einschätzung entsteht eine gegenseitige Bereicherung. „Sie hat in dem Moment, bringt mein Leben auf Schwung. Ich habe ihr Leben ein bisschen verändert" *(Kim)*. Hier stützt die Partnerschaft in doppelter Hinsicht. Das bringen die Befragten mit einem positiven Einfluss auf die Legalbewährung in Verbindung: „Und deshalb bin ich auch guter Dinge, gerade auch durch die Beziehung mit und so, dass ich auch nicht noch mal einfahre jetzt" *(Kim)*.

Alle Aspekte, auf die die Partnerschaft letztlich direkt oder indirekt einwirkt, sind von konventionellen Vorstellungen geprägt. Die Partnerschaft beeinflusst somit sowohl die Wiedereingliederung als auch Legalbewährung und damit maßgeblich den Lebensverlauf.

Trotz der entscheidenden Bedeutung der Beziehung im Wiedereingliederungsprozess und die grundsätzlich konventionelle Orientierung wird in einigen Interviews deutlich, dass sie aufgrund individueller Verhaltensweisen oder bestimmter Konstellationen kritisch gesehen werden muss. Eine eindeutige Stabilisierung des Nachentlassungsverlaufs scheint nicht – wie von den Interviewten erhofft beziehungsweise beschrieben – immer gegeben zu sein. Mehrere Partnerinnen und Partner fallen als risikobehaftet auf, beispielsweise aufgrund einer geteilten Suchtproblematik: „Ich sage mal, so jetzt am Wochenende war ich mal kurz vor 1 bei ihr, na gut, trinken wir zwei Bierchen" *(Kim)*. Die Beziehung kann somit nicht uneingeschränkt als unterstützender Faktor der Wiedereingliederung gelten. Dennoch sprechen die Befragten auch in diesen Fällen der Partnerschaft eine normalitätswiederherstellende Wirkung zu und sie dient als Orientierungsrahmen im Lebensverlauf.

5.2.2 Lebensentwurf

B: Ich möchte mein normales freies Leben führen soweit es denn noch geht.

I: Wie wie sieht so ein normales freies Leben aus für Sie?

```
B: Versuchen wieder selbständig zu werden mit meiner Freun-
din alles auf die Reihe kriegen irgendwann eine vernünftige
Wohnung. (Dieter).
```

Dieses Zitat verdeutlicht, dass die Normalität der Befragten nicht nur auf der Partnerschaft aufbaut, sondern, dass der zugehörige Lebensentwurf weitere Aspekte umfassen kann. Sie streben nach einem normalen Leben, das nach genauerer Betrachtung am ehesten als konventionell beschrieben werden kann. Insbesondere gleichaltrige Freunde leben diese Konzepte vor und geben den Befragten damit einen Orientierungsrahmen. „Naja, viele haben Frau, Kind, sind verheiratet, haben sich ein bisschen abgeschirmt, sind selbständig geworden, naja“ *(Yannick)*. Zentral für diesen insgesamt konventionellen Lebensentwurf ist somit weiterhin die Partnerschaft, davon ausgehend können sich aber weitere Aspekte anschließen. Insgesamt stehen neben der Beziehung auch Ehe, Familiengründung und die Rolle als Ernährer sowie Wohnraum oder -eigentum und Karriere beziehungsweise sozialer Aufstieg im Mittelpunkt. Sie gelten als Faktoren, die ein eigenständiges, normales Leben für die Probanden markieren. Der im Folgenden skizzierte Lebensentwurf ist damit sowohl eine Bemühung um Normalität als auch das Ziel, da er mit Normalität gleichgesetzt wird.

Zuerst kommt dem Wohnraum ein wichtiger Stellenwert nach der Haftentlassung zu. Er ist der Ausgangspunkt sowie der Lebensmittelpunkt, von dem aus die Befragten im weiteren Verlauf agieren. Interessant ist im Zusammenhang mit Konventionalität aber vor allem, dass die Haftentlassenen der Wohnung nicht nur für sich selbst, sondern auch hinsichtlich der Außenwirkung einen normalitätsstiftenden Einfluss zuschreiben. Die Ausgestaltung der Wohnräume ist damit wesentlich und soll für einen guten Eindruck sorgen.

```
B: Das ewige Bedürfnis sein Zuhause mal ein kleinbisschen
zu verbessern. […]

I: Was gibt einem das sein Zuhause mal zu verbessern?

B: […] wenn jemand kommt die sollen nicht sagen 'oh Gott
was ist denn das für ein Assi-Nest'. Nein das soll or-
dentlich sauber ein vernünftiges Zuhause eben sein. (Die-
ter)
```

Letztlich kann die Außenwirkung, die eine vorzeigbare Wohnung hinterlässt, den Makel der Hafterfahrung relativieren, den die Befragten sich zugeschrieben sehen. Ein Proband beschreibt einen solchen Effekt im Zusammenhang mit Besuchen aus der Nachbarschaft: „ich habe auch mal Gäste […] dass mir auch wichtig ist, (..) dass man die auch reinlassen kann, dass die sich dann (??) und sagen, ‚was bist du, (..) die letzten 7 Jahre im Gefängnis gewesen? Wie kann man da so eine Wohnung haben‘“ *(Paul)*. Die Wohnung stellt damit eine wichtige Ressource dar und ermöglicht es dem Haftentlassenen, sich wohl zu fühlen und gleichzeitig mit anderen mitzuhalten. Dies kann nach Meinung einzelner Befragter sogar Auswirkungen auf die Suche nach einer Partnerschaft haben.

> Wenn ich bei manchen in die Bude gucke, sieht es aus, wie zu DDR-Zeiten: eine Anbauwand, eine Couch, ein Tisch, ein Stuhl; und dann war's schon fast; ne? Vielleicht noch ein paar Gardinen, die der Vorgänger hat hängen lassen. Aber ich habe wirklich Buden gesehen, da habe ich gesagt: (Seufzt). Da ist es ja dann noch schwerer, eine Partnerschaft aufzubauen. Die können ja nicht mal eine mit heimnehmen. Es sei denn, es ist genauso eine, die mittags schon dicht ist, dann sieht die das auch nicht mehr. *(Herbert)*

Aber auch auf einer abstrakteren Ebene ist der Wohnraum Teil des neuen, anderen Lebens. Es wird in vielen Interviews deutlich, dass insbesondere das Wohnumfeld für die Haftentlassenen ein wichtiger Indikator für Zugehörigkeit ist: „dieses Ghetto da oben. Das wollte ich mir nicht antun und darum bin ich auf XY [Stadt] ausgewichen" *(Sam)*. Diese Verortung geht mit einer Identifikation einher. Die Figur des ‚Ghetto-Bewohners' wird von dem Befragten als negativer Gegenentwurf zu einem positiv besetzten Bewohner der Stadt konzipiert und damit verortet er sich dementsprechend selbst mithilfe der Wohnung. Sieht man die Wohnung darüber hinaus in Verbindung mit den weiteren bereits angedeuteten Aspekten eines konventionellen Lebens – der Partnerschaft und der Familie – wird eine weitere normalitätsstiftende Perspektive auf die Wohnung eröffnet. Angesprochen auf seine Wohnsituation sagt ein Proband beispielsweise: „Wir [Anm.: er und seine Partnerin] haben eigentlich vor, das Ding [Anm.: die aktuelle Mietwohnung] irgendwann mal zu kaufen" *(Yannick)*. Mit dem Kauf möchte der Proband sich und der Familie einen sicheren, angemessenen Wohnraum bieten. Somit geht mit dem hier nachgezeichneten Lebensentwurf auch die Wichtigkeit des Wohneigentums einher. Eine Schwierigkeit stellt in vielen Fällen jedoch die Finanzierung dar.

> […] gibt noch einen Wunsch von uns beiden, ja, das ist richtig, aber ich denke mal, das wird auch weiterhin ein Wunsch bleiben, das ist ein eigenes Grundstück. Wir haben hier in der Ecke schon einige Grundstücke gesehen, aber ich habe einfach die Angst, gerade weil wir in der Privatinsolvenz sind, jetzt irgendwelche Sachen in die Richtung vorzunehmen. *(Carl)*

Auf die sich intensivierenden Partnerschaften folgen für die Probanden die Verlobung und Hochzeit als nächste logische Schritte. Die Ehe bildet sodann eine wichtige Säule des konventionellen Lebens nach der Haftentlassung und trägt zur Herstellung von Normalität bei. Zwar kann man auch an dieser Stelle davon ausgehen, dass dies keine Besonderheit darstellt, die nur bei Haftentlassenen zu finden ist, dennoch verknüpfen die Befragten durchaus nachentlassungsspezifische Themen mit einer Eheschließung, die mit einer entsprechenden Bedeutungszuschreibung einhergehen. Insbesondere dann, wenn die Weisungen dem Probanden ein Zusammenleben mit Kindern untersagen, kann die Institution der Ehe zu einer entscheidenden Komponente werden, die ein aus ihrer Sicht normales Leben erst ermöglicht.

> Dementsprechend (..) beabsichtige ich, normal zu leben und das wird mir eben unmöglich gemacht [...] müssten wir erst heiraten und dann würde ich diesen Führungsoffizier vor vollendete Tatsachen stellen. 'Ich bin ab jetzt verheiratet, das ist meine Stieftochter und das ist meine Frau'. [...] aber (.) wenn man nicht verheiratet ist [...] bleiben diese, diese Standardblöcke immer noch bestehen und es besteht keine Möglichkeit, außer die anderweitig zu umgehen, hier irgendwie ein normales Leben zu führen. *(Detlev)*

Die Heirat legitimiert somit die Partnerschaft. Sie ist für *Detlev* ein wichtiger Schritt zu einem akzeptierten Zusammenleben und würden ihn die Reglementierungen überwinden lassen, die ihn aus seiner Sicht ansonsten an einem normalen Leben hindern.

Auch die Familiengründung spielt eine entscheidende Rolle. Sie dient zum einen als Rückhalt und Sicherheit im Leben der Probanden, wie man es bereits bei der Bedeutungszuschreibung der Partnerschaft beobachten konnte. Darüber hinaus ist aber zum anderen der von ihr verliehene Rahmen von Bedeutung und die Außenwirkung, die damit einhergeht.

> Lebensabschnittsgefährtin geheiratet. Wir haben noch ein Kind zusammen. [...] sind jetzt bei der zweiten Tochter noch dabei, die Adoption vorzubereiten. Das hat auch noch ein paar rechtliche Sachen, damit die dann auch den Familiennamen annehmen kann; damit das dann alles ein Gesamtbild ergibt. *(Bodo)*

Dieser Rahmen kann eine normalitätsstiftende Wirkung entfalten. Über diese beiden Aspekte hinaus eröffnet die Rolle als Vater und Ernährer vielen Probanden eine wichtige neue Identifikationsmöglichkeit, ähnlich der, die schon innerhalb der Partnerschaft gegeben sein kann. Hier vertreten die meisten von ihnen klassische heteronormative Rollenbilder und eher konservative Werte, die für sie ein normales Leben ausmachen.

Ein weiterer Aspekt der Konventionalität innerhalb des Lebensentwurfs ist der Aufstiegsgedanke, der letztlich ebenfalls Normalität befördern soll. Die Bemühung um eine gute Arbeitsstelle beziehungsweise die Hoffnung auf eine Aufstiegsmöglichkeit prägen die Nachentlassungssituation in diesen Fällen maßgeblich. Dabei geht es nicht nur wie im Falle der Anpassung um die Anerkennung über die Erwerbsarbeit, sondern um ein Weiterkommen. Der soziale Aufstieg sowie die berufliche Karriere stehen dabei im Mittelpunkt. Letztere bestimmt die Position innerhalb der Gesellschaft mit und bietet den Probanden Orientierungsmuster. Dementsprechend führen einige die Bedeutung von Bildungsmaßnahmen an, die ihnen dauerhaft eine bessere Ausgangsposition sichern sollen. Insbesondere Schulabschlüsse spielen hier eine Rolle.

> B: [...] ich weiß in mir steckt mehr, ich möchte gerne einen Realschul, Abschluss, nachmachen

> I: Na genau (B: ja) von dem, Realschulabschluss (B: ja (Lachen)) was erhoffen Sie sich da?
>
> B: […] ich denke da fühl ich mich einfach besser […] auch mein Freundeskreis die haben alle mindestens Realschulabschluss und, also mit Hauptschule gebe ich mich einfach nicht zufrieden. *(Enrico)*

In diesem Beispiel findet sich neben dem Wunsch eines Aufstiegs erneut die Orientierung am Freundeskreis. Auch hier wird dieser wie bei vorangegangenen Themen als Referenzpunkt gewählt. Mit diesen Personen will Schritt gehalten werden. Man kann davon ausgehen, dass insbesondere der Haftaufenthalt für eine Verzögerung der zu erreichenden Eckpunkte im traditionellen Biographiemodell verantwortlich ist. „Das sind dreieinhalb Jahre verlorenes Leben" *(Bernhard)*.

Dies unterstreicht die Bedeutung der zu erreichenden Ziele und zeigt an, inwiefern sie auch als Marker eines normalen Lebens für die Probanden wirken. Diese Eckpunkte sind es, die den neuen Lebensentwurf nach der Entlassung Wirklichkeit werden lassen. Der Wunsch nach sozialem Aufstieg tritt häufig in Kombination mit dem gerade beschriebenen Bild von Ehe und Familie auf. „Schnell geht es jetzt natürlich nicht, weil es fast ein Jahr eine Ausbildung ist; aber dann danach eigentlich relativ sicher […] Und dann kriege ich die Familie aus dem Hartz IV raus" *(Bodo)*. Mit solchen und ähnlichen Aussagen unterstreichen die Befragten, dass sie selbst für ihren Lebensunterhalt aufkommen können und wollen, was eng verwoben ist mit der oben beschriebenen Anpassung bezüglich der Erwerbsarbeit. Gleichzeitig grenzen sie sich dabei bewusst von anderen Gesellschaftsmitgliedern ab, die für eine vermeintlich sozial-unerwünschte Lebensgestaltung stehen. Manche Befragte brechen deshalb Kontakte ab, die aus ihrer Sicht nicht (mehr) zu ihrem aufstrebenden Lebenswandel passen.

> […] warum ich diese Kontakte abgebrochen hab ne […] Ja die sagen 'Warum soll ich denn arbeiten gehen wofür denn ja, ich krieg Hartz IV (Auspusten), am Ende hab ich genauso viel wie du, krieg meine Miete bezahlt, krieg Lebensunterhalt, ich geh doch nicht rammeln, bin doch nicht bekloppt'. […] Ja und das hab ich natürlich dann ganz schnell wieder auf Eis gelegt ja. *(Karsten)*

Ob diese Standpunkte in allen Fällen aus Überzeugung vertreten werden oder lediglich, weil die Interviewten sie als erwartet und sozial erwünscht erachten, kann auf Grundlage der Interviews nicht eindeutig geklärt werden. In jedem Fall fügen sie sich aber in das größere Bild konventioneller Lebensentwürfe ein, die sowohl von den Befragten verbalisiert werden als auch konkret gelebt oder um die sie sich zumindest bemühen. In diesen Kontexten wird erneut die Verschmelzung unterschiedlicher Aspekte zu einem entsprechenden Lebensentwurf deutlich.

> B: […] reißt man die Kinder nicht raus. Das macht man nicht. Ja.

I: Okay.

B: Deswegen sagen wir also: 'Wir wollen hierbleiben'. Ja, dann muss man halt eben zusehen, dass wir hier auch eine Arbeit kriegen. Da ist halt eben, jeder andere, der mir einen Arbeitsplatz streitig machen könnte, ist mein Konkurrent, und nicht mein Freund. *(Bodo)*

Aus diesem Zitat lässt sich insbesondere die Leistungsorientierung des Probanden ablesen, aber auch sein Verantwortungsgefühl gegenüber der Familie, die er nicht aus dem bisherigen Umfeld lösen möchte. Im Ergebnis ist für ihn die verstärkte Konkurrenzsituation um einen Arbeitsplatz in der Region unumgänglich.

Der Gedanke des Aufstiegs manifestiert sich jedoch nicht nur bezüglich des Berufs und der Qualifikationen. Die Probanden machen ihre Stellung in der Gesellschaft auch an ihrer Freizeitgestaltung fest.

[...] wir sind eigentlich nicht unterste Schicht, auch nicht Oberklasse, sondern wir sind so in der Mittelschicht, wo man sagt: 'Okay, wir unternehmen viel. Wir machen viel'. Und von daher. Also wir hocken nicht bloß rum, oder saufen uns die Birne zu. *(Dirk)*

In Abgrenzung zu anderen Menschen, die in ihrer Freizeit „bloß rum[hocken], oder saufen", sieht sich der Proband gemeinsam mit seiner Partnerin die Zeit sinnvoll gestalten. Damit heben sie sich ab und er schreibt sich ein Attribut zu, das die „unterste Schicht" seiner Meinung nach nicht hat. Letztlich verdichtet sich diese Vorstellung auf eine erfüllte Freizeitgestaltung und einen strukturierten Alltag. Die Probanden sind in Routinen, die sowohl die Arbeit als auch die Familie betreffen eingebunden und erledigen alltägliche Aufgaben.[40]

Um nun die Besonderheit dieses umfassenden Lebensentwurfs, der sich an Konventionalität orientiert, in den Lebensverlauf Haftentlassener einzubetten, ist das folgende Zitat wegweisend. Hier äußert sich der Proband bezüglich des Rückfalls anderer Straftäter. „Die haben es einfach nicht gebacken gekriegt oder die wollten es nicht. Die haben sich da mit der Straftat wohler gefühlt, als ein normales Leben zu führen" *(Yannick)*. Das Leben mit Straftaten dem normalen Leben gegenüber zu stellen macht erneut deutlich, dass dieser Lebensentwurf für die Probanden im Kern bedeutet: keine Straftaten. „Die Kleine halt wirklich aufwachsen zu sehen. I: Ja, (...) was wäre wenn Sie das nicht hätten? B: Würde ich sofort wieder irgendwelche Dinge machen, das wüsste ich, ja. Da würde ich schon oh je oh je" *(Enrico)*. An dieser Stelle finden sich abermals die oben erwähnten Desistance-Faktoren, die Probanden in ihrem Leben identifizieren können: zum einen die Personen aus dem familialen Umfeld und zum anderen die eigene Rolle, die sie sich innerhalb dieses Gefüges

40 Diese Strukturierung des Alltags wird im folgenden Kapitel noch gesondert und ausführlicher beschrieben (siehe Normalitätswiederherstellung/Sinnsuche *Kapitel 5.3*).

zuschreiben. Der Prozess der Legalbewährung ist somit eng mit dem neuen konventionellen Leben verbunden. Jede Komponente davon legt dabei den Grundstein für eine Entwicklung in diese Richtung. Entsprechend wichtig sind diese Orientierungspunkte beim Blick in die Zukunft. Der oben bereits erwähnte Proband, der mit seiner Freundin den Kauf einer Wohnung plant, sagt auch: „Das einzige Ziel, was wir jetzt eigentlich noch beide haben, ich und meine Freundin, ist ein Kind [...] Vielleicht noch einen ordentlichen Job dazu. Das sind die einzigen Ziele" *(Yannick)*. Er ist überzeugt, damit ein neues Leben ohne Straffälligkeit beginnen zu können.

Zusammenfassend lässt sich sagen, dass der konventionelle Lebensentwurf ein zentraler Punkt in der Normalitätswiederherstellung nach der Haftentlassung ist. Obwohl er viele Aspekte des assimilierenden Moments der Anpassung enthält, reicht er als Gesamtkonzept dennoch weiter. Die Wohnung, Ehe, Familie und sozialer Aufstieg sind dabei entscheidende Merkmale für ein normales Leben aus der Sicht der Befragten. Während bei der Anpassung vor allem eine Reaktion auf vorgefundene Gegebenheiten und Anforderungen erfolgt, werden hier Konzepte verfolgt, die für die Probanden ein konventionelles Leben ausmachen. Diejenigen, die Anpassungsleistungen zeigen, können darüber hinaus entsprechende Lebensentwürfe verfolgen, müssen dies aber nicht. Zudem sagt der Lebensentwurf mehr über die Vorstellungen und Gestaltungsmöglichkeiten der Befragten aus, während die Anpassung eher eine Reaktion und Verhaltensweise auf Gegebenheiten abbildet. Der identifizierte Lebensentwurf lässt daher entscheidende Rückschlüsse auf das Verständnis von Normalität bei den betreffenden Befragten zu. Für sie bedeutet die Realisierung dieser konventionellen Eckpfeiler nach der Haftentlassung „ein normales Leben zu führen" *(Carl)* und ist somit gleichzeitig eine Normalitätskonzeption.

5.2.3 Extremfall: Abhängigkeit von und in der Partnerschaft

Während es bezüglich des Lebensentwurfs keine eindeutigen Extremfälle gibt – wenn, dann ähneln sie am ehesten dem der oben beschriebenen Überanpassung – sind diese bezogen auf die Partnerschaft durchaus zu finden. Aber auch hier handelt es sich lediglich um einzelne Fälle, die an zwei Beispielen nachgezeichnet werden. Neben den Haftentlassenen, die das Miteinander in der Partnerschaft als Chance sehen, gibt es diejenigen, die sich völlig auf die Unterstützung der anderen Person verlassen. Die Vorteile einer Beziehung liegen auf der Hand. „Dass ich in ein ordentliches Zuhause meiner Frau gekommen bin. Das hat mir auch ehrlich gesagt sehr geholfen" *(Andreas)*. Bei diesen Extremfällen zeigen die Probanden selbst aber im Ergebnis immer weniger Bemühungen oder Handlungsmächtigkeit und profitieren ausschließlich von den Anstrengungen der Partnerin oder des Partners. Ohne das soziale Kapital aus der Beziehung könnten die Befragten viele Aufgaben nicht meistern oder an keinem konventionellen Leben teilhaben. Alles ergibt sich somit aus den Handlungen anderer und nicht aus den eigenen – sie sollen sozusagen für die Befragten den neuen Lebensentwurf umsetzen. Diese Dynamik greift beispielsweise bei

Behördengängen, die dann für die Probanden übernommen werden: „die ganzen Anträge hat sie ausgefüllt. Also ich habe so gut wie gar nichts machen brauchen. Nur mitgehen [...] brauchte mich quasi nicht ernsthaft alleine drum zu kümmern" *(Andreas)*. Im folgenden Zitat zeigt sich im Besonderen der Aspekt des Kümmerns innerhalb der Partnerschaft, der dem Befragten die ersten Schritte nach der Haft erleichtert.

> So ist es für mich eigentlich - sozusagen, auf Deutsch - das heißt für mich Wiedereingliederung, dass jemand da ist [...] Der wirklich hinter dir steht, jeden Tag nachfragt: 'Gibt's was Neues? Was müssen wir noch erledigen?', oder: 'Das habe ich jetzt gehört. Da können wir noch mal hingehen, das wäre gut für dich'. *(Dirk)*

Dies kann so weit führen, dass man von einer Abhängigkeit des Haftentlassenen sprechen kann. Er verlässt sich vollkommen auf die andere Person.

> Aber es war halt - sage ich mal - jemand da gewesen, der mich - sozusagen - in der Dunkelheit, oder irgendwo, das ist halt mein kleines Lämpchen gewesen, die mich so ein bisschen geführt hat. Und das habe ich eigentlich so gebraucht. Klingt zwar komisch, aber: na ja, dann habe ich halt so eine kleine Mami gebraucht, die mich an die Hand nimmt und sagt: 'Dort musst du hin. Dort musst du hin. Und da kannst du gleich'. Bei vier Jahren - sage ich mal - wurde mir das Denken abgenommen. *(Dirk)*

Diese Abhängigkeit erklärt der Proband hier mit dem vorangegangenen Haftaufenthalt, der ihn zu dieser Verantwortungsabgabe gezwungen habe. In Freiheit übernimmt dann innerhalb der Beziehung seine Partnerin die Führung. Die Verwendung von Begriffen wie „mütterliche Art" *(Andreas)*, „Kindergärtnerin" oder „Engel" *(Dirk)* verdeutlicht in welcher Extremform die Rollenverteilung in der Partnerschaft auftreten kann.

Ein Ergebnis dieser Abhängigkeit von der Partnerschaft ist, dass sie die Legalbewährung des Probanden negativ beeinflussen kann, wenn die Beziehung auseinandergeht. Tatsächlich finden sich in den Interviews Beispiele von Beziehungsdynamiken, die ein Risikopotenzial in sich bergen, insbesondere beim Auftreten von Konflikten.

> [...] also da hatte ich auch eine Auseinandersetzung verbal mit meiner Frau [...] Ja und da habe ich dann auch mal durchgedreht und habe dann sogar, weil meine Frau dann über Nacht oder zum Teil der Nacht weggeblieben ist, weil wir uns gestritten haben, das Bett zerschnitten, also das Bettlaken zerschnitten. [...] haben sie dann die Polizei gerufen [...] und die haben gesagt, dass ich aufpassen soll. Wenn dann Anzeige kommt, dass ich dann wieder zurückgehe. *(Andreas)*

In diesem Fall zeigt sich beispielhaft, wie Konflikte und schon allein die Angst vor dem Wegbrechen der Beziehung in äußerst problematischen Situationen münden können. Dabei sehen sie nicht nur die Partnerschaft, sondern den Neuanfang nach der Haftentlassung und ihre Chance auf ein konventionelles, normales Leben gefährdet. *Dirk* sagt: „Wäre ich ganz alleine, hätte ich gleich wieder gesagt: ‚Ihr könnt mich wieder reintun. Ich will da wieder rein'" *(Dirk)*. In Fällen, in denen die Haftentlassenen komplett abhängig von der Partnerin beziehungsweise dem Partner sind, ist eine solche Entwicklung somit offensichtlich besonders riskant.

Abschließend zur Betrachtung der Partnerschaft ist noch eine interessante Ausprägung zu nennen, die den Charakter der Bedeutungszuschreibung unterstreicht. Während *Dirk* einen Rückfall im Falle der fehlenden Partnerschaft erwartet, wird in einigen Narrativen deutlich, dass die Haftentlassenen den positiven Einfluss und die Chance auf ein anderes Leben nicht der Person zuschreiben, mit der sie zusammen sind, sondern der Paarbeziehung an sich – sozusagen als Institution. Damit wird die Person schlicht austauschbar und auch bei einem Bruch der Partnerschaft, kann schnell auf eine neue Beziehung ausgewichen werden. Es handelt sich damit nicht um zwei entgegengesetzte Pole, da sich auch hier eine gewisse Abhängigkeit entwickeln kann, für diese Befragten ist die Person jedoch austauschbar und schon lediglich das Bestehen einer Beziehung wird als Garant für eine gelungene Normalitätswiederherstellung gewertet. Antworten wie, „dann hätte ich viele andere Damen […] Na gut, sagen wir mal so, im Endeffekt würde sich immer mal was ergeben, wo man jemanden hätte" *(Nils)* oder der Verweis auf die Möglichkeit von Annoncen zur Partnersuche verdeutlichen diese Austauschbarkeit. Gleichzeitig erhalten sich die Befragten damit einen gewissen Handlungsspielraum und können schnell auf ein Scheitern der Beziehung reagieren. Ein Proband, der diese Erfahrung im Nachentlassungsverlauf bereits gemacht hat, wählt zur Beschreibung dieser Situation vergleichsweise anschauliche Worte.

> 'Ich habe mich in dich verguckt'. Ich sage: 'Okay'. Und weil ja da so und so gerade meine andere Beziehung auch schon dabei war, bergab zu gehen, sage ich: 'Warum nicht'. Ich schmeiße die Eine weg, und dann nimmst du gleich die Nächste. *(Timo)*

An anderer Stelle betont er, wie wichtig die Partnerschaft für sein Leben nach der Entlassung ist. „Ja, bei mir ist das Wichtigste so gesagt die Beziehung" *(Timo)*. Das Bestehen einer Partnerschaft an sich sichert damit den Lebensentwurf ab, der die Normalität nach der Haftentlassung befördern soll.

Dieses Fallbeispiel verdeutlicht, wie entscheidend die Beziehung als bloße Institution für die Normalitätswiederherstellung sein kann. Mit ihr werden Unterstützung, eine gewisse Außenwirkung und damit die Chance auf Konventionalität verknüpft, sodass die Paarbeziehung per se als Merkmal eines normalen Lebens gelten kann und als wesentlich für die Wiedereingliederung.

5.2.4 Zwischenfazit Konventionalität

Nach dem Einschnitt, den Haft und Entlassung bedeuten, steht der Wunsch nach einem Neuanfang und einer anderen Lebensgestaltung für viele Befragte im Vordergrund. Sie entwickeln mehr oder weniger bewusste Lebensentwürfe, die innerhalb eines bestimmten Orientierungsrahmens verortet sind: der Konventionalität. Insbesondere die Partnerschaft scheint dabei essenziell. Sie kann das Ende der in vielen Interviews identifizierbaren schwierigen Eingewöhnungsphase markieren. Sie bietet einen ersten Anknüpfungspunkt an weitere soziale Kontakte und ermöglicht neue soziale Bezüge. Aber auch die Wiederherstellung früherer Beziehungen kann erreicht werden und damit den Übergang und den anschließenden Start in ein neues Leben erleichtern. Die Partnerin beziehungsweise der Partner oder die Familie stellen in diesem Fall direkt nach der Entlassung so viel Unterstützung bereit, dass die ansonsten immer wieder beschriebene Überforderung nicht eintritt oder abgemildert wird. Mit dem Blick in die gemeinsame Zukunft und der Konventionalität als Orientierungsrahmen wird eine weitere Verbindung von diesem Aspekt der Nachentlassungssituation zu den Hauptkategorien *Phasen* und *soziales Umfeld* deutlich.

Ebenso wie das Erreichen einzelner Etappen des konventionellen Lebensentwurfs (Wohneigentum, Ehe, Familiengründung) als Strategie zur Legalbewährung beschrieben wird, wird die Partnerschaft an sich als Faktor genannt. Hier zeigen sich somit Überschneidungen mit der Hauptkategorie *Desistance*. Dabei ergeben sich zwei Dynamiken, die sich durch die Erkenntnisse aus den anderen Hauptkategorien stützen lassen. Zum einen muss die entsprechende Person soziales Kapital bereitstellen können. Aus den Interviews wird deutlich, dass nur dann die Partnerschaft den angestrebten Lebenswandel vollumfänglich stützen kann. Dies trifft nicht auf alle Partnerinnen beziehungsweise Partner der Befragten zu und einige Beziehungskonstellationen sind als ambivalent oder gar risikobehaftet im Narrativ aufgefallen. Insbesondere bei denjenigen, die dem oben beschriebenen Extremfall zuzuordnen sind, wird dieser Umstand gut sichtbar. Darüber hinaus taucht das damit in Zusammenhang stehende riskante Verhalten der Befragten – beispielsweise der gemeinsame Drogenkonsum – auch in der Hauptkategorie *weitere Risikofaktoren* auf. Unter diesem Einfluss ist Legalbewährung für die Haftentlassenen schwerer umzusetzen, insbesondere, wenn sie der anderen Person viel Einfluss und Verantwortung für den eigenen Lebensverlauf zuschreiben. Dies findet sich darüber hinaus in der Hauptkategorie *Agency* wieder. Dennoch sprechen die Befragten in allen Fällen der Partnerschaft einen normalitätswiederherstellenden Einfluss zu, womit sie eindeutig Teil der Normalitätsvorstellung im Wiedereingliederungsprozess ist.

Während also das Fehlen sozialen Kapitals einschränkend wirkt, kann zum anderen eine weitere Tatsache dem stützenden Einfluss der Partnerschaft entgegenstehen. Damit die Partnerschaft den erwarteten positiven Einfluss tatsächlich entfalten kann, muss das Ausschöpfen des stabilisierenden Rahmens aufseiten des Probanden gelingen. Aber gerade die Fähigkeit, diesen stützenden Rahmen zu nutzen, ist, wie in der Hauptkategorie *Desistance-Rahmung* deutlich wird, nicht bei allen Befragten gegeben – auch dann nicht, wenn sie grundsätzlich von der entscheidenden Rolle der Partnerschaft ausgehen und einen positiven Einfluss erwarten. In diesen Fällen führen sie zwar eine Partnerschaft und schreiben ihr ein gewisses Potenzial zu, können es jedoch nicht für sich ausschöpfen. Umgekehrt besteht zur Hauptkategorie *Desistance-Rahmung* noch eine weitere Verbindung. Die normalitätsstiftenden Konzepte sind maßgebliche Bereiche, auf die sich das identifizierte Reframing bezieht – also die Bedeutungszuschreibung von Seiten des Probanden. Es ist damit sozusagen symptomatisch für den Wunsch nach einem konventionellen Leben und einer stützenden Partnerschaft, die als Orientierungspunkte wirken. Beispielsweise wird der Partnerin[41] eine enorme Bedeutung im Prozess der Legalbewährung zugeschrieben, obwohl im weiteren Verlauf des Interviews deutlich wird, dass sie kein soziales Kapital bereitstellt oder die Beziehung gar Risikopotenzial in sich birgt. Dies kann einerseits dennoch stabilisierend wirken, wenn die Bedeutungszuschreibung wirkmächtig wird und den Befragten aus sich heraus stabilisiert oder die Person austauschbar wird und daher ein völliges Wegbrechen einer Paarbeziehung unwahrscheinlicher ist. Seinen geplanten Lebensentwurf kann der Befragte dennoch erstmal umsetzen. Es geht an dieser Stelle vielmehr um die Institution der Partnerschaft an sich, die gesucht und mit Bedeutung aufgeladen wird, und weniger um die jeweilige Person, mit der eine Beziehung eingegangen wird. Erkennt der Befragte das Risikopotenzial, das in der Partnerschaft steckt, jedoch nicht und versucht generell Risikofaktoren für sich positiv umzudeuten, kann dies auf eine langfristige Destabilisierung hinweisen, da er nicht in der Lage ist, riskante Einflüsse und Verhaltensweisen zu erkennen und zu bearbeiten. Diese Dynamik zeigt auch die Analyse der entsprechenden Subkategorie von *Desistance-Rahmung.*

Entscheidend für die stabilisierende Wirkung der Partnerschaft beziehungsweise des Lebensentwurfs scheinen die damit eröffneten Rollenbilder zu sein. Die Befragten identifizieren sich mit diversen Rollen, die ihnen Selbstwirksamkeit *(Agency)* ermöglichen, weil sie hier als aktives Mitglied eines Familienverbundes wirken können. Die Entwicklung hin zu dieser Rolle steht dabei in engem Zusammenhang mit dem *Veränderung*snarrativ, wobei eine Verhaltensänderung von den Befragten beschrieben wird, die ihnen die Übernahme der Verantwortung in diesen Bezügen überhaupt erst ermöglicht. Die konventionelle Neugestaltung des Lebens wird damit als vollzogen kommuniziert und mit der sichtbaren Umsetzung plausibilisiert.

41 In Bezug auf einen Partner ist diese Ausprägung nicht zu beobachten.

Abbildung 6 Verbindungen zwischen den Hauptkategorien und Konventionalität

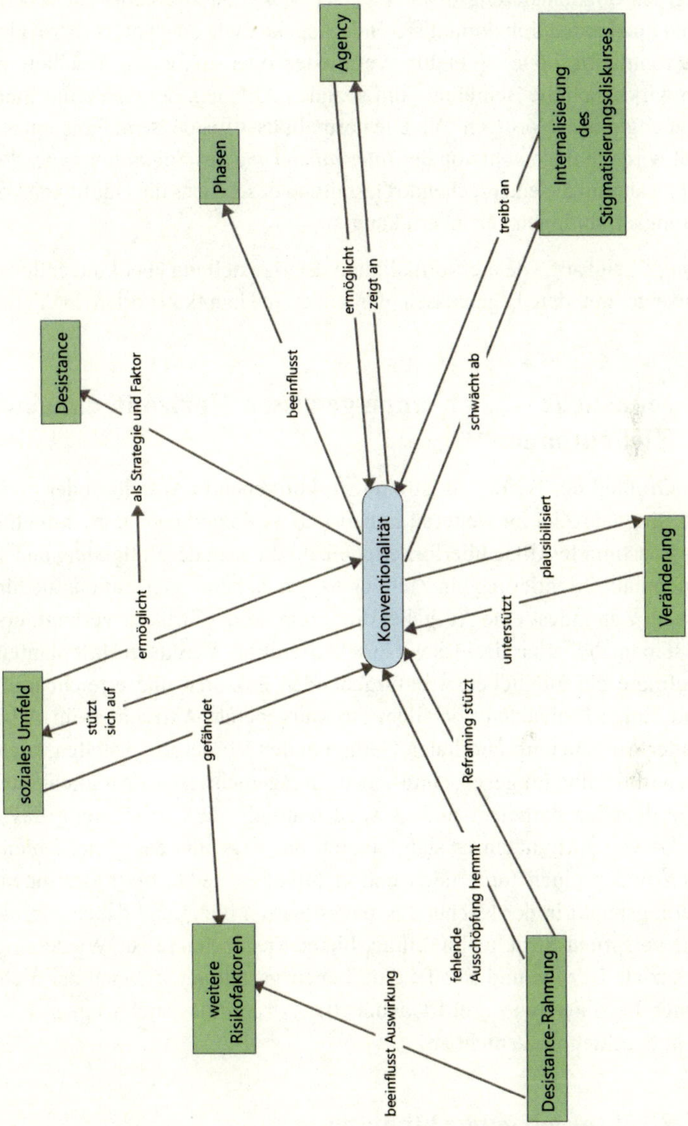

Daneben wird durch diese Entwicklungen Stigmatisierung minimiert. Das Label des Sexualstraftäters kann hinter den neuen Attributen zurückgestellt werden und das konventionelle Leben verstellt die Sicht auf die Hafterfahrung als Unterscheidungsmerkmal. Möchte der Befragte beispielsweise wie oben beschrieben mit seiner Wohnung auf andere einen normalen Eindruck machen, ist dieser Wunsch in vielen Fällen von der Angst vor Stigmatisierung getragen beziehungsweise Ausdruck der Internalisierung des Stigmatisierungsdiskurses. Der Makel ist aus seiner Sicht permanent anhaftend und kann durch normalisierende Aspekte, wie eine vorzeigbare oder sogar außergewöhnlich schöne Wohnung, vermieden oder zumindest kaschiert werden. Ähnlich wirkt auch die Bemühung um sozialen Aufstieg, der wiederum Status und Anerkennung mit sich bringen soll. Die normalitätsstiftende Bemühung um Konventionalität wird damit sowohl von der *Internalisierung des Stigmatisierungsdiskurses* getragen, während die entsprechende Gestaltung des Lebens die Häufigkeit von Stigmatisierungserfahrungen verringern kann.

Abbildung 6 zeigt auf, wie die Normalitätswiederherstellung über konventionelle Lebenskonzepte mit den Ergebnissen der anderen Hauptkategorien in Verbindung steht.

5.3 Sinnsuche – „sich einen gewissen Horizont, ein gewisses Ziel aufbauen“

Für den Großteil der Befragten ist eine strukturgebende Aktivität oder breiter gefasst ein Sinn und Ziel im weiteren Lebenslauf essenziell nach der Haftentlassung. Der selbstbestimmte Alltag überfordert viele direkt nach der Entlassung und sie sind der Ansicht, als Orientierung ein Ziel vor Augen zu benötigen, auf das sie hinarbeiten können. Zumindest eine Aufgabe, die ihrem Alltag Struktur verleiht, erscheint den meisten unabdingbar. Beides verspricht Stabilität. Bereits in Haft planten daher viele Befragte die möglichen strukturgebenden Faktoren und erreichbaren Ziele. Während einige Probanden vor allem strukturgebende Aktivitäten im Alltag wie Arbeit oder Aufgaben im familialen Gefüge in den Vordergrund stellen, suchen andere Verwirklichung im gesellschaftlichen Engagement. Beide Möglichkeiten werden im Folgenden dargelegt und es wird deutlich, dass unabhängig davon, um welche Art von Aktivitäten es sich handelt, das Ergebnis das gleiche bleibt: Die Befragten finden einen fordernden und erfüllenden Zeitvertreib, der ihnen einen Orientierungspunkt in der Nachentlassungssituation bietet und dabei stabilisierend wirkt. Er verspricht Struktur im Alltag, bietet Ansatzpunkte zur Wiedereingliederung in soziale Bezüge und schafft eine Lebensgestaltung, die sich der nicht haftentlassener Personen wie erhofft annähert. Extremfälle zeichneten sich diesbezüglich in der Stichprobe nicht ab.

5.3.1 Strukturgebende Aktivitäten

Ein wichtiger Schritt für den Alltag nach der Haftentlassung scheint für die meisten Befragten eine strukturgebende Aktivität zu sein. Diese Tatsache sehen sie selbst in Verbindung mit der vorangegangenen Hafterfahrung. Der strukturierte Alltag, der in Haft vorgegeben wird, fehlt nach der Entlassung. Daher kommt strukturgebenden

Aktivitäten, die wohl auch für nicht straffällig gewordene Personen ebenso bedeutungsvoll in der Alltagsgestaltung sind, hier eine besonders entscheidende Bedeutung zu.

> Wenn man aus der Haft kommt, das ist unglaublich schwer, aus einem wirklich strukturierten Bereich raus, [...] Das Leben in Freiheit ist, wenn man das so will, ohne Struktur. Da ist nichts, was einen hält. Wenn man keine Arbeit hat: 'Ist doch egal, wann ich aus dem Bett aufstehe, vollkommen rille, interessiert keinen Menschen'. *(Bodo)*

Diese Strukturlosigkeit wird von einigen Probanden negativ bewertet – insbesondere, weil ihnen nach eigenen Angaben der Halt im Leben fehle. Auf diese Weise kann sich keine Normalität im Alltag einstellen, alles bleibt offen und unübersichtlich. Nur in einzelnen Fällen greifen an dieser Stelle die an die Haft anschließenden Maßnahmen und wirken für die Befragten strukturgebend. Sie gelten als ein möglicher Orientierungspunkt.

> Man hat keine Arbeit zum Beispiel - solche Sachen, ja? - und dann gibt eben so eine Maßnahme einen Fixpunkt, wo man drauf hinarbeiten kann: 'Dann muss ich dann wieder da sein. Dann muss ich zu meiner Bewährungstante. Dann muss ich zum XY [Nachname Bewährungshelfer]. Dann muss ich dahin'. Das sind Sachen - das braucht man einfach. *(Bodo)*

Dieser Proband unterstreicht mit dem Wort „Fixpunkt" den strukturgebenden Aspekt der Maßnahme und wie sie den Alltag in eine geordnete Form bringen kann, die man „braucht".

Die Komponente jedoch, die für die meisten eine erste Orientierung liefern kann, ist eine Arbeitsstelle, wie auch im ersten Zitat von *Bodo* angesprochen. Der berufliche Alltag wirkt als Strukturgeber. Er gibt feste Zeiten vor, zu denen die Befragten aufstehen und das Haus verlassen müssen und setzt dementsprechend Zeitfenster für ihre Freizeitaktivitäten. Damit ist die Wirkung weitreichender als bei punktuellen Terminen, die mit den Maßnahmen verknüpft sind. Mit diesen Eckpfeilern gehen eine erste Strukturierung des Alltags sowie die vorher ausführlich beschriebene Anpassungsleistung einher, was somit auf zwei unterschiedlichen Ebenen zu einer entscheidenden Zielsetzung wird.

> Also ich bin tagsüber beschäftigt, ich bin nicht die ganze Zeit nur zu Hause. Ich mache eine Umschulung halt. (..) Tue mit meiner Zeit was Sinnvolles, nutzen auch. Auch für die Arbeit dann später mal. Also ich kümmere mich halt drum, (..) dass mir nicht langweilig wird. (.) Das ist eigentlich das Wichtigste. *(Steve)*

Selbst wenn der Erwerbsarbeit nur über einen begrenzten Zeitraum nachgegangen wird oder die Befragten wie in diesem Fall eine Maßnahme des Jobcenters durchlaufen, eröffnet die Tätigkeit nicht nur Struktur, sondern bietet auch Abwechslung, die für sie entscheidend ist. „Man hat, man hat letztendlich seine Beschäftigung, der man nachgeht, als wie den ganzen, den ganzen Tag da zuhause zu sitzen und es fällt einem die Decke über dem Kopf zusammen“ *(Mario)*. Längerfristig bietet diese Tätigkeit den Befragten auch eine Perspektive. Dabei sehen sie die durch die Erwerbstätigkeit geschaffene Struktur als Grundlage, auf der die weiteren normalitätsstiftenden Aspekte des Lebens aufbauen können. Auch wenn die Arbeit als fordernd und stressig beschrieben wird, sprechen die meisten Befragten ihr diese stabilisierende Funktion nicht ab.

> B: […] dass da ganz schön Stress angesagt ist, weil dort keine Stammfahrer mit drauf sind auf den Touren […]
>
> I: Und wie halten Sie das durch? […]
>
> B: Keine Ahnung. Ich bin eigentlich… im Prinzip bin ich froh, dass ich das habe, weil da wenn ich keine Bewegung habe, oder was, dann kriege ich auch Anfälle... […] vorher war ich hier zum Sport gewesen immer, aber erst einmal bezahlt es keiner, das füllt einen dann auch nicht aus. *(Bernhard)*

Die Hauptsache bleibt weiterhin, dass man „strukturierte Verhältnisse“ *(Heinz)* hat.[42]

Diese Funktion können demnach auch andere Aspekte des Lebens erbringen, falls die Haftentlassenen keine Arbeitsstelle finden. Durch alternative Tätigkeiten ist es ebenfalls möglich, den Alltag zu füllen. Beispielsweise nimmt in diesen Fällen die Haushaltsführung mehr Raum ein: „Wenn bis jetzt mein ganzes Leben aus Arbeiten bestand, natürlich ist es eine Umstellung, aber da muss man sich halt Arbeit suchen, im Haushalt hab ich genug zu tun, also Essen kochen Saubermachen und alles“ *(Gerhard)*. Ein anderer Proband, der nur zeitweise eine Aushilfstätigkeit ausüben konnte, sagt über die Zeit nach Ablauf des Arbeitsvertrags: „Na ich will ja arbeiten aber ich kriege halt nichts das ist mein Problem. […] Na so so die Unterstützung der Oma oder ich bin mal dort und mal ein paar Reparaturen und so. Das ist immer so ein bisschen Abwechslung“ *(Sven)*. Er zeigt sich an dieser Stelle aktiv bemüht um alternative Aufgaben, die ihn vor Langeweile bewahren sollen.

Bei vielen Befragten rücken daher die Hobbies in den Vordergrund. Einige von ihnen sind sehr vielseitig interessiert und können die freie Zeit mit diversen Aktivitäten strukturieren.

> Ich habe mir zwar auch daheim ein bisschen Arbeit verschafft, indem ich mir noch einen Garten genommen habe. […] Einen Pachtgarten habe ich jetzt. Aber da habe ich auch

42 Ein möglicher negativer Aspekt dieses starken Bedürfnisses nach Struktur und Einbindung an beispielsweise den Arbeitsmarkt, kann ein Verbleiben in destabilisierenden prekären Arbeitsverhältnissen sein. In diesen Fällen überwiegen die negativen Einflüsse solcher Umstände eventuell den stabilisierenden strukturgebenden Aspekt (vgl. *Woessner et al.* 2019).

> ganz schön gewirkt. Da vergeht wenigstens die Zeit. [...] Über den Winter ist die Eisenbahn dran, im Sommer ist der Garten dran. Und wenn es regnet, ist der Computer dran, die Technik. *(Joachim)*

Einen weiteren positiven Nebeneffekt können diese Freizeitbeschäftigungen haben, wenn die Probanden damit die Möglichkeit erhalten, Kontakte zu anderen zu knüpfen oder Anerkennung zu erfahren. In diesen Fällen füllt die Freizeitaktivität noch auf einer weiteren Ebene das Leben des Probanden aus und unterstreicht die Bedeutung eines solchen Hobbies.

> [...] hab ein Hobby, die Fotographie, so nebenbei. Ich hab auch schon in der Zeitung Bilder veröffentlicht, [...] ich mach mich damit aber bemerkt, ich bin noch da. Und die Leute halten mich in der Stadt und in Nebenhäusern und, 'Herr [Nachname Pb], das war wieder ein Bombenbild'. Freut mich. *(Oscar)*

Ein Proband berichtet exemplarisch von seiner „Clique" mit der er viel Zeit gemeinsam verbringt und betont, dass er sehr eng in sozialen Bezügen vernetzt ist. „Wir waren zusammen grillen. Wir waren zusammen Bowling spielen. Wir fahren zusammen baden, oder mal irgendwo außerhalb, reiten. Wir machen eigentlich fast alles zusammen; ne?" *(Herbert)*. Auch diese Einbindung bieten die gewünschte Struktur und Beschäftigungsmöglichkeiten abseits einer Erwerbstätigkeit.

Alternativ dazu wirkt sich die enge Einbindung in das soziale Netzwerk der Familie aus ihrer Sicht positiv aus.

> [...] Kleinigkeiten, die mir trotz alldem meine Sicherheit geben, wo ich sage: Da sind immer Leute da, die an mich denken. Ich bin nie alleine. Das ist halt eben auch was, was ich brauche; ne? [...] Das sieht manch einer als Kontrolle, aber ich für mich - und für meine Frau auch - bringt das Sicherheit. Das ist für uns wichtig. *(Bodo)*

Diese soziale Kontrolle, die der Proband empfindet, wird von mehreren Befragten beschrieben oder aber als wünschenswert in den Interviews erwähnt. Zudem sind die familialen Bezüge mit einem eng getakteten Alltag verbunden. In diesen Fällen werden in erster Linie die Betreuung der Kinder und erneut die Aufgaben im Haushalt als entscheidend angeführt. „Dass ich eben halt die Elternzeit nachher auch noch für das zweite Kind mache ich dann und meine Partnerin geht dann arbeiten, ich bleib zu Hause" *(Manfred)* und „wenn da Kinder, Frau und Hunde ihr Recht fordern, ist das einfach so: Da fehlt die Zeit, für da noch andere Sachen zu machen" *(Bodo)*. Wenn sie solchen Verpflichtungen nachkommen, bleibt aus Sicht der Befragten also nur wenig Freizeit. Entsprechend reduziere sich auch die Möglichkeit für deviantes Verhalten. Damit zeigt sich hier der positive Effekt, der oben in Anschluss an die entsprechenden Lebensentwürfe bereits angedeutet wurde.

Aber auch wenn die Familie oder der Freundeskreis keine entsprechende Strukturierung und Tätigkeiten anbieten, können andere selbstgestellte Aufgaben die gleiche Funktion in der Nachentlassungssituation erfüllen. „Ich habe ein Eigenheim gebaut. Alleine, mit einem Mann noch. Da kann man schon stolz sein. Ich wollte immer mal ein Haus bauen alleine. Jetzt habe ich ein Haus gebaut" *(Ingo)*. An dieser Stelle gehen für *Ingo* zwei Aspekte Hand in Hand: die Suche nach Struktur mithilfe einer Aufgabe und das Erreichen eines Ziels, das er sich gesteckt hat. Unabhängig davon, welche Aktivitäten den Befragten als strukturgebend dienen und welche Ziele sie sich setzen, wirken sie letztlich maßgeblich auf die Nachentlassungssituation und den weiteren Lebensverlauf ein. Sie bietet den Probanden eine Orientierung im Alltag nach der Haftentlassung, der ansonsten als unstrukturiert und eventuell überfordernd empfunden wird. Die erhoffte Normalität wir damit ein stückweit selbst hergestellt.

5.3.2 Engagement

Wie gerade beschrieben ist der strukturgebende Einfluss der Aktivitäten in der Nachentlassungssituation wesentlich. Dennoch gründet sich die Orientierung nicht nur auf diesen Aspekt, sondern entsteht auch einhergehend mit der Sinnstiftung durch die Tätigkeit. Insbesondere, wenn die Haftentlassenen ein gewisses Maß an Engagement für eine Sache an den Tag legen, wird deutlich, wie wichtig es für sie ist, ihre Zeit mit etwas Sinnvollem zu verbringen. Das bietet ihnen zudem Raum für Handlungsmächtigkeit.

Das Engagement in sozialen Bezügen oder für einzelne Familienmitglieder kann beispielsweise beide Funktionen erfüllen. Einerseits bieten die Pflege oder die Betreuung von Familienangehörigen eine feste Struktur im Alltag, da man sich an Verabredungen, Uhrzeiten und gewisse Routinen halten muss. Andererseits kann die Aufgabe als sorgende Person sinnstiftend für den Haftentlassenen wirken. Einige Befragte berichten davon, dass ihnen die Verantwortung für andere eine Bedeutung in ihrem Leben gibt, die sie stabilisiert.

> […] ich habe Menschen, die meine Hilfe brauchen, die mich rundum auch achten und schätzen […] für die ich mich ein bisschen verantwortlich fühlte. Also, einmal bei mir im Haus […] Seine Frau war gestorben, er war auch dann fünf- oder achtundsiebzig, konnte dann auch das Haus nicht mehr verlassen und dann habe ich ihm bei Einkaufen geholfen und dann im Haushalt ein bisschen geholfen. *(Gerd)*

Die Verbindung zu einer anderen Person zeigt die Bedeutung der Befragten im sozialen Gefüge an. Die Einbindung bietet sowohl eine sinnstiftende Aufgabe im Leben und ist gleichzeitig ein Signal der Wiedereingliederung, da der Haftentlassene eine neue Rolle übernimmt, mit der er sich identifizieren kann. *Enrico* berichtet: „da hab ich mich halt dann auch, um die Kleine gekümmert, war dann der Einzige der da was machen konnte. Und, ja, (..) war auch viel bei ihr, ja".

Jedoch wird für viele insbesondere die Pflege von Angehörigen unter Umständen auch zur Belastung. *Detlev* beispielsweise pflegt als einziger Angehöriger seine Großmutter und sagt dazu: „Na gut, dann die pflegebedürf/ dass man nun jeden/ Aber das, das macht man ja schließlich. Macht man ja schließlich [...] An manchen Tagen geht's, aber manche Tage ist es auch schwierig". Vor allem dann, wenn die Verantwortung auf ihnen allein lastet, kann die Einbindung weitreichende Folgen für die restliche Lebensgestaltung haben. Beispielsweise werden der Wohnort, der Arbeitsplatz und die Freizeitgestaltung auf die Pflegetätigkeit abgestimmt. *Heinz* richtet seine Pläne nach der Haftentlassung zum Beispiel direkt am Lebensmittelpunkt seiner kranken Mutter aus: „die Krankheit meiner Mutter praktisch aufgetreten war, dass sie ins Krankenhaus musste und dann, ich sagte: ‚Nee, ich fange kein neues Leben irgendwo anders an, sondern ich gehe das neue Leben dort zu machen'" *(Heinz)*.

Neben den familialen Bezügen richten mehrere Probanden ihr Engagement auf Aufgaben innerhalb sozialer Organisationen. Insbesondere, wenn bereits vor der Haft eine Verbundenheit zu einer Organisation bestand, kann an diese häufig wieder angeknüpft werden. „Ach da bin jetzt seit meiner Kindheit bei der Jugendfeuerwehr (....) bin ich eigentlich immer bei geblieben. Halt mit Unterbrechung die fünf Jahre" *(Sven)*. Aus diesem Engagement ergeben sich häufig auch soziale Kontakte im Privaten. *Sven* berichtet zum Beispiel, dass er mit den Personen, die er von dort kennt, gemeinsam Sport treibt. Gleichzeitig setzen die Interviewten sich in diesem Rahmen für andere ein und zeigen damit gesellschaftliches Verantwortungsbewusstsein. Dieser Einsatz kann so weit reichen, dass er im kompletten Tagesablauf präsent ist. „Ich sage, auch wenn ich jetzt nicht im Verein bin oder auch nicht bei mir bin, ich bin immer erreichbar. Meine Chefin [Anm.: Geschäftsführerin des Vereins, in dem er sich ehrenamtlich engagiert] erreicht mich immer" *(Kim)*. Dies ist jedoch nur vereinzelt und vornehmlich bei älteren Befragten zu finden. Außerdem muss hier berücksichtigt werden, dass entsprechende Aktivitäten auch mit der Zeit zu viel Raum einnehmen beziehungsweise zu fordernd werden können und die Befragten im Ergebnis belasten – ähnlich wie bei der fordernden Pflege von Angehörigen.

Die Art des Einsatzes ist bei den Interviewten sehr weit gestreut. Sie reicht von Spenden über aktive Mitarbeit in Vereinen bis hin zur Organisation und Teilnahme an Demonstrationen. Es folgen zwei unterschiedliche Beispiele:

> Ja, ich bin in acht Hilfsorganisationen [...] das mache ich bewusst. Und ich muss Ihnen ehrlich sagen, das mache ich gerne, weil ich weiß, dass das auf fruchtbaren Boden fällt. *(Gerd)*

> Aber na gut, wir haben ja im Mai die Demo gehabt. Da waren knapp 100, etwas über 100 Leute aber Lärm haben wir gemacht

> für 1.000. Einmal von der XY-Gruppe [gemeinnütziger Verein], ich ganz vorne weg mit der Regenbogenfahne, habe den Takt mit angegeben. *(Kim)*

Ebenso vielfältig ist, für wen sich die Befragten einsetzen. Ihr Engagement richten sie auf unterschiedliche Themenfelder und verschiedene Personengruppen. Einige Male wird in Bezug auf das soziale Engagement der Einsatz für Inhaftierte genannt, was in diesen Fällen meist in weniger organisierten Formen des Engagements und vielmehr im Rahmen persönlicher Kontakte mit inhaftierten oder ebenfalls haftentlassenen Menschen geschieht. Aus der eigenen Erfahrung heraus wird an dieser Stelle eine Handlungsmächtigkeit abgeleitet, die den Befragten eine Aufgabe gibt. Sie setzen sich das Ziel, die von ihnen als schwierig empfundene Situation für andere erträglicher oder leichter zu machen. Hier fällt zum einen auf, dass kein Bruch mit der eigenen Vergangenheit stattfindet, sondern vielmehr eine Identifizierung mit der noch inhaftierten Person. Ähnlich ist die Argumentation auch mit Blick auf ebenfalls haftentlassene Menschen.

> Na ja nun ich habe jetzt weil ich nun weiß wie das nun ist aus der Haft nach der Entlassung. Und ich habe ja dort einen gehabt mit dem ich mich gut verstanden […] kam auch aus der Haft vor gut einem Monat. Na gut scheiße ich weiß wie es ist wegen mit der Wohnungssuche. Sagte 'Kommst du eine Weile her'. Da habe ich ein bisschen umgeräumt, die Schlafcouch weil ich noch eine hatte habe die in eine Ecke gestellt. *(Sven)*

Aus diesen Kontakten ergeben sich für die Zeit nach der Haftentlassung in einigen Fällen längerfristig relevante soziale Kontakte, die durch den gemeinsamen Erfahrungshorizont gestärkt werden. Zwar bewegen sich die Befragten damit weiterhin in einem Milieu von Straffälligen, was grundsätzlich als problematisch betrachtet werden könnte. Ihr Einsatz für die andere Person scheint in diesen Konstellationen aber eine Möglichkeit zur Handlungsmächtigkeit zu sein und eine neue Rolle zu eröffnen. Auf diesem Weg kann der Proband sich sowohl Anerkennung erarbeiten als auch eine sinnstiftende Aufgabe in seiner Nachentlassungssituation finden.

> Ich habe es ja erlebt im Knast nutzlos zu sein, eingesperrt zu sein, bist für nichts mehr da. Bist bloß noch eine Nummer. Bis dann mein Ziehsohn [Anm.: ehemaliger Mitinsasse] irgendwann aufgekreuzt ist und wo ich gemerkt habe, der braucht Hilfe. Dann habe ich auch gemerkt, ich bin auch noch zu gebrauchen. Das möchte ich auch nicht vermissen. *(Joachim)*

Eine entscheidende Hilfestellung zur Orientierung bietet für einzelne Befragte die Religiosität, die sie während der Haft oder nach der Entlassung entdecken beziehungsweise wiederentdecken. Innerhalb dieses Deutungsrahmens finden sie Halt, an dem sie ihr Leben ausrichten können.

> So, ich bin ein gläubiger Christ, ja, und ich weiß, Gott weiß alles und ist auch überall da, also nicht bloß in der Kirche oder, sondern auch bei mir zu Hause (I: Ja.) und wo ich gehe und stehe, ist er auch da und umgibt mich, und auch in der Gefängniszelle. *(Fritz)*

Zudem finden sie in den entsprechenden Gemeinden Anschluss und können so teilhaben und sich in eine soziale Gruppe eingliedern. Zu ihrer Normalität nach der Entlassung gehört in der Folge die Zugehörigkeit zu einer religiösen Gemeinschaft. Bildlich beschreibt *Volker* diese Verbindung, die sich für ihn in der Nachentlassungssituation positiv auswirkt.

> [...] Kraft zu schöpfen. Wir haben ja jeden Sonntag Gottesdienst, ich betrachte immer meine Gemeinde als Tankstelle, damit ich wieder Kraft tanke für die nächste Woche [...] Wo ich aber auch jederzeit Hilfe kriegen kann und auch Hilfe geben kann. [...] Ja, auch was zu geben. Ich werde dort gebraucht und das finde ich gut. *(Volker)*

In diesem Kontext scheinen die Befragten ungeachtet ihrer Vergangenheit eine Rolle innerhalb der Gemeinschaft einnehmen und sich einbringen zu können. Letztlich wird das Engagement damit zu einer entscheidenden Größe bei der Wiederherstellung eines sinnhaften Alltags nach der Haftentlassung. „Ich lese nach einem bestimmten Plan jeden Tag ein Stück in der Bibel und stelle mir die Frage, was will Gott mir persönlich damit sagen" *(Fritz)*. Sie bezeichnen diese Bezüge beispielsweise als „die entscheidende Grundlage" *(Fritz)* oder drücken die Sicherheit aus, dass sie dort Hilfe bekommen. Einschränkend muss jedoch bemerkt werden, dass der Kontakt zu Kindern und Jugendlichen in diesem Kontext vereinzelt eine Rolle spielt und unter anderem vor dem Hintergrund der Führungsaufsicht problematisch sein kann.

Nimmt man alle diese Aspekte in den Blick, wird deutlich, dass das Engagement im Ergebnis eine Möglichkeit darstellt, den Befragten wieder an einem sozialen Netzwerk teilhaben zu lassen. Sie selbst haben dieses Potenzial erkannt und können es nutzen, um nach der Haftentlassung Orientierung, aber auch Anschluss und Anerkennung zu erfahren. *Herbert* geht es vornehmlich darum, dass der Einsatz für eine Sache die exkludierenden Aspekte überwinden lässt und die Zugehörigkeit in eine Gruppe stärkt. „Das sind engagierte Typen; ne? Die merken auch, wenn jemand engagiert ist, ob der nun vorbestraft ist oder nicht – für die ist halt wichtig: Steht der zu der Sache oder nicht" *(Herbert)*. Diese Einstellung, die ihm ein Engagement ermöglicht, ist aus seiner Sicht jedoch nicht selbstverständlich. Zum einen könne die Beteiligung aufgrund von Vorstrafen verwehrt werden, die im polizeilichen Führungszeugnis vermerkt sind, zum anderem müsse man stets „im Hintergrund bleiben, ne, um nicht die Vereinigung, Organisation, Verein, oder irgendwas, denen Schaden zuzufügen" *(Herbert)*. Das berichten auch andere Befragte aus der eigenen Erfahrung.

> […] man selber, Angst hat sich irgendwo in den Verein und, sonst wo anzumelden und Kontakt aufzunehmen mit Leuten und, (..) ja was eigentlich immer wieder, (...) angestrebt und, (..) gelehrt und erzählt wurde man soll doch soziale Kontakte halten und sich nicht abschotten aber das ist eben mit solchen Sachen ist das sehr schwierig. *(Günther)*

Diese Erfahrung deckt sich mit der generellen Einschätzung von *Herbert*, die sowohl die Hinderungsgründe als auch die positiven Effekte des gesellschaftlichen Engagements auf den Punkt bringt.

> Wenn jetzt polizeiliches Führungszeugnis eine Rolle spielt, beim Einbringen dieses Engagements, dann ist es eigentlich wie eine gesellschaftliche Ausgliederung, denn Eingliederung. […] müssten dort Möglichkeiten geschaffen sein, dass sich auch das Klientel, das aus der Haft entlassen wurde, dort engagieren kann. Erst mal, damit die sich selber wohlfühlen wieder in der Gesellschaft, und den Weg auch in die Gesellschaft zurückfinden. Wie will ich denn den Weg in die Gesellschaft zurückfinden, die mich von vorneherein ausgrenzt? *(Herbert)*

Dieser Wert, den der Einsatz mit sich bringt, wiegt für einzelne Befragte so schwer, dass sie ihr Leben maßgeblich davon bestimmen lassen. Wie bereits oben erwähnt richten sie beispielsweise ihren Wohnort oder ihre berufliche Entwicklung daran aus. Das Zitat von *Gerd* verdeutlicht diesen Umstand in einem extremen Maße: „ich könnte nicht leben, ich hätte wirklich gesagt 'Mein Leben ist nicht mehr lebenswert', nicht nur wenn ich wieder integriert bin, sondern, wenn ich auch selber was dazu beitrage, da ist es mir nicht lebenswert. Ich muss da etwas selber mit dazu beitragen" *(Gerd)*. Was bei *Gerd* außerdem deutlich wird, ist eine Überschneidung mit der im folgenden *Kapitel 5.4* beschriebenen Wiedergutmachung und des sinnstiftenden Engagements.

> […] das eben dann auch im Endergebnis jeder ein Stück dazu beitragen muss zum Gemeinwohl. […] ich habe eben auch durch diese ganzen verschiedenen ehrenamtlichen Tätigkeiten und Hilfen auch das Gefühl, dass ich mich weiter in der Gesellschaft eingebettet fühle, und dass man also […] in keiner Weise mehr irgendwelch negativen Dinge nachgetragen oder irgendetwas Negatives anheften lies, so dass das alles normal weiter gelaufen ist. *(Gerd)*

Für ihn ist es sowohl eine Notwendigkeit, sich am „Gemeinwohl" zu beteiligen, was die Idee der Reziprozität oder Generativität beinhalten kann. Zudem kann er damit dafür sorgen, dass ihm „in keiner Weise mehr irgendwelch negativen Dinge nachgetragen" werden. Er kann aus seiner Sicht also mit seinem Engagement vergangenes Fehlverhalten in gewisser Weise tilgen. Die Dinge können „normal" *(Gerd)* weiterlaufen. Und dennoch steht in seinem Narrativ auch an vielen Stellen im Vordergrund, dass er sich selbst damit eine Orientierung im Leben nach der Haftentlassung schafft.

Diese benötigt er, um in einen Alltag und ein normales Leben zurückfinden zu können. Das Engagement wirkt für ihn dabei sinnstiftend und nicht nur die Motivation der Wiedergutmachung treibt ihn an. Letztlich verstärken sich so die beiden Aspekte der Normalitätswiederherstellung.

5.3.3 Zwischenfazit Sinnsuche

Die Befragten können sowohl mit strukturgebenden Aktivitäten als auch mit ihrem Engagement *Schwierigkeiten* entgegenwirken, die ansonsten in den Narrativen auftauchen. Insbesondere Langeweile und die Überforderung direkt nach der Entlassung sind in diesen Fällen seltener zu finden. Die Probanden haben einen Rahmen, in dem sie sich bewegen und Aufgaben, die ihnen eine Orientierung liefern. Damit wird auch der entgegengesetzten Entwicklung vorgebeugt – der Ziellosigkeit, die sich oft in Langeweile äußert. Während Langeweile oder auch Arbeitslosigkeit von einigen Befragten als Schwierigkeit kommuniziert werden, können andere ebenfalls bei der Arbeitssuche erfolglose Befragte dies kompensieren, indem sie ihre freie Zeit mit alternativen Aktivitäten sinnvoll für sich füllen und nutzen. Diese Effekte beeinflussen auch die Ausprägung der Eingewöhnungs*phase* und werden von manchen Befragten als *Desistance*-Strategien kommuniziert.

Die Aufnahme einer Tätigkeit, unabhängig davon, ob es sich um eine Arbeitsstelle oder ein Hobby handelt, ermöglicht dem Großteil der Personen ein neues oder erweitertes *soziales Umfeld*. Sie kommen über diese Aktivitäten mit anderen in Kontakt und häufig entwickeln sich in der Folge soziale Beziehungen, die den Befragten soziales Kapital eröffnen. Andere hingegen knüpfen an alte Kontakte an und stellen damit einen Zustand wieder her, der vor der Inhaftierung bereits ihr Leben prägte. Beides kommt ihnen wiederum in anderen Lebenslagen zugute und trägt somit zu einer positiven Entwicklung im Nachentlassungsverlauf bei. Die Einbindung in die Familie oder auch in Vereinen beziehungsweise anderen Organisationen kann ein engmaschiges soziales Netzwerk bieten, das in vielen Fällen als *Desistance*-Faktor von den Befragten eingeschätzt wird. Sie beschreiben sich in diesen Bezügen als handlungsmächtig und eingebettet, sodass sie selbst sowie die unterstützenden Personen einen Einfluss auf den Nachentlassungsverlauf nehmen können. Diese Befragten zeigen sich seltener passiv oder gar fatalistisch, wodurch sich eine Verbindung zu der Hauptkategorie *Agency* ergibt. Überhaupt kann sich der Interviewte nur auf der Grundlage einer Selbstwirksamkeitserwartung für andere engagieren. In der Zuschreibung der Handlungsmächtigkeit eröffnet sich erst das Potenzial, um für andere aktiv zu werden.

Ähnliche Beschreibungen wie bei der Sinnsuche finden sich bezüglich der Vorbereitung zur Umsetzung von Zukunftsplänen. In diesen Fällen sind die Probanden zwar noch nicht in den von ihnen ersehnten strukturgebenden Bezügen angelangt, aber sie treffen entsprechende Entscheidungen und Vorbereitungen zu deren Verwirklichung. An dieser Stelle treffen die Zukunftspläne, die in der Hauptkategorie *Phasen* erfasst sind, auf *Agency* und Normalitätswiederherstellung.

Für viele Befragte ergeben sich aus den neuen Aufgaben neue Rollen, die sie übernehmen können, beziehungsweise eröffnen die Rückkehr in alte Bezüge, mit denen sie sich identifizieren können. Engagieren sie sich beispielsweise ehrenamtlich oder bringen sich in eine Gemeinde ein, wird ihnen dort aufgrund ihres Engagements und der Aufgabe, die sie übernehmen, Anerkennung zuteil. Mit dieser Identifikationsmöglichkeit entledigen sich diese Probanden ein Stück weit des empfundenen Stigmas. In den entsprechenden Bezügen steht die Vorstrafe nicht im Vordergrund, sondern wird neben ihrem positiven Beitrag zweitrangig – vorausgesetzt die vorangegangene Inhaftierung hindert nicht schon vorab an einer Beteiligung in den entsprechenden Organisationen. Dieser Aspekt stellt eine weitere Verbindung zwischen der Hauptkategorie zum Thema *Stigmatisierung* und der Normalitätswiederherstellung dar. Während die erfahrene Stigmatisierung oder die internalisierte Angst davor für den Haftentlassenen ausschließend wirken kann, kann das Engagement für die Gesellschaft andererseits dabei helfen, diese Angst zu überwinden. Es ermöglicht dem Befragten, sich in sozialen Bezügen zu bewegen und so Anschluss zu finden. Wirksam wird an dieser Stelle auch das Phänomen der *Veränderung*, das in der entsprechenden Hauptkategorie erfasst wurde. Das Veränderungsnarrativ wird maßgeblich durch das Engagement oder die sinnstiftende und strukturgebende Tätigkeit des Interviewten beeinflusst. Hier finden sie die nötigen Bezugspunkte und Rollenbilder, die in das Veränderungsnarrativ eingehen. Zudem belegt der Einsatz für andere die beschriebene Veränderung, da er neue Verhaltensweisen sichtbar werden lässt. Somit wirken auch an dieser Stelle das Veränderungsnarrativ und der Versuch der Normalitätswiederherstellung gemeinsam.

Auch wenn die Befragten nicht selbst in der Lage sind, sich eine Struktur im Alltag aufzubauen, können von außen auferlegte Aspekte diese Funktion übernehmen. Oben wurde beispielsweise der strukturgebende Einfluss der *Maßnahmen* erwähnt. Bei den Probanden, die viel Wert auf einen strukturierten Alltag legen, kann sich die Bewertung der Maßnahmen in der Nachentlassung entsprechend positiv niederschlagen. Die Maßnahme erfüllt aus dieser Perspektive somit nicht nur die Funktion, die ihrem Inhalt gemäß zu erwarten ist, sondern wirkt schon allein aufgrund ihres Rahmens stabilisierend. Umgekehrt entscheidet es sich ebenfalls an der zugrundeliegenden *Agency*, ob die Haftentlassenen die beschriebenen positiven Aspekte der Sinnsuche in ihrem Alltag letztlich für sich nutzbar machen können. Zudem spielt das Phänomen der *Desistance-Rahmung* an dieser Stelle eine Rolle. Im Rahmen dieser Hauptkategorie wird deutlich, dass es Befragte gibt, denen sich mit entsprechenden Rahmenbedingungen zwar stabilisierende Aspekte bieten, diese für sie aber letztlich keine nachhaltige Wirkung entfalten können. Diejenigen, bei denen diese fehlende Ausschöpfung auftritt, sind auch nicht in der Lage selbst stabilisierende Strukturen zu schaffen beziehungsweise langfristig aufrecht zu erhalten, obwohl sie grundsätzlich Normalität mit eben jenen Aspekten assoziieren.

Abbildung 7 Verbindungen zwischen den Hauptkategorien und Sinnsuche

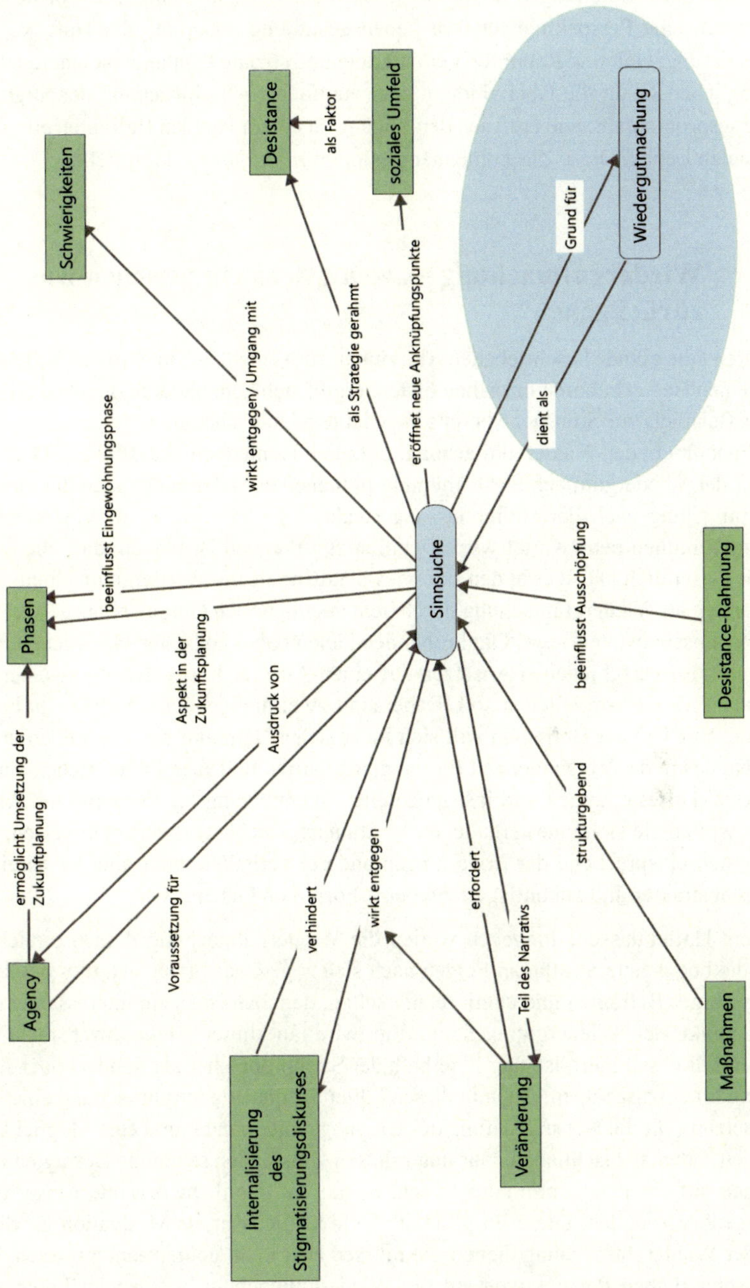

Zusammenfassend sind die Sinnsuche und Strukturierung des Alltags wichtige Komponenten der Herstellung von Normalität nach der Haftentlassung. Sie eröffnen den Befragten eine Perspektive für ihre Lebensgestaltung außerhalb der Haft, können Orientierung, Halt und Raum für Veränderung und soziale Kontakte bieten. Letztlich ermöglichen sie so die Überwindung oder zumindest Abschwächung der Stigmatisierungsproblematik und eröffnen den Zugang zu einem von den Befragten erhofften normalen Leben. Diese Zusammenhänge sind in *Abbildung 7* dargestellt.

5.4 Wiedergutmachung – „wenigstens ein bisschen was zurückgeben"

Während die gerade beschriebenen Aktivitäten zum einen ein sinnstiftendes Moment und einen Bezugsrahmen im Alltag bieten, ergibt sich zum anderen die oben anhand eines Beispiels zur Sinnsuche bereits angedeutete Überschneidung mit einem weiteren Phänomen: der Wiedergutmachung. Letztlich ist nicht einwandfrei zu klären, ob hinter der Wiedergutmachungsbemühung in manchen Fällen nicht auch die Sinnsuche im Alltag nach der Haftentlassung steckt – sie also mit dem Wiedergutmachungsbemühen beantwortet wird. Deutlich zu erkennen ist jedoch, dass die Sinnsuche wesentlich häufiger in den Interviews auftritt als die Wiedergutmachung. Der Gedanken an Wiedergutmachung durchzieht aber dennoch einige der ausgewerteten Nachentlassungsinterviews. Die Probanden zielen dabei auf unterschiedlichen Ebenen und mit verschiedenen Ansätzen auf einen Ausgleich, der die Normalisierung sozialer Bezüge ermöglichen soll. Dabei sind zwei maßgebliche Aspekte zu beobachten. Ein Teil der Befragten will sich im sozialen Nahraum für etwas erkenntlich zeigen, das in der Vergangenheit für ihn getan wurde. In diesen Fällen stehen häufig konkrete Hilfestellungen und instrumentelle Unterstützung im Vordergrund. Alternativ wollen sie sich eines erhaltenen Vertrauensvorschusses würdig erweisen, das heißt sich entsprechend der Erwartungen anderer verhalten, oder aber beschreiben etwas abstrakter und zukunftsgerichtet eine Form von Generativität.

Andere Haftentlassene hingegen wollen die Wiedergutmachung dessen erreichen, was die begangene Straftat an Folgen nach sich zog. Zwar findet sich dies bei deutlich weniger Befragten und damit relativ selten, dennoch ist es ein interessanter Gesichtspunkt der Wiedergutmachung. Sie wird an dieser Stelle zwar nicht als Extremfall geschildert, ist aber innerhalb der Stichprobe eher als Sonder- oder Ausnahmefall einzuschätzen. Auch in diesen Fällen ist die Wiedergutmachung eine Voraussetzung für die Normalisierung des Umgangs miteinander und eine Möglichkeit, mit den Taten abzuschließen. Nur unter diesen Umständen sehen die Befragten eine Chance auf ein neues, normales Leben. Scham ist damit interessanterweise nicht zwingend verbunden. Diese Empfindung kann somit zwar als Motivation für diese Art der Wiedergutmachung dienen, sie müssen aber nicht gemeinsam auftreten. Die unterschiedlichen Perspektiven auf die Wiedergutmachung werden im Folgenden aufgezeigt und neben den Motivationen und Strategien wird auch deren Bedeutung für die Herstellung von Normalität erläutert.

5.4.1 Soziale Beziehung und Miteinander normalisieren

Am deutlichsten tritt der Wiedergutmachungsgedanke bezüglich der Dankbarkeit gegenüber Familienmitgliedern auf. Viele der Probanden möchten sich für die Unterstützung und den Rückhalt während der Haft bei den entsprechenden Personen erkenntlich zeigen. Sie sehen diese Leistung ihrer Angehörigen nicht als selbstverständlich an und wollen daher etwas zurückgeben. „Das Leben geht ja weiter – und habe mir da eben Ziele gesteckt für meine Schwester da zu sein, weil ich der sehr dankbar war, dass die zu mir gestanden hat, in der ganzen Zeit, wo ich in Haft war“ *(Rainer)*. Zwar findet sich bei keinem der Probanden ein Hinweis darauf, dass die entsprechende Person eine Erwartungshaltung diesbezüglich an den Tag legt, dennoch fühlen sie sich gewissermaßen zu diesen Handlungen verpflichtet. *Benjamin* sagt beispielsweise: „ich hatte ja das Gefühl dass ich meiner Familie viel schulde (.) weil sie mir während der Haft viel geholfen haben und auch nach der Haft“. Mit der Formulierung „schuldig sein“ wird eine Verpflichtung impliziert, die einem Wiedergutmachungsgedanken zu Grunde liegt. Die erfahrene Unterstützung ist dabei oft in materieller Hilfe während der Haft begriffen.

> Ich habe mir das mal ausgerechnet, was sie so über den Daumen ausgegeben hat für mich an Kosten [...] Fahren, Briefmarken, Briefpapier, dann was sie mir so reingegeben hat, sie hat mir einen Fernseher finanziert, ein Radio hat sie finanziert, eine PlayStation, die kleinen Sachen, Klamotten für den Winter, Klamotten für den Sommer. *(Sam)*

Daneben sorgen aber auch der emotionale Rückhalt und allein die Tatsache, dass der Kontakt nicht abgebrochen wurde, für ähnliche Dynamiken. Wie bewegt einige Befragte von diesem Beistand sind, illustriert das folgende Beispiel.

> I: Ihr soziales Umfeld, also diese Einbettung [...]
>
> B: Bei dem Gedanken steigen mir gleich die Tränen hoch, das, jaaaa das, um Gottes Willen. Die können sich auf mich verlassen alle, alle. [...] Weil ich denen so dankbar bin, weil die mich ja auch nicht haben fallen lassen, ja. Ich könnte nie das zurückgeben, was die mir gegeben haben. *(Jürgen)*

Die Hafterfahrung prägt die sozialen Kontakte der Befragten maßgeblich und dies befördert das Streben nach Wiedergutmachung. Zusätzlich berichten einige, dass ihre Beziehung zu manchen Personen über die Haft sogar im Positiven verändert wurde – was in starkem Kontrast zu den abgebrochenen und belasteten Beziehungen anderer Probanden steht.

> Ich kann eigentlich nicht sagen, dass unser Verhältnis gelitten hätte, im Gegenteil. Das ist stabiler geworden als es vorher war. [...] Also tauschen wir uns da schon mal aus. Sie kommt auch mit ihren Problemen zu mir, und ich höre mir das an und versuche sie dann ein bisschen aufzubauen, zu stärken. Wie gesagt, sie hat mich auch 7 Jahre lang aufgebaut. *(Paul)*

Somit ergibt sich ein gegenseitiges Vertrauensverhältnis und eröffnet für den Interviewten anschließend die Möglichkeit, das Gegenüber emotional zu stützen.

Darüber hinaus werden konkrete alltägliche Hilfsangebote thematisiert, die die Befragten als Form der Wiedergutmachung anbieten. „Bloß mal eine Lampe anbringen, oder andere Sachen – technische Sachen – oder es ist irgendwie was mit dem Garten oder so was. Oder auf den Behörden konnte ich ihr helfen" *(Rainer)*. Aber auch finanzielle Hilfen werden erwähnt: „ich hatte mir sogar etwas angespart, die ganze Rente braucht ich ja nicht. Und davon konnte ich natürlich erst mal meiner Familie Dankeschön sagen, trotzdem, einiges zurückzahlen" *(Oscar)*.

Bezüglich der Dankbarkeit sind somit die instrumentelle Hilfe und alltägliche Aufmerksamkeiten von Bedeutung – vornehmlich Menschen im sozialen Nahraum gegenüber. Diese Ausprägung ist bei der Mehrzahl der Befragten zu finden, bei denen Wiedergutmachung im Narrativ vorhanden ist. Sie beteiligen sich somit am Gelingen der sozialen Beziehung. Auf diesem Weg gliedern sie sich in ein funktionierendes soziales Gefüge ein und halten es mit ihrem Wiedergutmachungshandeln aufrecht. Gleichzeitig wird auf diesem Weg Normalität hergestellt, da die Probanden eine empfundene Bringschuld gegenüber anderen begleichen, die mit dem Haftaufenthalt verknüpft ist. Während der Haft waren ihnen „die Hände gebunden" *(Rainer)* und sie konnten die erfahrene Unterstützung nicht zurückgeben. Nun, da dies wieder möglich ist, sind die Interviewten ein gleichwertig handlungsmächtiger Akteur im sozialen Gefüge und können Wiedergutmachung leisten, was für sie zu einem normalen Umgang gehört.

Eine weitere Ausprägung diesbezüglich geht über die konkreten Hilfeleistungen hinaus und spielt sich auf einer etwas abstrakteren Ebene ab. Sie findet sich jedoch in weitaus weniger Interviews als die erste Form. In diesen Fällen bezieht sich die Wiedergutmachung eher auf eine noch in der Zukunft liegende Ebene und der Haftentlassene konzentriert sich nicht in erster Linie auf eine unmittelbare Wiedergutmachung in seinem sozialen Nahraum. Es geht vornehmlich darum, der nächsten Generation etwas zugutekommen zu lassen. Es werden zum Beispiel Vermögenswerte für die Enkelkinder aufgebaut oder es steht im Vordergrund den eigenen Kindern etwas bieten zu können. Letzteres kann jedoch auch mit Erwartungen von außen zusammenhängen. „Ich habe, ja, eine Unterkunft für meine Kleine dann, [...] Dass ich auch was bieten kann – sozusagen – damit sie wirklich nicht, ja, wie im Rattenloch lebt; irgendwie sozusagen" *(Dirk)*. Davon profitiert in gewisser Weise aber auch der Befragte, was ein gleichzeitiges Dankbarkeitsmotiv impliziert. „I: Also was Sie gestützt hat in den Jahren nach der Entlassung. B: Mein Junge. I: Ihr Sohn. […] B: Das war eigentlich der Grund zu sagen, der wird mich noch brauchen“ *(Joachim)*. Neben dem Generativitätsgedanken ist auch das soziale Engagement in der Gesellschaft immer wieder Thema. Hier begreift sich der Proband als verantwortungsbewusstes Mitglied der Gesamtgesellschaft. Vor allem die Unterstützung von Hilfsorganisationen oder der Einsatz im Verein wird diesbezüglich von einigen Probanden genannt. Unabhängig davon, auf wen sich die Wiedergutmachung bezieht, bezeichnet sie einen Versuch zur Herstellung von Normalität, da sich der Proband jeweils in funktionalen sozialen Bezügen verortet. Dabei übernimmt er Aufgaben, die für ein funktionierendes Miteinander entscheidend sind. Diese Teilhabe war in Haft nicht möglich.

Abgesehen von diesen Aspekten ist die Wiedergutmachung auf einer dritten Ebene am Normalitätswiederherstellungsprozess beteiligt. Der grundsätzliche Ansporn, ein normales Leben und insbesondere eines ohne Straftaten zu führen, speist sich unter anderem aus diesem Wiedergutmachungsgedanken. Die Probanden wollen andere nicht enttäuschen und beweisen, dass sie das ihn sie gesetzte Vertrauen verdient haben.

> […] dass ich auch meine Verwandten, meine Geschwister, meine Tochter, meine Freunde nicht enttäuschen will, dass ich auch in diesem Rahmen eben weiter geachtet und respektiert werden möchte, dass ich eben einfach selbst positiv dort versuche, daraus Schlussfolgerungen zu ziehen, dass das nicht wieder geschieht. *(Gerd)*

Der Gedanke, sich des Vertrauensvorschusses würdig zu erweisen, kann so weit reichen, dass die andere Person für den Befragten geradezu als Motivation dient. Ein Proband beispielsweise beschreibt seine Mutter als Antrieb, wenn er sagt: „Man weiß, für was man es macht, wofür man das jetzt so kämpft. […] Und das ist dann auch immer so ein Ansporn, noch mal zu sagen: ‚Komm Junge, geh hoch. Mach den Scheiß, ob dir das gerade gefällt, oder nicht‘“ *(Dirk)*. Diese Übertragung findet aber nicht nur auf der Grundlage statt, dass eine Enttäuschung des Gegenübers vermieden werden soll. Man möchte ihm beziehungsweise ihr – und vielleicht auch sich selbst – etwas beweisen. „Ich mache es auch für meine Familie. Denn in zweiter Hinsicht möchte ich denen auch dort was beweisen, dass ich sagen kann: ‚Ich kann es. Ich bin doch kein Versager‘, ne?“ *(Dirk)*. Gleichzeitig ist die Angst vor der Reaktion im Falle einer erneuten Straftat relevant. Viele Probanden sind sich unsicher, ob die Familie die gleiche Unterstützung auch während einer erneuten Inhaftierung für sie aufbringen könnte und wollte. Das würde die Beziehung gefährden, die sich nach und nach normalisiert und für sie essenziell ist:

> Also ich muss sagen wenn meine Mutter in mancher Situation nicht da wäre, da hätte ich vielleicht auch schon aufgegeben […] Ich habe in der Haft wirklich Schwein gehabt. Ich hatte wirklich Unterstützung von allen Seiten […] jede Woche zu Besuch zu kommen und so was, das macht mein Vater

> nicht mit und meine Mutter sicherlich in dem Maße auch nicht mehr. *(Sam)*

Zudem wissen die Interviewten um die Schwierigkeiten, die bereits die erste Inhaftierung für alle Beteiligten mit sich brachte. „Das war für die eine schwere Zeit und für mich eine schwere Zeit. Ja, die Mutter musste in XY [Stadt] – in einer kleinen Stadt spricht es sich natürlich rum: ‚Dein Sohn im Knast' und dann das/ Sie hat es nicht einfach gehabt" *(Sam)*. Ein Befragter berichtet sogar von einer psychischen Krise der Mutter, für die er sich verantwortlich fühlt. Unter diesen Eindrücken scheinen ihm eine Wiedergutmachung und gleichzeitige Vermeidung erneuter Straftaten umso dringlicher, um die Person und Beziehung nicht weiter zu belasten.

Bisher haben sich die beschriebenen Motivationen und Anstrengungen vor allem auf die Wiedergutmachung gegenüber Angehörigen beschränkt. Ähnliche Ansätze sind aber zumindest mit Blick auf die Legalbewährung auch bezüglich einzelner Mitarbeiterinnen und Mitarbeiter verschiedener Institutionen zu beobachten. Sowohl unterstützenden Vereinen als auch Anstaltspersonal gegenüber, wollen einzelne Befragte das ihnen entgegengebrachte Vertrauen auf keinen Fall enttäuschen. An diesen Beispielen kann nachvollzogen werden, welch wichtige Funktion dies im Nachentlassungsverlauf einnimmt.

> [...] er war der einzige, der mir vertraut hat, der gesagt hat, 'ich halte dich für überhaupt nicht mehr gefährlich, und ich werde dafür sorgen, dass du 2/3 bekommst'. [...] ich werde einen Teufel tun und ihn (..) in Schwierigkeiten bringen dadurch. Also ich werde sein Vertrauen nicht missbrauchen. Und ich finde es auch ganz wichtig für einen Menschen in Haft, dass es jemanden gibt, der an einen glaubt. Wenn du gar niemanden hast der an dich glaubt, na ja für was machst du das dann? *(Paul)*

Im Hinblick auf diese Bedeutung, die der Proband dem entgegengebrachten Vertrauen zumisst, wird erneut die entscheidende Rolle der herausgearbeiteten Wiedergutmachungsmomente deutlich. Sie können Grundlage und Antrieb für die Bemühungen um Normalität sein und damit maßgeblich zu einem Nachentlassungsverlauf ohne Rückfall und einem Gefühl der Zugehörigkeit beitragen.

5.4.2 Ausgleich für die Folgen der Straftat

Nach dem beschriebenen Aspekt der Normalisierung des Miteinanders wird im Folgenden die zweite Variation des Wiedergutmachungsgedankens nachgezeichnet, die allerdings nur in einzelnen Fällen vorkommt. Für diese Probanden steht der Ausgleich für das im Vordergrund, was die begangene Straftat an Folgen verursacht hat. Damit konzentriert sich die Wiedergutmachung auf ein anderes Moment als das bisher beschriebene. In beiden Fällen jedoch soll ein Gleichgewicht wiederhergestellt werden, das direkt oder indirekt durch die Straftat zerstört worden ist. Diesbezüglich ist auffallend, dass die wenigen Befragten, die diese Art der Wiedergutmachung in ihren Interviews thematisieren, alle unmittelbar bei den Geschädigten der Straftaten ansetzen. „Ich hab ihr einen Brief geschrieben, (...) wo ich um Entschuldigung gebeten habe wo ich, um Verzeihung gebeten hab was ich ihr alles angetan hab“ *(Sascha)*. Hier wird der erste Schritt der Entschuldigung getan, der den Weg für eine weitere Wiedergutmachung ebnet: „das Verhältnis sag ich mal so ist immer besser geworden und, dadurch dass, (..) ich für sie da bin, und so weiter und auch, mich für sie interessiere wie es ihr gegangen ist, was sie alles durchgemacht hat“ *(Sascha)*. Welche Bedeutung die Wiedergutmachung für die Haftentlassenen haben kann, sieht man am folgenden Zitat.

> I: (....) Und, (..) wobei hilft Ihnen der Kontakt mit Ihrer Stieftochter.
>
> B: Um ein neues Leben wirklich, (...) sag ich mal so auf die Reihe zu kriegen. (...) Also, (...) das klingt zwar irgendwo blöd aber sie ist, der Grund warum ich eigentlich draußen bleiben, warum ich, keine Straftat mehr machen will und, warum ich, mein Leben wirklich auf die Reihe kriegen will sodass ich, für sie da sein kann, so wie ich das eigentlich, von Anfang an wollte. *(Sascha)*

An dieser Stelle führt der Proband eine ähnliche Beschreibung an, wie die Befragten, die eine Wiedergutmachung gegenüber unterstützenden Angehörigen oder für die jüngere Generation anstreben. Vor allem bei innerfamiliären Delikten oder einer vorangegangenen anderweitig engen Beziehung zwischen Tätern und Geschädigten wirkt die Wiedergutmachung aus der Perspektive der Interviewten in zweierlei Richtungen förderlich auf die Herstellung von Normalität ein. Sie arbeiten zum einen an der Wiedergutmachung der Straftat als solche und zum anderen erhoffen sie sich eine Normalisierung der sozialen Beziehung. So kommt dieses Moment mit der Tatsache zusammen, dass es sich in *Sascha*s Fall bei der Geschädigten der Straftat um eine Angehörige handelt. Dieser Umstand erschwert jedoch die Einschätzung eines solchen Kontakts. Problematisch ist für die Interviewten in diesen Fällen vor allem, dass meist ein Kontaktverbot zum Schutz der Betroffenen der Straftat Teil der Weisungen ist. Die Befragten würden diese somit im Rahmen ihrer Wiedergutmachungsbemühungen übertreten. Auf der einen Seite ist diesem Fall aus Sicht der Probanden damit zwar eine Annäherung an die Normalität möglich, weil sie den Kontakt wieder aufnehmen können. Sie wollen die Beziehung zueinander neu gestalten, um so wieder Teil des Lebens der anderen Person werden zu können. Auf der anderen Seite riskiert der haftentlassene Befragte damit gleichzeitig seine Legalbewährung, falls er damit Weisungen der Führungsaufsicht oder Bewährungsauflagen verletzt. Dies steht der Bemühung um Normalitätswiederherstellung entgegen. Er geht das Risiko ein, erneut sanktioniert zu werden. Während der bereits zitierte Befragte *Sascha* sich dessen bewusst ist, hadert *Carl* hingegen mit der gegebenen Situation. Wie schwer es ihm fällt, sich mit seinem Bedürfnis nach Wiedergutmachung beziehungsweise Kontakt zu seinem Kind und den gegebenen Umständen auseinanderzusetzen, sieht man auch an der Schwierigkeit, seine Eindrücke zu formulieren:

> B: Ich meine, auf der einen Seite verstehe ich ja, dass ich diese fünf Jahre Führungsaufsicht habe, was ich aber nicht verstehe, warum kann es, oder... das ist schwer. (Lacht)
>
> I: Nein, Sie können ruhig weiter erklären.
>
> B: Ehm. (…) Ich werde beobachtet, muss ich ja sagen, durch dieses ISIS[43] Programm. Da kann man doch eigentlich ermöglichen, dass ich Kontakt zu meinem Sohn habe? *(Carl)*

Grundsätzlich lässt dieser Proband erkennen, dass es ihm ein wichtiges Anliegen ist, den Kontakt zu seinem Sohn wieder aufbauen zu können und dass es hierfür eines Ausgleichs auch von seiner Seite bedarf. „Es gibt da was, das... ich weiß jetzt nicht wie das heißt. Nicht Schadenswiedergutmachung, ich meine das gibt es in dem Falle ja nicht.“ Und etwas später ergänzt er: „Jetzt weiß ich es: Opfer, Täter, (I: Ausgleich) Ausgleich. Weil das hätte man in solchen Fällen hätte man es machen können“ *(Carl)*.

Durch die Verbindung, die der Proband von seiner Idee der Wiedergutmachung zum Konzept des Täter-Opfer-Ausgleichs zieht, gewinnt man einen Einblick in seine Motivation. Er möchte durch sein Verhalten die soziale Beziehung wiederherstellen, die er durch die Straftat zerstört hatte. Einen Rahmen, in dem eine solche Kontaktaufnahme stattfinden kann, kennen jedoch nicht alle Probanden. Vor allem diejenigen, die sich eigenmächtig und über die Vorgaben hinweg mit den Geschädigten der Straftat in Verbindung setzen, riskieren Sanktionen und gleichzeitig etwaige negative Folgen des Kontakts bei ihrem Gegenüber. Außerdem kann dabei im Hinblick auf die Beziehung zu den Betroffenen das exakte Gegenteil einer Normalisierung herbeigeführt werden. Aus dieser Perspektive muss der dargestellte Aspekt der Wiedergutmachung differenziert betrachtet werden. Gemein bleibt den Fällen jedoch, dass für die Befragten der Wiedergutmachung die Bedeutung einer Bemühung um Normalitätswiederherstellung im Nachentlassungsverlauf zukommt. Wie wichtig diese Thematik ist, illustriert abschließend ein längeres Zitat. An dieser Stelle des Narrativs wird deutlich, wie vielschichtig die Problematik ist, wenn durch die Straftat zusätzlich eine familiale Bindung belastet ist und die Interviewten wenig Verständnis für die auferlegten Weisungen aufbringen.

---

43 ISIS steht als Abkürzung für „Informationssystem zur Intensivüberwachung besonders rückfallgefährdeter verurteilter Sexualstraftäter“. Im Rahmen dieses im Freistaat Sachsen eingerichteten Programms werden Informationen zu den betreffenden rückfallgefährdeten Sexualstraftätern in einer Zentralstelle gesammelt und diese Personen dann gegebenenfalls engmaschig durch das zuständige Landeskriminalamt überwacht (vgl. Generalstaatsanwaltschaft Dresden o. J.).

`Und dann ging es dann auch darüber, wie kann ich meinem Kind erzählen was ich getan habe, oder wie kann ich es wieder gut machen oder so etwas. Und daran hätte man das anknüpfen müssen, einfach... […] Gerade jetzt in meinem Falle, weil (…) Ich habe das innere Gefühl, er möchte mich wiedersehen. (I: Dass Ihr Sohn Sie wiedersehen…) Ich habe das innere Gefühl und es wird seitens vom Staate verwehrt. Warum weiß ich nicht, weil wenn jetzt Gefahr von mir ausginge, wäre ich dann schon draußen?` *(Carl)*

5.4.3 Zwischenfazit Wiedergutmachung

Agency ist eine Grundvoraussetzung für die Wiedergutmachung, unabhängig davon, auf welchen der beiden dargestellten Aspekte sie sich bezieht. Die Selbstwirksamkeitserwartung eröffnet erst die Möglichkeit, Wiedergutmachung zu leisten und die Annahme mit dem Vorhaben potenziell erfolgreich sein zu können. Die Handlungsmächtigkeit ermöglicht die Umsetzung und gleichzeitig zeigt die Bemühung um Wiedergutmachung Handlungsmächtigkeit an – ähnlich wie dies schon bei der Sinnsuche festgestellt wurde. Somit hängen die Ergebnisse der beiden Hauptkategorien miteinander zusammen, wobei die aktive Agency sowohl die Voraussetzung als auch die entscheidende Komponente bei der Umsetzung der Wiedergutmachung darstellt. Gemein ist allen Ausprägungen, dass sie von den Haftentlassenen als *Desistance*-Faktoren thematisiert werden. Unabhängig davon, ob sie als Gegenleistung für die erfahrene Unterstützung oder mit Bezug auf die bereits begangene Straftat erneute Delinquenz vermeiden und sich prosozial verhalten wollen, dient die Wiedergutmachung als Motivation für Legalbewährung. Sie wollen beweisen, dass ihnen auch ein anderes Leben ohne Delinquenz möglich ist und somit kann die Wiedergutmachung von ihnen als Motivationsfaktor oder aber als Strategie für einen Verlauf ohne Rückfall gerahmt werden.

Die erste Variante, die sich auf die Normalisierung des Miteinanders bezieht, spiegelt die Reziprozitätsnorm wider. Diese Norm gestaltet soziale Beziehungen maßgeblich mit und ist essenziell, wenn die Befragten Wiedergutmachung anstreben. Sie haben beispielsweise von Familienmitgliedern Unterstützung erfahren, die sie aus der Haft heraus nicht direkt erwidern konnten. Umso wichtiger ist es für sie, dies nach der Haft nachzuholen, wenn sich ihnen die Möglichkeit dazu bietet. Die Interviewten verfolgen so eine funktionale Strategie, die dazu führt, dass das soziale Gefüge wieder in ein Gleichgewicht gebracht wird und sie darin aktiv beteiligt sein können. Dies trägt zur Normalisierung des Miteinanders bei und zeigt allen Beteiligten an, dass sie die damit verbundenen Normen und Erwartungen erfüllen können. Das wirkt sich in der Folge positiv auf das *soziale Umfeld* aus. Darüber hinaus wirkt die Wiedergutmachung in sozialen Beziehungen einer möglichen *Stigmatisierung* entgegen. Den Haftentlassenen eröffnet sich so eine Möglichkeit, sich ihrer Verantwortung zu stellen und anderen zu signalisieren, dass sie positiv auf soziale Beziehungen einwirken können. Auf diese Weise treten entsprechende Attribute in den

Vordergrund und sie werden nicht ausschließlich mit dem Merkmal der Straffälligkeit in Verbindung gebracht. Damit birgt die Wiedergutmachung auch weiteres Identifikationspotenzial.

Dieses verbindet vor allem im Falle der zweiten Möglichkeit die Wiedergutmachung mit dem *Veränderungs*narrativ, wobei als Motivation eine Wiedergutmachung der Folgen der Straftat im Vordergrund steht. Die Probanden, die Wiedergutmachung leisten wollen, stellen sich als veränderte und einsichtige Personen dar. Sie betonen, dass sie nun einen anderen Blick auf die damaligen Geschehnisse haben und zeigen wollen, dass sie auch zu anderen Verhaltensweisen dieser Person gegenüber fähig sind. In diesem Fall hätten sie sich aus ihrer Sicht im Positiven verändert. Im weiteren Sinne kann dies auch wiederum auf die Erfahrung von Stigmatisierung Einfluss nehmen.

Entscheidend für die Wiedergutmachung ist damit in allen Fällen das *soziale Umfeld.* In der Verbindung zur entsprechenden Hauptkategorie ergeben sich, vor allem bezogen auf die Wiedergutmachung gegenüber den Geschädigten der Straftat, aber Beziehungen, die mindestens als ambivalent zu werten sind. In erster Linie dann, wenn den Befragten kein geregelter Rahmen für ihre Bemühungen zur Verfügung steht, birgt dies ein Risiko Auflagen zu übertreten oder der Person erneut zu schaden. Dementsprechend schlägt sich dieser Umstand zum einen in einer Negativwertung der entsprechenden *Maßnahmen* bei diesen Interviewten nieder. Zum anderen ist der Kontakt über ein Kontaktverbot hinweg an sich als riskantes Verhalten zu werten und damit auch unter der Hauptkategorie *weitere Risikofaktoren* zu finden. Dabei birgt der Kontakt sowohl Risikopotenzial als auch soziales Kapital im erweiterten Sinne in Form von Motivation und Reflexionsansätzen. Die Diskussion der weitreichenden Folgen einer solchen Wiedergutmachung für alle Beteiligten sollen an dieser Stelle nicht diskutiert werden, da sie hier zu weit führen und bezüglich der Fragestellung, die sich auf die subjektive Sicht der haftentlassenen Person beschränkt, nicht zentral sind.[44]

Mit diesen Verweisen auf die Ergebnisse der anderen Hauptkategorien, die *Abbildung 8* zu entnehmen sind, werden Berührungspunkte der Wiedergutmachungsbemühungen mit anderen wichtigen Aspekten der Nachentlassungssituation sichtbar. Diese Bemühungen können nicht isoliert von anderen betrachtet werden und sind Teil diverser Einflüsse und Verhaltensmuster im Nachentlassungsverlauf, die wiederum in letzter Instanz auf die Wiederherstellung einer Normalität nach der Haftentlassung zielen. Normalisieren sich die sozialen Beziehungen und in einzelnen Fällen auch die zu den Geschädigten der Straftat, ist ein entscheidender Schritt zur Wiedereingliederung getan und die Befragten sehen sich eingebunden in ein gesellschaftliches Miteinander nach der Haft.

---

44 Eine ausführliche Betrachtung des Konzepts Restorative Justice beziehungsweise des Täter-Opfer-Ausgleichs findet sich beispielsweise bei *Shapland et al.* (2011), *Zinsstag & Keenan* (2017) oder *Kilchling* (2017).

Abbildung 8 *Verbindungen zwischen den Hauptkategorien und Wiedergutmachung*

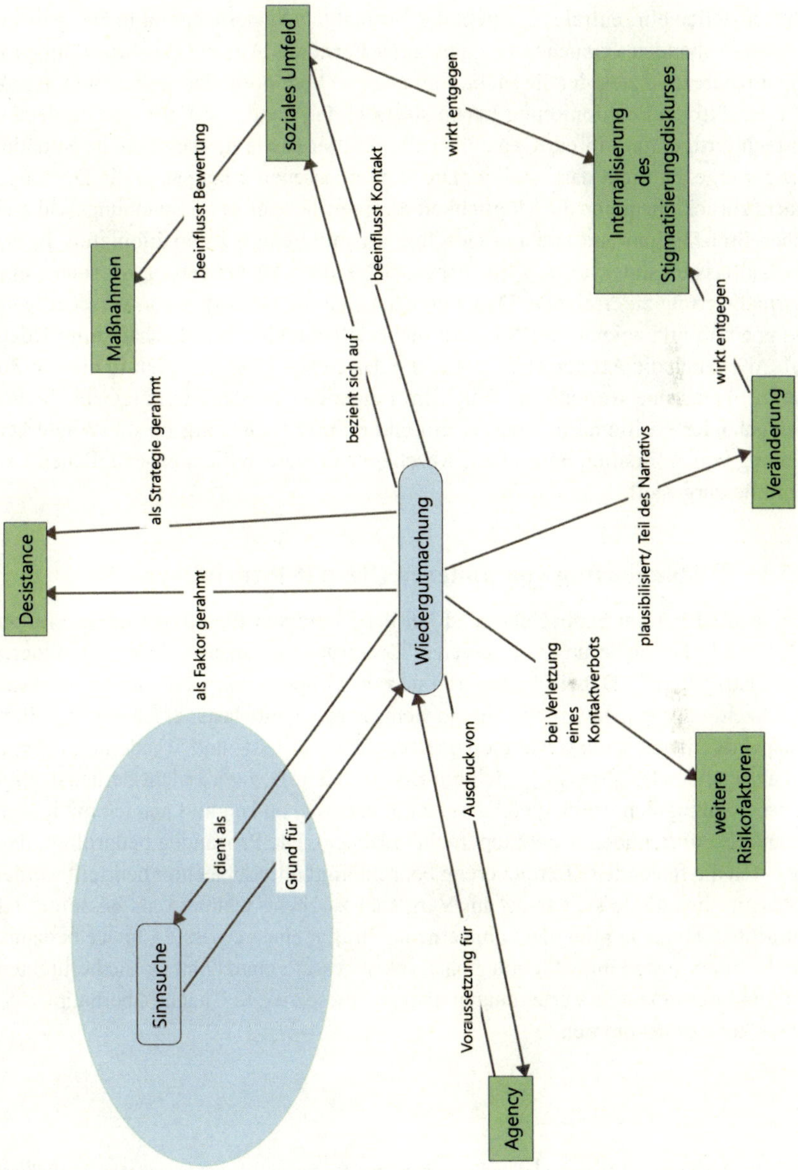

5.5 Deutungsmacht – „es gibt solche und solche Straftäter“

In den Interviews ist häufig die Bemühung der Befragten zu beobachten, sich hinsichtlich des Delikts und des Labels (Sexual-)Straftäter zu positionieren. Diese Muster stellen ein zentrales Element der Normalitätswiederherstellung dar. Alle befragten Probanden versuchen in irgendeiner Form das Attribut des Straffälligen in einen Kontext setzen, der sie nicht vom angestrebten normalen Leben ausschließt. Mit der aktiven Positionierung haben sie es in der Hand, ihr Verhalten zu deuten, zu rechtfertigen und ihrem Gegenüber die Straftat sowie die persönliche Situation aus der eigenen Sicht darzustellen. Die Haftentlassenen erlangen so die Deutungsmacht zurück, die ihnen die Möglichkeit eröffnet, sich selbst im Spannungsfeld zwischen Straffälligen und anderen Gesellschaftsmitgliedern zu positionieren. In den Nachentlassungsinterviews wird insbesondere über Distanzierung versucht, eine Normalisierung zu erreichen. Dabei grenzen sich die Befragten von verschiedenen Gruppen ab und zeigen ihre Nähe zu nicht delinquenten Gesellschaftsmitgliedern auf. Aber auch die Art der Thematisierung des eigenen Delikts spielt in diesem Zusammenhang eine wesentliche Rolle. Im Folgenden werden die unterschiedlichen Versuche der Positionierung dargestellt und in ihrer Bedeutung für die Wiederherstellung von Normalität beleuchtet. Abschließend werden die diesbezüglichen Extremfälle dargestellt.

5.5.1 Distanzierung von anderen (Sexual-)Straftätern

Am deutlichsten zu beobachten sind bei den Befragten die Konstruktion und anschließende Distanzierung von anderen Tätergruppen – insbesondere von anderen Sexualstraftätern[45]. Dabei konstruieren sie zwei Gruppen von Tätern und ordnen sich gleichzeitig derjenigen Gruppe zu, die weniger problembelastet erscheint. Aus ihrer Perspektive ist beispielsweise die Unterscheidung in Erst- und Wiederholungstäter ein entscheidendes Kriterium. „Ich bin Erststraftäter. Das wird nicht berücksichtigt, in der Richtung. Ich werde gleichgesetzt mit anderen, und damit kann ich mich überhaupt nicht anfreunden. Überhaupt nicht“ *(Rainer)*. Die Probanden beunruhigt, dass sie durch die fehlende Differenzierung benachteiligt oder schlechter beurteilt werden könnten, obwohl sie sich selbst im Vergleich zu Mehrfachtätern als bessergestellt betrachten. Hinzu kommt, dass eine erneute Straftat eine verpasste Chance bedeutet, die die Interviewten ihrer Meinung nach selbst besser genutzt hätten. Sie befürchten, aufgrund der erneuten Verfehlungen anderer, diese zweite Chance überhaupt nicht eingeräumt zu bekommen.

---

45 Die Befragten sprechen in diesem Zusammenhang ausschließlich von männlichen Straffälligen beziehungsweise geben keine Hinweise darauf, dass sie auch (Sexual-)Straftäterinnen bei ihrer Abgrenzung einschließen. Daher werden entsprechend im Folgenden ausnahmslos Begriffe im Maskulinum verwendet.

> Es gibt, Täter, (..) die kann man nicht bekehren die machen das immer wieder, es gibt aber auch Täter die machen einmal den Fehler lernen daraus und, (..) wollen den Fehler nicht mehr machen. (...) Ja, wer weiß wer welcher Täter man ist, das stimmt zwar aber, (Einatmen) (..) wenn man nie die Chance hat, zu beweisen […] dann, hat man ja nie eine wirkliche Chance. *(Sascha)*

An dieser Stelle schließt sich an die Unterscheidung von Erst- und Wiederholungstätern die des veränderten gegenüber dem unbelehrbaren Straffälligen an. Die Befragten beschreiben sich selbst zu großen Teilen als geläutert, was sie in Abgrenzung zu denjenigen konstruieren, denen eine solche Einsicht fehle. Letztere werden als „Problemfälle" *(Rainer)* bezeichnet und demgegenüber steht der Befragte als „Normaldenkender" (*Rainer*). „Gut, die meisten sind gefährlich, die gehören nun einfach mal weg. Aber es gibt wirklich Leute, die sagen: die drehen sich, und die versuchen, was zu leisten, oder sich wiedereinzugliedern, um nicht mehr straffällig zu werden" *(Dirk)*. Mit der Feststellung „gehören einfach mal weg" gibt dieser Proband einen Hinweis auf die Forderung nach höheren Strafen für diese Personen, die bei mehreren Befragten zu finden ist. „Ich meine als Wiederholungstäter oder so was, da würde ich dann auch härter zuschlagen, aber als Erst- oder einmaliger oder wie man das ansieht" *(Detlev)*. Dies geschieht mit der Intention, sich damit von der Gruppe der Wiederholungstäter abzuheben.

> B: Der hat seine Strafe abgebüßt. Man muss ihm eine zweite Chance geben. Der Meinung bin ich. Aber keine Dritte.
>
> I: Keine Dritte?
>
> B: Nein; weg. Weil dann - sagt man - ist demjenigen nicht mehr zu helfen. Dann ist da was Krankes, und da ist das, was ich wieder begrüße in der Richtung: mit dieser Sicherheitsverwahrung. Denn es gibt ja schwerwiegende Sachen […] den Leuten, nee, die dürfen nicht mehr raus. *(Rainer)*

Damit machen die Befragten klar, dass sie sich nicht mehr in einem kriminellen Kontext verorten, wohingegen andere diesen Weg weitergehen und dementsprechend sanktioniert werden sollen. Die Befragten positionieren sich auf diese Weise als Befürworter der Sanktion und Verteidiger der Normen, gegen die andere verstoßen, sie selbst aber nicht (mehr).

Diese verschiedenen Lebensgestaltungen sind ein weiteres Abgrenzungskriterium, das sie unterschiedlichen Gruppen von Tätern zuschreiben. Sie, die weniger rückfallgefährdeten Haftentlassenen, stehen dabei denjenigen gegenüber, die ein anderes – ein normales – Leben gar nicht erst anstreben.

> […] solche Leute, die keinen anderen Ausweg haben, die dann denken, 'ja dann gehe ich eben wieder rein und dann war es

> das'. Solche Leute gibt es ja auch, die sich drinnen eigentlich mehr wohlfühlen als draußen. Und dazu gehöre ich ja nicht. *(Axel)*

Normalität ist für diese konstruierte andere Gruppe damit nicht nur Kriminalität, sondern auch Haft statt des Lebens in Freiheit. Den Grundstein für diese Entwicklung sehen die Befragten bereits in der Haft gelegt. Während andere Täter die Therapie in Haft nicht für sich nutzen konnten, haben sie hingegen an sich gearbeitet. Sie stellen für die therapeutischen Gruppensitzungen fest, „dass andere geschwindelt haben und ich die Wahrheit gesagt" *(Oscar)*. Damit versuchen sie sich bereits an dieser Stelle von der entsprechend negativ besetzten Gruppe zu distanzieren und signalisieren ihre eigene Kooperationsbereitschaft und den Willen zur Veränderung. „Manche sind mir auch zu dämlich. Wenn ich das sehe, wenn sie schon da sein müssen, und nehmen da die Therapieangebote nicht wahr, das hat mich ein bisschen geärgert und mit sowas will ich auch nichts zu tun haben" *(Jürgen)*. Daran schließt sich eine entsprechende Haltung nach der Haftentlassung an. „‚Ach, Hauptsache, ich bin draußen, ich komme schon irgendwie klar', das ist eine falsche Einstellung, man soll sich die Hilfe suchen, man braucht Hilfe" *(Volker)*. Diese Hilfe wiederum ist die Grundlage, auf der diese Befragten eine Wiedereingliederung und die Herstellung von Normalität nach der Haftentlassung aufbauen können.

Bereits bezogen auf die Zeit in Haft beschreiben sich viele in einer Sonderrolle, während andere Inhaftierte mit negativ besetzten Klischees in Verbindung gebracht werden. Zum einen kann diese Sonderrolle über die Funktionen entstehen, die die betreffenden Befragten in Haft innehatten: „im Gefängnis war ich, wie nennt sich das, also Gefangenensprecher. Ja und da habe ich zweimal im Monat mit dem Anstaltsleiter und dem ranghöchsten Offizier die Interessen der Gefangenen vertreten" *(Jürgen)*. Aus dieser Position ergaben sich Privilegien, die die Abgrenzung zum durchschnittlichen, negativ attribuierten Inhaftierten unterstreichen. Zum anderen berichten Befragte von ihrem Engagement innerhalb der Anstalt, das ähnliche Möglichkeiten eröffnet. Ein Proband berichtet beispielsweise, dass ihm erlaubt wurde, mit Beamten das Gelände zu verlassen: „ich hab Weihnachtsfeiern organisiert, ich bin dann mit den Bediensteten raus gefahren, zu XY [Supermarkt], in zivil. Ich hatte ja da nun schon Vergünstigungen" *(Oscar)*. Diese Möglichkeit hebt ihn aus der Gruppe der restlichen Inhaftierten hervor und unterstreicht das ihm entgegengebrachte Vertrauen. Diese Unterschiede zwischen ihm und anderen Tätern sieht er zudem von außen bestätigt.

> Ja, ich hab dort ein Programm gemacht, und anschließend kamen die Leute zu mir, alles so hoch renommierte Leute, Stadtrat und alles: 'Sagen Sie mal, sind Sie wirklich da drin? Sie wirken aber gar nicht so'. […] ich passte da gar nicht hin, in das Bild, was man vom Knast hat. Weil ich mich ausdrücken konnte. *(Oscar)*

An dieser Stelle betont er insbesondere sein Verhalten und seinen Intellekt als Unterscheidungsmerkmal. Ähnliches führen auch einige weitere Befragte an, wenn sie sich von anderen Straffälligen distanzieren wollen.

Somit ist eine explizite Abgrenzung in den Narrativen weit verbreitet. Diese Abgrenzung kann aber auch durch die Nähe zu anderen Personen ausgedrückt werden. Insbesondere die persönlichen Kontakte zu Menschen im Polizei- oder Strafvollzugsdienst sind hier von großer Bedeutung. In den Interviews wird mitunter ein Bild von kooperativem bis freundschaftlichem Kontakt zu den Bediensteten der Justizvollzugsanstalt gezeichnet.

> Ich habe äh mit mit, mit Leuten aus dem Täter aus dem Strafvollzug arbeiten schon viele Jahre, eine persönliche ja Freundschaft. Aber wir haben vorne weg gesagt, falls wir uns treffen sollten, dann, klare Sie-Welle 'Guten Tag Herr, Wiedersehen Herr', und draußen ist es wieder was anderes. *(Jürgen)*

Bei manchen ist auch von einer Fortsetzung eines freundschaftlichen Verhältnisses über die Haft hinaus die Rede. In einzelnen Fällen besteht der Kontakt zu entsprechenden Personengruppen in familialen Bezügen. Durch die betonte Nähe zu diesen Personen, die sie selbst als eigentlich „auf der Gegenseite" *(Nils)* bezeichnen, verorten sie sich innerhalb der Gesellschaft und näher an Personen, die sich nicht delinquent verhalten als an straffällig gewordenen. Ein Proband schildert das anhand des Kontaktes zu seinem Schwager, einem Polizeibeamten. Auch wenn zu Beginn das Verhältnis durch dessen Beruf erschwert wurde, normalisierte sich der Kontakt: „doch ein bisschen kompliziert […]. Einen Polizisten in der Familie zu haben. […] Die wissen Bescheid. […] nehmen mich jetzt trotzdem so, wie ich jetzt bin" *(Nils)*. Legitimiert durch den Kontakt zu einem anerkannten Mitglied der Gesellschaft, wird der eigene Status unterstrichen und damit gefestigt. In der Nähe dieser Personen soll in Zukunft ihr Leben gestaltet werden[46] und damit abseits von straffällig gewordenen Personen. Entsprechend müssen, um langfristig mit der Vergangenheit abschließen zu können, die Kontakte und Verbindungen gekappt werden, die eine solche Abgrenzung ansonsten unmöglich machen. Insbesondere der Kontakt zu Mithäftlingen ist

---

46 Die beschriebenen Aspekte haben Berührungspunkte mit der oben angesprochenen Konventionalität hinsichtlich des Stichworts der sozialen Erwünschtheit. Beide Ausprägungen zielen auf die Herstellung von Normalität, die sich um ähnliche Aspekte gruppieren kann. Trotzdem sind die dahinterliegenden Konzepte im Einzelnen zu unterscheiden und treten nicht bei allen Befragten in gleicher Form und in gleichem Maße auf. An dieser Stelle geht es bei der Beschreibung der sozialen Kontakte nicht in erster Linie um die Gestaltung eines neuen Umfelds, das den gewünschten Lebensentwurf mitträgt – und nicht (vermeintlich) sozial-unerwünschte Entwürfe wie das Leben von Sozialleistungen – sondern vielmehr um die Distanz zu delinquenten Personen. Dieser wird auch Ausdruck verliehen, wenn Kontakte zu ‚Vertreterinnen und Vertretern des Gesetzes' gepflegt werden. Letzteres ist Teil der Deutungsmacht bezüglich der eigenen Straftat und des Labels als Sexualstraftäter, was sich vor allem auf verbaler Ebene abspielt. Bei einzelnen Befragten komplementieren sich die beiden Aspekte.

für diese Gruppe von Probanden daher ein Tabu und gehört nicht zu einem normalen Leben. Auf die Frage, ob er noch Kontakt zu ehemaligen Mitinsassen habe, antwortete *Uwe*: „Das habe ich mir verbeten, nein. Keinerlei, auch nicht aus U-Haft, niemanden".

Im Zuge einer Distanzierung unterscheiden die Haftentlassenen in einzelnen Fällen zusätzlich nach Deliktgruppen. Sie sehen beispielsweise Personen, die Gewaltstraftaten verübt haben, als weniger therapiefähig an. „Bei Gewalttätern, das kriegt man aus den ihren Köpfen nicht heraus. […] Das ist bei denen so" *(André)*. Teilweise werden gar Sexualstraftäter als Personengruppe mit besonderen Merkmalen gegenüber anderen dargestellt. „Sexualstraftäter unterscheiden sich doch irgendwie von anderen. Sie sind geistig mobiler, vom Intellekt her, von der Sauberkeit, von der Ordnung, von der Disziplin irgendwie anders" *(Oscar)*. Diese positiven Attribute sind Aspekte, die auch mit dem Bild eines erwünschten Lebens außerhalb der Haft in Verbindung gebracht werden. Damit zeigen die Probanden an, dass sie kein Stereotyp eines nicht wiedereingliederungsfähigen Straftäters verkörpern, dem die erforderlichen Fähigkeiten fehlen und der die erwünschten Werte nicht vertritt.

Dennoch findet eine besonders starke Form der Abgrenzung innerhalb der Gruppe der Sexualstraftäter selbst statt. Der Großteil der Befragten legt dabei Wert darauf, dass auch innerhalb dieser Deliktgruppe Unterschiede berücksichtigt werden. Die Deutungsmacht ist damit von großer Wichtigkeit, wenn es um die gegenseitige Abgrenzung von anderen Personen geht, die ebenfalls aufgrund einer Straftat gegen die sexuelle Selbstbestimmung verurteilt wurden. Diese Binnendifferenzierung formiert sich vor allem um das Merkmal Pädophilie. Die Narrative geben Hinweise darauf, dass es den Probanden ein großes Anliegen ist, sich von „diese[n] Kern-Pädophilen" *(Christian)* abzugrenzen.

> B: Also oder manche befriedigt das sogar, die können da nicht mit aufhören. Keine Ahnung. Und manche Menschen können das auch nicht.
>
> I: Aufhören?
>
> B: Ja. Straffällig zu bleiben.
>
> I: Woran liegt das Ihrer Meinung nach?
>
> B: Ich rede jetzt, sage ich mal von ganz speziellen Leuten, Pädophilen zum Beispiel. *(Ole)*

An dieser Stelle treffen zwei Aspekte aufeinander. Zum einen möchten die Befragten nicht als Menschen mit einer pädosexuellen Paraphilie gelten, weil dieses Merkmal stark negativ besetzt ist. Zum anderen wird dieser Personengruppe eine höhere Rückfallwahrscheinlichkeit und fehlende Therapierbarkeit zugeschrieben. „Die lernen es nicht mehr" *(Christian)*. In dieser Kombination vereinen sich zwei Merkmale, von denen sich die meisten Befragten abgrenzen möchten. Mit dem Versuch, nicht einer

Gruppe pädophiler Missbrauchstäter zugeordnet zu werden, erscheinen sie gleichzeitig eher fähig, ein normales Leben zu führen. „Nee, ich trage mir gar nicht mit solchen Gedanken, weil das krankhafte Gedanken sind“ *(Rainer)*. Die beschriebene Zuordnung findet auch dann statt, wenn die Befragten aufgrund eines sexuellen Missbrauchs an Kindern oder Jugendlichen verurteilt wurden.[47] Ihre Erfolgsaussichten bezüglich der Rückfallfreiheit stufen sie dennoch gemessen an einer diagnostizierten pädosexuellen Paraphilie ein. Sie betonen dabei den pathologischen Aspekt im Verhalten anderer und sehen bei sich selbst kein solches pathologisches Verhaltensmuster. „Man hat mich ja mehrfach in Begutachtung gehabt und so und man hat auch keine Pädophilie festgestellt oder so, das ist nicht vorhanden. Und somit ging von mir keine Gefahr aus, nicht?“ *(André)*.

Eng verbunden mit dieser Sichtweise ist die Abstufung, die bezüglich unterschiedlicher Tathergänge vorgenommen wird. In dieser Darstellung gibt es aus Sicht der Befragten nicht nur schlimmere Straftäter per se, sondern auch schlimmere Taten, die dementsprechend anders bewertet werden sollten.

> Die nehmen sich, die Öffentlichkeit für, ob jemand ein Kind entführt, vergewaltigt, ermordet oder nur Selbstbefriedigung betreibt, sind alles Kinderschänder, Kinderficker. Dort in XY [Stadt], in der Öffentlichkeit, in der Zeitung, überall, es wird nicht differenziert. *(Oscar)*

Insbesondere bezüglich der Maßnahmen erscheint den Probanden diese Differenzierung als entscheidend. Sie sehen sich zu Unrecht mit entsprechenden Vorschriften belegt, die sie zwar grundsätzlich nachvollziehen können, bezogen auf ihr spezielles Vergehen aber als inadäquat beurteilen.

> Wenn die Justiz wenigstens individuell die Auflagen machen würde, abgestimmt auf die entsprechende Straftat oder was,

---

47 In der Forschung ist bekannt, dass nicht jeder sexuelle Kindesmissbrauch mit einer pädophilen Sexualpräferenz oder Neigung einhergeht. Es gibt ebenso Taten, die als sogenannte „Ersatzhandlungen“ kategorisiert werden können, bei denen keine entsprechende Präferenzstörung vorliegt (*Kuhle et al.* 2015, S. 110). Hier geschieht der sexuelle Übergriff als „Ersatz“, obwohl eigentlich eine sexuelle Beziehung zu einer altersentsprechenden Person gewünscht wird (vgl. *Kuhle et al.* 2015, S. 111). Diese Unterscheidung wird in der medialen Berichterstattung jedoch selten getroffen, sodass der Eindruck entsteht könnte, dass es ausschließlich pädophil-motivierte (insbesondere männliche) Missbrauchstäter gibt (vgl. *Scherner et al.* 2018, S. 6). Daneben führt umgekehrt das Vorliegen einer pädophilen Sexualpräferenz nicht zwingen zu entsprechenden Handlungen, also Missbrauchstaten (vgl. *Kuhle et al.* 2015, S. 110). Zu einem weiteren Überblick zur Thematik und zur genaueren Unterscheidung einer Neigung oder Störung siehe *Beier* (2018) sowie *Berner* (2013).

In der vorliegenden Studie geht bei drei (4,3 %) Befragten eine Paraphilie im Sinne einer ausschließlich pädosexuellen Präferenz aus der Aktenanalyse hervor. Diese Probanden äußern sich auch im Interview entweder überhaupt nicht zu ihrer Sexualpräferenz oder thematisieren Pädophilie. Daneben ist bei 11 (15,9 %) weiteren Befragten eine teilweise pädophile Neigung anzunehmen. Diese Befragten nehmen zwar ebenfalls Versuche vor, sich von anderen Tätern abzugrenzen, nicht aber hinsichtlich des Merkmals der Pädophilie.

> aber da kriegt man vorgeschriebene Standardblöcke eingetragen, die nun jedem vor die Füße geschmissen werden, egal, was er angestellt hat. Was weiß ich, ich habe niemand weggefangen, ich habe niemand vergewaltigt oder sonst was und kriege trotzdem die Auflage [...] das ist nicht normal. *(Detlev)*

Mit dieser Unterscheidung der Straftaten betonen die Befragten ihre Distanz zu Personen, die als schlimme, unbelehrbare Täter gelten. An diesen Unterschied schließt sich auch erneut die Forderung nach höheren Strafen für andere an. „Da könnte ich mich immer aufregen, wenn ich in der Zeitung lese, was weiß ich, (..) Eltern ließen Kind halb verhungern, achtzehn Monate Bewährung, auf Bewährung" *(Detlev)*. Das Augenmerk liegt somit hier auf der Abstufung zu anderen, weniger auf der bloßen Bagatellisierung[48] des eigenen Vergehens.

5.5.2 Distanzierung von der Vergangenheit

Ein ähnliches Muster wie das der Abgrenzung von anderen straffällig gewordenen Menschen ist die Distanzierung von der eigenen Vergangenheit, um Normalität nach der Haftentlassung herzustellen. Insgesamt wird die Haft häufig als Einschnitt gerahmt, nach dem ein Neubeginn nötig und möglich wird.

> [...] man hat mich selber praktisch zum Nachdenken über die Menschen angeregt, um selber aufzuräumen mit der Vergangenheit. Und deswegen, ich empfinde die Haftstrafe auch nicht unbedingt nur als Haftstrafe. [...] für mich war das ein Kloster, wo ich für mich meditieren konnte, praktisch mich selbst wieder erschaffen konnte. *(Heinz)*

Die Deutung der Sanktion als Zäsur kann hier somit im Positiven umgesetzt werden und sorgt dafür, dass der Wechsel von einem kriminellen Lebenswandel in ein neues Leben überhaupt vollzogen werden kann. Diese positive Deutung ist jedoch nur in Ausnahmen zu finden. Die aktive Komponente, die dieser Prozess beinhalten kann, sieht man eindrücklich an der abschließenden Formulierung des Befragten. Durch den Abschluss mit Vergangenem kann anschließend Normalität gelebt werden. „Ich wollte komplett einen Neuanfang machen, neue Umgebung, neue Menschen, neuer Start" *(Volker)*. Dieser Schritt ist dabei meist so weitreichend, dass er keinen Blick zurück zulässt. „Weil das Leben habe ich hinter mir abgeschlossen, ich habe jetzt ein neues Leben und das muss ich jetzt zu gut meistern, wie ich will" *(Nils)*. Dies kann mit dem bereits beschriebenen konventionellen Lebensentwurf Hand in Hand gehen. Dabei kommen zwei normalitätswiederherstellende Momente zusammen: die Konzeption eines neuen Lebenswandels und die Abgrenzung von Vergangenem.

---

48 Da die Bagatellisierung in vielen Interviews herausgearbeitet werden konnte, ist sie in einem gesonderten Kapitel im Anschluss an die Abgrenzungsbemühungen zu finden (siehe *Kapitel 5.5.3*).

> Also ich hab, ich bin keiner, der auf meine Vergangenheit zurückgeht und ich sehe jetzt eigentlich bloß nach vorne raus. Ich hab da auch keine Lust, drüber zu reden, weil, ich hab das abgesessen, hab mein Ding gemacht und gut ist. *(Yannick)*

Aber auch abseits dieser Kombination kommt die Distanzierung in vielen Interviews vor und teilt sich dabei einen gemeinsamen Kern, nämlich den, dass dieses neue Leben ohne Kriminalität auskommen soll. Dies betont auch *Yannick* auf die Frage hin, ob er sich einen Grund für eine erneute Straftat vorstellen könnte. „Kann ich mir gar nicht vorstellen, weil, gibt es bei mir nicht. Ich hab damit abgeschlossen" *(Yannick)*. Auch auf diese Art nähern sie sich einem Leben ohne den Makel des Straftäterlabels.

Ein ähnlicher Gedanke steckt hinter einer weiteren Ausprägung der Aneignung von Deutungsmacht. Hier steht jedoch die Annahme im Vordergrund, dass mit dem Ende der Haftstrafe auch die Schuld beglichen ist. „Ich habe meine Schuld gebüßt und Schluss, aus" *(Bernhard)*. Schon auf dieser Ebene ist für die Haftentlassenen eine Abgrenzung von ihrer Vergangenheit gegeben. An dieser Stelle unterscheidet sich die Sichtweise deutlich von der derjenigen Probanden, die für Wiederholungstäter strengere Bestrafungen fordern. Hier ist nach jeder begangenen Straftat und mit Ende der entsprechenden Haftstrafe ein Schlussstrich zu ziehen. Aus dieser Perspektive fällt somit nicht ins Gewicht, ob es sich um eine Erst- oder eine Wiederholungstat handelt. Man fängt nach der Entlassung sozusagen wieder von vorne und damit ohne Vorbelastung an. „Wenn er rauskommt, hat er eine Chance verdient, egal wie oft er drin war. Solange er raus kommt hat er immer wieder eine Chance verdient. Ich sage, ich habe meine Scheiße abgesessen und das hat mir gereicht" *(Mirko)*. Der Schlussstrich ist für diese Haftentlassenen damit bereits gezogen und das Gleichgewicht wiederhergestellt, das für einen Neubeginn benötigt wird. Dementsprechend versuchen auch sie Abstand zum Geschehenen zu gewinnen und sich damit – wenn möglich – nicht mehr auseinanderzusetzen. Es soll nicht mehr Teil ihrer aktuellen Lebenswelt sein und diese überschatten. „Weil man mit dem Thema irgendwann auch mal abschließen will" *(Bodo)*. Mit dieser Zukunftsorientierung beschreiben mehrere Interviewte ihren Nachentlassungsverlauf. Dieser Blick nach vorne ist für sie essenziell, um das Leben nach der Haft zu gestalten und der Ballast, der sie noch mit der Vergangenheit verbindet, wird auf diese Weise abgeworfen. Darüber hinaus ist eine Rückkehr in die früheren sozialen Bezüge nur in diesen Konstellationen möglich, da die begangene Straftat ansonsten die Beziehung belasten würde. Sie stellt für die Haftentlassenen ein Attribut dar, das sie von anderen Gesellschaftsmitgliedern unterscheidet.

> […] das ist für mich der Schlussstrich. […] die kann jetzt einen Fehler den irgendjemand, irgendwas machen tut, den kann ich ja nicht den Rest des Lebens dem anderen an die Backe schmieren, das geht beim besten Willen ja nun nicht. *(Otto)*

Nur, wenn sie selbst die Deutungsmacht zurückgewinnen und ihrem Umfeld klarmachen können, dass eine Ablösung von dieser Vergangenheit stattgefunden hat, kann ein normales Leben erreichbar werden. Umgekehrt muss die Bereitschaft von außen gegeben sein, eben diesen Fehler zu verzeihen und ihn als ausgleichbar anzusehen.

> [...] für meine Frau ist die Sache in dem Moment abgeschlossen, in dem sie (...) mir das verziehen hat. Also das ist ja auch schon wieder so eine Formulierung, ne? Seitdem sie es akzeptiert hat, oder gesagt hat, 'das ist passiert und dafür hast du deine Strafe. Dafür ist für mich das Thema weg'. *(Otto)*

So wichtig diese Distanzierung für die Haftentlassenen erscheint, so schwer haben sie daran zu tragen, wenn sie ihnen nicht ermöglicht wird. So empfinden einige Befragte durch die Weisungen der Führungsaufsicht eine stetige Rückkopplung trotz ihrer Bemühungen sich von der Vergangenheit zu distanzieren: „Von der Seiten der Justiz immer darauf rumpocht ach von mir die Straftaten, sondern nicht mal jetzt so sieht okay es ist Vergangenheit, (...) und er hat seine Strafe verbüßt dafür“ *(Sascha)*. Für viele ist die Führungsaufsicht gleichbedeutend mit einer Verlängerung der eigentlichen Strafe.

> [...] Bewährungshelfer. Auf der einen Seite finde ich es gut, dass ich den habe, auf der anderen Seite wiederum nicht. Man will ja auch irgendwann mal mit dem (.) Thema abschließen können, weil ich finde man sollte, wenn man frei ist, sollte man auch frei sein. Das gilt. Man ist frei, aber wiederum auch nicht, man ist trotzdem noch an die Leute gebunden. *(Ole)*

Dass sich dieser Proband aufgrund der auferlegten Maßnahmen als „nicht frei“ bezeichnet, muss nicht zwingend mit einer generellen Ablehnung aller Maßnahmen oder der Institution verbunden sein. Es geht vielmehr darum, dass diese die Deutung untergraben. „Ich habe meine Strafe verbüßt, aber kriegen wir wieder die Vorwurfshaltung: ‚Denken Sie dran. Denken Sie daran. Vergessen Sie mir das ja nicht‘ [...] Das heißt ja nun ‚Bewährungshilfe‘, nicht ‚Bewährungsvorwerfer‘“ *(Robin)*. Die Deutungsmacht kann so nicht endgültig zurückerlangt werden und ihre Wirkung in der Herstellung von Normalität nicht vollends entfalten. Hinzu kommt, dass die Erfüllung der Auflagen oder Weisungen vielen Befragten schwierig erscheint und sie dadurch in den Fokus ihrer Aufmerksamkeit rücken. Die Einschränkung in der Lebensführung wird so noch stärker empfunden und erschwert den Abschluss mit der Vergangenheit zusätzlich.

> Man will ja eigentlich auch nur in Ruhe gelassen werden und irgendwie sein Leben wieder meistern oder wieder aufbauen. Es ist ja schon, ich sage mal so hier, ich habe zwar die Auflagen, aber die hängen... aber die tun ja viele Sachen, es stimmt was drin steht. Ich gebe denen ja auch Recht.

> Aber viele Sachen weißt du gar nicht wie du die einhalten sollst. *(Philipp)*

Ein Muster, das bei anderen Befragten beobachtet werden kann, ist weniger die beschriebene Abgrenzung von der Vergangenheit, als vielmehr die Vergangenheit von vornherein als nicht zugehörig zum jetzigen Leben zu interpretieren. Sie begreifen das Vergangene nicht als Teil ihres Selbstkonzepts und bringen auf diese Weise Abstand zwischen sich und die Straffälligkeit beziehungsweise die Haft. Sie machen Unterscheidungen in der Art aus, wie ihnen Menschen begegnen, die sie ohne diesen Hintergrund kennenlernen – im Gegensatz zu denjenigen, denen Details des Delikts bekannt sind. *Volker* erhofft sich: „sie sollen mich ab heute beurteilen". Eine wichtige Rolle spielt in diesen Fällen die Angst vor Stigmatisierung beziehungsweise das Ausgrenzungserleben. „Und ich denke mal auch, dass im Bewusstsein der Bevölkerung das Sprichwort ‚Zeit heilt alle Wunden' auch in Bezug auf solche Dinge zutrifft" *(Josef)*. Die Hoffnung dahinter ist klar: „heute nach den drei Jahren, da redet kein Mensch mehr drüber" *(Gerd)*. Diese Erwartung ist ein Weg, der weit verbreiteten Stigmatisierungsangst zu begegnen, die bereits im Zusammenhang der entsprechenden Hauptkategorie erwähnt wurde. Mithilfe des Vergessens würde die Wiedereingliederung erleichtert. Unter diesen Perspektiven – dass die Straftat nicht die Person ausmacht und dass mit der Zeit das Vergessen einsetzt – wäre das Risiko der Ausgrenzung minimiert und den Haftentlassenen ein normales Leben mit sozialen Kontakten zu nicht straffälligen Personen erleichtert. Das Vergessen ist zudem auf einer weiteren Ebene maßgeblich an der Herstellung von Normalität beteiligt. Es unterstützt den Befragten dabei, sich selbst von den Geschehnissen frei zu machen.

> Ach, ich mache mir da keine, ich mache mir da keine großen Gedanken drüber. […] sonst verdrängt, der Mensch ist ja, neigt ja dazu solche Dinge zu verdrängen. Das ist ja auch ein Überlebensraum von Verdrängung, ist schon gut. *(Josef)*

Neben der aktiven Verdrängung bekräftigt auch die Einbindung in einen neuen Lebensalltag außerhalb der Haft das Vergessen und damit die Möglichkeit, sich von den früheren Geschehnissen abzugrenzen. „Wenn ich Frühs aus dem Haus gehe […] bis ich abends nach Hause komme, verschwende ich keinen Gedanken daran. Das geht gar nicht, weil ich den Kopf dafür gar nicht frei habe" *(Bodo)*.

Bezüglich ihrer Veränderung äußern die Befragten eine hohe Selbstwirksamkeitserwartung, was eng mit dem Konzept der Deutungsmacht verbunden ist. Über ihre Positionierung können sie sich nicht nur gegenüber der Vergangenheit, sondern auch für die Zukunft Handlungsmächtigkeit zuschreiben. „Weil ich jetzt für mich persönlich doch festgelegt habe und dass ich mit meinen Straftaten abgeschlossen habe. Dass ich da eher nicht mehr da Probleme bekommen, bin ich mir eigentlich relativ sicher" *(Michael)*. Etwas sicherer mit dem Erfolg ihres Vorhabens sind sich daneben andere Befragte: „Und ich kenne mich. Wenn ich sage: ‚Ich werde dort nie wieder drinnen landen, mit dem Delikt', dann ist es auch so" *(Luis)*. Mit dieser Absage an einen Rückfall ermöglicht der Befragte sich eine der deutlichsten Distanzierungen von seiner Vergangenheit. Denn der Abschluss mit der Vergangenheit kann durch eine gegenteilige Gestaltung der Zukunft unterstrichen werden. Ähnlich können auch die Aussagen beurteilt werden, in denen sich die Haftentlassenen bereits in diesem veränderten Leben und damit der Normalität nochmal ein Stück näher verorten.

> So, wie gesagt, so wie es jetzt eigentlich ist, ich führe auf jeden Fall ein straffreies Leben. (..) Was jetzt so Illegales, illegale, illegale Sachen betrifft, (..) habe ich gar nichts mehr, gar nichts mehr, gar nichts mehr am Hut. *(Mario)*

5.5.3 Bagatellisierung/Externalisierung

Ein weit verbreiteter Umgang mit Delinquenz ist die Bagatellisierung der Straftat oder die Externalisierung von Verantwortung für das delinquente Verhalten. Dem Muster „ich will da nichts verniedlichen und schon gar nicht bagatellisieren, aber…" *(Gerd)* folgend, finden sich immer wieder Versuche in den Interviews, eben dies zu tun. Auf diese Weise können die Probanden sich zu ihrer Delinquenz positionieren. Der Tathergang wird in diesen Fällen aus der eigenen Perspektive geschildert, Umstände erläutert und so die kriminellen Handlungen gerahmt. Diese Ausführungen sind beinahe ausschließlich bei Befragten zu finden, die wegen eines Missbrauchsdelikts verurteilt und inhaftiert waren. Es scheint, als sei eine Deutung oder Abmilderung des Vergehens in diesen Fällen für die Probanden wichtiger. Die Externalisierung als das zweite Deutungsmuster ist hingegen bei Personen, die eine Vergewaltigung begangen haben, ebenso häufig zu finden. Gemein ist ihnen, dass mit beiden Versuchen die Schwere des Delikts verringert werden soll und die Probanden damit Raum für eine möglichst wohlwollende Beurteilung der Vergangenheit eröffnen. Sie können in der Folge eher auf Akzeptanz in der Gesellschaft hoffen.

Die Bagatellisierung der Taten beinhaltet Momente des Vergleichens, wie auch schon eine vorherige Ausprägung der Kategorie Deutungsmacht. An dieser Stelle sind sie jedoch konkret auf den Tathergang bezogen und die Probanden stellen die eigene Straftat der eines anderen gegenüber. Dabei deuten sie ihre als die weniger verwerfliche.

> […] ich will mich da nicht gut reden, ich habe auch ganz schön Mist gebaut, aber wenn man das gegen eine Vergewaltigung oder eine Tötung sieht, ist das eigentlich nichts, was bei mir passiert ist. Wenn man... nur mal jetzt so. Es ist ein richtiger großer Mist, dass das erst einmal passiert ist, aber wenn man diese Sachen vergleicht meine ich, ist das im Prinzip nichts. *(Bernhard)*

In diesem exemplarischen Zitat zeigt sich, wie der Proband das eigene Tatgeschehen bagatellisiert und verglichen mit einem anderen Vergehen als geringfügiger einstuft.

Damit normalisiert er sein Verhalten zwar nicht, schwächt seine Verfehlung aber dennoch ab. Wenn „im Prinzip nichts" *(Bernhard)* geschehen ist, ist die Herstellung von Normalität und insbesondere das Anknüpfen an frühere Gegebenheiten leichter möglich.

Entsprechend des Versuchs, die Straftat zu verharmlosen, wird die dafür erhaltene Strafe als zu hoch bezeichnet. Damit nehmen die Haftentlassenen ebenfalls eine Kategorisierung vor und positionieren das Delikt darin. „Im Nachhinein (..) fand ich, finde ich immer noch, die (.) das Urteil über die (.) dreieinhalb Jahre Haftstrafe übertrieben" *(Detlev)*. In diesem Fall erkennen die Befragten zwar grundsätzlich die Sanktion an, stellen aber die Verhältnismäßigkeit in Frage. Dass es zu diesem – aus ihrer Sicht zu hohen – Strafmaß kam, sehen sie nicht in der Schwere ihrer Tat begründet, sondern in anderen äußeren Einflüssen. Diese benachteiligten sie unberechtigterweise gegenüber anderen.

> Bei meiner Verhandlung wurde keine Tatortbegehung gemacht da wurden keine Zeugen befragt da wurde gar nichts gemacht. Ich bin in die Zeit gefallen wo alles so richtig aufgebauscht wurde in der XY [Zeitung] wo wirklich schlimme Dinge passiert sind. 'Zack der kriegt jetzt fünfeinhalb und tschüss'. *(Dieter)*

Mit dieser Einschätzung bringt der Proband sein Strafmaß mit dem damaligen medialen Interesse an entsprechenden Straftaten in Verbindung. Die Inhaftierungsdauer sei höher ausgefallen, weil die Umstände nicht objektiv betrachtet worden seien. Damit wird klar, dass er zwar die Sanktionierung grundsätzlich akzeptieren kann, den Umfang aber an anderen Maßstäben gemessen sehen möchte. Ein minderschweres Vergehen schreiben die Interviewten sich auch dann zu, wenn beispielsweise Unterscheidungen in der vermeintlichen Intensität der Tathergänge anderer Delikte herangezogen werden, um die eigene Straftat zu relativieren.

> [...] dass es halt keine Vergewaltigung war, sondern bloß eine sexuelle Nötigung; ja? [...] Also das Gerücht war ja so: Ich hätte vier Jahre bekommen wegen einer übelsten Vergewaltigung; ne? Ich wäre ja der Schlächter schlechthin; ne? So haben die das hingestellt; ne? Und, nee, das musste ich ja erst mal richtigstellen; ne? *(Stefan)*

Diese Abschwächung ist auch dann gegeben, wenn die Befragten einzelne Aspekte der Tatbegehung ausklammern. Viele Befragte, die aufgrund sexuellen Missbrauchs inhaftiert waren, betonen zum Beispiel, dass sie keine Gewalt angewendet haben und dies auch nie tun würden.

> Das soll nicht heißen, dass ich eine Gewalt oder irgendwie was, wenn einer sagt, 'du spinnst wohl', dann reiße ich aus. Also ich tue keinen zwingen und gar nicht. *(Ernst)*

Besonders auffällig sind in diesen Fällen Narrative, in denen eine ausführliche Beschreibung der Straftat sehr eindrücklich die bagatellisierende Einschätzung der kriminellen Handlungen illustriert. Verharmlosende Begriffe wie „Doktor spielen" *(Ernst)* oder „kuscheln" *(Oscar)* sind hier exemplarisch zu nennen. Zudem sprechen viele verschleiernd oder ausweichend von „diese Angelegenheit" *(Gerd)*, „Blödsinn" *(Oscar)* oder „meine Scheiße die ich gebaut habe" *(Ernst)* und umgehen dabei gänzlich das Delikt zu benennen.

Immer wieder finden sich in den Interviews dieser Befragten Referenzen zu minderschweren Vergehen, die für sie durchaus vergleichbar mit dem begangenen Sexualdelikt scheinen. Ein Befragter, der wegen sexuellen Missbrauchs verurteilt wurde, schlägt beispielsweise vor, man solle sich lieber auf die Kontrolle von „Rotsündern" *(Kim)* im Verkehr konzentrieren. Dies ist zwar ein sehr extremes Beispiel, illustriert aber die Art der Vergleiche. Geht man in der Interpretation unter Berücksichtigung der restlichen Ergebnisse – insbesondere mit Blick auf die Internalisierung des Stigmatisierungsdiskurses und die Normalitätswiederherstellung – einen Schritt weiter, ergibt sich eine neue Perspektive auf diese Aussagen. Man kann vermuten, dass die Befragten mit dieser Referenz erreichen wollen, dass ihre Delinquenz nicht als ein unverzeihlicher Makel an ihnen haften bleibt, so wie sie es bisher befürchten. Stattdessen kann ein minderschweres Vergehen entschuldigt und vergessen werden, sodass die Wiedereingliederung leichter fällt. Außerdem normalisiert es ihre kriminellen Handlungen, weil die angeführten Vergleichsbeispiele von deutlich mehr Menschen begangen und diese deshalb dennoch nicht ausgegrenzt werden.

Ähnliche Mechanismen sind zu beobachten, wenn die Befragten das Delikt in einen weiteren Kontext einbetten. Sie finden hier diverse Erklärungsansätze, die ihre Handlungen legitimieren und eine völlig andere Deutung der Geschehnisse möglich werden lassen sollen. Viele Probanden rahmen den begangenen Missbrauch als einvernehmliche Beziehung und versuchen sie auf diese Weise zu legitimieren.

> I: Hatten Sie vor der Haft (.) oder beziehungsweise zur, zum Zeitpunkt Ihrer Inhaftierung eine Beziehung?
>
> B: (zögert) (...) Nicht direkt. (..)
>
> I: Heißt? (.)
>
> B: Na ja, wenn man eine Beziehung zu einem Opfer Beziehung nennt, dann. *(Steve)*

Der Proband spricht hier von einer 13-Jährigen was deutlich macht, dass er zwar weiß, dass seine Deutung durchaus problematisch ist – angezeigt durch sein Zögern und die einschränkende Formulierung – dennoch führt er sie als solche an. In einem besonders auffälligen Fall beschreibt der Befragte gar das gesamte Familiengefüge in einem Kontext, der den sexuellen Missbrauch einer Minderjährigen zu einer legitimen, eheähnlichen Liebesbeziehung verzerrt.

> Na ja, wenn mein Junge mit 8 Mama zur Schwester sagt, dann weiß man was Fakt ist oder? […] Und wenn dann irgendwo Gewalt steht, die ich nicht gemacht habe. […] Ich habe ja gesagt, ich habe wie in der Ehe mit ihr zusammengelebt. *(Joachim)*

In einer mehrfach auftretenden Form der Deutung heben die Probanden neben der Straftat hervor, was sie Gutes für die betreffende Person getan haben. Sie lassen das Delikt so hinter den positiven Aspekten zurücktreten, was wiederum dem Probanden im Interview die Deutungsmacht über die gesamte Beziehung zu der oder dem Geschädigten der Straftat einräumt.

> Ja, ich hab sie bekocht, ich hab sie gewaschen, ich hab ihnen Bekleidung gekauft, die waren wie aus dem Ei gepellt. […] nach XY [Freizeitpark] gefahren, also Erlebnisse geschaffen, die sie zuhause nie hatten. Vor Gericht mussten sie zugeben, dass ich wie ein Vater zu denen war. *(Oscar)*

Die Vaterrolle und der Einsatz für die Kinder stehen somit neben dem Missbrauch. Auf diese Weise ermöglicht der Befragte seinem Gegenüber einen Blick auf andere Facetten seines Verhaltens und hebt Aspekte hervor, die ihm als positive Attribute zugeschrieben werden können. Das alleine würde zwar noch nicht zwingend die Deutungsmacht im Sinne einer Bagatellisierung ausmachen, jedoch erscheint der Missbrauch dann nur als eine Handlung unter vielen. Ein Beispiel dafür sind Aussagen wie: „dann hat er zu Weihnachten ein neues Fahrrad gekriegt, und dann habe ich mit dem Radtouren gemacht. Also der Junge halt, mal jetzt von dem Missbrauch abgesehen" *(Christian)*. Mit solchen Darstellungen wird zwar nicht bestritten, dass der sexuelle Missbrauch begangen worden ist, aber es werden vielfach Einschränkungen angeführt. Beispielsweise sei die Intensität der Tat falsch berichtet beziehungsweise eingeschätzt worden.

> Ich habe gesagt: 'Ja, okay'; hatte ja keine andere Wahl. Der Richter hat zu mir gesagt, zur Gerichtsverhandlung, wo ich verurteilt worden bin: 'Entweder Sie gestehen, dass Sie Schuld haben. Dann kommen Sie mit drei Jahren und sechs Monaten weg' […] Weil man auch in der Vergangenheit festgestellt hat […] dass jüngere Personen in ihren Zeugenaussagen dazu neigen, zu übertreiben. *(Luis)*

Neben der Deutung durch die Kontextrahmung gibt es auch Versuche, Erklärungen für das eigene Verhalten zu finden und damit Beweggründe oder Umstände für sich sprechen zu lassen. An dieser Stelle setzt meist eine Externalisierung ein. Diese Versuche sollen das Verhalten der Haftentlassenen nachvollziehbar erscheinen lassen und im weiteren Verlauf ihre Verantwortung mindern. „Ich meine früher damals war wo es passiert ist war bei mir da eigentlich der Alkohol, mit dran schuld. Weil ich konnte ja nicht klar denken" *(Sven)*. Dieses Erklärungsmuster findet sich unabhängig der unterschiedlichen Straftatbestände – also sowohl bei Befragten, die aufgrund einer Vergewaltigung inhaftiert waren als auch bei Probanden, die wegen sexuellen

Missbrauchs verurteilt wurden. Die Externalisierung dient hier dazu, als Akteur in den Hintergrund zu treten. Er selbst wollte die Entwicklung so nicht, sondern ein Leben ohne Straftaten weiterverfolgen: „Also ich muss sagen, eigentlich wollte ich ja sowieso nicht mehr straffällig werden, aber die Situation war für mich ganz blöde, das Umfeld stimmte nicht“ *(Kim)*. In einigen Fällen geht dies sogar so weit, dass die Haftentlassenen die Verantwortung gänzlich ablehnen. „Das ist unter irgendwelchen Einflüssen – unter irgendwelchen Drogeneinflüssen – wahrscheinlich passiert; keine Ahnung. Ich kann mich selber an nichts erinnern“ *(Stefan)*. Die völlige Unwissenheit findet sich in abgewandelten Ausprägungen vereinzelt auch bei Missbrauchstätern. Sie geben beispielsweise an, das Alter des Kindes beziehungsweise der oder des Jugendlichen nicht gekannt zu haben. Damit soll die Verfehlung ihrerseits abgeschwächt werden, denn schließlich wären sie sich dann im Moment der Tatbegehung nicht darüber im Klaren gewesen, etwas Unrechtes getan zu haben. Mit weniger Schuld belastet zeigen sie damit gleichzeitig implizit eine generelle Akzeptanz der geltenden Norm an.

Die extremste Form dieser Externalisierung ist das Verführungsnarrativ, das ebenfalls bei einigen Befragten zu finden ist. Sie beschreiben die Tatumstände als durch den oder die Geschädigte initiiert. Damit stellen die Probanden sich als der Situation ausgeliefert dar. Die beinahe stereotype Erzählung ist in Bezug auf eine Vergewaltigung zu finden.

> Nee, früh um drei habe ich die angesprochen. Die hat mich - ne? - mit zu sich genommen. Und dann haben wir was getrunken. Und wenn die Frau mich früh um drei mit sich heimschleift - ne? - von was gehe ich denn das aus? Ne? Und dazu war ich noch im Rausch. *(Stefan)*

Die Frau wird in dieser Darstellung zu derjenigen, die den Probanden aktiv zu sich „heimschleift“, den Geschlechtsverkehr in Aussicht stellt und dem Interviewten dann doch verwehrt. Sie provoziert in seiner Schilderung damit die Vergewaltigung, wobei er zudem angibt, unter Alkoholeinfluss gestanden zu haben. Mit dieser und ähnlichen Perspektiven auf Straftaten schließen sich die Probanden einem Deutungsmuster an, das ein entsprechendes Männlichkeitsbild voraussetzt. An dieser Stelle – insbesondere mithilfe der vermeintlich rhetorischen Frage wie bei *Stefan* verdeutlicht – wird um Verständnis bei anderen Menschen geworben, bei denen implizit eine ähnliche Sicht auf Geschlechterrollen und entsprechende Situationen angenommen wird. Die Übergriffe werden so gewissermaßen normalisiert. Dieser Ansatz der Externalisierung ist vereinzelt auch bei Missbrauchstätern zu finden. Hier mischen sich ähnliche Vorstellungen von Rollen mit Erzählungen, die die Suche nach Nähe und Geborgenheit sowie kindliche Neugier umdeuten. Damit wird die Missbrauchssituation vollständig verzerrt und der Proband erscheint in dieser Deutung als der vermeintlich Ausgelieferte. Nach einem möglichen Rückfall gefragt antwortet *Josef* beispielsweise: „Ich könnte mir auch in der Kategorie für die ich verurteilt wurde, als Missbrauch, vorstellen, wenn wieder junge Mädchen sich mir anbieten, dass ich nicht stark genug wäre". In einzelnen Fällen wird rückblickend sogar noch detaillierter die Aktivität und Initiative der Person herausgestellt. „Sie müssen sich vorstellen, die hat sich splitternackt ausgezogen, ein bildhübsches Mädchen, und kommt auf mich zu und hält meine Hände fest und sagte, ich wäre so gut und sie hat mich so lieb und sie möchte mit mir gerne zusammen gehen" *(Gerd)*.

Die Interviewten übertragen darüber hinaus weiteren Personen eine Mitschuld an der Straftat. In diesen Fällen geht es dann weniger um eine Ursachenklärung, sondern um das Aufzeigen einer aktiven Beteiligung anderer. Dabei geht es prinzipiell immer um die Minimierung der Schuld des Haftentlassenen. Ein Proband beschreibt dies besonders deutlich: „dort lief es nie so richtig mit der Mutter. Ist egal, es kam also dann zwischen dem Jungen und mir zu einem Verhältnis, die Mutter hat ihn mir regelrecht, weil es mit ihr nicht lief, ins Bett gesteckt" *(Oscar)*. Abgesehen davon, dass der Proband ebenfalls verschleiernd beziehungsweise bagatellisierend von einem „Verhältnis" spricht, benennt er eindeutig seine damalige Partnerin als aktive Tatbeteiligte und damit Mitschuldige. Solch ausgeprägte Beispiele sind in den Narrativen jedoch selten.

In manchen Fällen finden sich gleich mehrere der beschriebenen Aspekte vereint bei der Beschreibung der Tatumstände. Das Narrativ von *Gerd* illustriert dies sehr gut und zeigt komprimiert mehrere Ebenen des Deutungsversuchs auf.

> […] meine Frau, die ich ja mit sechzehn Jahren kennengelernt habe, im Prinzip vorher und nachher keine andere Frau weiter kennengelernt. Das ich eben dadurch auch vielleicht ein bisschen geblendet war von dem Auftreten dieser XY [Vorname minderjährige Geschädigte] […] dass vielleicht auch eine gewisse Labilität reinkam, halt ich für denkbar, weil ich […] da eigentlich klar Fronten eben habe und auch Grenzen und trotzdem ist mir eben das passiert […] Viele haben sogar gesagt 'Mein Gott, du bist aber auch ein Pechvogel, wie kann denn dir das nur passieren? Du bist doch so korrekt und, und, und. Es ist doch auch im gegenseitigen Einvernehmen und du hast das doch auch so eingeschätzt'. *(Gerd)*

Zum einen verortet der Proband, wie schon oben erwähnt, den Missbrauch im Rahmen einer Liebesbeziehung. Zum anderen erklärt er seinen Fehlverhalten damit, dass er einsam und „labil" gewesen sei – wirbt auf diese Weise um Verständnis für die Straftat und bietet Erklärungsmuster an. Zudem beschreibt er sich als geblendet von der Schönheit und dem Auftreten der Minderjährigen – ein Hinweis auf ein Verführungsnarrativ und seine verminderte Verantwortlichkeit aufgrund der „geblendeten" Sinne. Darüber hinaus unterstreicht *Gerd* seine Deutung durch das Zitieren der Reaktionen aus seinem Umfeld. So bleibt er nicht der einzige, der das Tatgeschehen auf diese Weise rahmt. In diesem kombinierten Auftreten wird die Dynamik besonders gut sichtbar, die hinter der Bemühung um die Deutungsmacht steckt. Aus dieser Perspektive handelt es sich bei der Straftat um einen nachvollziehbaren Fehltritt beziehungsweise einzigartige Umstände und kein Ereignis, das leicht wiederholbar wäre und ein normales Leben in Zukunft unmöglich machen würde.

5.5.4 Extremfall: Unschuldsbeteuerung

Neben den bisher beschriebenen Aspekten gibt es auch Probanden, die angeben, „unschuldig in den Bau“ *(Timo)* gekommen zu sein. In diesen Fällen nutzen mehrere Befragte verschiedene Erklärungs- und Rechtfertigungsansätze, die ihre Unschuld untermauern sollen.[49] Diese Ansätze lassen ihnen wie schon in den vorangegangenen Beispielen Deutungsmacht zukommen. Sie versuchen sich damit gewissermaßen von ihrem Label als Straftäter zu befreien und Normalität herzustellen. Wenn die Straftat wie in ihren Schilderungen nie geschehen ist und die Verurteilung zu Unrecht erfolgte, gibt es keinen Grund, sie vom gesellschaftlichen Leben auszuschließen und ebenso keine Hürde, die sie daran hindert, ein normales Leben zu führen. Es hätte damit ohnehin nie eine deviante Komponente in ihrem Lebensverlauf gegeben. In diesem Fall kommt das Wiederherstellungsmoment der Normalitätswiederherstellung zum Tragen, da die Befragten zwar durch ihren Haftaufenthalt zwischenzeitlich einen starken Einschnitt hinnehmen mussten, danach aber wieder an ihr Leben anknüpfen könnten, das nicht mit Delinquenz in Verbindung stünde.

In erster Linie stehen bei der Unschuldsbeteuerung Aussagen im Vordergrund, die betonen, dass es nie zu einer Verfehlung in irgendeiner Form gekommen sei. *Fritz* sagt beispielsweise: „ich die Taten bestritten habe und bis heute bestreite […] Also ich habe es immer bestritten, weil das nicht der Fall war“ *(Fritz)*. Mit dieser Aussage lässt er keine Deutung neben seiner zu. Ähnlich deutlich positionieren sich auch andere und schließen das Delikt und damit ebenfalls einen einschlägigen Rückfall kategorisch aus. „Ich habe es damals nicht gemacht, ich würde es auch jetzt nicht machen, weil ich habe da nichts am Hut damit da eine Frau zu was zu zwingen, das konnte ich früher nicht, und das kann ich auch jetzt nicht“ *(Holger)*. Davon ausgehend ist dementsprechend die Haft eine ungerechtfertigte Sanktion. „Die wissen, dass ich fünf Jahre für nichts gesessen habe“ *(Thomas)*. Wie bedeutsam diese Positionierung ist, sieht man am folgenden Zitat:

> […] da habe ich ja auch noch an das Rechtssystem geglaubt, heute nicht mehr. Geht nicht mehr. […] nach dem falschen Urteil bin ich eigentlich ein böser Vergewaltiger, ein böser Mensch, aber von den sechzig Leuten, die mich besucht haben, waren zwei Drittel Frauen. *(Jürgen)*

Der Befragte beschreibt hier zum einen, wie sein Vertrauen in das Rechtssystem erschüttert worden sei. Zum anderen zeigt er auf, wie sich die Tat auf seine Person

49 Für alle Delikte, die als Indexdelikt zur Stichprobenziehung berücksichtigt wurden, lag ein entsprechendes rechtskräftiges Urteil vor. Zwar ist nicht gänzlich auszuschließen, dass es bei der Verurteilung der Befragten zu Fehlurteilen gekommen ist, dennoch wird für die hier vorliegende Analyse angenommen, dass die Probanden das Indexdelikt, für das sie inhaftiert wurden, so oder zumindest in ähnlicher Form verübt haben. Die Unschuldsbeteuerung wird aber dennoch nicht als „Leugnen“ bezeichnet, da dies die entsprechende Möglichkeit zu kategorisch ausschließen würde.

auswirkt und damit maßgeblich seine gesamte Außenwirkung mitbestimmt. Sie vereinnahmt ihn geradezu und verdeckt andere Aspekte seiner Identität oder seines Charakters. Darüber hinaus versucht er an dieser Stelle seine gegenteilige Deutung mit der Einschätzung anderer Personen und insbesondere Frauen zu unterstreichen. Seiner Meinung nach sind die Zuschreibungen, die aus dem Gerichtsurteil hervorgehen sollen, und seine Wirkung auf das Umfeld so unterschiedlich, dass die Anschuldigungen nicht zutreffen können. Vor allem Frauen würden aus seiner Sicht nicht weiter zu ihm halten, würde der Vorwurf einer Straftat gegen die sexuelle Selbstbestimmung zutreffen. Damit war er bereits vor und nun auch nach der Inhaftierung kein „böser Mensch" *(Jürgen)* und könnte dementsprechend die vorher bereits herrschende Normalität wiederherstellen. Weitere Narrative beinhalten ähnliche Argumentationen in Bezug auf den Missbrauch an Kindern.

> Meine ganzen Freunde die kennen mich, die wissen auch wie ich mit Kindern umgehe. So, und die sagen alle auch: 'Also das trauen wir dem sowieso nicht zu. Weil wir kennen den, wir wissen wie der mit Kindern umgeht und so wie der mit Kindern umgeht, das kann nicht sein'. *(Timo)*

Dieser Versuch, die eigene Deutung mit der Einschätzung anderer zu untermauern, findet sich, wie bereits oben beschrieben, ebenfalls bei der Bagatellisierung.

Einige der Probanden erklären im weiteren Verlauf der Interviews, wie es trotzdem zu einer Verurteilung kommen konnte. Dabei gibt es zum einen diejenigen, die Erklärungsversuche darlegen, was zu den falschen Anschuldigungen führte. Zum anderen sind die Befragten zu nennen, bei denen sich daraus Theorien entwickeln, die sich zu regelrechten Verschwörungstheorien verdichten. Beides legen sie dar, um damit ihre Verurteilung trotz der nicht begangenen Straftat plausibel zu machen.

Häufig angeführte Erklärungsversuche haben mit dem Verlauf des Prozesses zu tun. Es gibt mehrere Befragte, die für ihre ungerechtfertigte Verurteilung Fehler im Prozess verantwortlich machen. Sie sprechen beispielsweise von einem „verramschten" und „fragwürdigen" Prozess *(Herbert)* oder einer „Märchenakte" *(Thomas)*. Insbesondere von falschen Zeugenaussagen ist die Rede, die nur „auf Druck gewisser Ermittler" zurückzuführen seien *(Herbert)*. Damit wird wiederum der entsprechenden Person die Verantwortung für das Fehlurteil zugeschrieben und somit streng genommen ebenfalls externalisiert, jedoch in Kombination mit dem Abstreiten der Tat an sich. „Weil meine Ex Ex […] mich ja für vier Jahre unschuldig in den Bau gebracht hat" *(Timo)*. Es steht für sie dabei außer Frage, dass die Vertreterinnen und Vertreter der Justiz in diesen Prozessen aktiv dazu beigetragen haben, dass ein ungerechtfertigtes Urteil gefällt werden konnte.

> […] dass bei meiner Verurteilung was nicht sauber war, dass mein Anwalt mich praktisch verkauft hat an die Justiz. […] in der Zeit hat er selber vor dem Landgericht in XY [Stadt] gestanden […] Und das ist doch ein eindeutiges Zeichen, dass der einen Deal hatte dort. *(Bernhard)*

Diese Argumentation ist auch im Zusammenhang mit der Bagatellisierung bereits aufgetreten, hier werden jedoch die Extremfälle beschrieben, die über eine Externalisierung hinausgehen. In diesem Fall führen die Erklärungsversuche vielmehr so weit, dass die Probanden eine ganze Theorie um ihre Verurteilung herum entfalten – inklusive deutlicher Hinweise auf die Beteiligung und Verantwortlichkeit anderer. *Thomas* beispielsweise legt dar, dass eine Person aus seinem sozialen Umfeld ganz bewusst die Anschuldigungen gegen ihn auf Grundlage einer Vorstrafe konstruiert habe.

> […] hat sich dann halt so ein paar Kiddies rausgesucht, die halt/ die man halt auch ein Stück weit bestechen kann mit irgendwelchen kleinen Geschenken und sollte das nicht funktionieren, halt erpressen können […] eine schöne ordentliche Geschichte konstruiert, hat sogar zu Hause Vernehmung und Gerichtsverhandlung nachgespielt mit denen […] der Typ, der hat auf vor Verhandlung draußen im Flur gestanden und die Kiddies noch mal versucht, zu instruieren. *(Thomas)*

In solchen Erzählungen ist mehrfach der Verweis auf frühere Taten zu finden, wobei die Befragten sich dadurch zusätzlich belastet sehen und als leichtes Ziel einer solchen Anschuldigung. In zwei besonders ausgeprägten Fällen beschreiben sich die Befragten sogar als Opfer einer größeren Verschwörung diverser Behörden beziehungsweise der Justiz. Für einen Haftentlassenen ist eindeutig: „weil ich versucht habe, die Staatsanwälte und die Richter in die Pfanne zu hauen. […] Das war der Grund, für meine Inhaftierung; keine Straftat“ *(Herbert)*. Da diese Personen aus dem Justizapparat selbst in Straftaten verwickelt gewesen seien, sei er dafür verurteilt worden. Ein anderer argumentiert, dass eine Behörde bei seinem Prozess von außen Einfluss genommen habe:

> Das war ja schon beschlossene Sache und all so was, weil da eben von - ich sage mal - von der Behörde welche drinhängen; ja. Das wusste ich ja alles nicht vorher groß; sogar Kultusministerium. […] das sind Horrorgeschichten; gibt's nicht. *(Rainer)*

Zwar wirken solche Erklärungen auf den ersten Blick weit entfernt von jeglicher Normalität, jedoch erfüllen sie für den Interviewten dennoch eben diesen Zweck. Er kann sich auf diese Weise vollständig von der Straftat und jedweder Verantwortung loslösen und plausibilisiert die Geschehnisse.

Den gleichen Effekt hat es, wenn die Interviewten deutlich machen wollen, dass die Anschuldigungen auch inhaltlich nicht haltbar seien. *Uwe* stellt hier ein extremes Beispiel dar, weil sein gesamtes Narrativ von diesem Argumentationsmuster geprägt ist und andere Inhalte daneben völlig in den Hintergrund treten. Er berichtet das Tatgeschehen aus seiner Perspektive. Dabei beschreibt er ungefragt sehr detailliert, wie die betreffende Situation zustande kam sowie die darauffolgenden Anschuldigungen. Auffällig ist dabei insbesondere die Abwertung der Geschädigten der Straftat, die immer wieder in seiner Beschreibung auftaucht. Exemplarisch dafür steht folgende Interviewpassage:

> Erst mal sah sie aus wie eine Schüssel Erbsen [...] ich würde sie nicht einmal mit dem Hintern angucken, für mich schmutzig und ich würde nie einen Menschen, was schmutzig ist [...] die Staatsanwaltschaft, ja, wirft mir vor, diese, diese schmutzige, kranke Frau sexuell missbraucht zu haben. *(Uwe)*

Er zeigt damit an, für wie abwegig die Anschuldigungen befunden werden müssen. Untermauert wird diese Argumentation in seinem Narrativ durch die Aufzählung diverser körperlicher Einschränkungen seinerseits: „Ich kann selbst kaum krauchen" und „ich bin so gut wie impotent" *(Uwe)*. Schon aufgrund seiner gesundheitlichen Verfassung sei er somit gar nicht in der Lage gewesen die Sexualstraftat zu begehen. Jedoch habe dies im Prozess niemanden interessiert. An dieser Stelle kommt auch *Uwe* zurück zu einer Argumentation, die andere Beteiligte des Prozesses für seine Verurteilung zumindest mitverantwortlich macht.

Im Anschluss an entsprechende Entwicklungen beschreiben sich einzelne Befragte im Verlauf des Prozesses als genötigt, die Tat zu gestehen. Damit wird eine Verurteilung unausweichlich. „So, nun, ich habe jetzt einfach die Straftat zugegeben, so wie sie gerne das haben wollten, nur damit ich schnell aus U-Haft rauskomme." *(Uwe)* Ähnliche Zugzwänge berichten einzelne Befragte bezüglich des späteren Therapieverlaufs. Sie geben das Indexdelikt in Haft zu, streiten es im Interview jedoch wieder ab. „Ich ja genau das gesagt habe, was die hören wollten. I: Was wollten die denn hören? B: Thema Straftat. Da habe ich dann halt gesagt: ‚Ja, ich war es, ich war es, ich war es'. Dabei war ich es nicht" *(Timo)*. Andere behalten als „Tatleugner" *(Holger)* ihren Standpunkt trotz der Schwierigkeiten hinsichtlich der Therapieangebote in Haft bei. „Deswegen konnte, weil ich die bestritten haben, konnte ich auch nicht direkt darüber berichten, ich habe es ja nicht getan" *(Fritz)*.

Diese Deutung der Tatumstände, der Verurteilung und damit auch der Haftstrafe, machen den Befragten folglich im Narrativ zu einem Opfer, das eigentlich keiner Sanktion, sondern einer Entschädigung bedarf, um dann sein Leben fortführen zu können.

> Mir wurde ja Unrecht getan, und ich bin von der Justiz ja sehr enttäuscht; ne? [...] weil ich immer an der Gerechtigkeit geglaubt habe; und alles. Ne? Und dass mir da so übel mitgespielt worden ist, finde ich nicht in Ordnung. Das habe ich nicht verdient. [...] ich bin ja nun zielstrebig, ich habe mir auch Ziele gesetzt, das Leben geht ja weiter - dass die Ehre wiederhergestellt wird. *(Rainer)*

Außerdem beschreibt der Proband den Übergang in Haft als problematischer als den aus der Haft heraus, da er mit dem Leben außerhalb der Justizvollzugsanstalt viel vertrauter gewesen sei und die „Gepflogenheiten" ja noch gekannt habe, während er bei seinem Eintritt von seinem Leben abgeschnitten wurde: „Wenn man dort durchs

Tor geht, legt man Sämtliches ab“ *(Rainer)*. Damit ist die deutlichste aller Distanzierungen von der Gruppe der Straftäter vollzogen – sie sind ihr damit schlichtweg nicht zuzurechnen. Das entscheidende Attribut, also das Begehen einer Straftat, wäre so nicht gegeben und damit steht die Wiederherstellung von Normalität im Vordergrund. Es wird mehrfach deutlich, dass dies nicht nur im Rahmen des Interviews, sondern vor allem gegenüber neuen Bekanntschaften nach der Haftentlassung eine Rolle spielt. Diesen Befragten ist es ein großes Anliegen, ihre Deutung anderen zu vermitteln. Sie legen beispielsweise vermeintliche Widersprüche in ihren Prozessakten offen.

> Erstmalig habe ich die Akte da, und habe mir vor allen Dingen die Auszüge rausgesucht, die ich gegeneinander halte, wenn ich jemandem davon überzeugen will […] Das Ganze in zwanzig unterschiedlichen Vergleichen. […] Also wer Interesse dran hat, mich kennenzulernen, kann das auch lesen. *(Herbert)*

Damit wird die Auswirkung dieses Musters nochmal unterstrichen. Die Befragten wollen ihre Sicht der Dinge anderen vermitteln und die Deutungsmacht für sich beanspruchen. Denn schließlich möchte man „jemanden als Person kennenlernen und nicht an irgendwelchen Straftaten“ *(Thomas)*.

5.5.5 Extremfall: Scham

Wie bereits erläutert nimmt die Positionierung gegenüber anderen Straftätern eine zentrale Rolle im Narrativ der Haftentlassenen ein. Neben der Abgrenzung ist jedoch auch der Gegenpol von Bedeutung, wenn er auch nicht in Reinform vorliegt, sondern teilweise zusätzlich andere Facetten bei den jeweiligen Befragten zu beobachten sind. Während die gerade beschriebenen Probanden ihre Delinquenz gänzlich abstreiten und so versuchen, sich von der Zuschreibung zu distanzieren, ein Sexualstraftäter zu sein, übernehmen andere die Verantwortung für ihr Delikt. Sie zeigen sich – zumindest zeitweise – einsichtig und äußern Schamgefühle über die verübte Straftat. Dennoch kann auch für sie der Blick nach vorne im Vordergrund stehen, nur muss dafür zuerst eine Auseinandersetzung mit der Straftat stattgefunden haben.

> B: Ich hätte mir eher Gedanken drüber machen müssen, dass es eben halt falsch war.
>
> I: Wie die Straftat selber?
>
> B: Ich stand ja, bei der Verhaftung stand ich ja kurz davor mich selber anzuzeigen und das wäre natürlich vor Gericht gut angekommen. Es war aber nicht das, es ist einfach das gewesen, weil ich bin nicht mehr klar gekommen. *(Carl)*

Insbesondere die Haftstrafe kann dabei den entscheidenden Prozess markieren. Die Akzeptanz der Sanktion nimmt somit eine wichtige Funktion ein und ermöglicht den

Abschluss mit dem Geschehenen und den Neubeginn eines Lebens abseits der Straftaten. Auch *Philipp* beschreibt diese Funktion der Haft, wenn er sagt: „hat es mir viel die Haftstrafe gebracht. Ich bin viel (.) ich sage mal ein besserer Mensch geworden". Während des Haftaufenthaltes kann somit ein Umdenken bei den Befragten stattfinden und sie gewinnen auf diese Weise der Sanktion noch einen positiven Aspekt ab. Doch nicht nur auf dieser Ebene besitzt sie einen hohen Stellenwert für diese Befragten. Sie beschreiben die Sanktionierung nicht nur als notwendiges Übel auf dem Weg in ein normales Leben, sondern auch als ersten Schritt in diese Richtung. Gleichzeitig vertreten die Interviewten auf diese Weise die gesellschaftlichen Normen, gegen die sie verstoßen haben. Mit der Akzeptanz der Strafe stärken sie die damit einhergehende Norm. Die wenigen Probanden, die diese Haltung einnehmen, versuchen im Gegensatz zu den vorherigen Beispielen nicht, die Verantwortung abzugeben, sondern schreiben sie sich selbst ausdrücklich zu.

> I: Können Sie das genauer erklären? Wie meinen Sie das, Sie sind selber schuld?
>
> B: Na ja, ich habe die Haftstrafe gemacht, also die Tat habe ich begangen, und man schiebt gerne die Schuld auf andere, dass man sich in dem Moment besser fühlt. Ich hätte ja das nicht machen brauchen, dann wäre der ganze Faden, der hinten dran hängt nicht passiert. Ich mein normales Leben weiterführen können. *(Philipp)*

Aus dieser Perspektive hat der Proband mit dem Moment des Verübens einer Straftat das normale Leben unterbrochen und sich selbst den Konsequenzen und der Sanktion ausgesetzt. Die direkte Verbindung zwischen seinen Handlungen und dem Einschnitt werden hier deutlich. Straftaten gehören somit aus seiner Sicht nicht zu einem normalen Leben dazu. Der Großteil der Befragten vertritt dieses Konzept der Normalität, auch wenn nur einzelne Schamgefühle im Interview äußern. Aus ihrer Sicht müssen erst eine Aufarbeitung und ein Abschluss dieses Kapitels angestrebt werden, um dann zurück in ein normales Leben zu finden. An dieser Stelle wird erneut das Wiederherstellungsmoment deutlich, wie es schon bei der Unschuldsbeteuerung herausgearbeitet wurde – jedoch vor einem gänzlich anderen Hintergrund. Während oben die unberechtigte Inhaftierung das normale Leben unterbrochen hat, ist hier die Straftat die Unterbrechung und nur nach einer intensiven Auseinandersetzung damit ist eine Rückkehr möglich. Dieses Konzept ist zwar nur bei wenigen der Befragten zu finden, macht aber im Vergleich der einzelnen Fälle einen deutlichen Unterschied, da der Wiederherstellung im Gegensatz zur Herstellung ohne die Anknüpfung an Vergangenes ein anderes Normalitätskonzept zugrunde liegt.

Die Gefühle von Scham, die sich für einzelne Probanden ergeben, haben ihren Ursprung in der Einsicht in die eigene Verantwortlichkeit. Sie sehen die Folgen, die sie verursacht haben, und fühlen sich schuldig. Wenn sie sich aufgrund dessen schämen, kann dieses Gefühl zu unterschiedlichen Reaktionen führen. Die einen verschleiern ihre Straftat beziehungsweise die Haft gegenüber anderen. „Also ich gehe damit zumindest so um dass ich es lieber für mich behalte dass ich in Haft war weil ich mich halt auch irgendwo dafür schäme was passiert ist“ *(Lorenz)*. In diesen Fällen führt das Bewusstsein des eigenen Fehlverhaltens zu einem Rückzug des Haftentlassenen und hemmt seinen Umgang mit anderen Menschen. Er möchte nicht bloßgestellt werden und versteckt daher die ihn verletzlich machenden Aspekte seiner Vergangenheit. Bei anderen kann neben dieser Reaktion Scham aber auch umgekehrt wirken und eine Rückkehr in die Gemeinschaft ermöglichen.

> […] es war mir auch klar, wenn du das nicht offen und ehrlich sagst, und deine Verfehlung auch erkennst und eingestehst, dann kannst du auch nicht erwarten, dass die Menschen, die du hast, zu dir halten. War nicht einfach, aber ich habe das erkannt, dass es anders nicht geht. *(Gerd)*

Der Befragte sieht die Notwendigkeit der Einsicht auf Seiten des Täters. Er geht davon aus, dass sein Umfeld ihm nur dann eine Chance gibt, wenn er seinen Fehler eingesteht. Ein weiterer Proband hebt diesen Mechanismus besonders heraus, da er vor allem vor seinem familiären Hintergrund für ihn essenziell zu sein scheint.

> Mein Schamgefühl wird dann immer heftiger und heftiger und dann geht das wieder so los wie bei der Entlassung, dass ich nur mit dem Kopf nach unten gucke und laufen möchte. […] bei uns ist so etwas verboten. Das heißt (?Romani für „Verbannt“?) das heißt 'Verbannt', aus der Familie ausgeschlossen. Aber Gott sei Dank ist es bei meiner Familie nicht so. […] Genau, alles was mit Kindern und Frauen zu tun hat, Omas, Opas... werden ausgestoßen. *(Ole)*

Obwohl die Art des Deliktes offenbar üblicherweise die soziale Ausgrenzung nach sich zieht, ist seine Situation eine andere. In seinem Fall ermöglichte ihm ein offener Umgang mit der Straftat und vor allem das Eingestehen seines Fehlverhaltens und das damit zusammenhängende Schämen eine Rückkehr in sein altes Umfeld. Seine Herkunftsfamilie nahm ihn bei sich auf, was er im Verlauf des Interviews mehrfach positiv hervorhebt. Damit stellt das Schamgefühl eine funktionale Komponente innerhalb des Wiedereingliederungsprozesses dar.

Ebenfalls positiv gewertet wird von den Probanden neben der reintegrativen Wirkung des Schämens auch das stabilisierende Moment für die Legalbewährung, das sie damit in Verbindung sehen. Aus ihrer Sicht ist ein Bereuen des Fehlverhaltens notwendig, um nicht rückfällig zu werden.

> Es ist nur dass ich, sag mal, mit mir selber ein Problem habe, warum ich es getan habe […] Und ich denk mir, wenn man sich für eine Straftat nicht schämt, dann ist man auch auf keinem guten Weg, die Sache für sich so abzuhacken, dass man es auch nicht wieder tut. *(Michael)*

Unabhängig davon, welchen Aspekt sie mit der Verantwortungsübernahme verknüpfen, diese Perspektive auf die eigene Straftat wird von den Befragten als wichtiger Schritt nach der Haftentlassung gerahmt. Scham steht somit neben der oben beschriebenen Unschuldsbeteuerung als entgegengesetzter Extremfall. Dennoch gibt es jeweils Überschneidungen mit den anderen Ausprägungen der Deutungsmacht innerhalb einzelner Interviews, obwohl diese auf den ersten Blick nur schwer vereinbar scheinen. Die Intention und das Ziel ist beiden Ansätzen aber gemein – über die Deutungsmacht bezüglich der eigenen Straftat Normalität herzustellen.

5.5.6 Zwischenfazit Deutungsmacht

Die Aneignung der Deutungsmacht ist ein wesentlicher Bestandteil der Normalitätswiederherstellung nach der Haftentlassung. Die Befragten können auf diese Weise Einfluss darauf nehmen, wie sie von ihrem Umfeld wahrgenommen werden. Sie können die Perspektive mitgestalten, unter der ihre Straffälligkeit und die Haftstrafe betrachtet werden und sich selbst entsprechend positionieren. Die häufige Positionierung gegenüber der Straftat ist besonders auffällig, da der Leitfaden keine expliziten Fragen zum Tatgeschehen oder Ähnlichem enthielt. Die Befragten bringen demnach diese Aspekte selbst im Interview ein und zeigen damit ihre Relevanzsetzung diesbezüglich an. Dabei gibt es diverse Anknüpfungspunkte zu den Ergebnissen aus den anderen Hauptkategorien.

Zuerst stellt sich die Frage nach der Ursache für die wichtige Rolle, die die Deutungsmacht in der Normalitätswiederherstellung einnimmt. Begründet ist sie hauptsächlich in der *Internalisierung des Stigmatisierungsdiskurses.* Diese nimmt, wie bei der entsprechenden Hauptkategorie schon genannt, viel Raum in der Nachentlassungssituation für die Befragten ein. Insbesondere diejenigen, die sich von ihrer Vergangenheit oder anderen Straftätern distanzieren wollen und die Probanden, die das begangene Delikt bagatellisieren, haben den Stigmatisierungsdiskurs internalisiert. Sie sehen sich einer Stigmatisierbarkeit aufgrund der Hafterfahrung und insbesondere des Sexualdelikts ausgesetzt und wollen daher der Ausgrenzung entgegenwirken. Normalität ist mit dem Label des (Sexual-)Straftäters aus ihrer Sicht nicht oder nur schwer zu erreichen. Über die Einflussnahme durch die Aneignung von Deutungsmacht kann sie ihnen aber dennoch gelingen. Nur, wenn die Befragten ihre Vergangenheit so weit wie möglich hinter sich lassen, können sie sich auch von der Unnormalität, dem Stigma des Labels befreien. Insbesondere das Stigmatisierungspotenzial, das das Sexualdelikt in sich birgt, muss in irgendeiner Form reduziert werden. Da es schwer ist, sich gänzlich davon zu befreien, kann auch die Binnendifferenzierung innerhalb der Gruppe der Sexualstraftäter für manche diesen Zweck erfüllen. Mit der Abgrenzung von pädophilen Tätern entgehen sie der Zuschreibung eines unveränderlichen Merkmals, das eine Wiedereingliederung und ein normales Leben voraussichtlich erschweren würde. Zudem erfahren sie so selbst eine Aufwertung, weil es aus ihrer Perspektive in diesem Fall noch jemanden gibt, der durch dessen Delikt sogar noch schlechter gestellt und angesehen ist. Die Konstruktion dieser „Hierarchie" *(Mario)* – die einige auch angelehnt an die in Haft beschreiben – kann zur Folge haben, dass die eigene Stigmatisierbarkeit zumindest reduziert wird.

Im Falle der Bagatellisierung ist dies nicht so eindeutig, dennoch beziehen die Befragten sich hier auf die negative Stimmung in den Medien, die beispielsweise ihre Strafe höher habe ausfallen lassen als es ihrer Meinung nach angebracht gewesen wäre. In diesen Fällen wird der Stigmatisierungsdiskurs gewissermaßen aufgegriffen und eingesetzt. Bei Haftentlassenen, die ihre Unschuld beteuern, ist aus dieser Perspektive die radikalste Form der Stigmatisierungsvermeidung zu finden. Demgegenüber sind Schamgefühle Ausdruck des Bewusstseins der eigenen Stigmatisierbarkeit und zeigen die Angst der betreffenden Befragten an. Sie agieren mit der Offenlegung ihrer Schamgefühle jedoch proaktiv gegen Stigmatisierung oder aber Verschweigen ihre Straftat und Hafterfahrung, um Ausgrenzung zu entgehen. Dennoch erleben auch diese Haftentlassenen Etikettierung und Ausgrenzung, sodass die Bemühungen nicht in allen Fällen erfolgreich zu sein scheinen. Die Verbindung zwischen den beiden Hauptkategorien ist aber dennoch ersichtlich. An dieser Stelle wird klar, dass die Kommunikation der Hafterfahrung, die in der entsprechenden Hauptkategorie festgehalten wurde, ebenfalls mit den hier dargestellten Ergebnissen zur Deutungsmacht in Verbindung steht. Letztlich richtet sich die nach außen gerichtete Kommunikation nach der jeweiligen eigenen Einstellung und Positionierung hinsichtlich der Tat. Mit Blick auf die unterschiedlichen Zusammenhänge wird klar, dass die Stigmatisierungsthematik und die Deutungsmacht in sehr engem Bezug zueinander stehen – und damit auch die Stigmatisierung mit der Normalitätswiederherstellung. Der Stigmatisierungsdiskurs verstärkt den Wunsch nach Normalität, obwohl er sie letztlich hemmt oder verhindert. Er bestimmt die Ausprägung der Aneignung von Deutungsmacht und seine Internalisierung macht es überhaupt erst notwendig, sich entsprechend positionieren zu müssen. Das Wiedereingliederungserleben ist untrennbar damit verbunden.

Darüber hinaus ist festzustellen, dass je nach Ausprägung der Deutungsmacht auch die Bewertung der *Maßnahmen* ausfällt. Fast ausschließlich negativ ist die Bewertung dann, wenn sich die Probanden von ihrer Vergangenheit distanzieren wollen. Insbesondere die Nachsorge und Weisungen der Führungsaufsicht oder Bewährungshilfe werden hier als erweiterte und verlängerte Strafe empfunden – eine lästige Rückkopplung, die gelöst werden sollte. Entsprechend niedrig ist die diesbezügliche Akzeptanz. Ähnlich stehen diejenigen Befragten den Maßnahmen nach der Haft gegenüber, die ihre Unschuld beteuern. Sie sehen in ihrem Fall entsprechend keinerlei Notwendigkeit der Kontrolle oder Hilfestellung.

Die Ergebnisse der Hauptkategorie *Veränderung* stehen ebenfalls mit denen der Deutungsmacht in Verbindung. Die meisten Probanden, die ein Veränderungsnarrativ in ihren Interviews entfalten, distanzieren sich von ihrer Vergangenheit. Über diese Abgrenzung plausibilisieren sie zum einen ihre Veränderung und zum anderen verstärkt die beschriebene Veränderung den Bruch mit der Vergangenheit. Mit dieser Dynamik eröffnet sich den betreffenden Personen eher der Zugang zu einem neuen *sozialen Umfeld* und damit im Umkehrschluss eine weitere Möglichkeit, sich von der Vergangenheit zu distanzieren. Diese beiden Aspekte gehen somit Hand in Hand und verstärken sich gegenseitig. Aber nicht nur bezüglich der Eröffnung neuer Kontakte hängen die Ergebnisse der beiden Aspekte zusammen, auch grundsätzlich wird die Deutungsmacht gegenüber den sozialen Kontakten angeeignet und beeinflusst so das soziale Umfeld ganz generell.

Dieser Bruch wird von einzelnen Befragten auch als *Desistance*-Strategie beschrieben und verbindet folglich mehrere Aspekte des Nachentlassungsverlaufs miteinander. Scham wiederum wird als eine der Voraussetzungen für Legalbewährung thematisiert und wird damit zu einer Art Desistance-Faktor, weil die Probanden überzeugt sind, dass nur durch die Einsicht in das eigene Fehlverhalten Veränderung und Rückfallfreiheit möglich werden. Die Abgrenzung von anderen Tätern hingegen ist teilweise in Strategien zur Legalbewährung integriert, wenn die Befragten bewusst den Kontakt zu anderen straffällig gewordenen Personen meiden wollen, um nicht rückfällig zu werden. Das Verführungsnarrativ oder zumindest Ansätze, die in diese Richtung deuten, finden sich als Erklärungsmuster auch bezüglich der Rückfalltheorien der Befragten. Wie oben erwähnt, umfasst die Hauptkategorie *weitere Risikofaktoren* unter anderem die Argumentationsmuster, mit denen die Befragten einen etwaigen Rückfall zu erklären versuchen. Dies bedeutet jedoch nicht, dass die Ausprägungen der Deutungsmacht an sich als risikobehaftet bewertet werden müssen. Es bedeutet lediglich, dass ähnliche Argumentationen sowohl rückblickend als auch hinsichtlich hypothetischer Entwicklungen in der Zukunft angeführt werden.

Interessanterweise gibt es bezüglich dieser Subkategorie einige Aspekte, die auf den ersten Blick nicht zusammenpassen. Beispielsweise erwähnen einzelne Interviewte auch *Veränderung*, *Desistance*-Strategien und Faktoren, die ansonsten ihre Unschuld betonen. Dies ist der Fall, obwohl man grundsätzlich annehmen könnte, dass diejenigen, die laut ihres Narrativs das Indexdelikt nicht begangen haben, solcher Verhaltensänderungen nicht bedürfen. Das kann zum einen damit erklärt werden, dass unter ihnen auch Mehrfachstraffällige sind, die zwar das Indexdelikt abstreiten, andere Delikte aber zugeben. Zum anderen fällt auf, dass es in diesen Fällen relativ häufig zu dem beobachteten Phänomen der *Pseudoreflexivität* kommt. Die Haftentlassenen wissen somit zwar um mögliche Strategien zur Vermeidung eines Rückfalls und stellen sich reflektiert dar, setzen diese aber nicht um, weil sie selbst für

Abbildung 9 *Verbindungen zwischen den Hauptkategorien und Deutungsmacht*

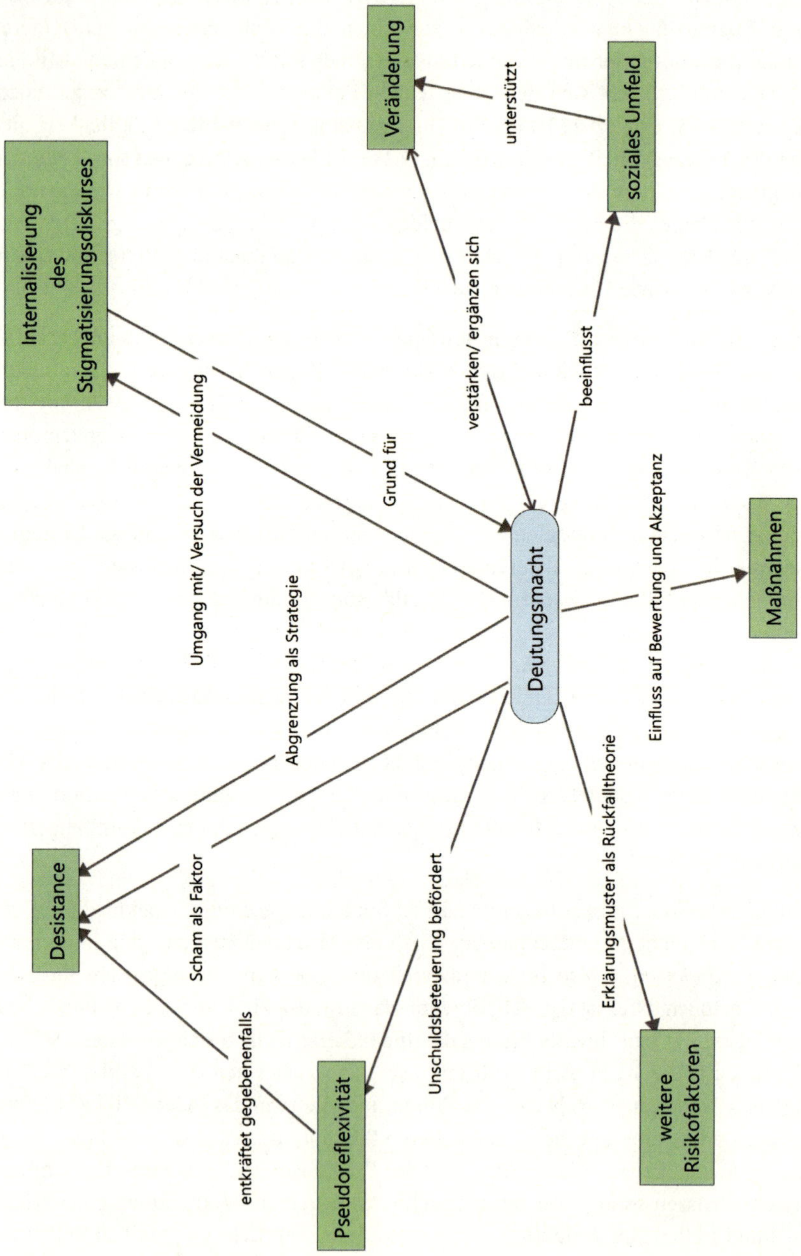

sich die Notwendigkeit einer Verhaltensänderung verneinen. Das Wissen bleibt also abstrakt und mündet nicht in einer eigenen Verhaltensänderung. Außerdem zeigt keiner der Befragten Reflexivität in Bezug auf das eigene Rückfallrisiko, was vor dem Hintergrund ihrer Unschuldsbeteuerung wenig überrascht. Abgesehen davon kann das Nebeneinander dieser Erklärungsmuster aber auch viel grundlegender die Bedeutung der Unschuldsbeteuerung für die Bemühung um Normalität und als Umgang mit dem Stigma unterstreichen, worauf auch weitere Überschneidungen hindeuten. Auch der Extremfall Scham und andere Aspekte der Deutungsmacht schließen sich nicht zwingend aus. Bei *Gerd* beispielsweise ist sowohl Scham zu finden und dennoch vertritt auch er das Verführungsnarrativ, sucht Erklärungen für seine Delinquenz und bagatellisiert und externalisiert somit. Hier bestehen offenbar unterschiedliche Aspekte im Umgang mit der Delinquenz nebeneinander. Gleichzeitig scheinen sie auf das gleiche Ergebnis zu zielen: die Aneignung der Deutungsmacht und damit die Herstellung von Normalität. Der Beweggrund, der hinter all diesen Bemühungen steckt, ist demnach am wahrscheinlichsten die Verminderung des Stigmatisierungspotenzials. Über diese Verbindung können die anderen Aspekte durchaus nebeneinander bestehen und müssen sich nicht gegenseitig entkräften. Eventuell ist unter diesen Umständen auch die Unschuldsbeteuerung gar nicht als tatsächliches Abstreiten zu verstehen, sondern vor allem als Versuch der radikalen Stigmatisierungsvermeidung zu deuten und kann daher neben *Veränderung* und *Desistance* auftreten. Dieser Argumentation wird mit Blick auf theoretische Ansätze und andere empirische Studien an späterer Stelle weiter nachgegangen (siehe *Kapitel 6.3*).

Der Aspekt der Deutungsmacht hängt damit auf vielfältige Weise mit anderen Hauptkategorien zusammen. Diese Verbindungen und Überschneidungen zeigen erneut an, dass die Normalitätswiederherstellung in der Gesamtschau der Ergebnisse eine Schlüsselrolle einnimmt. *Abbildung 9* unterstreicht diese Feststellung.

5.6 Gegenbeispiele – „alles schleifen lassen"

So präsent die Bemühungen um Normalitätswiederherstellung bei den meisten der Befragten sind, so gibt es doch einzelne Narrative, die die beschriebenen Aspekte in dieser Form nicht aufweisen. Da die entsprechenden Gegenbeispiele einen wichtigen Vergleichspunkt für die Fokussierung auf Normalität nach der Haftentlassung darstellen, werden sie ebenfalls anhand der wenigen vorhandenen Fälle nachgezeichnet. Aus der Abgrenzung resultieren weitere wichtige Erkenntnisse und insbesondere der Ausnahmecharakter der gegenläufigen Verhaltensweisen sowie ihr Risikopotenzial hinsichtlich der Legalbewährung können aufgezeigt werden. Es ergibt sich somit ein Bild zweier Gruppen innerhalb der Stichprobe. Zum einen findet sich die Mehrheit der Befragten, die ihr Leben an einer sanktionsvermeidenden bis konventionellen

Vorstellung von Normalität auszurichten versucht. Zum anderen gibt es eine kleine Gruppe, die diese Versuche nicht unternimmt und deren Nachentlassungsverlauf sich davon ausgehend grundlegend anders gestaltet. Der Begriff, der am ehesten das zentrale Motiv innerhalb der kleineren zweiten Gruppe beschreiben kann, ist Gleichgültigkeit. Die Ausprägungen dieser Gleichgültigkeit werden im Folgenden dargestellt und mit der präsenten Rückfallgefahr, die die Interviews erkennen lassen, in Bezug gesetzt. In ihrem Extrem kann die Gleichgültigkeit so weit reichen, dass die Abweichung Normalität definiert und ausmacht, sodass die Normalitätswiederherstellung nicht mit Legalbewährung einhergeht, wie dies bei den anderen Befragten der Fall ist. Dieser Extrem- und Ausnahmefall steht am Schluss des Ergebniskapitels (siehe *Kapitel 5.6.2*) und markiert den Kontrapunkt, der eine Ausnahme in der Stichprobe darstellt.

5.6.1 Gleichgültigkeit und Rückfallrisiko

Während der Großteil der Befragten sich Anforderungen, Erwartungen und Auflagen gegenüber in irgendeiner Weise anpassend verhält, so zeigen die Gegenbeispiele Gleichgültigkeit und gar kein oder nur hin und wieder ein sehr begrenztes Anpassungsverhalten. Wenn entsprechende Bemühungen vorhanden sind, richten sie sich in diesen Fällen vor allem auf die Vermeidung der erneuten Inhaftierung – wobei weniger weitreichende Sanktionen hingegen in Kauf genommen werden. Aber selbst die eingeschränkten Anpassungsbemühungen sind bei diesen Fällen nur bezogen auf einzelne Lebensbereiche zu beobachten. Sie dienen daher als Gegenbeispiele zu den bisher dargestellten Befragten. Anpassende Tendenzen, die an Assimilation erinnern, fehlen bei diesen Probanden gänzlich. Während die oben beschriebenen Interviewten beispielsweise die vom Jobcenter geforderten Bewerbungen schreiben, nehmen andere Sanktionen hin. *Lorenz* beschreibt seine Erfahrungen diesbezüglich folgendermaßen: „die Termine beim Arbeitsamt nicht so, wahrgewonnen wahrgenommen habe und halt auch da die Bewerbungen da, weniger geschrieben habe und dadurch habe ich halt öfter Sperrungen“ *(Lorenz)*.

Ein ähnliches Verhalten ist auch in Bezug auf die gesetzlich auferlegten Maßnahmen nach der Haft zu beobachten. Während die Termine beispielsweise bei der Bewährungshilfe von einzelnen Befragten schlicht nicht wahrgenommen werden, verweigern andere noch aktiver den Kontakt zur jeweilig zuständigen Person. „Ja ich muss halt sagen mein damaliger Bewährungshelfer der war öfter mal bei mir gewesen. Ich habe ihm auch nicht die Tür geöffnet“ *(Lorenz)*. Meist folgt auf dieses Verhalten schließlich eine entsprechende Reaktion.

> Ich wurde auch mal vorgeladen, nach XY [Stadt] zu der zuständigen Richterin damals. Habe den Termin aber, sausen lassen. Ich bin erst gar nicht hingefahren. Ja und, ja sie war sicher nicht begeistert. *(Lorenz)*

Von den Befragten wird häufig ausgeblendet und erst realisiert, wenn es bereits zu spät ist, dass auf diese ‚fehlenden Begeisterung' schnell eine Sanktion folgen kann.

Um solchen Sanktionen zu entgehen und sich aber dennoch nicht anpassend verhalten zu müssen, entwickeln einzelne Probanden besondere Strategien. Zwar ist generell der Versuch, Sanktionen zu entgehen, keine Besonderheit, die nur auf die hier befragte Gruppe Haftentlassener zutrifft. Dennoch fällt die Tatsache auf, dass die Befragten sich damit häufig in Graubereichen bewegen. Eine besondere Strategie diesbezüglich verfolgt beispielsweise *Jorge*. Sein Vorgehen kann am ehesten als Manipulation bezeichnet werden. Er verschleiert nach der Entlassung sein Vermögen sowie sein Einkommen. Mithilfe dieses Betrugs kann er zusätzlich Sozialleistungen erhalten. Aufgrund der bezogenen Leistungen werden regelmäßige Bewerbungsbemühungen von ihm erwartet, denen er zunächst nachkommt. Dann jedoch verhindert er aktiv eine Anstellung, da diese nicht Teil seines Lebensentwurfs nach der Haftentlassung ist.

> […] spätestens beim Vorstellungsgespräch hatten die dann so die Schnauze voll von mir. […] Ja, da werden immer so klassische Fragebögen/ ob man teamfähig ist und all so was und da schreibt man halt 'nein' und ich habe denen dann auch immer gleich erzählt, dass ich einmal in der Woche zur Suchtberatung muss, weil ich ein Alkoholproblem und Drogenproblem habe und da hat sich das erledigt. *(Jorge)*

Hier wird deutlich, dass der Proband sich darauf versteht, keine Anpassung zu zeigen, sich aber sozial deviant zu verhalten, ohne offen aufbegehren zu müssen. Er setzt diese Strategie bewusst ein, um Situationen zu seinen Gunsten zu verändern. Dabei liegt sein Augenmerk nicht darauf, (angenommenen) Normalitätsvorstellungen anderer zu entsprechen, sondern sich möglichst unauffällig aus diesen Bezügen zurückzuziehen und weiterhin seine bisherigen Lebensweisen beizubehalten. Bei ihm fügt sich seine Rahmung der durchlaufenen Therapie in diese Dynamik ein.

> B: […] hat mir die Anstalt halt auch beigebracht wie man auch noch mehr besser die Leute austricksen kann, verbal. […] Durch falsches, also von meiner Seite her (...) geheucheltes Auftreten den Behörden gegenüber oder von den Leuten, wo ich was will […]
>
> I: Also wie hätten Sie es/ was war vorher anders als jetzt?
>
> B: Ja, da habe ich meine abwertende Haltung den Leuten gegenüber gezeigt.
>
> I: Ach so. Okay.
>
> B: Aber war mir halt nicht bewusst, dass ich ja was von denen will und die durch meine abwertende oder ablehnende Haltung/
>
> I: Dann auch nein sagen irgendwie.

> B: Mehr nein sagen bei Kann-Bestimmung, als wenn ich denen was vorspiele, dass sie doch so wichtig sind für mich und so einen guten Job vollbringen. Also ich bin, bin da ein richtig guter Schauspieler durch die Anstalt geworden. *(Jorge)*

Der Proband bringt hier auf den Punkt, wie entscheidend es für ihn ist, eine Fassade der Normalität nach außen hin aufrecht zu erhalten, um die bestmöglichen Ergebnisse für sich zu erzielen. *Jorge* sieht seinen Vorteil darin, sich nach außen hin freundlich und kooperativ zu geben. Er strebt somit vor allem an, dass er ein nach außen sichtbar angepasstes Bild abgibt. Auf diese Weise kann er seine Nachentlassungssituation so einrichten, dass ein gewisser Handlungsspielraum erhalten bleibt.

Diejenigen Befragten, die nach außen hin keine solche Fassade der Normalität aufrechterhalten, haben im Ergebnis häufiger Konflikte mit Ämtern und Behörden. Diese lösen sie selten, sondern versuchen sie zu ignorieren – was eher dem bereits beschriebenen passiven Vermeidungsverhalten zugerechnet werden kann – oder aber sie lassen die Konflikte eskalieren.

> Ich war schon drauf und dran wirklich mal, beim letzten Streit einen Stuhl zu nehmen und quer durch das Zimmer zu schmeißen. […] so weit war ich schon. Das habe ich aber mir nicht anzeigen lassen. Ich bin aber gegangen und habe die Tür zugeknallt und habe gesagt, 'leck mich am Arsch'. *(Mirko)*

Als Grund für die verbreitete passive Gleichgültigkeit und die fehlenden Bemühungen nennen die Probanden häufig „Faulheit“ *(Ricardo)* oder geben an, „es gibt auch so eine Phlegmatigkeit bei mir, wo ich sage, ‚na ja, mache es morgen‘“ *(Ernst)*. Sie sehen keinen Grund, weshalb sie den entsprechenden Anforderungen nachkommen sollten, was die Schwelle aktiv zu werden weiter erhöht.

> Da habe ich einfach nicht den Antrieb. Ich soll mich eineinhalb Stunden mich in die Straßenbahn setzen, mich dort vor den Rechner setzen. Obwohl ich zwei Wochen vorher dort war, oder eine Woche vorher, und selbst der vom Arbeitsamt am Rechner nichts findet an Arbeitsstellen. *(Ricardo)*

Durch diese Grundhaltung erfahren die Befragten jedoch nicht nur die Sanktionen der jeweiligen Ämter, auch Chancen können von ihnen nicht genutzt werden. *Lorenz* beispielsweise hatte die Aussicht auf einen Ausbildungsplatz, den er rückblickend gerne angetreten hätte. Er scheiterte aber daran, einen Termin zur Vertragsunterschrift zu vereinbaren.

> Ich wollte eigentlich eine, meine begonnene Ausbildung in XY [JVA] zum XY [landwirtschaftlicher Arbeitsbereich] draußen fortführen und auch beenden. Habe das aber leider, schleifen lassen. Ja ich, bin dann wieder, auf Arbeitslosengeld und später in Hartz IV zurückgefallen. […] Ich habe dann so eine Telefonnummer bekommen und alles. Aber ich

> habe es dann leider schleifen lassen dann dort zu an anzurufen und noch mal einen Termin zu machen und. Ja deswegen ist das dann auch alles nicht zustande gekommen. *(Lorenz)*

Insbesondere bei diesem Haftentlassenen wird die Problematik des „Schleifen-Lassens“ deutlich. Er selbst schätzt eine Ausbildung und die damit verbundenen Berufsperspektive nämlich als unerlässlich für einen erfolgreich verlaufenden Nachentlassungsverlauf ohne Rückfall ein. Zudem bietet dies aus seiner Sicht die einzige Grundlage, auf der eine Familiengründung aufbauen kann. Somit wirkt sich seiner Logik folgend der hier fehlende Einsatz weitreichend auf seinen Lebensverlauf aus und dennoch zeigt er keine entsprechenden Bemühungen. Überhaupt stellt sich in seinem Narrativ „schleifen lassen“ *(Lorenz)* als ein zentraler Aspekt dar. Darunter leiden die sozialen Kontakte. Insbesondere dann, wenn das Umfeld sich stützend einbringen will, sorgt die fehlende Umsetzung auf Seiten der Befragten für Konflikte.

> Menschen draußen enttäuscht die was eigentlich auf mich gebaut haben mich draußen unterstützt haben mir auch mal ein bisschen auf den Arsch getreten sind. 'Geh zu dem Bewährungshelfer'. 'Kümmer dich um deine Ausbildung' und so. [...] Ich immer gesagt 'Ja ich mache schon mache schon'. (genervte Stimmlage) 'Macht euch keine Sorgen'. und so. Ich habe es dann halt doch schleifen lassen. *(Lorenz)*

Nicht nur in seinem Fall, sondern auch bei weiteren Befragten zeichnet sich diese Dynamik ab. *Ricardo* berichtet zudem, dass seine alten Freundschaften „abflauen“, weil ihm für Besuche der Weg zu weit sei – in diesem Fall handelt es sich nach seinen Angaben um eine 10-minütige Straßenbahnfahrt. Entsprechend entwickeln sich auch keine neuen Freundschaften, weil die Befragten den Kontakt nicht aufrechterhalten. Anknüpfungspunkte insbesondere zu nicht straffälligen Personen fehlen daher. In der Konsequenz leben diese Befragten meist zurückgezogen und relativ isoliert. Unter diesen Umständen entfallen die stabilisierende Wirkung und die Hilfestellung anderer Personen. Der zuvor mehrfach zitierte *Lorenz* beispielweise ist zum Zeitpunkt des Interviews als einer von vier Befragten bereits erneut inhaftiert.[50] Es ist anzunehmen, dass dieser Umstand Einfluss auf seine retrospektive Darstellung des Nachentlassungsverlaufs nimmt und er daher viele der identifizierten Dynamiken selbst reflektiert und beschreibt, die sich bei anderen eher andeuten.

> [...] bin ich vielleicht vielleicht nicht mit 100 Prozent dran gegangen. (...) Und ich habe halt auch von mir gedacht naja jetzt wo ich dann wieder draußen war 'Das schaffst du

50 Es handelt sich dabei um *Frieder*, *Uwe*, *André* und *Lorenz*. Diese Befragten sind Teil der Stichprobe einer bereits oben erwähnten separaten Untersuchung zu impliziten Rückfalltheorien (*Gauder & Wößner* 2019). *Lorenz* ist deutlich den Gegenbeispielen zuzurechnen und interessanterweise sind auch bei *Uwe* und *André* lediglich bedingt Ansätze von Anpassung, Konventionalität, Sinnsuche oder Wiedergutmachung zu identifizieren. *Frieder* ist der Befragte, dessen Interview als Extremfall und Ausnahme innerhalb der Stichprobe in *Kapitel 5.6.2* ausführlich dargestellt wird.

> schon'. also. Ich habe ja es war ja, als Auflagen, mit gesagt worden dass ich mich halt einer Nachbetreuung unterziehen soll durch die XY [JVA]. Die habe ich halt aus schleifen lassen. [...] Aber wenn es dann wirklich drauf ankam habe ich halt, den Rückzieher gemacht so. Habe mich dann doch nicht getraut dann (....) mir helfen zu lassen. So in der Art. *(Lorenz)*

Einen deutlichen Unterschied kann man zudem in der Alltagsgestaltung derjenigen Probanden erkennen, die Normalität herstellen wollen gegenüber denjenigen, die verbreiteten Vorstellungen und Vorgaben von Normalität gegenüber eher gleichgültig scheinen. Wohingegen die Erstgenannten eine sinnstiftende Aufgabe oder strukturgebende Tätigkeiten suchen, dominieren bei einzelnen Gegenbeispielen Monotonie und Langeweile den Alltag. Langeweile wird jedoch in diesen Fällen nicht als Schwierigkeit gerahmt, sondern die Eintönigkeit des Alltags wird als gegeben beschrieben – vielleicht auch als Normalität verstanden. Sie manifestiert sich insbesondere in der Beschreibung des täglichen Lebens, in der sie indirekt deutlich wird.

> B: Was mache ich da? Eigentlich nichts. [...] Ich kümmere mich dann ein bisschen um den Küchenbereich oder um meine Stube ein bisschen so, was am Abend noch stehen geblieben ist. Aber sonst mache ich eigentlich nichts.
>
> I: Ich kann es mir noch nicht richtig vorstellen, was man macht, wenn man nichts macht. Können Sie mir irgendwie ein bisschen konkreter?
>
> B: In der Küche sitzen, Kaffee trinken - ja? - und eine nach der anderen rauchen. *(Ricardo)*

Einen großen Anteil an dieser kaum vorhandenen Gestaltung scheinen die bereits erwähnten fehlenden sozialen Kontakte zu haben.

> Ich bin fast nur daheim. Ich gucke immer, weil ich am Fenster auch rauche. Dann rauche ich nicht so wenig. [...] Ich will einfach bloß meine Ruhe haben. Ich bin ein ruhiger Mensch. Ich kann machen was ich will daheim. Ich brauche auf niemanden zu achten. *(Christian)*

Da die Befragten in diesen Fällen keine strukturgebenden Aktivitäten wie eine Arbeitsstelle oder Verpflichtungen innerhalb der Familie haben und gleichzeitig keine anderen Freizeitinteressen verfolgen, verstärkt sich der Eindruck des richtungslosen Alltagslebens. Auch das oben beschriebene soziale Engagement findet sich bei diesen Befragten nicht. Interessant ist an dieser Stelle, dass sich damit exakt das Bild ergibt, das die anderen Probanden aktiv vermeiden wollen. Sie setzen auf strukturgebende Marker im Alltag oder Aufgaben, die ihnen eine Orientierung liefern können, damit sie nicht „in den Tag hinein leben" *(Heinz)*. Die geringe bis fehlende Struktur wird bei den Gegenbeispielen hingegen teilweise positiv gerahmt.

Wenn ich Fernsehen gucken will, gucke ich Fernsehen, wenn ich PlayStation spielen will, spiele ich PlayStation. Ich meine das was ich spiele, dieses Auto Dings da. Ich gehe meine Einkäufe machen. Ich gehe jeden Tag einkaufen, weil ich einkaufen tue auf was ich Appetit habe, weil ich auch noch keinen Kühlschrank habe. [...] Das wird immer mehr. Früher war der Fernseher immer abends erst an, aber jetzt ist er schon einmal nachmittags an. [...] Na ja, das zocken ist dann schon einmal mehr. Das geht schon einmal die ganze Nacht durch. *(Christian)*

In extremen Fällen beschreiben die Haftentlassenen diese Strukturlosigkeit nicht als gewünschten Freiraum, sondern als Folge suchtbedingter Zwänge. Diese hindern sie daran, strukturgebende Tätigkeiten auszuführen, soziale Kontakte aufzubauen und zu halten oder sich für andere einzusetzen. Sicherlich ist die Suchtthematik ein Faktor, der diese Fälle nicht ohne weiteres mit anderen Probanden vergleichbar macht. Da die Sucht aber unter anderem die Gleichgültigkeit befördert, die auch bei nicht süchtigen Personen zu beobachten ist, sind diese Beispiele ebenfalls in diesem Kapitel beschrieben. Zudem verstärken sich gerade der unstrukturierte Alltag und die Sucht gegenseitig, wie das folgende Beispiel zeigt.

B: [...] dann kann es passieren, selten dass ich dann mal früh oder Vormittag dann schon ein Bierchen dabei trinke, sehr selten, wohlgemerkt. Eher nicht.

I: Aber kommt schon mal vor?

B: Sonntags passiert es schon mal, dass ich dann um zehn sage okay, um zehn Frühschoppen Time. Gut, aber wie gesagt, dann nur Bier, Schnaps und so etwas trinke ich nicht. Letztens habe ich mal eine Flasche Wein geköpft, eine Flasche Wein getrunken, statt Bier. Ja. Ansonsten wie gesagt, wird das Bier getrunken, bei den Spielen einmal runter gerasselt, alles einfach ein bisschen durchgespielt, dann habe ich mich wieder hingelegt, habe Mittag geschlafen bis abends und mich abends wieder an den Computer gesetzt, oder ich sitze den ganzen Tag an der Kiste. *(Holger)*

Außerdem zeigt sich, dass mit der Gleichgültigkeit meist ein erhöhtes Rückfallrisiko einhergeht. Dieses ist auch bei einer sich verschlimmernden Sucht bei den Haftentlassenen zu beobachten und entwickelt somit eine ähnliche Dynamik wie die bisher beschriebene. Sie wirkt sozusagen als Katalysator der Entwicklungen und erschwert die Legalbewährung. „Ja, am nächsten Tag kam dann der Schnaps schon wieder zu. […] Ja, ich drehe dann ab. Dann knalle ich zu. Das ist mir egal, was dann passiert" *(Klaus)*. Entsprechend dieser Ausgangssituationen finden sich in den Interviews der Befragten keine Bemühungen, die Idee eines Lebensentwurfs im Sinne der oben beschriebenen Konventionalität umzusetzen, auch wenn er in einzelnen Beispielen zumindest als Konzept erwähnt wird. Die Bedeutung der Partnerschaft oder eines entsprechenden Lebensentwurfs ist hier nicht im gleichen Maße vorhanden wie bei anderen Probanden.

Man könnte an dieser Stelle zwar fragen, ob die bisher ausgeführten Aspekte wie das Anknüpfen an alte Gewohnheiten, der Rückzug und die Monotonie des unstrukturierten Alltags für diese Probanden nicht auch Normalität bedeuten kann. In diesem Fall wäre es somit ihr ganz eigener Weg, Normalität im Nachentlassungsverlauf herzustellen. Diese Überlegung ist auf der Grundlage des Interviewmaterials zwar nicht gänzlich auszuschließen, dennoch gibt es Anhaltspunkte, die dagegensprechen. Verglichen mit anderen Probanden, ist bei diesen Haftentlassenen die Idee eines Lebens völlig ohne Straftaten, mit strukturgebenden und sinnstiftenden Aufgaben oder konventionellen Lebenskonzepten als gleichbedeutend mit Normalität nur ein seltenes Thema. Dennoch finden sich Ansätze, die darauf hindeuten, dass ihre Vorstellung eines normalen Lebens eigentlich nicht dem entspricht, wie sie aktuell leben.

> I: […] Wie zufrieden sind Sie denn dann im Allgemeinen momentan, mit Ihrem Leben?
>
> B: (....) Weniger (...) zufrieden, dadurch dass ich halt nochmal straffällig geworden bin. Das ist schon (....). Es hat halt vieles kaputt gemacht sage ich mal so. Dadurch das ich jetzt erneut straffällig geworden bin und (....) würde ich schon eher eine Fünf sagen also, eher unzufrieden eher halt. *(Lorenz)*

John, der nicht wie *Lorenz* erneut inhaftiert ist, setzt ähnliche Schwerpunkte in seiner Beschreibung und hebt gleichzeitig hervor, wie entscheidend die Legalbewährung für ihn ist.

> B: Mittelmäßig, bin ich (..) zufrieden mit meinem Leben. (....) Wenn ich jetzt mit Straftaten, mit rechnen würde, dann. (..) Wenn nur die Straftaten wären, würde ich zufrieden sein. Weil ich ja keine Straftaten gemacht habe, in der Sache. (..) Aber jetzt die Wohn-, und geldmäßig alles, (..) ist das mittelmäßig, in der Sache. […]
>
> I: Wie muss denn ein optimaler Tag für Sie aussehen, wo Sie dann am Ende des Tages sagen: Heute war mal ein richtig guter Tag? (...)
>
> B: Arbeiten. (....) Na, nur arbeiten. (..) Ohne arbeiten macht, macht der Tag gar nicht Spaß. (....) Ich brauch irgendwas, wo ich was zu tun habe. (.) Wo ich was machen kann. Wo ich dann selber auf mich stolz bin. ...) Na. (....)
>
> I: Was macht Sie momentan stolz? (....)
>
> B: Keine Straftaten zu machen. *(John)*

Diese Diskrepanz zwischen dem, was damit schwer erreichbar wird und dem, was sie als normales Leben aufbauen wollten, ist in manchen Fällen so groß, dass keine Umsetzung folgt oder sogar ein ganz neues Konzept von Normalität entworfen wird:

Haft als Normalität. Nur in diesem alternativen Normalitätsentwurf können die Befragten mit ihrer Lebensrealität bestehen. Die Haft wird dementsprechend in diesen Fällen als normal gerahmt. Interessanterweise ergibt sich dabei ein Standpunkt, der in den Ausführungen der anderen Haftentlassenen, die nicht zu den Gegenbeispielen gehören, bereits im Gegenteil aufgetreten ist. Beim Versuch der Abgrenzung von anderen Tätern, nannte der oben bereits diesbezüglich zitierte *Axel* explizit diejenigen, „die dann denken, ja dann gehe ich eben wieder rein und dann war es das. Solche Leute gibt es ja auch, die sich drinnen eigentlich mehr wohlfühlen als draußen.“ Deutlich betont er dann: „dazu gehöre ich ja nicht“ *(Axel)*. Normalität ist damit für die eine Gruppe weder Kriminalität noch Haft, sondern das Leben außerhalb des Strafvollzugs. Die Haft wird dann als Alternative gerahmt, die nur für diejenigen interessant ist, „die keinen anderen Ausweg haben“ *(Axel)*. Eben diese Personen sind ebenfalls in der Stichprobe zu finden und hier als Gegenbeispiele dargestellt. Tatsächlich beschreiben zwei der Befragten, die einen eher destabilisierten Nachentlassungsverlauf schildern, die Haft als eine angenehme, wünschenswerte und bequemere Alternative zu ihrem Leben außerhalb des Strafvollzugs. Dieses ist geprägt durch den Kampf, Dinge zwar verändern zu wollen, in der Umsetzung aber zu scheitern und zudem mit vielen Anforderungen und Aufgaben konfrontiert zu werden. Die daraus resultierende Überforderung würde ihnen zufolge in Haft gemindert. Dort kann schlichtweg Folge geleistet werden, was durch die starren Strukturen leichter fällt als Verantwortung außerhalb zu übernehmen. Auch *Dirk*, der als Extremfall der Abhängigkeit innerhalb der Partnerschaft dargestellt wurde, und nicht eindeutig den Gegenbeispielen zuzurechnen ist, beschreibt diese Alternative sehr treffend:

> Deswegen, ich glaube: Wäre ich ganz alleine, hätte ich gleich wieder gesagt: 'Ihr könnt mich wieder reintun. Ich will da wieder rein'. Ich habe mein Essen. Ich habe mein Dach überm Kopf. Ich habe mein Bett. Ich habe meine Freizeit. Ich habe meine Arbeit. Und alles andere kann mir noch am Arsch verlaufen. Alles wird mir abgenommen: mein Denken, bla, bla, bla. Ich sage: 'Dann könnt ihr mich wieder reintun. Da geht's mir gut. Da fühle ich mich wohl. Da kenne ich mich aus. Und fertig.' Da herrscht nur eine Regel. Und das ist: Der Stärkere überlebt. Ne? Und Punkt. Jeder ist schon wieder anders. Draußen ist es anders. *(Dirk)*

Da er jedoch durch äußere Faktoren in Form seiner Partnerschaft Unterstützung erhält, schließt er diese Option erstmal für sich aus. Wie erleichternd die Abgabe der Verantwortung sein kann, unterstreicht auch das Zitat von *John*, der hingegen eindeutig ein Gegenbeispiel zu den bisherigen Normalitätsbestrebungen darstellt. Obwohl er angibt, seine Alkoholsucht langsam in den Griff bekommen zu haben, sieht er sich offenbar dennoch nicht in der Lage, die Sucht und Straffälligkeit in seinem weiteren Lebensverlauf außerhalb der Haft gänzlich zu bewältigen.

> Und wo ich raus, wo ich in die Freiheit bin, hat es wieder angefangen mit Alkohol. Dann wieder mit den Drogen. Na, hab meine Termine versäumt. Keine Lust gehabt. Durch Drogen

> Alkohol. […] Bin ich auf einer Seite froh, draußen zu sein und auf der anderen Seite, sage ich (..) würde ich lieber drin sein als draußen, weil draußen kann man wieder immer wieder Straftaten machen. Und drin hast du nie die Möglichkeit, um eine Straftat zu machen. *(John)*

In einem längeren Zitat von *Patrick* zeichnet sich ab, dass zu dieser Vorstellung neben den nicht zu bewältigenden Aufgaben und der dann aufkommenden Langeweile nicht zuletzt die Stigmatisierung beiträgt, die sie nach der Haft erfahren. In der Folge fühlen die Interviewten sich in der Gesellschaft anderer Personen, die straffällig geworden sind, vermeintlich wohler als außerhalb der Justizvollzugsanstalt.

> I: Und wenn Sie jetzt von sich so ein bisschen wegschauen, was könnten Sie sich bei anderen vorstellen, weswegen werden die nach der Entlassung aus der Haft doch wieder straffällig?
>
> B: Langeweile, das ist viel Langeweile. Weil sie mit sich nichts anzufangen wissen. Ausgeboten von der Gesellschaft, ausgegrenzt, keine Arbeit. Das bringt viele auf den Gedanken, straffällig zu werden, wieder reinzugehen, weil im Knast ist man dann wer. Egal, welche Straftat man gemacht hat. Wobei es jetzt im Knast eine Rangordnung, aber die Rangordnung ist auch nur hypothetisch. […] Also ich hatte als Sexualstraftäter mit allen Kontakt gehabt, ob das mit Dealern war, ob das mit Ausländern war, ob das jetzt mit Mördern war. Und alle wussten, was ich gemacht hatte. Also ist diese Hierarchie[51], wie man umgeht mit der Sache, ist im Knast das A und O. Wenn ich offen damit umgehe, werde ich offen behandelt. […] Hier draußen ist man nur eine Nummer. Drin ist man zwar auch eine Nummer, im Gefängnis, aber man fühlt sich anders. […] die meisten finden sich zusammen. Und das ist eben das, was auch zusammenhält dann. *(Patrick)*

Was *Patrick* hier hypothetisch als die Überlegung anderer schildert, wird an späterer Stelle auch als seine eigene Überzeugung deutlich. Offenbar dachte er selbst darüber nach, eine Straftat zu begehen, um in die strukturgebende Normalität der Haft zurückkehren zu können, in der er sich nicht ausgegrenzt fühlt. Die als Vorteile der Haft beschriebenen Aspekte decken sich dabei mit denen, die *Dirk*, wie gerade zitiert, angeführt hat.

> B: Gefängnis ein Dach überm Kopf, Struktur, Arbeit und
>
> I: Was hat Sie davon abgehalten, das umzusetzen in die Tat?

---

51 Er beschreibt hier eine gegenteilige Erfahrung zu der von beispielsweise *Andreas* oder *Mario*. Sie sehen Personen, die Sexualstraftaten begangen haben, innerhalb der Hierarchie der Insassen als „ziemlich weit unten“.

B: Dass es immer beschissener dann wird, wenn man wieder einfährt, du weißt ja nicht, wo man hinkommt in welche JVA. [...]

I: Das wäre dann die SV gewesen.

B: Die SV, ja.

I: Sicherungsverwahrung.

B: Aber es geht ja nicht um die Straftat, die ich gemacht habe. Ich hätte ja auch eine andere Straftat machen können. Also irgendwie einen Bullen aufklatschen oder sonst was. Dann hätte ich vielleicht eine Straftat gemacht.

I: Einfach, um wieder...

B: Um wieder reinzukommen. Um wieder normal als, einfach als Mensch behandelt zu werden. Man ist ja von den Beamten drin auch als Mensch behandelt worden. Nicht von allen, aber von den meisten. *(Patrick)*

Hier muss berücksichtigt werden, welchen Stellenwert die Straffälligkeit in diesen Konstrukten einnimmt. Auch für *Patrick* ist die Straffälligkeit an sich damit nicht Normalität, sondern ein Mittel, um ein Leben in Haft zu führen, wo er sich als normaler Mensch fühlen kann. Dieses ist aus seiner Sicht normaler, als das Leben, das er außerhalb führt beziehungsweise das ihm außerhalb möglich erscheint. *John* sagt explizit, dass er auf eben diesem Weg – im Falle einer Inhaftierung – daran gehindert würde, weitere Straftaten zu begehen. Dies bleibt damit das langfristige Ziel. Geht man von dieser Perspektive aus, liegt der Schluss nahe, dass Normalität gleichzusetzen ist mit einem Leben ohne Straftaten beziehungsweise dies zumindest der maßgebliche Faktor bei der Herstellung von Normalität ist. „Neues Leben anfangen (...) ohne die Straftaten“ *(John)* bleibt auch in diesen Fällen offenbar die Prämisse. Dies ähnelt der Aussage von *Yannick*, der das normale Leben dem mit Straftaten gegenüberstellt: „Die haben sich da mit der Straftat wohler gefühlt, als ein normales Leben zu führen“ *(Yannick)*. Dieser Proband ist jedoch keines der Gegenbeispiele, sondern wurde bereits bezüglich des konventionellen Lebensentwurfs mit diesem Zitat erwähnt. Damit könnte man als kleinsten gemeinsamen Nenner der beiden Gruppen innerhalb der Stichprobe die Vorstellung einer Normalität ohne – zumindest ohne schwere – Straftaten bezeichnen. Die Bemühungen darum sowie die Lebensrealitäten hingegen unterscheiden sich stark.

Hinzu kommt die Abstufung, welche Straftaten als normal oder auch nicht normal verstanden werden. Hier liefert *Jorge* mit seiner Haltung zum Drogenkonsum ein anschauliches Beispiel.

Ich denke mal, teilweise sind Drogen schon gesellschaftsfähig in allen Schichten [...] Da sehe ich für mich kein Problem, aber wenn der Gesetzgeber es halt vorschreibt, dass es eine Straftat ist, spiele ich halt immer mit dem

> Risiko, ich kaufe ja nicht so große Mengen, also das wird ja/ ist ja auch immerhin so, dass es halt zwar eine Straftat ist, aber es wird inoffiziell trotzdem geduldet, weil da keiner mehr Anklage erhebt. *(Jorge)*

Hier wird deutlich, wie risikobehaftet diese Gleichgültigkeit gegenüber den gesellschaftlich und gesetzlich erwarteten Normen und dem eigenen Verständnis von Normalität sein kann. Das Hauptaugenmerk liegt für diesen Probanden in einer Lebensweise, mit der er nicht offen negativ auffällt und dennoch Raum für normverletzende oder sozial deviante Verhaltensweisen bleibt – teilweise auch für strafrechtlich relevante. Wie bereits erwähnt ist dieses sanktionsvermeidende Verhalten sicherlich nicht ausschließlich innerhalb der Gruppe der Haftentlassenen zu finden. Wenn sich die Befragten jedoch in diesen Graubereichen bewegen, birgt das zusätzliches Risikopotenzial. Sie unterliegen in den meisten Fällen durch die Führungsaufsicht oder Bewährungszeit zusätzlichen Vorgaben und Kontrollinstanzen, wobei mit dem Verstoß dagegen wiederum ein zusätzliches Risiko für eine Inhaftierung einhergeht. Mit seinem Verhalten riskiert *Jorge* also weiterhin dauerhaft eine erneute Verurteilung beziehungsweise Inhaftierung. Pointiert drückt er seine Sicht auf die Entwicklungen nach der Haft so aus:

> […] man kann also ganz schlechten Menschen, kann man keinen guten Menschen machen. Man kann den Menschen ändern und dass er […] legal bleibt, aber halt man kann keinen Engel aus dem machen. *(Jorge)*

Eben dies sieht man am besten an seinem Beispiel und der nach außen aufrecht erhaltenen Normalitätsfassade, die unter dem Stichwort ‚Manipulation' beschrieben wurde.

Es bleibt noch ein letzter Fall einzubeziehen, der somit den tatsächlichen Kontrapunkt gegenüber den Probanden darstellt, die bisher in der Ergebnisdarstellung vorkommen. Dieser Befragte, dessen Vorstellungen von und Bemühungen um Normalität im nächsten Unterkapitel dargestellt werden, vertritt eine andere Ansicht auf Normalität und Straftaten. Er bildet damit den einzigen tatsächlichen Ausnahmefall, der selbst diesen kleinsten gemeinsamen Nenner in der Normalitätskonstruktion der anderen Befragten nicht teilt.

5.6.2 Extremfall: Delinquenz als Normalität

Das Extrembeispiel, das sozusagen den Gegenpol zu den anderen und bisher in die Ergebnisdarstellung einbezogenen Befragten darstellt, ist *Frieder*. Er ist der einzige Befragte, der ein Normalitätskonzept vertritt, das sich grundlegend von dem der anderen unterscheidet. Dennoch gibt es mit Blick auf das Anpassungsverhalten erst einmal eine Gemeinsamkeit, diese bleibt jedoch die einzige. *Frieder* äußert grundsätzlich, dass er schon immer daran interessiert gewesen sei, einer Arbeit nachgehen zu können. Durch seine Nähe zum Rentenalter steht dies für ihn nun aber nicht mehr im Vordergrund. Strukturgebende Aufgaben sucht er sich dennoch in Form von Gartenarbeit. Sie stellt eine wichtige Größe in seinem Alltagsleben dar.

> So, zu tun habe ich genug. [...] Ich habe einen Vorgarten noch vor meinem Balkon. Ich habe den großen Garten. Und dann habe ich noch Bekannte, die haben einen Bauernhof, da müsste ich auch helfen. *(Frieder)*

An dieser Stelle jedoch enden die Gemeinsamkeiten mit den anderen Befragten bereits und *Frieder* zeigt weiterhin vornehmlich Ähnlichkeiten mit den Befragten, die Gleichgültigkeit erkennen lassen. Weitere Aspekte von Anpassung sind in seinem Narrativ nicht erkennbar. Das konventionelle Lebenskonzept nach der Haftentlassung ist bei ihm ebenfalls nicht vorhanden und auch Wiedergutmachung spielt in seinem Nachentlassungsverlauf keine Rolle. Ähnlich ist zudem, dass *Frieder* in alten Bezügen verhaftet bleibt und quasi keine Kontakte pflegt, die ihm soziales Kapital eröffnen. Vielmehr umgibt er sich mit Menschen, die stark risikobehaftet erscheinen. Viele von ihnen bewegen sich in einem Milieu, das vor allem vor dem Hintergrund seiner Straftaten als äußerst problematisch bezeichnet werden muss. Es zeichnet sich im Interview ab, dass im Zusammenhang mit der von ihm begangenen Straftat des sexuellen Missbrauchs auch Ausbeutung in Form der Prostitution eine Rolle spielte. Er habe mit dem Jungen „ein bisschen Geld verdienen“ *(Frieder)* wollen.

> B: Ich habe wieder, diese Leute wieder, wo ich erst war, wieder getroffen alles und
>
> I: Sie haben Ihren alten Bekanntenkreis wieder.
>
> B: Ja, kann man sagen. Was noch da war, vom alten Bekanntenkreis. [...] Ja, ich kenne zum Beispiel in XY [Stadt] den XY [Spitzname]. Der ist ganz stadtbekannt. Das ist, der hatte damals die ganzen Dinger aufgebaut, alles.
>
> I: Was hat er aufgebaut? B: Der hat alles, diese Milieus aufgebaut da. [...] Ja, wir haben mit vielen zusammengearbeitet und das gemacht. *(Frieder)*

Frieder thematisiert selbst, dass ihm das Loslösen von diesen Kontakten schwerfällt. „Das ist, in dieses Milieu reinrutschen und wieder rauskommen, das war so eine Sache“ *(Frieder)*. Dennoch ist ihm klar, dass für die Legalbewährung eben dieser Schritt entscheidend wäre.

> B: [...] man müsste vielleicht das Umfeld verändern aber
>
> I: Wie könnte das aussehen?
>
> B: Na ja, ich würde, das ist wie, XY [Stadtteil] ist ein Ballungsgebiet und das ist vielleicht nicht so das Ideale, wissen Sie. Obwohl, das kann überall passieren. Aber da sind so viel Extreme, da ist, die soziale Schicht, wissen

Sie, weil, das ist auch ein Faktor mit […] Ich muss dem Milieu ein bisschen aus dem Weg gehen. *(Frieder)*

Dadurch wird bei ihm ein hohes Rückfallpotenzial deutlich, das so bei den Befragten, die vorab beschriebene Ausprägungen der Normalitätswiederherstellung zeigen, nicht zu finden ist. Wie oben beschrieben, versucht der Großteil der Befragten vielmehr, sich von eben solchen Bezügen zu lösen und die räumliche Nähe zu alten Bekannten, Straffälligen oder Personen, denen sie in anderer Weise einen negativen Einfluss zuschreiben, zu meiden. Meist vollziehen sie den von *Frieder* erwähnten Wohnortwechsel, den er selbst nur thematisiert.

Bezüglich der Aneignung von Deutungsmacht findet sich bei *Frieder* eine Besonderheit, die ihn deutlich von allen anderen Probanden unterscheidet. Während bei vielen Befragten die Abgrenzung von anderen (Sexual-)Straftätern und insbesondere von pädophilen Straftätern auftaucht, äußert sich *Frieder* vollkommen anders. Betrachtet man das Interview diesbezüglich, gliedert sich die Darstellung der Ereignisse auf eine ganz andere Weise in seine Erzählung ein und insbesondere die Art wie er von dem begangenen Sexualdelikt berichtet, ist so bei anderen nicht zu finden. Er spricht von sich aus Pädosexualität an und thematisiert sein sexuelles Interesse an männlichen Kindern und Jugendlichen. „Eigentlich ist das so bei mir, hier sind hübsche junge Männer, wissen Sie, das zieht mich dann an" *(Frieder)*. In diesem Kontext formuliert *Frieder* häufig passiv und beschreibt entsprechende Situationen, in denen er – die Unterscheidung fällt ihm schwer – das „Glück" oder das „Pech" *(Frieder)* habe, dass junge Menschen Kontakt zu ihm suchten. Er lässt damit vielfach den Eindruck entstehen, dass er seinem „Hang" *(Frieder)*, wie er es selbst nennt, ausgeliefert sei. Der entscheidende Unterschied zwischen ihm und den anderen Befragten ist aber nicht nur, dass er diesen Umstand überhaupt thematisiert, sondern dass er ihn als gegeben beschreibt und keinen Leidensdruck formuliert.[52] Er nimmt das Attribut Pädophilie für sich an, von dem andere Befragte sich zu distanzieren versuchen. In seinem Fall scheint diese Akzeptanz aber nicht nur eine Grundlage für den Umgang mit seiner Sexualpräferenz zu sein. Vielmehr schließt sich an die Thematisierung eine Rechtfertigungslogik an, die vergangene und in gewissem Maße auch mögliche weitere Straftaten erklären soll. In diesem Zusammenhang kommt auch die Bagatellisierung seines Verhaltens zum Tragen. Über seine letzte Straftat beispielsweise sagt er:

B: Es war ja auch, der war ja auch 17. Es war ja gar nichts passiert, Sex. Okay, ist kein Problem eigentlich. Aber da

52 Bei *Frieder* ist von einer teilweisen pädophilen Neigung auszugehen. Neben ihm thematisieren nur drei weitere Befragte eine eigene pädosexuelle Paraphilie im Interview. Dabei rahmt beispielsweise *Philipp* Pädophilie entgegen der Darstellung von *Frieder* als Krankheit und geht verglichen mit *Frieder* in der Folge gänzlich anders mit ihr um. Er verfolgt damit zusammenhängende Strategien zur Legalbewährung wie beispielsweise eine langfristige Therapie und betont, sich streng an Vorgaben zu halten. Er ist keines der Gegenbeispiele, sondern zeigt Aspekte der Normalitätswiederherstellung, wie sie oben beschrieben wurden.

er geistig nicht ganz auf der Höhe war, das war das Risiko, das war das.

I: Haben Sie das gewusst?

B: Na ja, eigentlich schon und aber, ich habe es verdrängt. [...] Von der Anzeige habe ich nicht gewusst, habe ich überhaupt nicht gewusst. Weil er mal irgendwann zu spät nach Hause gekommen ist, deswegen ist das gewesen. Sonst wäre im Prinzip gar nichts passiert. *(Frieder)*

In diesem Interviewauszug wird deutlich, dass der Befragte keine Einsicht bezüglich seines Fehlverhaltens zeigt. Es sei „gar nichts passiert" *(Frieder)*. Verstärkt wird diese Einschätzung durch den Ausblick in seine Zukunft.

B: [...] ob das dann mit der Rückfälligkeit, das ist, das kann man nicht sagen. Ich kann das nicht sagen, wissen Sie. Das ist so. Ich meine, ist gut, so lange ich nicht, so lange ich in der Grenze bleibe

I: Hinter welcher Grenze?

B: Sagen wir mal, was nicht unter dem, ja es ist so, unter 16, ab 17, 18, bleibe ich hinter der Grenze, ist das okay. [...] wo die Grenze der Straffälligkeit eben dann nicht so ist. Weil das gerade so.

I: Warum suchen Sie das?

B: Vielleicht brauche ich den Kick. *(Frieder)*

Ausgehend von diesen Aussagen des Befragten kann man annehmen, dass er mit dem „Hang" *(Frieder)* sein Verhalten erklären und legitimieren will. Er beschreibt eine sexuelle Neigung, die zu ihm und seinem Leben gehöre und der er sich ausgesetzt sieht. In der Konsequenz leitet er daraus jedoch auch für die Zukunft eine Notwendigkeit des abweichenden Verhaltens ab, das zu einer völlig anderen Lebensgestaltung und einem anderen Umgang mit seiner Straffälligkeit führt, als das bei anderen zu beobachten ist. Er würde seine „Nische" *(Frieder)* suchen und so weiterhin ausleben können, was aus seiner Sicht unvermeidbar ist. Statt die entsprechenden Handlungen also gänzlich zu vermeiden, möchte er sie so ausgestalten, dass er möglichst keine oder zumindest geringere Sanktionen zu fürchten hat. Im Ergebnis verhält er sich damit aber weiterhin abweichend, was für ihn die Normalität darzustellen scheint. Eine Normalität, die sein „Hang" *(Frieder)* aus seiner Sicht mit sich bringt. Er lässt die Abweichung so zur Normalität werden und als solche legitimieren. Diese Einbindung der devianten Verhaltensweise und der Straffälligkeit in den Normalitätsbegriff ist bei anderen Probanden nicht zu finden. Zwar zeichnet sich beim Versuch der Manipulation, wie *Jorge* sie als Gegenbeispiel zeigt, ein Aufrechterhalten einer Normalitätsfassade ab, die dennoch Raum für sozial deviantes und delinquentes Verhalten (in seinem Beispiel Drogendelikte) lässt, Delinquenz im Sinne erneuter

Sexualstraftaten wird in dieser Form aber nie thematisiert. Bei den anderen Befragten, die als Gegenbeispiel zu kategorisieren sind, werden sie sogar explizit ausgeschlossen.

Außerdem fällt auf, dass die Sicherungsverwahrung für *Frieder* eine andere Rolle spielt, als für die anderen Befragten. Während für sie die Androhung der Sicherungsverwahrung einen Desistance-Faktor darstellt, der sie zu einer gesetzeskonformen Lebensweise motiviert, stellt sie für ihn lediglich ein Hindernis dar. *Frieder* möchte diese drastische Sanktion zwar auch vermeiden, aber offenbar nicht um jeden Preis – das Ausleben seiner abweichenden Sexualpräferenz ist für ihn wichtiger und sorgt allenfalls für eine Einschränkung und erhöhte Vorsicht. Letztlich würde es ihm auch die Sicherungsverwahrung unmöglich machen, seinen „Hang“ *(Frieder)* auszuleben. Die Logik, die hinter dem Vermeidungsversuch steht, unterscheidet sich somit ebenfalls von der anderer Haftentlassener. Es steht ausschließlich die Vermeidung der Sanktion im Vordergrund, obwohl er sich weiterhin deviant verhält.

Abschließend muss beachtet werden, dass der Befragte zum Zeitpunkt des Interviews als einer von vier in dieser Studie einbezogenen Probanden bereits erneut inhaftiert war. Sein Nachentlassungsinterview fand somit in Haft statt. Dieser Umstand ist beim Vergleich der Normalitätskonzepte und Ausprägungen aber nicht hinderlich beziehungsweise zeigt in seinem Fall sogar noch im Besonderen auf, dass er sogar trotz der erneuten Sanktion dieses Konzept und Argumentationsmuster beibehält. Wie ein vorangegangenes Zitat zeigt, zieht er lediglich in Betracht, sich auf eine andere Altersgruppe zu verlegen, die das Risiko einer Sanktion senken soll.

5.6.3 Zwischenfazit Gegenbeispiele

Die Ausprägungen bezüglich der Hauptkategorien *Phasen*, *Internalisierung des Stigmatisierungsdiskurses*, *Agency* und *Autonomie* sind bei den Gegenbeispielen denen der anderen Befragten sehr ähnlich und es ergeben sich keine aussagekräftigen Unterschiede. Aus diesem Grund werden sie an dieser Stelle nicht weiter ausgeführt und die bisherigen Erkenntnisse als Ausgangslage vorausgesetzt.

Der erste und wohl entscheidende Unterschied zwischen den Gegenbeispielen und den Interviews der anderen Befragten liegt in der starken Ausprägung der *Pseudoreflexivität*. Bei den Befragten, die Gleichgültigkeit zeigen, lassen sich durchweg Diskrepanzen im Narrativ entdecken, die nur schwer oder gar nicht aufzulösen sind. Das *Veränderungs*narrativ, das in den Interviews oft nur eine geringe Rolle spielt, wird ebenfalls durch *Pseudoreflexivität* wieder entkräftet. Insbesondere bezüglich der *Desistance*-Strategien fällt auf, dass diese Befragten die selbst benannten Strategien nicht umsetzen oder umsetzen können. Sie haben offenbar zu einem Zeitpunkt erlernt oder erkannt, dass es Komponenten gibt, die den Prozess der Legalbewährung begünstigen können, gleichzeitig übertragen sie diese Erkenntnisse nicht in ihren Nachentlassungsverlauf. Sie wollen sich reflektiert zeigen, darauf folgt aber keine Konsequenz im Handeln. Dies lässt sich auch daran erkennen, dass die betreffenden Interviewten keine entsprechenden Faktoren thematisieren. Zudem fehlen ihnen im *sozialen Umfeld* Beziehungen, die soziales Kapital bereitstellen. Stattdessen häufen sich hier Kontakte, die mindestens als ambivalent, meist aber als risikobehaftet einzustufen sind. Diese wiederum können die gleichgültige Haltung der Befragten fördern. Die Beschaffenheit des Umfelds hängt auch mit der Beobachtung innerhalb der Pseudoreflexivität zusammen, weil insbesondere die Ablösung vom alten Umfeld, das risikobehaftet erscheint, nicht vollzogen wird, obwohl die Befragten um den negativen Einfluss wissen. Man kann anhand dieser Beobachtungen aber dennoch davon ausgehen, dass die als Gegenbeispiel zitierten Probanden durchaus eine Vorstellung eines normalen Lebens haben, das dem der anderen Interviewten zumindest ähnelt. Dieses normale Leben scheint jedoch aufgrund fehlender Umsetzung der Strategien zur Legalbewährung sowie insbesondere einem Mangel an entsprechenden äußeren Gegebenheiten nicht erreichbar. Das zeigt sich auch daran, dass sich *Schwierigkeiten* häufen und den Probanden Ressourcen fehlen. Die Interviewten führen ihre alten Gewohnheiten fort und geraten so in eine insgesamt risikobehaftete Lebensführung. So verliert Normalitätsstreben an Bedeutung und es entstehen eine sich verstärkende Gleichgültigkeit oder die Haft als alternatives Normalitätskonzept. Die bei allen vorhandene Stigmatisierungsthematik trägt zu dieser Dynamik ebenfalls bei, auch wenn dies für sich genommen keine Spezifik der Gegenbeispiele darstellt.

Diese Dynamiken verstärken sich letztlich gegenseitig. Dementsprechend gibt es in diesen Narrativen auch darüber hinaus eine auffällige Häufung *weiterer Risikofaktoren*, die in dieser Form bei den anderen Befragten nicht zu finden ist. Die Faktoren reichen von Sucht über aggressives Verhalten bis hin zu tatsächlich illegalem oder sozial deviantem Verhalten. Damit wird in diesen Interviews insgesamt der Eindruck einer starken Rückfallgefährdung der Befragten vermittelt, die so bei anderen nicht zu erkennen ist. Dabei fällt außerdem auf, dass die bereits zum Zeitpunkt t3 erneut inhaftierten Befragten vornehmlich den Gegenbeispielen zuzuordnen sind. Dieser Umstand unterstreicht das Ergebnis, dass auch bei den übrigen Gegenbeispielen starke Anhaltspunkte für eine Rückfallgefährdung identifiziert werden konnten. Dieser Eindruck wird darüber hinaus dadurch verstärkt, dass die Probanden Auflagen im Zuge der *Maßnahmen* nicht einhalten, was wiederum Gleichgültigkeit ausdrückt.

Zusammengefasst zeigen sie somit einen eher instabilen und risikoreichen Nachentlassungsverlauf, der wenig Raum für unterstützende soziale Kontakte und stabilisierende Faktoren lässt, die in der Hauptkategorie *Desistance* zusammengetragen wurden. Zudem kommen die Aspekte der Hauptkategorie *Desistance-Rahmung* bei diesen Gegenbeispielen nur in zwei der drei herausgearbeiteten Formen vor. Zum einen ist die fehlende Ausschöpfung stabilisierender Rahmenbedingungen zu beobachten, was in der identifizierten Gleichgültigkeit begründet liegt. Zum anderen versuchen sie selbst negative Aspekte in ihrem Nachentlassungsverlauf positiv hervorzuheben und umzudeuten – jedoch nicht in einer Weise, die sie dann stabilisieren könnte wie beim Reframing. Dies deutet darauf hin, dass sie destabilisierenden Einflüssen gegenüber wenig aufmerksam sind.

Mit dem Vergleich wird deutlich, dass die Mehrheit der Befragten in der Stichprobe versucht, durch Anpassung, Konventionalität, die Suche nach Sinn und Struktur oder Wiedergutmachung Normalität in der Nachentlassungssituation wiederherzustellen. Auf der anderen Seite setzen einzelne Befragte solche Bemühungen nicht um. Dies kann zum einen daran liegen, dass Normalität für sie keine ausreichend große Rolle spielt, dass die Schnittmenge ihres aktuellen Lebensverlaufs mit der eigenen Normalitätsvorstellung groß genug ist, sodass für sie kein Handlungsbedarf entsteht oder daran, dass sie die entsprechenden Bemühungen nicht langfristig und effektiv umzusetzen können, weil ihnen die Ressourcen und Möglichkeiten dazu fehlen. Der Normalitätsentwurf, den andere zeigen, wäre damit für sie nicht erreichbar und würde folglich von den Gegenbeispielen nicht weiter oder nur begrenzt angestrebt.

Eine interessante Überschneidung der beiden Gruppen innerhalb der Schlüsselkategorie Normalitätswiederherstellung ist bezüglich der Aneignung von Deutungsmacht zu erkennen. Dieser Bereich ist der einzige, in dem die Befragten, bei denen Gleichgültigkeit identifiziert wurde, die gleichen Ausprägungen zeigen wie die restlichen Befragten – mit der deutlichen Ausnahme von *Frieder*. Jedoch beschränken sich die Bemühungen auf die Distanzierung, die Bagatellisierung beziehungsweise Externalisierung und den Extremfall der Unschuldsbeteuerung. Scham ist bei ihnen nicht zu finden. Sie bezeichnen sich beispielsweise ebenfalls als „Tatleugner" *(Ricardo)* und betonen ihre Unschuld und grenzen sich darüber hinaus von anderen Sexualstraftätern ab, die von ihnen als „Triebtäter" (*Rainer*, *Christian*) bezeichnet werden. Während oben die entsprechenden Erklärungsversuche sowie die Unschuldbeteuerung als normalitätswiederherstellendes Moment aufgezeigt wurden, wird im Kontext der Narrative dieser Gruppe fraglich, ob sie nicht auch einem anderen Zweck dienen könnten. Sie könnten vor dem Hintergrund der Erkenntnisse zu ihrem restlichen Lebensverlauf und dem Sonderfall von *Frieder* auch als fehlende Einsicht gedeutet werden. Damit würde das Anknüpfen an delinquente Verhaltensweisen erleichtert und die identifizierten Aspekte müssten somit als Risikofaktor gelten. Dennoch muss berücksichtigt werden, dass bei diesen Befragten ebenfalls Ansätze eines ähnlichen Normalitätsverständnisses zu finden sind, das – zumindest schwere – Straftaten ausschließt. Dies zeigt sich ebenfalls an einer Ausprägung innerhalb der Kategorie Deutungsmacht. Insbesondere die Distanzierung von der Vergangenheit kommt bei den Gegenbeispielen relativ häufig vor, was vor dem Hintergrund der Fortsetzung alter Gewohnheiten und Verhaltensweisen zunächst verwundert. Hier kommt in den meisten Fällen die *Pseudoreflexivität* der Probanden zum Ausdruck und die fehlende Umsetzung entsprechender Vorsätze wird deutlich, obwohl die Vorstellungen von Legalbewährung und der Wunsch, sich von der Vergangenheit zu lösen, offenbar vorhanden sind. Das deutet darauf hin, dass die Straffälligkeit generell nicht dem neuen Leben zugerechnet werden soll. Jedoch haben beziehungsweise sehen die Befragten keine Möglichkeiten diese Distanzierung umzusetzen und sie verharrt somit auf der Ebene der Aneignung von Deutungsmacht. Es zeugt jedoch von ihrem Grundverständnis für das Konzept der Normalität, das durch Legalbewährung geprägt ist, da sie trotzdem den Versuch unternehmen, sich sowohl von ihrer Vergangenheit als auch von anderen straffällig gewordenen Personen zu distanzieren. Die Unterscheidung zwischen dem eher risikobehafteten Erklärungsversuch und der Aneignung von Deutungsmacht als normalitätswiederherstellend kann also nur unter Einbezug der vollständigen Narrative und weiteren Phänomene innerhalb der einzelnen Interviews vollzogen werden. Auch Ansätze eines Veränderungsnarrativs, selbst wenn es später entkräftet wird, oder die Zukunftspläne, erste Anpassungsversuche und Ähnliches können auf eine alternative Deutung der Bagatellisierung und Externalisierung hindeuten. Diese Betrachtung wird im folgenden *Kapitel 6* im Kontext unterschiedlicher theoretischer und empirischer Erkenntnisse nochmals aufgegriffen und weiterverfolgt.

Als Ausnahme sticht *Frieder* in der Analyse hervor, der weder die Vorstellung von Normalität mit den anderen teilt noch die entsprechenden Bemühungen. Für ihn bedeutet Normalität Abweichung und damit Delinquenz, wohingegen die restlichen Befragten Straffälligkeit – oder eingeschränkt schwere Straffälligkeit – weitestgehend von Normalität zu trennen scheinen. Auch bei ihm lassen sich ähnliche Zusammenhänge mit den anderen Hauptkategorien finden wie bei den restlichen Gegenbeispielen. Dieser Proband hat insgesamt nur wenige und zudem ausschließlich risikobehaftete Kontakte in seinem *sozialen Umfeld* und die *Risikofaktoren* im Interview häufen sich. Was bei ihm jedoch fehlt, ist die ausgeprägte *Pseudoreflexivität*. Zwar sind auch in seinem Fall Ansätze davon zu erkennen, wenn er beispielsweise anmerkt, dass die Abkehr von seinen alten Kontakten sinnvoll wäre, dennoch ist sie nicht stark ausgeprägt. Darüber hinaus beziehen diese pseudoreflexiven Tendenzen sich nicht auf weitere Lebensbereiche. Dies könnte darin begründet sein, dass der Befragte Normalität grundsätzlich anders definiert. Er versucht nicht, sich an einer Normalität im Sinne von Legalbewährung, Wiedereingliederung und einem konventionellen Leben zu orientieren, was für ihn unerreichbar scheint, sondern findet Möglichkeiten, die Abweichung zu rechtfertigen und leben zu können. Damit zeigen die Ergebnisse der Hauptkategorie *Desistance* bei ihm ganz andere Ergebnisse als bei anderen Befragten. Er nennt lediglich die Angst vor der Sicherungsverwahrung als Antrieb – jedoch nicht, um nicht straffällig zu werden, sondern um einen Weg zu finden, der eine schwerwiegende Sanktion unwahrscheinlicher macht.

Abbildung 10 Verbindungen zwischen den Hauptkategorien und den Gegenbeispielen

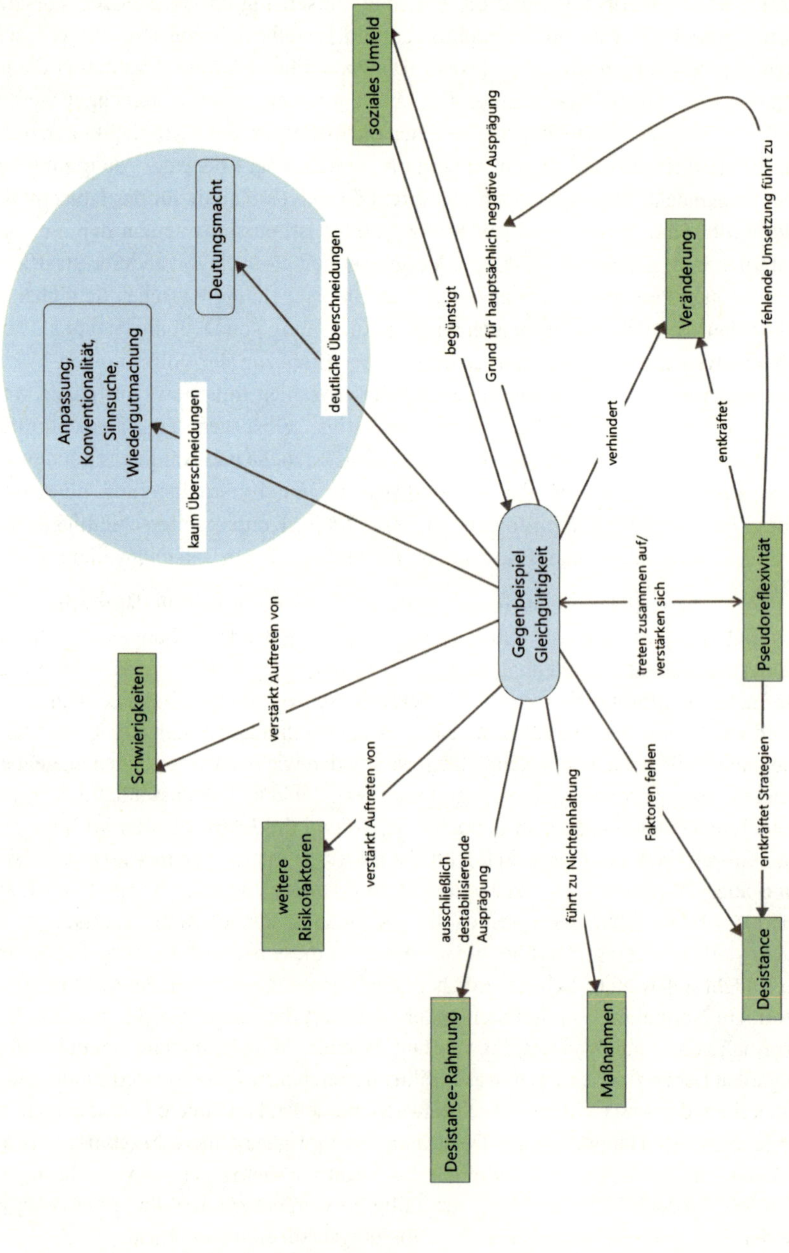

Zusammenfassend zeigt sich somit, dass die Normalitätswiederherstellung nach der Haftentlassung grundsätzlich eng mit dem Prozess der Legalbewährung und der Wiedereingliederung verbunden ist. Jedoch fehlen einzelnen Befragten die Voraussetzungen und die Ressourcen, um ihren Nachentlassungsverlauf diesbezüglich zu beeinflussen. Damit verändert sich der Rahmen, in dem Normalität verortet werden kann und sorgt für Ausprägungen der Gleichgültigkeit sowie einen erschwerten Wiedereingliederungsprozess. *Abbildung 10* zeigt auch hier die Zusammenhänge zwischen der Gleichgültigkeit und den Ergebnissen der Hauptkategorien.

Kapitel 6

Zusammenfassung und Diskussion

6.1 Verknüpfung der Kernbefunde

Die Normalitätswiederherstellung hat sich als das zentrale Element im Leben der Befragten nach der Haftentlassung identifizieren lassen. Dieser besondere Stellenwert, der der Herstellung von Normalität im Nachentlassungsverlauf und während der Wiedereingliederung zukommt, wurde in den dargestellten empirischen Ergebnissen vielfach deutlich. Zwar kann der Fokus in der Analyse der Narrative gleichermaßen auf andere Aspekte gelenkt werden, gemein bleibt aber allen anderen Analysekategorien, dass sie mit dem Phänomen der Normalitätswiederherstellung verknüpft sind. Über die entsprechenden Verbindungen wird an dieser Stelle ein Überblick gegeben.

Die Hauptkategorie *Phasen* beschreibt die zeitliche Perspektive des Wiedereingliederungsprozesses und damit auch den der Normalitätswiederherstellung. Gleichzeitig gestalten sich die damit zusammenhängenden Aspekte wie beispielsweise die Zukunftspläne entsprechend der Normalitätsvorstellung der Befragten. Das Übergangserleben wiederum bestimmt den weiteren Verlauf des Normalitätswiederherstellungsprozesses maßgeblich mit und bildet sozusagen den Auftakt zu den entsprechenden Entwicklungen. Vielfach werden von den Befragten insbesondere im direkten Übergang nach der Entlassung Probleme thematisiert, aber auch darüber hinaus beschäftigen diverse *Schwierigkeiten* die Probanden. Alle herausgearbeiteten Problemlagen, die die interviewten Haftentlassenen erleben, können die Normalitätswiederherstellung erschweren. Zudem ergeben sich manche erst aus der entsprechenden Vorstellung von Normalität, da zum Beispiel das Nicht-Vorhandensein sozialer Kontakte nur dann als Schwierigkeit gerahmt wird, wenn Rückzug und Isolation nicht ohnehin Normalität für die Person bedeuten. Ähnlich ist es bei der Arbeitslosigkeit. Umgekehrt kann die Bemühung um Normalität auch Schwierigkeiten entgegenwirken, weil beispielsweise Langeweile aufgrund der Sinnsuche oder Probleme mit Behörden aufgrund der Anpassungsbemühungen abgewendet werden oder nur in geringerem Umfang auftreten.

Neben diesen erschwerenden Umständen, wirken auch die identifizierten *Risikofaktoren* gegebenenfalls der Normalitätswiederherstellung entgegen. Dies trifft dann zu, wenn Legalbewährung im Normalitätskonzept eine entscheidende Rolle spielt, was beim Großteil der Probanden so nachzuvollziehen ist. Außerdem zeigen die Risikofaktoren an, dass einige der Befragten trotzt ihrer Bemühungen um Normalitätswiederherstellung und Legalbewährung einen destabilisierenden Nachentlassungsverlauf erleben. Der Prozess der Wiedereingliederung verläuft problematisch und eine Anbindung oder Integration ist in vielen Fällen (noch) nicht vollzogen. Gleichzeitig kann die Bemühung um Normalität das Auftreten von Risikofaktoren aber ebenso vermindern, wenn sie zu einer Lebensführung beiträgt, die stabilisierende Faktoren begünstigt.

Des Weiteren nimmt die Normalitätswiederherstellung Einfluss auf die Gestaltung des *sozialen Umfelds*, da sie neue Anknüpfungspunkte eröffnen kann. Zudem sind diese Kontakte zum Beispiel Adressatinnen beziehungsweise Adressaten der Bemühungen um Wiedergutmachung ebenso wie das adressierte Gegenüber bei der Aneignung von Deutungsmacht. Das soziale Umfeld prägt umgekehrt den Normalitätswiederherstellungsprozess maßgeblich. Es kann soziales Kapital bereitstellen, das die Befragten in ihren Bemühungen unterstützt, oder aber aufgrund eines Risikopotenzials entgegenstehen. Einzelne Personen können eine Schlüsselrolle im skizzierten Lebensentwurf der Probanden einnehmen und schließlich entscheidet sich nicht zuletzt an der Wiederaufnahme alter Kontakte, ob sich die Befragten eher einer Wiederherstellung oder einer Herstellung von Normalität ohne frühere Bezüge zuordnen lassen. Insgesamt ist die Gestaltung der Bemühungen um Normalität aber nicht nur durch das soziale Umfeld geprägt, sondern auch durch die eigene *Agency*. Zeigen sich die Befragten selbstwirksam, kann dies einen entsprechend förderlichen Einfluss auf ihre Normalitätsbemühungen nehmen. Legen sie Passivität oder gar Fatalismus an den Tag, wirkt sich das gegebenenfalls hemmend auf den Wiedereingliederungsprozess aus. Gleichzeitig sind die Bemühungen um Normalität umgekehrt ein Indikator, an dem sich Agency ablesen lässt. Geht man von diesem Einfluss der Agency auf die Normalitätswiederherstellung aus, so kann man auch die besondere Betonung der *Autonomie* beziehungsweise das Streben nach Autonomie in diesem Zusammenhang verorten. Autonomie macht den entsprechenden Prozess erst möglich. Außerdem ist es ein Zeichen der Annäherung an Normalität, wenn die Befragten nach der Haft ein besonderes Bedürfnis nach Autonomie ausdrücken. Selbstbestimmung war ihnen während der Haft nur sehr begrenzt möglich und demgegenüber macht sie das Leben außerhalb der Haft unter anderem aus. Somit kann man diese Hauptkategorie sogar als erweiterte Facette der Normalitätswiederherstellung interpretieren.

In den empirischen Ergebnissen zeigen sich Aspekte, die explizit mit der Hauptkategorie *Desistance* in Zusammenhang stehen und somit auch direkt mit der Herstellung von Normalität in Verbindung gebracht werden können. Wenn Normalität Legalbewährung einschließt, kommt den stabilisierenden Faktoren eine große Bedeutung für die Wiederherstellung zu. Außerdem wurde im Hinblick auf die Theorien zur Wiedereingliederung festgestellt, dass sich positive Aspekte aus dem Wiedereingliederungsprozess auch auf stabilisierende Faktoren bezüglich der Legalbewährung auswirken. Fehlen diese Faktoren, sind beide Prozesse entsprechend erschwert. Somit eröffnet die erfolgreiche Normalitätswiederherstellung gegebenenfalls stabilisierende Faktoren zur Legalbewährung. Ein Phänomen, das daran anschließt, ist das der *Pseudoreflexivität*, die sich beispielsweise in der fehlenden Umsetzung von Strategien in diesem Prozess zeigt. Die Pseudoreflexivität als Ganzes ist wiederum an sich eng mit der Normalitätswiederherstellung verknüpft. Zum einen kann sie auftreten, wenn die Befragten grundsätzlich eine Vorstellung von Normalität im Sinne von Legalbewährung haben. Sie streben diese an und wissen beispielsweise, wie sie sich verhalten sollten, wenn sie ein durch Legalbewährung geprägtes normales Leben führen wollen. Nur dann kann es überhaupt zum gleichzeitigen Vorhandensein dieses Wissens und der fehlenden Umsetzung kommen. Zum anderen wirkt die Pseudoreflexivität in diesen Fällen der Normalitätswiederherstellung aber entgegen, beziehungsweise ist ein Anzeichen für die Schwierigkeiten in der Realisierung. Sie ist also ein Ergebnis der Diskrepanz zwischen Bemühungen um Normalität und der Umsetzung. Ein ähnlicher Zusammenhang besteht bezüglich der Hauptkategorie *Desistance-Rahmung*. Sie ist insbesondere dann ein Ausdruck der Normalitätsvorstellung, wenn die Befragten selbst Aspekte ihres Lebens mit Bedeutung aufladen und diesen Faktoren somit Geltung im Prozess der Legalbewährung verleihen. Sie lassen damit auch Rückschlüsse auf ihre Normalitätsvorstellung zu. Gleichzeitig kann die fehlende Ausschöpfung von Ressourcen dazu führen, dass die erhoffte Normalität nicht hergestellt werden kann.

Die entlassungsvorbereitenden *Maßnahmen* und die Nachsorge sowie weitere Anforderungen und Angebote verschiedener Institutionen sollen eigentlich Legalbewährung und die Wiedereingliederung nach der Haft befördern. Je nach Definition von Normalität und Bewertung der Befragten wird die Normalitätswiederherstellung tatsächlich durch sie gestützt oder aber die Erfüllung dieser Aufgabe in Frage gestellt. Insbesondere wenn sich die Haftentlassenen durch Auflagen und die Führungsaufsicht an einem normalen Leben gehindert sehen, besteht hier ein deutlicher Zusammenhang mit der Schlüsselkategorie. Dies schlägt sich zudem wiederum in ihrer Bewertung und Akzeptanz der Maßnahmen nieder.

Das identifizierte *Veränderung*snarrativ kann mit der Normalitätswiederherstellung einhergehen. Die Haftentlassenen bemühen sich, ihre eigene Verhaltensänderung und die Annäherung an ein (neues) Lebenskonzept plausibel und glaubhaft zu machen. Die Veränderung wird dabei mit entsprechenden Markern im Nachentlassungsverlauf verknüpft und steht in engem Zusammenhang mit dem konventionellen Lebensentwurf und der Sinnsuche, die die Normalitätswiederherstellung ausmachen. Gleichzeitig wird das Narrativ durch sichtbare Normalitätsbemühungen und Aspekte der Aneignung von Deutungsmacht unterstrichen. Diese Aneignung stellt auch eine weitere – hier jedoch umgekehrte – Verbindung der Normalitätswiederherstellung zur letzten Hauptkategorie dar. Die *Internalisierung des Stigmatisierungsdiskurses* bezüglich des Sexualstraftäter-Labels ist ein maßgeblicher Auslöser für das Aufkommen des Normalitätsstrebens. Erst in Folge des Wissens

Abbildung 11 Normalitätswiederherstellung im Zentrum (ausgehend)

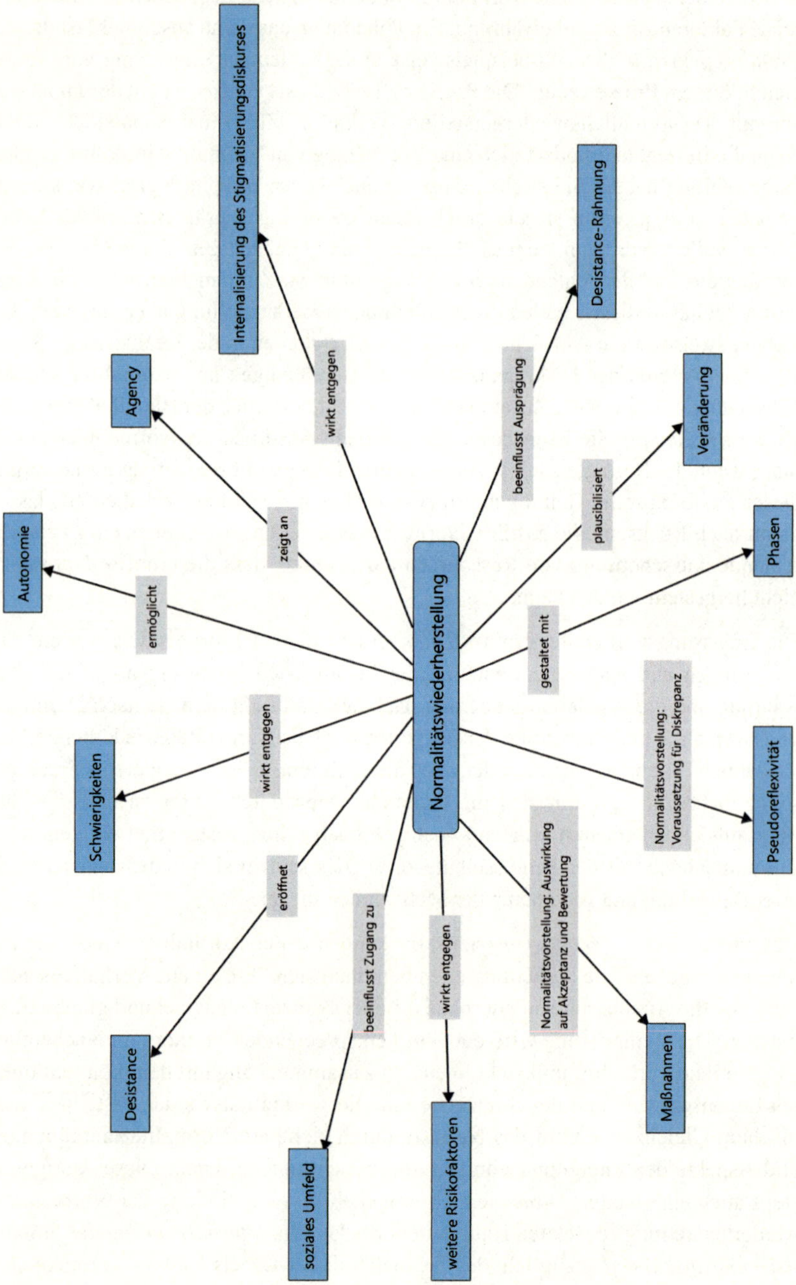

Abbildung 12 *Normalitätswiederherstellung im Zentrum (bezogen)*

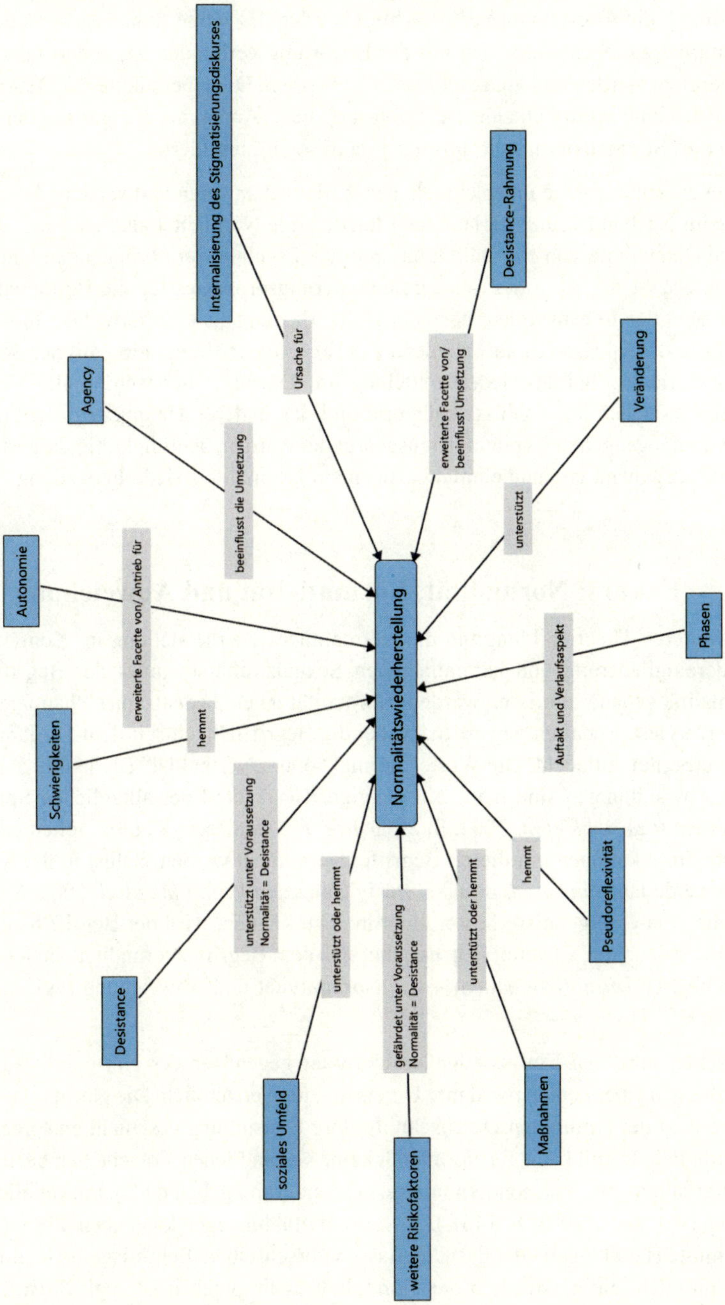

um eine mögliche Stigmatisierung wird Normalität so bedeutungsvoll. Gleichzeitig kann die Normalitätswiederherstellung durch Ausgrenzungserfahrungen gehemmt oder durch die Angst davor beeinträchtigt werden. Es zeigte sich, dass der Versuch Normalität zu leben, meist eng mit der Erwartung verbunden ist, andernfalls stigmatisiert zu werden und ausgeschlossen zu bleiben. Die Übernahme der Deutungsmacht ist eine weitreichende Reaktion auf diese Annahme. Im günstigsten Fall kann dies Stigmatisierungserfahrungen dann sogar abmildern.

In dieser Gemengelage unterschiedlicher Wirkmechanismen und verschiedener Aspekte im Nachentlassungsverlauf steht letztlich die Normalität als Schlüssel. Daher ist die Herstellung von Normalität das zentrale Ergebnis der vorliegenden Untersuchung. Sie ist der Kern des Wiedereingliederungsprozesses für die Befragten und durchzieht den Lebensverlauf nach der Haftentlassung als Leitmotiv. Die *Abbildungen 11* und *12* skizzieren abschließend das Ergebnis der Integration mit der Schlüsselkategorie Normalitätswiederherstellung im Zentrum. Hier werden alle Verbindungen zwischen der Schlüsselkategorie und den anderen Hauptkategorien, die in den vorangegangenen Kapiteln herausgearbeitet wurden, überblickartig dargestellt – einmal ausgehend von und einmal bezogen auf Normalitätswiederherstellung.

6.2 Exkurs: Normalität, Normativität und Abweichung

Zur weiteren Theoriebildung um die Normalitätswiederherstellung im Kontext der Wiedereingliederung von haftentlassenen Sexualstraftätern muss der Begriff der Normalität genauer umrissen werden. Normalität ist ein bedeutsames Phänomen für moderne Gesellschaften geworden, wobei die Begrifflichkeit seit dem 18. Jahrhundert verbreitet auftaucht. Die Worte „normal“ oder „Normalität“ sowie ihre zahlreichen Abwandlungen sind heute ein gängiger Bestandteil der alltäglichen Sprache geworden (vgl. *Link et al.* 2003, S. 8). Dabei wird in diesem Kontext selten erklärt, welche Implikationen mit diesen Begriffen verbunden werden. Selbst in der Soziologie werde laut *Link et al.* darüber wenig reflektiert (vgl. *Link et al.* 2003, S. 7 f.). Um die Analyseergebnisse besser einordnen zu können, wird der Begriff hier kurz genauer beleuchtet. Generell liegt es nahe, sich dem Begriff „Normalität“ im Kontext benachbarter Termini zu nähern – wie Normativität und Abweichung (vgl. *Link et al.* 2003, S. 7).

Betrachtet man den Einfluss der Normativität gegenüber der Normalität auf die Handlungen einer Person, wird ihre Unterscheidung ersichtlich. Die Normalität steht im Kontext der ermittelten Durchschnitte. Ihre Feststellung geschieht entsprechend nachträglich. Damit kann die Normalität keine verbindlichen Vorschriften bezüglich des Verhaltens machen, sondern nur eine Orientierung geben und damit regulierend wirken (vgl. *Balke* 2003, S. 146). Die Normativität hingegen kann eben dies tun und bestimmte Handlungen oder das Unterlassen vorschreiben. Somit ist eine Kodifizierung möglich, die hinsichtlich der Normalität nicht gegeben ist (vgl. *Balke* 2003,

S. 146). Betrachtet man davon ausgehend die Ergebnisse der vorliegenden Analyse, zeigt sich für die befragten Probanden folgendes Bild: Zum einen ist Normativität eine feste Bezugsgröße, wenn sie künftig ihr Leben an Normen, gegebenen Vorschriften und Legalbewährung ausrichten wollen. Der Großteil betont die eigenen Bemühungen, keine Normen mehr zu brechen – insbesondere nicht diejenigen, die strafrechtliche Normen darstellen und mit Sanktionen belegt sind. Daraus ergibt sich die Legalbewährung. Die Wiedereingliederung wiederum erfordert mindestens die Einhaltung eben jener gesetzlich festgeschriebenen Normen. Darüber hinaus müssen aber diejenigen jenseits der gesetzlichen Regelung innerhalb der Gesellschaft, die den Kontext der Wiedereingliederung darstellt, gleichermaßen berücksichtigt werden. Diese Einhaltung ist für die Befragten mit (empirisch begründeter) Normalität gleichzusetzen, da der Großteil der Gesellschaft sich an sie zu halten scheint. Insbesondere an die Normen, die das Ausleben von Sexualität regulieren und gewisse Aspekte des diesbezüglich abweichenden Verhaltens als strafbar definieren.[53] Somit schreibt die von ihnen angenommene Normalität zwar nicht verbindlich im Detail vor, wie man sich zu verhalten hat, dennoch scheint dies das Mindeste an angestrebter Konformität zu sein.

Zum anderen wollen viele Befragte sich darüber hinaus nicht nur an Normen halten, sondern bemühen sich auch um Normalität, die über dieses Konzept hinausreicht. Sie nehmen beispielsweise gewisse Lebensentwürfe als normal an, denen sie sich annähern wollen und die sie von anderen Gesellschaftsmitgliedern adaptieren. Bestimmte anpassende Verhaltensweisen und prosoziale Aktivitäten stehen stellvertretend für dieses Verständnis. Besonders deutlich wird dieses Konzept jedoch, wenn man sich die Konventionalität als Motiv im Leben der Befragten ansieht. Zusammengefasst produziert aus ihrer Sicht Normativität Normalität und umgekehrt entspricht ihre Vorstellung von Normalität auch Normativität. *Link* stellt fest, dass, obwohl die Normalität grundsätzlich nicht abhängig von der Normativität ist, dennoch „eine Tendenz zur Rückversicherung bei der Normativität" beobachtet werden kann (*Link* 2014, S. 108). Die gilt insbesondere im Zusammenhang mit dem von ihm definierten Protonormalismus – im Gegensatz zum flexiblen Normalismus – , der sehr eng gesteckte Normalitätsgrenzen vorgibt und Abweichungen stark sanktioniert, wobei die Rückversicherung bei der Normativität verstärkend auf die gesetzten Grenzen einwirkt (vgl. *Link* 1997, S. 75; 2014, S. 108 f.). Dies zeigt sich auch in den Narrativen der Befragten.

53 Der Anteil der Sexualkriminalität am Gesamtaufkommen registrierter Straftaten liegt wie eingangs erwähnt lediglich bei 1,3 % (vgl. Bundeskriminalamt 2020, S. 17). Dabei müssen jedoch die bereits beschriebenen Einschränkungen bei der Erhebung entsprechender Daten berücksichtigt werden, da die polizeiliche Kriminalstatistik ausschließlich Aussagen über das Hellfeld treffen kann (vgl. Bundeskriminalamt 2020, S. 6 f.).

Während bisher der Fokus auf dem Begriff der Normalität lag, lohnt auch ein Blick auf das Antonym: die Abweichung. Bei *Foucault* (2007)[54] wird bezugnehmend auf das Ende des 19. Jahrhunderts die Abweichung an drei beispielhaften Figuren verdeutlicht. 1) Das „Menschenmonster“ (*Foucault* 2007, S. 76); 2) das verhaltensauffällige Individuum beziehungsweise das „zu bessernde Individuum“ (*Foucault* 2007, S. 79); und 3) das „masturbierende Kind“ (*Foucault* 2007, S. 80). Während das menschliche Monster die Abweichung schlechthin darstellt, kommt das verhaltensauffällige Individuum so häufig vor, dass seine Existenz als normal gelten kann. Man kann in diesem Fall von der „Normalität des Anormalen“ sprechen, „bedingt durch seine statistische Häufigkeit, durch das Ausmaß der Abweichung von der Regel“ (*Bublitz* 2003, S. 155). Die dritte Figur ist begrenzt auf den familialen Kontext und stellt nichts Außergewöhnliches dar, weil sie häufig auftritt. Allerdings wird nicht offen darüber gesprochen, obwohl es allen bekannt ist (vgl. *Bublitz* 2003, S. 155 f.). Diese Figur hat im vorliegenden Kontext aber keine Erklärungskraft und kann dementsprechend vernachlässigt werden. Was für die Einbettung der Analyseergebnisse hingegen durchaus relevant ist, ist die Erkenntnis, dass auch das Anormale normal sein kann, wie sich aus der zweiten Figur ergibt. Die Abweichung ist somit bis zu einem gewissen Grad Teil der Normalität. Sie haben Schnittmengen und dies macht die beiden Begriffe nicht ausschließlich zu Antonymen. Wenn Normalität zwar ein gewisses Maß an Abweichung beinhalten kann, so steht ihr Kriminalität dennoch erstmal entgegen. Das Verhältnis dieser beiden Konzepte ist darüber hinaus jedoch sehr komplex. Laut *Durkheim* (vgl. 1961, S. 156 f.) ist ein gewisses Maß an Kriminalität normal, wobei keine Gesellschaft ohne Kriminalität existiert. Dabei stabilisiert die normale Abweichung also die Norm und ist gleichzeitig Definition des Normalen (vgl. *Durkheim* 1961, S. 156–162). Vor allem schwerwiegende Gesetzesübertretungen bleiben dennoch eindeutig negativ konnotiert. Von dieser extremen Anormalität der ersten Figur – dem „monster“ des Sexualstraftäters (*Farmer et al.* 2016, S. 1767) – wollen sich die Befragten abgrenzen und zeigen, dass sie (wenn überhaupt) auch trotz eventueller einzelner abweichender Handlungen maximal der „normalen Abweichung“ zuzurechnen sind. Dies geschieht sowohl durch die Aneignung von Deutungsmacht – insbesondere im Sinne der Abgrenzung von pädophilen Tätern – aber auch durch die Bemühungen um Normalitätswiederherstellung durch Anpassung, Konventionalität, Sinnsuche und Wiedergutmachung.

Eben diesen Prozess kann man mit der Grundidee der Wiedereingliederung gleichsetzen. Zur gesellschaftlichen Einbettung wird ein gewisses Maß an Normalität erwartet und gleichzeitig werden die entsprechenden Konzepte als Orientierung und Anknüpfungspunkte an das normale Leben geboten. In der Umsetzung kommt dies

---

54 Es handelt sich hierbei um eine Veröffentlichung von *Foucaults* Vorlesungen am Collège de France von 1974 bis 1975. Das Original erschien 1999 unter dem Titel „Les Anormaux. Cours au Collège de France, 1974–1975“.

einer erfolgreichen Wiedereingliederung nahe. Davon ausgehend ist das Aufkommen der Normalitätswiederherstellung als Schlüsselkategorie in den Interviews nachvollziehbar.

6.3 Annäherung an Normalität durch die Aneignung von Deutungsmacht

6.3.1 Das Attribut „Knacki" – Stigmatisierung als Normalitätsmotivation

Zu der eingangs beschriebenen ohnehin diffizilen Ausgangssituation nach der Haft kommt hinzu, dass den Befragten das Attribut „Knacki" *(Volker)* zugeschrieben wird. Normalitätsgrenzen können durch „materielle Grenzen wie die Mauern von Gefängnis, Irrenanstalt" (*Link* 2014, S. 109) sichtbar gemacht werden. Aber auch Stigma, das ebenfalls für die Sichtbarmachung einer Abweichung steht, symbolisiert – insbesondere im Sinne des Protonormalismus – die Grenze der Normalität (vgl. *Link* 2014, S. 109). Damit verbindet sich die Tatsache, inhaftiert gewesen zu sein, unweigerlich mit dem Hinweis auf eine vorangegangene Abweichung (vgl. *Becker* [1963] 2014, S. 49 f.) und bedingt ein Stigma. Hinzu kommt im Falle der hier befragten Haftentlassenen außerdem das Label des Sexualstraftäters, von dem die hier befragten Personen berichten. Der Grund für die Problematik dieser Etikettierung ist der bereits eingangs erwähnte besondere Makel, der mit Sexualstraftaten verbunden wird, und den die Interviewten so internalisiert haben. Ein kleiner Teil der Befragten ist insbesondere in der schwierigen Übergangszeit der Überzeugung, dass ihnen der Haftaufenthalt beziehungsweise die Straffälligkeit von außen anzusehen sind. Sie stufen sich damit als Diskreditierte nach *Goffman*s (vgl. 1979, S. 56 f.) Definition ein, obwohl davon auszugehen ist, dass dies für Außenstehende nicht tatsächlich visuell wahrnehmbar ist.[55] Die Ausführungen der restlichen Befragten kann man hingegen mit *Goffman*s (vgl. 1979, S. 56 f.) Definition der Diskreditierbarkeit in Verbindung bringen. Sie haben somit in erster Linie Angst vor der Diskreditierung, was wiederum eine „Normalitäts- und Normalisierungsmotivation" (*Willems* 2003, S. 65) für sie darzustellen scheint. Dies ist aber auch für den kleineren Teil der Befragten, der sich als diskreditierbar beschreibt, zu übertragen. Sie alle wissen um die potenziell negativen Folgen im Falle der Entdeckung der begangenen Sexualstraftat.

55 Eine seltene Ausnahme könnten hier die Personen bilden, die entsprechende und sichtbare Tätowierungen tragen, die auf einen Haftaufenthalt hindeuten. Jedoch muss auch in diesen Fällen nicht zwingend von jedem Gegenüber ein solcher Schluss gezogen werden und ebenfalls können Personen, die nicht in Haft gewesen sind, ähnliche Motive tragen. Zur gruppeninternen und gruppenexternen Symbolik von Tätowierungen siehe beispielsweise *Bammann* (2008, S. 263 f., 267 f.).

Diese Tatsache ist im Ergebnis noch problematischer, wenn die haftentlassenen Personen selbst diesen Diskurs internalisieren – was mit der vorliegenden Studie empirisch herausgearbeitet werden konnte. Wenn sie sich aufgrund der Stigmatisierungsangst – die ihre Wurzeln im Diskurs und der öffentlichen Meinung zu Sexualdelinquenz hat – isolieren, oder aber nach der Entlassung ausgegrenzt werden, beeinträchtigt das den Wiedereingliederungsprozess.

Insgesamt fällt auf, dass nur wenige Befragte von konkreten und gravierenden Erfahrungen der Ausgrenzung berichten. Die Diskrepanz zwischen der Angst vor Diskreditierung und der tatsächlich erlebten Stigmatisierung wird in der vorliegenden Studie in einer eigenen Subkategorie abgebildet und zeigt deren Verbreitung. Dennoch steigt gemessen an der Angst und Unsicherheit der Probanden erneut das Bedürfnis, Normalität nach außen anzuzeigen und die Information bezüglich des Stigmas zurückzuhalten. Ihnen ist in diesem Kontext bewusst, dass die Normalität durch gewisse Rahmen verdeutlicht wird, aus denen man umgangssprachlich nicht „fallen" darf (vgl. *Willems* 2003, S. 56 f.). Während Abweichung bekannte und erwartete Muster durchbricht und damit auffällt, ermöglicht Normalität ein ungesehenes, unbehelligtes Dasein (vgl. *Hahn* 2003, S. 25).

> Das Individuum muß also teilweise für es selbst zu jemandem werden können, dessen Erscheinung die ihm gegenüberstehenden Anderen als normal ansehen können. Die Fähigkeit als jemand zu erscheinen, der ohne Gefahr unbeachtet gelassen werden kann, ist tief verwurzelt. Es gibt nichts, was tiefer, nur einiges, was genauso tief verankert ist (*Goffman* 1974, S. 367).

Dieser Zustand ist für die hier befragte Stichprobe zwar erstrebenswert, jedoch nur schwer zu erreichen, was den Nachentlassungsverlauf für die Befragten entscheidend prägt. Sowohl die Angst vor Stigmatisierung als auch die tatsächlich erlebte Ausgrenzung nehmen maßgeblichen Einfluss auf ihre Lebenssituation (vgl. *Levenson et al.* 2007, S. 598; vgl. *Harris* 2017, S. 260 f.).

Die Stigmatisierungsthematik und das Phänomen der Normalitätswiederherstellung sind somit untrennbar miteinander verbunden. Sie bilden sozusagen die Grundlage, auf der sich die weiteren Phänomene erst entwickeln können und damit kommt ihnen für das Verständnis der Lebensrealität der Befragten eine solch große Bedeutung zu. Die Aneignung von Deutungsmacht kann diese Verbindung am deutlichsten aufzeigen. Obwohl der Fokus in der vorliegenden Studie nicht auf einer Betrachtung der Erklärungsansätze bezüglich der eigenen Delinquenz liegt[56], nimmt die Deutungsmacht daher dennoch eine wichtige Rolle in der vorliegenden Arbeit ein, was sich auch im Aufbau niederschlägt. Im Folgenden wird der Subkategorie zur Aneignung

56 Die unterschiedlichen Erklärungsansätze bezüglich der eigenen wiederholten Delinquenz von Gewalt- und Sexualstraftätern sind Teil der bereits erwähnten Publikation zu impliziten Rückfalltheorien der erneut inhaftierten Probanden, die im Rahmen des Gesamtprojekts entstanden ist (*Gauder & Wößner* 2019).

von Deutungsmacht ein Unterkapitel gewidmet, wohingegen die übrigen Subkategorien darauf aufbauen und daher kompakter in Bezug gesetzt werden können.

6.3.2 Der Umgang mit dem Label – Deutungsmacht als Stigma-Management

Vor dem Hintergrund dieser Aspekte ist der Versuch der Interviewten naheliegend, die Deutungsmacht bezüglich der Straftat und des Status als Täter zurückzuerlangen – und daher ist sie Teil der Normalitätswiederherstellung. Die vorliegenden Ergebnisse zeigen, dass die Befragten sich nicht mit einer sogenannten „offending identity" – wie *Shapland* und *Bottoms* (2011, S. 263) sie nennen – identifizieren. Stattdessen sehen sie sich von außen mit diesem Etikett belastet und bemühen sich darum, möglichst wenig mit dieser Zuschreibung in Verbindung gebracht zu werden. Hier setzt die Distanzierung von der Vergangenheit an, die bei einigen Befragten zu beobachten ist. Sie trennen die Straftat beziehungsweise ihr altes Ich, das diese zu einem früheren Zeitpunkt begangen hat, von ihrer Identität heute. Diese Tatsache spricht dafür, dass sie sich selbst nicht mit diesem Attribut identifizieren wollen, sondern sich als jemand anderes sehen. Dieser Schluss kann sowohl ganz allgemein bezüglich des Labels als Straffälliger gezogen werden (vgl. *Shapland & Bottoms* 2011, S. 264; vgl. *Blagden et al.* 2014, S. 1707) als auch in Bezug auf die konkrete Straftat, deren negative Attribute nicht auf die Person übertragen werden (vgl. *Waldram* 2009, S. 226). Diese Dynamik ähnelt den beschriebenen narrativen Strukturen in *Maruna*s (vgl. 2001, S. 88) Theorie zur Legalbewährung. Ob dies bei den hier Befragten ebenfalls zur Legalbewährung beiträgt, bleibt jedoch fraglich, insbesondere, da es sich bei beinahe allen Probanden zeigt und von einer Legalbewährung einer solch großen Anzahl nicht auszugehen ist. In jedem Fall scheint dahinter jedoch eine normalitätswiederherstellende Intention verborgen, die damit allgemein positiv auf die Nachentlassungssituation wirken könnte – unabhängig davon, ob der Proband letztlich nach *Maruna*s (2001) Definition als Rückfalltäter zu kategorisieren wäre oder nicht. Die Haftentlassenen wollen nicht auf die von ihnen begangene Straftat reduziert werden, wobei die Bemühung um Deutungsmacht wirksam wird.

Am drastischsten wird das Label im Falle der Unschuldsbeteuerung abgelehnt. Wenn die Befragten die Straftat von sich weisen, geht dementsprechend auch keine negative Attribuierung einher, da sie unter diesen Umständen gar nicht als straffällig gewordene Person gelten dürften. Gleichzeitig könnte die Unschuldsbeteuerung auch ein Ausdruck von Schamgefühlen sein (vgl. *Koch-Arzberger et al.* 2011, S. 178 f.). Dies lässt sich auf Grundlage der vorliegenden Interviews nicht abschließend klären.

Die herausgearbeiteten Aspekte von Schamgefühlen bezüglich der Straftat sind losgelöst von der Unschuldsbeteuerung aber ebenfalls aufschlussreich, auch wenn sie nur bei einer kleinen Zahl an Probanden im Narrativ vorhanden sind. Diese Gefühle können zum einen als Folge der Diskreditierbarkeit in Form von Angst hinderlich sein. Hier lösen sie Rückzug und Isolation aus (vgl. *LeBel et al.* 2008, S. 137). Das Stigma führt dann über Scham zu Entfremdung (vgl. *Goffman* 1979, S. 159 f.) und kann zu einem erhöhten Rückfallrisiko beitragen (vgl. *LeBel et al.* 2008, S. 151). Zum anderen wären auch gegenteilige Effekte möglich und Scham könnte eine Verhaltensänderung bewirken (vgl. *Goffman* 1979, S. 16) oder sogar die Integration in das soziale Umfeld befördern (vgl. *Braithwaite* 1989, S. 81–83). In diesen Fällen ist Scham als stabilisierend einzustufen und befördert einen Verlauf ohne Rückfall (vgl. *LeBel et al.* 2008, S. 136 f.), was bei der Unschuldsbeteuerung hingegen noch zu klären wäre. Die Tatsache, dass Legalbewährung auch bei sogenannten „Tatleugnern" möglich ist, scheint aber auf Grundlage anderweitiger empirischer Untersuchungen möglich (vgl. *Blagden et al.* 2014, S. 1722; vgl. *Harris* 2017, S. 236 f.). Beide Entwicklungen lassen sich anhand der hier herausgearbeiteten Ergebnisse grundsätzlich nachvollziehen, sind aber nur bei einzelnen der Interviewten zu finden. Zusammengenommen zeigt sich somit, dass die Internalisierung des Stigmatisierungsdiskurses, die sich anhand der herausgearbeiteten Ausprägungen nachvollziehen lässt, weitreichende Auswirkungen auf den Nachentlassungsverlauf der Befragten haben kann. Das Informationsmanagement bezüglich des Stigmas (vgl. *Goffman* 1979, S. 56 f.) und die Möglichkeit zur Aufnahme sozialer Kontakte sind daran gekoppelt (vgl. *Victor & Waldram* 2015, S. 105).

Externalisierung beziehungsweise Bagatellisierung sind ebenfalls Teil der Subkategorie Deutungsmacht und treten bei den Interviewten deutlich häufiger auf. Während manche Theorien Externalisierung und die Übertragung der Verantwortung als Risikofaktor einstufen (vgl. beispielsweise *Salter* 1988, S. 124 f.), wird diesen Aspekten wie oben ausgeführt hier eine normalitätswiederherstellendes Moment zugesprochen. Diese Deutung des Phänomens widerspricht ebenfalls der von *Sykes* und *Matza* (1957, S. 667 f.) zu Neutralisierungstechniken („The Denial of Responsibility", „The Denial of Injury", „The Denial of the Victim", „The Condemnation of the Condemners"[57]), die davon ausgehen, dass das Anknüpfen an delinquente Verhaltensweisen auf dieser Grundlage erleichtert und befördert wird. Wie das vorliegende Datenmaterial zeigt, ist bei den Personen, die entsprechende Ausprägungen der Deutungsmacht zeigen, kein vermehrtes Auftreten von Risikofaktoren zu finden. Zudem konnte bereits anderweitig empirisch belegt werden, dass auch Personen, denen Legalbewährung zugeschrieben werden kann, die Verantwortung für ihre Straftat außerhalb der eigenen Kontrolle verorten (vgl. *Farmer et al.* 2016, S. 1762). Unabhängig davon, ob die Beschreibung auf die damaligen Gegebenheiten zutrifft, werden diese Erklärungsmuster vielmehr dazu genutzt, die eigene Person vor der negativen Etikettierung und der Schuldzuschreibung zu schützen (vgl. *Blagden et al.* 2014, S. 1707; vgl. *Farmer et al.* 2016, S. 1767). Diese Deutung kann

---

57 *Sykes* und *Matza* führen zudem eine weitere Neutralisierungstechnik aus („The Appeal to Higher Loyalities" (*Sykes & Matza* 1957, S. 669)), zu der im vorliegenden Datenmaterial aber keine Verbindung zu ziehen ist.

auf die Interpretation der Bagatellisierung bezüglich der Delikte übertragen werden (vgl. *Buchholz et al.* 2008, S. 196–199), denn auch hier wird mithilfe der veränderten Darstellung der Straftat ein Versuch unternommen, die negative Etikettierung und die damit einhergehende Belastung der eigenen Person zu mindern (vgl. *Buchholz et al.* 2008, S. 201). Bagatellisierung kann dann ein Anzeichen dafür sein, dass die eigene Schuld nicht ertragen werden kann und durch die Zustimmung des Gegenübers würde eine entlastende Wirkung erhofft (vgl. *Buchholz et al.* 2008, S. 201). Damit ist Legalbewährung trotz oder vielleicht gerade wegen dieser Attribuierung möglich (vgl. *Hulley* 2016, S. 1785).

Nimmt man die hier herausgearbeitete Interpretation der Bemühung um Deutungsmacht als normalitätswiederherstellend an, lässt sich dieser Zusammenhang damit erklären. Wenn die Aneignung von Deutungsmacht normalitätswiederherstellend wirkt und Normalität für die Befragten mit Legalbewährung in Zusammenhang steht, stützt ein entsprechendes Erklärungsmuster somit stabilisierende Dynamiken im Nachentlassungsverlauf. Umgekehrt legt diese Perspektive eine generelle Akzeptanz der gesellschaftlich konsensualen Werte nahe, wenn entsprechende Erklärungsansätze angewendet werden, da sie ansonsten gar nicht für nötig befunden werden würden (vgl. *Farmer et al.* 2016, S. 1769; vgl. *Kras & Blasko* 2016, S. 1751). Das zeichnet sich in der vorliegenden Untersuchung beispielsweise an den gleichzeitig auftretenden konventionellen Lebensentwürfen oder den Anpassungsbemühungen der Probanden ab.

Maruna und *Mann* ziehen ähnliche Schlüsse und bringen situative Erklärungsansätze mit „Stigma-Management“[58] in Verbindung (vgl. *Maruna & Mann* 2006, S. 158). Dies bildet gewissermaßen das ab, was mit der hier herausgearbeiteten Rolle der Deutungsmacht für die Normalitätswiederherstellung gezeigt werden kann. Die Tatsache, eine Erklärung für das normverletzende Verhalten anzuführen, wird in Einklang mit gängigen psychologischen Attributionstheorien[59] bei Personen akzeptiert, die nicht straffällig geworden sind. Es wird in diesem Fall als Zeichen gewertet, dass die Person um den Normbruch weiß, diese Norm akzeptiert und daher die Handlung in einen erklärenden Kontext setzen muss (vgl. *Maruna & Mann* 2006, S. 158). Bei Personen die straffällig geworden sind, wird diese Deutung hingegen nicht vorausgesetzt. Im Falle eines Einbezugs von erklärenden, situativen Aspekten wird ihnen unterstellt, dass sie weiter an ihren kriminellen Verhaltensweisen und Denkmustern festhielten – tun sie dies nicht, wird ihnen das delinquente Verhalten als pathologisch zugeschrieben (vgl. *Maruna & Mann* 2006, S. 158). Der Perspektivwechsel auf die Erklärungsansätze und Bagatellisierung soll jedoch nicht bedeuten, dass bezüglich

58 Der Begriff Stigma-Management wird in diesem Zusammenhang nicht in direkter Anlehnung an *Goffman* verwendet. Er wird in diesem Kontext weiter als genereller Umgang mit dem Stigma gefasst.

59 Siehe hierzu überblicksartig *Trimmel* (vgl. 2003, S. 47 f.) oder *Försterling* (vgl. 2009, S. 131–133).

sexuellen Missbrauchs Aussagen wie beispielsweise „Kinder mögen das“ akzeptabel wären. Entsprechende Theorien gelten als problematisch und werden beispielsweise bei *Maruna & Mann* (2006, S. 170) als „bad excuses“ bezeichnet. Eine diesbezügliche Unterscheidung wird auch in der vorliegenden Arbeit vorgenommen.

Lediglich diejenigen Probanden, die als problematisch einzustufende Erklärungen (vgl. *Maruna & Mann* 2006, S. 170) anführen[60], sind somit deutlich von anderen zu unterscheiden. Es scheint ein Zusammenhang zwischen diesem Deutungsansatz und weiterhin delinquentem Verhalten zu bestehen (vgl. *Kras & Blasko* 2016, S. 1747 f.). Sie wird anhand der hier dargestellten Gegenbeispiele zur Normalitätswiederherstellung deutlich, die ebenfalls mit einem destabilisierenden Nachentlassungsverlauf und Schwierigkeiten bei der Wiedereingliederung in Verbindung gebracht werden können. Diese Aspekte wurden in der Hauptkategorie *Weitere Risikofaktoren* als assoziierte Rückfalltheorien aufgenommen und sind in dieser Form vor allem bei *Frieder* in der hier vorliegenden Stichprobe zu finden. Mit seinen Aussagen bezüglich der Straftaten und seiner „Neigung“ *(Frieder)* identifiziert er sich vielmehr mit etwas, das mit der „offending identity“ (*Shapland & Bottoms* 2011, S. 263) vergleichbar ist. Daher könnte die Übernahme der Deutungsmacht im Sinne einer Externalisierung und der Bagatellisierung bei *Frieder* auch als Neutralisierungstechnik verstanden werden. Das Etikett infolge des abweichenden Verhaltens nimmt hier so viel Raum ein, dass er sich selbst damit identifiziert, was andere Identifikationsmöglichkeiten sowie den Handlungsspielraum einschränkt – im Sinne einer „sich selbst erfüllende[n] Prophezeiung" (*Becker* [1963] 2014, S. 50). Ähnlich auffällig ist lediglich das Erklärungsmuster von *Uwe*, der seine Unschuld beteuert, die Geschädigte der Straftat offensichtlich abwertet und ebenso kritisch einzuschätzende situative Theorien anführt. Auch er ist eines der Gegenbeispiele und zeigt damit keine weiteren Bemühungen um Normalität im Sinne von Anpassung, Konventionalität, Sinnsuche oder Wiedergutmachung. Ist diese Kombination vorhanden, liegt die Neutralisierungstechnik näher – was von der Tatsache unterstrichen wird, dass *Frieder* und *Uwe* zum Zeitpunkt des Nachentlassungsinterviews t3 erneut inhaftiert sind. Dies ist ansonsten nur bei zwei weiteren Befragten in der Stichprobe der Fall.

Vor diesem generellen Verständnis von Erklärungsmustern als Umgang mit dem Stigma fügt sich die Distanzierung von anderen (Sexual-)Straftätern und insbesondere von Pädophilen, die als unbelehrbar und stets rückfallgefährdet gelten (vgl. *Griffin & West* 2006, S. 158 f.), besser in die Dynamik der Bemühung um Deutungsmacht ein. Während in der Forschung vor allem die Abgrenzung anderer Straffälliger

---

60 Ähnliche Dynamiken und narrative Muster in gruppentherapeutischen Settings finden sich im Rahmen mehrere Unterkapitel unter dem Stichwort „szenische Umkehrung“ bei *Buchholz et al.* (vgl. 2008, S. 218). Hier werden auch Beschreibungen thematisiert, die dem sogenannten Verführungsnarrativ (vgl. *Buchholz et al.* 2008, S. 473) in der vorliegenden Arbeit ähneln oder dem Versuch, sich selbst passiv im Tatgeschehen darzustellen (vgl. *Buchholz et al.* 2008, S. 202).

von Personen, die Sexualstraftaten begangen haben, bekannt ist (vgl. *Ugelvik* 2015, S. 29), scheinen sich die hier Befragten vornehmlich vom Attribut „pädophil“ distanzieren zu müssen, um eine Chance auf Normalität zu sehen. Die Ursache für Sexualstraftaten wird ohnehin häufig in der Person verankert und pathologisiert. Die damit einhergehende Unveränderbarkeit kann bereits grundsätzlich Personen unterstellt werden, die eine Straftat gegen die sexuelle Selbstbestimmung begangen haben (vgl. *Victor & Waldram* 2015, S. 100 f.). Es liegt auf der Hand, dass eine diagnostizierte Pädophilie diese Annahme noch verstärkt. Hinzu kommt die besondere Schwere, die Straftaten gegen Kinder zuzumessen ist (vgl. *Crewe* 2009, S. 276 f.). „Sexual offenders are among contemporary society's greatest pariahs, suffering the damning sort of stigma that Erving Goffman may have had in mind when he wrote that 'by definition, of course, we believe the person with a stigma is not quite human'“ (*Waldram* 2009, S. 220). Folglich haben die betreffenden Personen Angst davor, für immer mit dieser Zuschreibung in Verbindung gebracht zu werden (vgl. *Farmer et al.* 2016, S. 1768). Sie bemühen sich um eine Distanzierung von sogenannten typischen Sexualstraftätern (vgl. *Harris* 2017, S. 237). Die Abgrenzung von pädophilen Straffälligen und dem Bild des Sexualstraftäters ‚an sich‘ ist deshalb im Ergebnis von entscheidender Bedeutung für die Normalitätswiederherstellung, da die Attribute Pädophilie und Normalität sich von vornherein auszuschließen scheinen. Zudem muss das Delikt in einem besonderen Kontext geschehen sein, der so nicht wiederholbar ist. Nur unter diesen Voraussetzungen wird eine Wiederholung unwahrscheinlich und damit Veränderung für die Befragten möglich.

Zusammengenommen ist beim Großteil der Probanden davon auszugehen, dass die Aneignung der Deutungsmacht selbst in der extremen Form der Unschuldsbeteuerung vornehmlich ein Versuch ist, die Interaktion störungsfreier verlaufen zu lassen (vgl. *Blagden et al.* 2014, S. 1720, 1722) – also Stigma-Management zu betreiben und damit Normalität wiederherzustellen. Dies scheint insbesondere zutreffend zu sein, wenn die entsprechenden Aspekte in Kombination mit anderen Versuchen der Normalitätswiederherstellung auftreten. Dies ist in der ein oder anderen Form und Kombination bei fast allen Befragten der Fall. Der Prozess der Wiedereingliederung verläuft bei ihnen entsprechend unproblematischer. Gleichzeitig zeigen sie alle damit Bemühungen, die mit den eingangs beschriebenen Theorien zur Legalbewährung in Einklang zu bringen sind. Eine entsprechende Deutung des Zusammenhangs nimmt auch *Harris* vor, obwohl bei ihr dieser Aspekt nicht als eigenständige Strategie hervorgehoben wird. Jedoch spielt der Umgang mit dem Label des Sexualstraftäters eine wichtige Rolle im Rahmen der von ihr skizzierten „recovery“-Strategie (vgl. *Harris* 2017, S. 223–226). Sie stellt fest:

> The theme of minimization (and in some cases, outright denial) emerged as a kind of understudied resource that could ease one's transition back into the community and lessen the burden of the 'offender' label. […] Without ever fully assuming that label, they can more easily or more completely reintegrate (or, rather, integrate) into their community upon release and pursue an offense-free life (*Harris* 2017, S. 236 f.).

Wenn unter diesen Vorzeichen die Aneignung von Deutungsmacht in den gefundenen Formen – der Externalisierung/Bagatellisierung und der Distanzierung – verfolgt wird, ermöglichen die Befragten sich damit Akzeptanz und Wiedereingliederung, was letztlich unter gewissen Umständen auch auf die Unschuldsbeteuerung übertragen werden kann. Dies soll jedoch nicht nahelegen, dass ein Rückfall damit ausgeschlossen ist. Die Bemühungen sind kein Garant für einen erfolgreich verlaufenden Wiedereingliederungsprozess sowie Legalbewährung, sondern lediglich stützende Komponenten. Das gilt jedoch ebenso für den Ausdruck von Schamgefühlen. Die weiteren normalitätswiederherstellenden Aspekte müssen berücksichtigt werden, um ein vollständigeres Bild bekommen zu können und die Aneignung von Deutungsmacht in diesem Kontext einzuordnen.

6.4 Konstruktion von Normalität

6.4.1 Soziale Ausgrenzung als Ausgangspunkt

Die Ergebnisse zum Thema Deutungsmacht zeigen die ersten Hindernisse der Wiedereingliederung auf und weshalb die Normalität für die Befragten eine solch wichtige Rolle im Nachentlassungsverlauf spielt. Die Aneignung von Deutungsmacht ebnet in einem ersten Schritt den Weg für die Haftentlassenen. Es handelt sich dabei um eine Anstrengung, die sich im Wesentlichen auf einer verbalen Ebene abspielt. Darauf müssen jedoch weitere Schritte folgen, um die Herstellung von Normalität erreichen zu können. An dieser Stelle werden die Bemühungen im Zusammenhang mit der Anpassung, der Sinnsuche sowie der Wiedergutmachung und der Konventionalität wirksam, die alle auf die Umsetzung der Normalitätswiederherstellung zielen.

Personen, die straffällig geworden sind, haben aufgrund von Ausgrenzung Schwierigkeiten, den Status eines sogenannten „requalified citizen" zu erreichen (*Farrall et al.* 2010, S. 548). Sowohl finanzielle als auch emotionale Schwierigkeiten und abgebrochene soziale Kontakte stellen für sie ein Hindernis dar (vgl. *Farrall et al.* 2010, S. 548). Diesbezüglich kann von „social exclusion" (*Farrall et al.* 2010, S. 549) die Rede sein, die übernommen von *Burchardt et al.* (2009), folgendermaßen definiert wird: Nicht an Aktivitäten teilhaben können (aber wollen), die Schlüsselrollen in der entsprechenden Gesellschaft einnehmen. Diese sind in folgenden Bereichen verortet (vgl. *Farrall et al.* 2010, S. 549):

a) Konsum im Sinne der Möglichkeit, Produkte kaufen zu können und Dienstleistungen in Anspruch zu nehmen (in der hier vorliegenden Studie unter *Schwierigkeiten* und *Maßnahmen* nach der Haft herausgearbeitet; teilweise Auswirkung auf *soziales Umfeld* und *weitere Risikofaktoren*),

b) Produktion im Sinne von wertschöpfender oder sozial bedeutsamer Arbeit (in der hier vorliegenden Studie festgehalten unter *Schwierigkeiten* bei Arbeitssuche/Schwierigkeiten am Arbeitsplatz, negativen Bewertungen der *Maßnahmen* nach der Haft; teilweise unter *Stigmatisierung* herausgearbeitet),

c) Politisches Engagement[61] im Sinne von Beteiligung an lokalen und nationalen Entscheidungsprozessen (in der hier vorliegenden Studie unter *Stigmatisierung* und negativen Bewertungen der *Maßnahmen* nach der Haft herausgearbeitet),

d) Soziale Interaktion im Sinne von Einbindung in Familie, Freundeskreis und Gesellschaft (in der hier vorliegenden Studie unter *soziales Umfeld*, aber auch unter Konflikten als *Schwierigkeit*, bzw. teilweise unter *Stigmatisierung*, *Phasen* und *Maßnahmen* herausgearbeitet).

Die hier befragten Probanden zeigen somit alle mehr oder weniger starke Erscheinungsformen sozialer Ausgrenzung und dazu das Moment des internalisierten Stigmatisierungsdiskurses. Die dargestellten normalitätswiederherstellenden Aspekte – Anpassung, Konventionalität, Sinnsuche und Wiedergutmachung – sind ein Versuch diese zu bearbeiten. Damit befördern sie im Umkehrschluss die Wiedereingliederung. Das normale Leben stellt somit eine Art Eintrittskarte in die sogenannte Mainstream-Gesellschaft dar (vgl. *Farrall et al.* 2010, S. 549) und ist gleichzeitig als Anzeichen zu verstehen, zu dieser zu gehören (vgl. *Farrall et al.* 2010, S. 547). Abschließend kann Normalität als Zustand der Rückfallfreiheit verstanden werden, sozusagen als letzte Phase des Desistance-Prozesses (vgl. *Farrall & Calverley* 2006, S. 108 f., 124). In der vorliegenden Arbeit wird jedoch eher von Normalitätswiederherstellung als einem eigenständigen Prozess ausgegangen, in dem Legalbewährung zwar eine Rolle spielt, jedoch nicht das ausdrückliche und einzige Ziel verkörpert.

6.4.2 Anpassung als Faktor im Wiedereingliederungsprozess

Die Anpassung berührt jeden der Aspekte von Ausgrenzung. Sie ist für das Gelingen der Wiedereingliederung entsprechend wesentlich und setzt bereits direkt im Übergangserleben ein. Die betreffenden Personen müssen sich nicht nur an das Leben außerhalb der Haft gewöhnen, sich zurechtfinden und Strukturen aufbauen, sondern sich auch mit den Anforderungen, Erwartungen und vorgefundenen Gegebenheiten auseinandersetzen, mit denen sie konfrontiert sind. Die Ausprägungen dieser Anpassungsleistung und die Bereiche, in denen sie gezeigt werden, unterscheiden sich bei den Befragten stark. Es existiert ein breites Spektrum, das von Überanpassung bis

---

61 Dieser Aspekt tritt neben den anderen selten in Erscheinung und vermutlich kommt ihm im Vergleich am wenigsten Bedeutung zu (vgl. *Farrall et al.* 2010, S. 549). Dies gilt so auch für die vorliegenden Ergebnisse, wobei zusätzlich die Restriktionen für Haftentlassene bezüglich des Wahlrechts in Deutschland von denen in anderen Ländern zu unterscheiden sind (vgl. § 45 StGB; vgl. *Laws & Ward* 2011, S. 128 f.). Demgegenüber scheint vor allem der sozialen Interaktion besonders viel Bedeutung zuzukommen.

hin zu einer rein sanktionsvermeidenden Anpassung reicht. Ein gewisses Maß an Anpassungsbemühungen bildet die Grundlage, um überhaupt im gesellschaftlichen Miteinander bestehen zu können und die Ausgrenzung nicht weiter zu verstärken.

Das Erwerbsleben dient als exemplarisches Anpassungsfeld und gleichzeitig kann anhand dieses Beispiels gezeigt werden, wie Anpassung Wiedereingliederung und letztlich auch Legalbewährung begünstigt. Der Großteil der Befragten betont das eigene Interesse, in irgendeiner Form beschäftigt zu ein – also eine Bearbeitung des Bereichs Produktion und im Anschluss daran auch bezüglich des Konsums sowie der sozialen Interaktion – im Sinne der Theorie von *Farall et al.* (2010). Ein positiver Aspekt der Erwerbstätigkeit im Hinblick auf einen Verlauf ohne Rückfall ist beispielsweise die Beobachtung, dass eine Arbeitsstelle „new forms of ‚routine activities'"ermöglicht (*McAlinden et al.* 2017, S. 271). Diese Verhaltensweisen können dazu beitragen, dass delinquente Verhaltensmuster durchbrochen werden. Zudem kann die Beschäftigung als solche als situative Coping-Strategie verstanden werden, weil so kein Raum für Straftaten bleibt (vgl. *McAlinden et al.* 2017, S. 272; vgl. *Yoder & Farkas* 2017, S. 38). Daneben bietet eine Arbeitsstelle folgende Faktoren: „informal social controls, social stability and support and the possibility of meeting role models who are not involved in an offending or criminogenic lifestyle" (*McAlinden et al.* 2017, S. 271). Somit wirkt sie sich im Sinne der Desistance-Theorien, die soziale Faktoren in den Vordergrund stellen, positiv auf die Legalbewährung aus (vgl. *Laub & Sampson* 1993, S. 303 f.). Aber auch hinsichtlich der subjektiven Faktoren scheint die Erwerbstätigkeit stabilisierend. Sie eröffnet einen Einblick in eine alternative Lebensgestaltung und Identifikationsmöglichkeiten. Dies wiederum begünstigt die Ausbildung eines neuen Selbst, das in der Forschung zur Legalbewährung als essenziell identifiziert wurde (vgl. *Maruna* 2001, S. 88; vgl. *Healy* 2014, S. 875). Gleichzeitig kann in Form der Arbeit eine solche Veränderung nach außen getragen werden (vgl. *Anderson-Facile* 2009, S. 190 f.), was ohnehin ein entscheidendes Moment in der Anpassung der Befragten darstellt. Doch auch soziale Kontakte, neue Freundes- und Bekanntenkreise können durch die Arbeit erschlossen werden (vgl. *McAlinden et al.* 2017, S. 272). Damit ist nicht nur ein Lebensbereich bearbeitet, der für die Legalbewährung entscheidend ist, sondern insbesondere auch für die Wiedereingliederung. Es kann also zusammengenommen davon ausgegangen werden, dass Arbeit gleichermaßen nach Sexualstraftaten einen wichtigen Faktor darstellt, wie es bereits für andere Deliktgruppen nachgewiesen wurde (vgl. *McAlinden et al.* 2017, S. 273). Sie ist sowohl bezüglich der Legalbewährung als auch im Prozess der Wiedereingliederung allgemein eine entscheidende Größe.

Entgegen entsprechender Literatur (vgl. beispielsweise *Uggen* 2000) muss jedoch kein direkter Bezug zwischen Arbeit und einer grundlegenden Veränderung angenommen werden. Es ist ebenso möglich, dass straffällig gewordene Personen bereits vor der begangenen Straftat eine erfolgreiche Karriere vorweisen konnten oder trotz eines Jobverlusts Legalbewährung aufrechterhalten (vgl. *McAlinden et al.* 2017, S. 273). Darüber hinaus können rückfällige Täter der Arbeit gleichermaßen große

Bedeutung zuschreiben oder trotz einer guten Einbindung in das Erwerbsleben rückfällig werden (vgl. *McAlinden et al.* 2017, S. 273). An dieser Stelle könnten unter anderem die Art und der Umfang der Arbeit ein entscheidender Faktor sein, da nicht jede Arbeitsstelle gleichermaßen stabilisierende Aspekte bereitstellen kann (vgl. *Laub & Sampson* 1993, S. 304). Außerdem müsste die Arbeit sinnstiftend wirken und den Individuen auf diese Weise etwas bedeuten, das sie ungern wieder verlieren wollen (vgl. *McAlinden et al.* 2017, S. 271 f.). Umgekehrt verursacht Arbeitslosigkeit nicht zwingend erneutes delinquentes Verhalten, kann es aber begünstigen (vgl. *Wirth* 2006b, S. 257 f.). Zum Beispiel können Schwierigkeiten und Rückschläge bei der Arbeitssuche Entmutigung und Frust hervorrufen (vgl. *McAlinden et al.* 2017, S. 272).

Auf Grundlage dieser Ergebnisse kann festgehalten werden, dass Arbeit eine wichtige Größe im Nachentlassungsverlauf darstellt, als Schlüssel für andere Problemlagen wirken kann (vgl. *Wirth* 2010, S. 84) und als Integrationsaspekt dient. Trotzdem kann kein direkter Zusammenhang zwischen Arbeit und grundlegender Veränderung hin zu Legalbewährung hergestellt werden (vgl. *McAlinden et al.* 2017, S. 273). Die Eingliederung in den Arbeitsmarkt zeigt Anpassung an, ermöglicht eventuell soziale Kontakte und eröffnet die Möglichkeit zu gesellschaftlicher Teilhabe im Sinne von Konsum und Produktion. Damit wirkt sich die Erwerbstätigkeit offenbar vielmehr allgemeiner positiv auf den Nachentlassungsverlauf aus und wirkt sozialer Ausgrenzung entgegen. Anpassung hinsichtlich dieses Lebensbereichs wirkt somit insgesamt stabilisierend, was der Gesamteindruck der Interviews bestätigt.

Für Befragte, die von vornherein keine Arbeitsstelle wollen, kann dieses Ergebnis nicht uneingeschränkt übertragen werden. Da Erwerbsarbeit aus einer kapitalistisch leistungsorientierten Perspektive besonders viel Bedeutung zukommt, fallen die wenigen Ausnahmen auf, die bewusst keiner Erwerbstätigkeit nachgehen möchten und versuchen, eine Anstellung zu vermeiden. Für sie kann Normalität abseits von Erwerbsarbeit definiert werden. Tätigkeiten, die im Sinne des Engagements oder als strukturgebend gesucht werden, können die der Erwerbsarbeit zugeschriebenen Funktionen stattdessen erfüllen, obwohl die Weigerung grundsätzlich mit sozialer Ausgrenzung assoziiert werden kann (vgl. *Farrall et al.* 2010, S. 548). Damit bearbeitet eine weitere normalitätswiederherstellende Bemühung die Aspekte, die sich bei anderen im Zusammenhang mit der Erwerbstätigkeit ergeben. Darüber hinaus ist – mit Ausnahme der Gegenbeispiele – bei diesen Befragten zumindest eine Anpassung an die Vorgaben von Ämtern und Behörden zu beobachten. Diese ermöglicht ihnen ein sanktionsfreies Leben nach der Haft ermöglichen, sie nicht negativ auffallen lassen und dennoch eine Existenzgrundlage eröffnen. Sie bewegen sich so ebenfalls in den reglementierten Strukturen, die sie nach der Entlassung vorfinden und passen sich insoweit an, als dass sie nicht durch zusätzliche Sanktionen weiter ausgegrenzt werden.

6.4.3 Sinnsuche und Wiedergutmachung als stabilisierende Einflüsse

Die Ausführungen zur Erwerbsarbeit können vielfach auf die hier erarbeiteten Ergebnisse der Sinnsuche übertragen werden. Der Nachentlassungsverlauf und die Wiedereingliederung sind so komplex, dass ein einzelner Faktor nicht allein die weitere Entwicklung bedingen kann – ebenso wie es bei der Legalbewährung der Fall ist. Somit trägt die Erwerbsarbeit als wichtiges Feld für die Anpassungsbemühungen zur Wiedereingliederung bei, allerdings neben anderen sinnstiftenden und strukturgebenden Aspekten sowie den im Weiteren beschriebenen Einflüssen der Wiedergutmachung und Konventionalität. Förderliche Gesichtspunkte können ebenso bei anderen Tätigkeiten identifiziert werden, die für die Befragten sinnstiftend und strukturgebend – und damit auch normalitätswiederherstellend – erscheinen. Sowohl die Erwerbstätigkeit als auch andere Aktivitäten bieten Anknüpfungspunkte zu sozialen Kontakten. Die Befragten erfahren in diesen Zusammenhängen gesellschaftliche Teilhabe und im Zuge dessen, dass sie sich für etwas einsetzen, wird ihnen Anerkennung entgegengebracht (vgl. *Farrall & Calverley* 2006, S. 125). Dies gilt selbstverständlich nur in Fällen, in denen dieses Engagement nicht aufgrund der Vorstrafe verwehrt wird, was gegenteilige Auswirkungen auf den Wiedereingliederungsprozess bedingt. Informelle soziale Kontrolle (vgl. *Laub & Sampson* 1993, S. 303 f.), Unterstützung und Vorbilder sowie neue Identifikationsmöglichkeiten (*McAlinden et al.* 2017, S. 271), die wiederum Faktoren im Sinne der Legalbewährung darstellen (vgl. *Maruna* 2001, S. 88; vgl. *Healy* 2014, S. 875), können in diesem Zusammenhang gleichermaßen verortet werden. Ebenso erschließen sich je nach Kontext neue soziale Kontakte oder es wird an frühere angeknüpft und diese dadurch gestärkt. Der Unterschied besteht hier in der vorherigen Lebensgestaltung, die entweder bereits entsprechende Elemente enthielt oder nicht und diese damit erst nach der Haft relevant wurden. Unter anderem an Aspekten wie diesen unterscheiden sich die Herstellung und die Wiederherstellung von Normalität (vgl. *Farrall & Calverley* 2006, S. 127). Eine entsprechende Einbindung legt aber einen protektiven Einfluss auf die Legalbewährung nahe (vgl. *Hahn* 2007, S. 376–378).

Neben dieser Bearbeitung des Bereichs der sozialen Interaktion sind die entsprechenden Einflüsse insbesondere vor dem Hintergrund der Haft bedeutsam, die wie eingangs beschrieben ein einschneidendes Lebensereignis darstellt (vgl. *Bereswill* 2007, S. 177). Haft steht für „Diskontinuität“ und insbesondere der Übergang in Freiheit ist ein „Strukturbruch“, während in Haft die Hoffnung auf ein besseres und anderes Leben durch die Beständigkeit und Ordnung geweckt werden kann (vgl. *Bereswill* 2010, S. 37 f.). Diese positiven Entwicklungen, wie beispielsweise die Aussicht auf ein strukturiertes und handlungsfähiges Leben, erscheinen innerhalb der Haftstrukturen möglich. Es ist aber selten der Fall, dass sie nach der Haft aufrechterhalten werden können:

> Dieses Empfinden von mehr Handlungsfähigkeit, verbunden mit mehr sozialen Chancen, überdauert die geschlossene Unterbringung aber nur selten, die Hoffnung auf Integration bleibt eine Momentaufnahme. Denn eine rigide äußere Struktur kann die intersubjektive Herausbildung einer eigenen, verinnerlichten Struktur nicht ersetzen (*Bereswill* 2010, S. 42).

Die Sinnsuche, die sich aus den vorliegenden Narrativen ergibt, ist somit nicht nur als Pendant zu Erwerbstätigkeit mit den entsprechenden Folgen zu bewerten, sondern auch unter diesem Blickwinkel einzuordnen. Man kann sie als einen Versuch der Befragten deuten, sich selbst die nun fehlende äußere Orientierung durch Abläufe und Zukunftspläne zu geben. Dies macht es ihnen leichter, sich nach der Haft in einem Bereich zurechtzufinden, der, wie sie sagen, „ohne Struktur" *(Bodo)* ist. Gleichzeitig eröffnet es Möglichkeiten, Handlungsmächtigkeit zu erlangen. Hobbys beispielsweise haben wie die Erwerbstätigkeit in ihrer Routine und aufgrund des zeitlichen Aspekts Auswirkungen auf die Gestaltung des Alltags. Ähnliches gilt für die enge Einbindung in familiale Strukturen (vgl. *Farrall & Calverley* 2006, S. 36). Damit wird der Bereich der sozialen Interaktion mit den Anpassungsbemühungen sowie der Sinnsuche bearbeitet und sorgt weiterhin für eine Motivation, diese Einbettung nicht durch erneutes strafrechtlich relevantes Verhalten zu gefährden. Damit beschränkt sich die stabilisierende Wirkung nicht auf die Anpassung an leistungsorientierte Erwartungen beziehungsweise behördliche Strukturen, sondern schließt auch die Bemühungen der Befragten um Sinnsuche ein. Insbesondere hinsichtlich des Engagements tragen sie zum gesellschaftlichen Miteinander bei und bearbeiten gleichzeitig subjektive Schwierigkeiten der Nachentlassungssituation. Darüber hinaus führen diese Versuche Überlegungen aus der Haft weiter, die einen neuen Anfang und einen anders verlaufenden Alltag vorsahen – damit also eng zusammenhängend mit den Zukunftsplänen (*Phasen*) und Konventionalität. Eine neue innere Strukturiertheit ist dadurch aber auch hier nicht zwingend gegeben und die Bemühung darum ist nicht in allen Fällen erfolgreich.

Da Wiedergutmachungsbemühungen eine Folge der beschriebenen Sinnsuche sein können (vgl. *Maruna* 2001, S. 102), lässt sich die Interpretation der Ergebnisse auf die Wiedergutmachung ausweiten. Es ist anzunehmen, dass sich Personen, denen Legalbewährung zugeschrieben werden kann, weniger abhängig und determiniert fühlen. Sie sind eher motiviert, der Gesellschaft etwas zurückzugeben (vgl. *Maruna* 2001, S. 96 f.). Dies kann sich in den Bemühungen äußern, für die nachfolgende Generation oder allgemein für andere Menschen da zu sein, anderen etwas zu hinterlassen sowie grundsätzlich etwas im Positiven zu verändern (vgl. *Maruna* 2001, S. 172). Alle diese Aspekte machen die identifizierte Wiedergutmachung in der vorliegenden Arbeit aus. Sie zeigen nach außen hin eine Verbundenheit mit Normen und Werten an, bringen die Befragten mit anderen Personen in Kontakt und unterstreichen ihre Zugehörigkeit zu der Gemeinschaft, in der sie leben. Das Label der Straffälligkeit steht in diesem Fall nicht mehr im Vordergrund und der Prozess der Wiedereingliederung wird damit unterstützt. Außerdem wirkt der Versuch einer

Wiedergutmachung damit stabilisierend auf die Legalbewährung ein. Die Bemühungen gegenüber Familienmitgliedern oder anderen Bezugspersonen und insbesondere denjenigen, die über den Zeitraum der Haft den Befragten beigestanden haben, spielen hier eine Rolle (vgl. *Maruna* 2001, S. 122). Die Befragten wollen im Sinne der Reziprozitätsnorm etwas zurückgeben, was sie zu einem anderen Zeitpunkt nicht konnten. Zum einen zeigen sie damit die Akzeptanz einer gängigen Norm im sozialen Gefüge an. Zum anderen kann dieses Verhalten hinsichtlich der Beweggründe als eine Art Entschuldigung verstanden werden, die bei *Goffman* als Strategie der Normalisierung gilt (vgl. *Willems* 2003, S. 61).[62] Eine ähnliche Dynamik wird wie eingangs beschrieben auch Schamgefühlen zugeschrieben, wenn sie als etwaiger Auslöser für eine Verhaltensänderung wirken (vgl. *Goffman* 1979, S. 16; vgl. *Braithwaite* 1989, S. 81–83). Dies kann damit unter Umständen auch für Wiedergutmachungsbestrebungen angenommen werden. Die Bemühung etwas wiedergutzumachen zeigt dann an, dass Einsicht in ein vorangegangenes Fehlverhalten besteht und dafür Abhilfe geschaffen werden soll. In jedem Fall birgt es das Potenzial einer etwaigen Stärkung der sozialen Beziehungen, denen man wiederum aufgrund ihrer Unterstützungsleistungen einen positiven Einfluss auf die Legalbewährung zuschreibt (*Cid & Martí* 2017, S. 1447). In diese Deutung fügt sich auch die Beobachtung ein, dass die hier befragten Probanden sowohl die Wiedergutmachung gegenüber ihren Bezugspersonen als auch den Kontakt zu ihnen und deren Unterstützung als Desistance-Faktoren thematisieren.

Die Deutung, dass Wiedergutmachung Teil des Normalitätswiederherstellungsbemühens ist, ist durch *Maruna*s Arbeit zu stützen. Er spricht von „public acceptance", die nicht zuletzt durch Generativität erlangt wird (*Maruna* 2001, S. 123).

> In addition to this aggressive piety, the pursuit of full-time generative roles can expedite the process of obtaining public acceptance. When a person becomes a probation officer or an antidrugs campaigner, they need not constantly remind and convince

62 Während die Befragten in der vorliegenden Studie Wiedergutmachung ebenfalls gegenüber denjenigen Personen zeigen wollen, denen sie direkt durch ihr Delikt geschadet haben, ist dies in dieser Form in der Studie von *Maruna* nicht thematisiert (vgl. *Maruna* 2001, S. 123). Dieser Unterschied könnte auf die verschiedenen Deliktsbereiche zurückzuführen sein, die die Stichproben ausmachen beziehungsweise auf das Verhältnis, in dem die Haftentlassenen vor der Straftat zu diesen Personen standen. Wie bereits in *Kapitel 5.4* zu Wiedergutmachung erwähnt, lassen sich in den Fällen, in denen es um den Kontakt zu den Geschädigten der Straftat geht, vielfältige Kontroversen aufspannen. Da die Beleuchtung entsprechender Umstände sowie die Diskussion der Vor- und Nachteile einer solchen Kontaktaufnahme an dieser Stelle zu weit führen und für die vorliegende Untersuchung weniger relevant sind, wird hier nicht weiter darauf eingegangen. Zu einer ausführlichen Diskussion zu Restorative Justice beziehungsweise dem Täter-Opfer-Ausgleich siehe beispielsweise *Shapland et al.* (2011), *Zinsstag & Keenan* (2017) oder *Kilchling* (2017).

> others that they have changed. Their acceptance of conventional values is embedded in their new role in society (*Maruna* 2001, S. 123).[63]

Damit zeigen die Ergebnisse zur Wiedergutmachung eine Bearbeitung der sozialen Ausgrenzung im Sinne *Farralls et al.* (vgl. 2010, S. 549). Durch die neuen Rollen, die die Befragten im Rahmen ihres Engagements eröffnet bekommen – unabhängig davon, ob es als Wiedergutmachung kommuniziert wird oder nicht – ergibt sich die Chance auf soziale Einbindung und Akzeptanz ebenso wie Identifikationsmöglichkeiten. In Anlehnung an *Lofland* (1969) spricht *Maruna* (2001) im Zusammenhang entsprechender Bemühungen von der Figur des sogenannten „pivotal normal". Diese stellt *Lofland* (vgl. 1969, S. 209–211) einer Person gegenüber, die als „pivotally deviant" gilt. Somit können das identifizierte Veränderungsnarrativ, die Ergebnisse der Hauptkategorie *Desistance* und insbesondere das Bemühen um Normalität damit in Verbindung gebracht werden. Die Wiedergutmachung wirkt in diesem Zusammenhang als normalitätswiederherstellendes Moment auf den Wiedereingliederungsprozesse ein, indem sie soziale Interaktion befördert, und ist gleichzeitig als relevant für die Legalbewährung einzustufen.

Alle Befragten – ausgenommen einzelne Gegenbeispiele – zeigen entweder als Reaktion auf Erwartungen, Anforderungen und ein Sanktionssystem Anpassung, suchen nach sinnstiftenden oder strukturgebenden Faktoren in ihrem Leben beziehungsweise bemühen sich um Wiedergutmachung. Alle dargestellten Aspekte wirken der Ausgrenzung entgegen und begünstigen gleichzeitig Legalbewährung, womit diese Normalitätsbemühungen den Nachentlassungsverlauf insgesamt stabilisieren und maßgeblich prägen. Dies bestätigt sich auch im Umkehrschluss. Wenn die Befragten keine der genannten Bemühungen in dieser Form zeigen, berichten sie am ehesten risikobehaftetes Verhalten und es sind kritische Nachentlassungsverläufe erkennbar. Der Gegenentwurf der Gleichgültigkeit wirkt damit destabilisierend.

6.4.4 Konventionalität als Orientierung im Wiedereingliederungsprozess

Abschließend bleibt noch der Einfluss der Konventionalität zu beleuchten. Die herausgearbeiteten Aspekte zum Lebensentwurf bieten einen konkreten Anhaltspunkt und Rahmen für den weiteren Lebensverlauf der Haftentlassenen. Der Lebensentwurf, den die Befragten erkennen lassen, umreißt das Verständnis von Normalität

63 Der mehrfach von *Maruna* erwähnte Einsatz der Befragten für inhaftierte oder suchtkranke Menschen kommt in diesem Maße in der vorliegenden Untersuchung zwar nicht zum Tragen, ist in einzelnen Fällen aber auch zu finden. Dies kann einer Verzerrung der Stichprobe *Marunas* geschuldet sein. Da er nach dem Schneeballsystem Haftentlassene rekrutierte, kann von einer Überrepräsentation derjenigen ausgegangen werden, die Bezüge in die soziale Arbeit oder entsprechendes freiwilliges Engagement haben (vgl. *Maruna* 2001, S. 103). Seiner Studie wird daher unterstellt, dass insbesondere die beschriebenen „Desister" einen ganz bestimmten Typus von Befragten abbilden (vgl. *Hofinger* 2012, S. 15).

und zeigt außerdem ihren Veränderungswillen an, der auch an die Deutungsmacht im Sinne von Distanzierung anschließt.

Die Vorstellung der Normalität vieler Befragter deckt sich mit traditionellen Lebensinhalten wie Partnerschaft, Verlobung, Ehe, Wohneigentum und Familiengründung sowie dem sozialen Aufstieg – oder zumindest versprechen sie sich davon Normalität. Davon ausgehend lässt sich Folgendes feststellen: „They hunger for the same things that we all do: a good education, a decent job, good friends, home ownership, family ties, children, being loved by someone, and having a stable life" (*Laws & Ward* 2011, S. 4). Vorstellungen und Wünsche für das Leben, die als „very conventional goals" (*Shapland & Bottoms* 2011, S. 262) gelten können, stehen auf einer übergeordneten Ebene für die konventionellen Werte, denen auch oder sogar gerade für straffällig gewordene Personen eine entscheidende Bedeutung zukommt. Das Konzept könnte als „House, Bells and Bliss" (*Doekhie & van Ginneken* 2019, S. 8) beschrieben werden. Dies gilt auch für diejenigen Befragten, die nicht in der Lage sind, es tatsächlich umzusetzen. Das Bemühen um Konventionalität legt nahe, dass die Befragten sich mit nicht straffällig gewordenen Personen vergleichen. Sie wollen eine Normalität in ihrem Leben erreichen, die sie im Leben anderer Menschen ohne Hafterfahrung bereits verwirklicht sehen und die gleichzeitig nicht von sozialer Ausgrenzung bedroht scheinen. Der daran orientierte konventionelle Lebensentwurf, den die Befragten mit Normalität gleichsetzen, erinnert an die Beschreibung einer Normalbiographie.[64] Geprägt wurde dieser Begriff von *Levy* (1977), der die Normalbiographie eng gebunden an der Erwerbstätigkeit in drei Phasen einteilt. Obwohl in den Sozialwissenschaften im Laufe der Zeit immer neue Konzepte wie beispielsweise die „Wahlbiographie" oder die „Bastelbiographie" (vgl. *Beck & Beck-Gernsheim* 1994, S. 13) postuliert wurden oder die Begriffe Individualität beziehungsweise Individualisierung (vgl. *Kohli* 1988) und Destandardisierung (vgl. *Scherger* 2007) in diesem Zusammenhang aufkamen, scheint für die Befragten ein sehr traditionelles Verständnis der biographischen Eckpunkte selbstverständlich als gesetzter Erwartungsrahmen. Unter dem ansonsten herrschenden Eindruck der Individualisierung überrascht eine Orientierung an diesen konventionellen Lebenszielen auf den ersten Blick. Jedoch haben die hier befragten aus der Haft entlassenen Personen deutliche Nachteile gegenüber anderen Menschen, was die Gestaltung einer sogenannten „Bastelbiographie" (*Beck & Beck-Gernsheim* 1994, S. 13) erschwert. Zum einen haben sie ohnehin häufig bereits vor ihrer Straffälligkeit über geringe Ressourcen verfügt, wie unter dem Stichwort des „cumulative disadvantage" (vgl. *Sampson & Laub* 1997, S. 145–153; vgl. *LeBel et al.* 2008, S. 134, 154; vgl. *Cornel* 2013, S. 15) bereits eingangs dargestellt. Zum anderen kann ihnen das Stigma und der Einschnitt, den sowohl die Straffälligkeit als auch die Hafterfahrung bedeuten, die weitere Lebensgestaltung zusätzlich erschweren.

64 Einen Überblick zum Thema Normalbiographie gibt beispielsweise *Diewald* (2010).

Vor allem die Orientierung an Gleichaltrigen, die die maßgeblichen Lebensereignisse bereits hinter sich haben, zeigt, dass die Probanden versuchen etwas aufzuholen, da – mit den Worten eines Befragten – „die fünf Jahre mir irgendwo fehlen; ne?“ *(Stefan)*. Auch *Goffman* beschreibt diesen Verlust der Möglichkeit, bestimmte Dinge zu erleben und stellt fest: „Vielleicht ist es unmöglich, in einer späteren Phase des Lebenszyklus die Zeit nachzuholen“ (*Goffman* 1981, S. 26). Die Haft und vereinzelt auch die Zeit der Delinquenz verursachen eine von den Befragten erlebte Verzögerung, die aufgeholt werden soll. Insbesondere an der schnellen Intensivierung der Partnerschaft und Familiengründung ist dies gut abzubilden. Gelingt den Haftentlassenen dieses ‚Aufholen‘, könnte man gleichermaßen von einer Beschleunigung durch die Haft sprechen wie von einer Verzögerung. Letztere wird durch ihre Wirkmächtigkeit im Ergebnis zu einer Straffung der Lebensereignisse nach der Entlassung und eine schnelle Entwicklung innerhalb der Lebensverläufe ist die Folge. Auf diese Weise können die Probanden sich ihrer Vorstellung von Normalität annähern und mit anderen Gleichaltrigen letztlich doch noch ‚Schritt halten‘. Da eine solche Entwicklung aber nicht selbstverständlich ist, nimmt sie umso mehr Raum in den Narrativen der Befragten ein. Zudem erfüllt es bei ihnen wohl einen Zweck, der bei Menschen ohne Hafterfahrung und ein entsprechendes Stigma in diesem Maße nicht zu finden ist: die Normalität als Hoffnung auf ein unbehelligtes Leben (vgl. *Hahn* 2003, S. 25), wohingegen Individualisierung näher an Abweichung zu verorten ist.

Im Ergebnis konzentrieren sich die Probanden der vorliegenden Untersuchung auf Aspekte, die ein entsprechend integriertes Leben versprechen und alle essenziellen Bereiche der sozialen Ausgrenzung bearbeiten, die oben als relevant genannt sind. Bei den meisten der hier befragten Probanden erkennt man an diesen Lebensentwürfen die Offenheit für Veränderung. Sie unternehmen einen Versuch, sie möglich und plausibel werden zu lassen – auch ohne ein explizites Veränderungsnarrativ, das nur wenige Befragte verwenden. Ihre Erfolgsaussichten in der Umsetzung sind insgesamt betrachtet jedoch sehr unterschiedlich. Der konventionelle Lebensentwurf bietet dennoch allen erst einmal sogenannte „hooks for change“ (*Giordano et al.* 2002, S. 1000) – wie das Eingehen einer Beziehung – um die erhofften Lebensentwürfe zu verfolgen. Damit besteht auch eine Verbindung zur Legalbewährung, die über die Konventionalität mit der Normalitätswiederherstellung zusammenhängt.

Bei den hier befragten Haftentlassenen sind auch neben dem ausführlich skizzierten konventionellen Lebensentwurf im Falle einer sanktionsvermeidenden Anpassung und den darauffolgenden Lebensumständen keine delinquenten Verhaltensmuster vorgesehen, was Legalbewährung – zumindest hinsichtlich schwerwiegender Straftaten – als kleinsten gemeinsamen Nenner innerhalb der Normalitätsentwürfe hervorhebt. Die empirischen Ergebnisse zeigen sogar wie oben ausgeführt für die Gegenbeispiele, dass dies nicht nur für die Befragten mit Bemühungen um eine Anpassung oder einen konventionellen Lebensentwurf gilt. Ausnahmen bilden der gelegentliche Drogenkonsum einzelner Befragter, der von ihnen als „gesellschaftsfähig“ *(Jorge)* kategorisiert wird. Damit kann selbst in den Fällen, in denen riskantes und teilweise strafrechtlich relevantes Verhalten berichtet wird, die Annahme gültig bleiben, dass Normalität auch Legalbewährung bedeutet. Sie verstehen Normalität grundsätzlich als nicht straffällig, aber nicht alles, was unter Strafe steht ist für sie kriminell. Vor diesem Hintergrund können manche Handlungen und riskantes Verhalten dennoch mit Normalität, konventionellen Werten und Konformität einhergehen, weil die Bewertung aus ihrer Perspektive eine andere ist (vgl. *Shapland & Bottoms* 2011, S. 268 f.). Schwere Straftaten hingegen werden von einer solchen Kategorisierung ausgeschlossen (vgl. *Shapland & Bottoms* 2011, S. 266). Selbst von den wenigen Probanden, die in der vorliegenden Untersuchung Haft mit Normalität assoziieren, wird Delinquenz mindestens im Sinne schwerwiegender Straftaten abgelehnt. Der Befragte *Frieder* stellt im Hinblick auf diese Thematik eine Ausnahme dar. Zusammengenommen bildet der Normalitätswiederherstellungsprozess damit (zumindest einen Teil-) Aspekt des Prozesses zur Legalbewährung ab. Es muss jedoch berücksichtigt werden, dass Wünsche beziehungsweise Bemühungen der Befragten nicht in allen Fällen mit einer erfolgreichen Umsetzung gleichzusetzen sind, was man nicht zuletzt am Phänomen der Pseudoreflexivität erkennen kann. Hier werden beispielsweise Strategien zur Legalbewährung angeführt, die letztlich aber nicht umgesetzt werden.

Ausgehend von diesen Beobachtungen bleibt festzustellen, dass die Normalitätswiederherstellung sozialer Isolation entgegenwirkt und damit sowohl ein prägendes Phänomen für den Wiedereingliederungsprozess ist, als auch Faktoren mit dem Prozess der Legalbewährung teilt. Außerdem wird die Verzahnung der subjektiven und der sozialen Faktoren anhand dieser Ergebnisse deutlich, die bereits eingangs im Rahmen verschiedener Wiedereingliederungs- und Legalbewährungs-Theorien nach Sexualstraftaten benannt wurden (vgl. *Hahn* 2007, S. 379; vgl. *LeBel et al.* 2008, S. 131, 149; vgl. *McAlinden et al.* 2017, S. 276). Dabei ist auffällig, dass diese Dynamiken sich so eindeutig mit den Befunden aus anderen Ländern mit strengeren Restriktionen gegenüber Haftentlassenen in Verbindung bringen lassen. Offenbar wirken ähnlich Mechanismen während der Wiedereingliederung nach der Haft in Deutschland. In der Folge sind die Angst vor Ausgrenzung beziehungsweise der unter anderem daraus gespeiste Wunsch nach Normalität zu finden.

In der vorliegenden Studie sind die „functionings" (vgl. *Farrall et al.* 2010, S. 561–563) der Befragten, also das was sie gerne werden und sein wollen, vornehmlich mit sozialer Inklusion und gleichzeitig mit Normalität verbunden. Der Zustand des „functioning" – oder: „the ability to appear in public without shame" (*Farrall et al.* 2010, S. 562) – wird Straffälligen und insbesondere Sexualstraftätern aber nur selten ermöglicht. Ihnen fehlen auf der anderen Seite die „capabilities" (*Farrall et al.* 2010, S. 562) aufgrund von Vorurteilen und ohnehin schlechten Ausgangsbedingungen nach der Haft, die eine entsprechende Umsetzung erschweren. Das zeigen die Ergebnisse der herausgearbeiteten Hauptkategorien an. Davon ausgehend müssten diese Strukturen und Gegebenheiten verändert werden, um den Haftentlassenen zumindest die Möglichkeit zu geben, diejenigen werden zu können und das erreichen zu können, was sie sich vornehmen (vgl. *Farrall et al.* 2010, S. 563 f.). Unter diesen Voraussetzungen erscheint die Situation bewältigbar und es kann sich Optimismus dahingehend entwickeln, die Umsetzung dieser Pläne und Wünsche zu erreichen, was sich seinerseits schon stabilisierend auswirkt (vgl. *Hahn* 2007, S. 364–366).

Dies wird insbesondere dann deutlich, wenn die Gegenbeispiele berücksichtigt werden. Bei ihnen zeichnet sich ab, dass das Scheitern und der Frust, der sich in Folge von den fehlenden Möglichkeiten, normalitätswiederherstellende Bemühungen umzusetzen, zu gegenteiligen Dynamiken verkehren kann. In den Narrativen zeigt sich, dass selbst bei diesen Probanden grundsätzlich ähnliche Vorstellungen und Konzepte vorhanden sind oder zumindest der kleinste gemeinsame Nenner – keine schwerwiegenden Straftaten begehen zu wollen – beinahe alle Befragten eint. Einzelnen fehlt jedoch der nötige Antrieb zur Umsetzung stabilisierender Verhaltensweisen oder es handelt sich dabei nur um schwach ausgeprägte Vorstellungen, die sie nur oberflächlich in den Interviews anbringen. Bei anderen hingegen scheint ein konventionelles Leben und eine vollständige Einpassung so weit von der eigenen Lebensrealität entfernt, dass eine Umsetzung beinahe unmöglich wird oder bereits entsprechende Versuche gescheitert sind. Ein Rückzug aus diesen Bezügen erscheint für sie daher als logische Konsequenz. Die Normalitätswiederherstellung rückt bei ihnen in den Hintergrund und dies trägt zu den destabilisierenden Entwicklungen in ihrem Nachentlassungsverlauf bei.

Davon ausgehend hat die Umsetzung nur auf der Grundlage entsprechender Voraussetzungen von außen eine realistische Chance erfolgreich zu verlaufen. Die Haftentlassenen müssen auf dieser Basis jedoch selbst die Verantwortung für ihren Lebensverlauf nach der Haft übernehmen und ihn gestalten. Die Normalitätswiederherstellung und damit das Meistern des Wiedereingliederungsprozesses sowie die stabilisierenden Einflüsse auf die Legalbewährung hängen davon ab.

Kapitel 7

Fazit und Ausblick – „Wie will man sich noch in das normale Leben integrieren, wenn man die Voraussetzungen gar nicht hat?“

Ausgehend von den oben dargestellten Erkenntnissen ist die Herstellung von Normalität entscheidend für den Wiedereingliederungsprozess haftentlassener Sexualstraftäter und ebenso für die Legalbewährung. Ihr Nachentlassungsverlauf wird somit maßgeblich durch diese drei Prozesse geprägt. Alle drei sind verwoben in einem komplexen Zusammenspiel aus unterschiedlichen strukturellen beziehungsweise sozialen und individuellen, subjektiven Komponenten. Zwar streben die haftentlassenen Befragten nach Normalität und damit auch nach Integration und Legalbewährung; an der Umsetzung scheitern jedoch einige, andere befinden sich an früheren oder späteren Punkten dieses Prozesses und die Intensität der Bemühungen unterscheiden sich. Zudem sind die Ressourcen und Strategien so verschieden, dass Normalität (noch) nicht bei allen erreicht ist oder überhaupt erreichbar scheint. Die Offenheit der Veränderung gegenüber – oder das Streben danach – zeigen sie dennoch. Ein entscheidender Versuch, um sich die Akzeptanz anderer überhaupt erhoffen zu können, wird in den Narrativen mit dem Phänomen der Aneignung von Deutungsmacht sichtbar, die als Stigma-Management die Zugänglichkeit des Gegenübers erhöhen kann. Nur ohne das Stigma wird Normalität überhaupt möglich. Für die Umsetzung der Bemühungen um Anpassung, das Verwirklichen entsprechender Lebensentwürfe, die erfolgreiche Sinnsuche und für die Wiedergutmachung, die die Befragten anstreben, müssen ihnen Optionen eröffnet werden. Dies ist jedoch nicht bei allen Haftentlassenen gleich ausgeprägt gegeben und Chancen sowie Ressourcen sind unterschiedlich verteilt – ähnlich verschieden wie die Intensität der Bemühungen aufseiten der Probanden. Im Ergebnis kommt das nötige Zusammenspiel der unterschiedlichen Faktoren nicht in allen Fällen zum Tragen und verstärkt die teilweise schwierigen bis risikoreichen Nachentlassungsverläufe. Eine Rückkehr in destabilisierende Verhaltensweisen liegt damit manchen näher, was ebenfalls anhand einiger Beispiele nachvollzogen werden kann.

Erste Ansatzpunkte zur Unterstützung dieser Wechselwirkung sind die Bestrebungen und Ziele der Personen. Diejenigen Haftentlassenen, die zumindest in Ansätzen Bemühungen um Normalität zeigen, müssten bestärkt und mit entsprechenden Handlungsmöglichkeiten ausgestattet werden.

> It is important to recognise that scripts cannot be learned from a book, so offenders must be given opportunities to learn 'on the job', literally and figuratively. Naturally, scripts alone are not enough; many difficult life circumstances cannot simply be remedied by 'a little agency and planning' (*Doekhie & van Ginneken* 2019, S. 17).

Entsprechende Möglichkeiten sollten nicht denjenigen vorbehalten sein, die bereits diese Bemühungen zeigen (vgl. *Doekhie & van Ginneken* 2019, S. 17). Insbesondere, wenn bei den Betreffenden Ansätze einer Vorstellung von Normalität und einem Leben ohne Straftaten vorhanden sind, könnte mit entsprechenden Maßnahmen an dieser Stelle gegengesteuert werden. Insbesondere hinsichtlich der Entlassungsvorbereitung muss auf das vorhandene Potenzial der Normalitätsbestrebung aufgebaut und entsprechende Hilfestellungen erarbeitet werden, die die Konzepte und individuellen Ressourcen zur Umsetzung weiter stützen. Denn ausgehend von den eingangs beschriebenen Theorien zur Legalbewährung ist anzunehmen, dass dahingehend eine gute Grundlage bestünde, um die weitere Entwicklung positiv zu beeinflussen. Diese Grundlage scheint auch bei denjenigen gegeben, die Erklärungsversuche bezüglich der Straftat zeigen. Daher sollten die Angebote nicht an die uneingeschränkte Verantwortungsübernahme bezüglich der Straftat gebunden sein. Vor dem Hintergrund des internalisierten Stigmatisierungsdiskurses wird das Stigma-Management in Form der Externalisierung, Bagatellisierung oder gar Unschuldsbeteuerung begünstigt. Damit wird zwar zuerst ein Risikopotential assoziiert, es kann für die Betreffenden aber durchaus funktional sein (vgl. *Buchholz et al.* 2008, S. 201; vgl. *Harris* 2017, S. 237) und es konnte gezeigt werden, dass auch im Falle von Erklärungsversuchen und Ähnlichem Legalbewährung möglich ist (vgl. *Hulley* 2016, S. 1788). Es scheint vielmehr eine normalitätswiederherstellende Funktion für die Befragten zu erfüllen. Auch Tatleugner auf dieser Grundlage auszuschließen, scheint nicht zielführend (vgl. *Blagden et al.* 2014, S. 1723 f.; vgl. *Hulley* 2016, S. 1788). Solange keine strafrechtlich relevanten Handlungen und insbesondere keine einschlägigen erneuten Straftaten Teil der Normalitätskonstruktion der Haftentlassenen sind, besteht Potenzial, diese Bemühungen durch Akzeptanz und entsprechende Angebote weiter zu unterstützen – selbstverständlich ohne Naivität oder Blindheit gegenüber etwaigen Risikofaktoren und Risikosituationen. Daneben könnte die Konzeption der Veränderung einen notwendigen Ansatzpunkt bieten. Wenn das Konzept, das nach der Veränderung (oder hier als Normalitätsentwurf) erwartet wird, weniger eng gefasst ist, könnten sich mehr Personen davon angesprochen fühlen. Vielleicht muss nicht zwingend ein vollkommen neuer, gesetzeskonform lebender und engagierter Mensch als Ziel dieses Prozesses angenommen werden – und die Veränderung eventuell gar nicht so weit reichen wie von *Maruna* (2001) beschrieben. Das Normalitätsstreben eint die deutliche Mehrheit der hier befragten Haftentlassenen und somit scheint es durchaus Aspekte zu geben, an die angeknüpft und an denen gearbeitet werden kann, solange der kleinste gemeinsame Nenner der Ablehnung von erneuten Straftaten geteilt wird.

Im Ergebnis kann der maßgebliche Aspekt zum Tragen kommen, der für die Nachentlassungssituation entscheidend ist: dass die Haftentlassenen selbst Verantwortung für den Nachentlassungsverlauf und damit für ihre Legalbewährung übernehmen und sich eröffnende Möglichkeiten und Unterstützungsangebote nutzen können – vorausgesetzt diese sind gegeben. „Nevertheless, it is important not to overemphasize the role of internal factors in desistance because, without credible opportunities to realize aspirations, the imagined identity remains a chimera" (*Healy* 2014, S. 888). Dementsprechend muss auch an einer zweiten Stelle angesetzt werden, die den Nachentlassungsverlauf maßgeblich beeinflusst. Insbesondere der Begriff „chimera" – Hirngespinst – unterstreicht die zu bearbeitende Problematik. Die reine Vorstellung von einer Veränderung, von Normalität oder dem Selbstkonzept einer nicht delinquenten Person kann nicht die weitreichende Wirkung entfalten, die ihr durch eine gegebene Struktur und die Rückkopplung durch andere Menschen zukommen könnte (vgl. *McAlinden et al.* 2017, S. 269). Dementsprechend muss auch den haftentlassenen Personen, die eine Sexualstraftat begangen haben, ein Umfeld geboten werden, das den Übergang von Haft in Freiheit sowie die Wiedereingliederung unterstützt (vgl. *Willis et al.* 2010, S. 545). Normalität kann nur hergestellt werden, wenn auf allen Ebenen entsprechende Chancen genutzt werden können und genutzt werden wollen, sodass die Prozesse der Legalbewährung und der Wiedereingliederung gefördert werden. Daher sollte auch die Forschung zur komplexen Wechselwirkung zwischen subjektiven und sozialen Faktoren bezüglich der Legalbewährung weiter vertieft werden. Hier wäre vor allem wünschenswert, dass weniger die Frage nach der Reihenfolge, also das ‚Henne-Ei-Problem' (vgl. *LeBel et al.* 2008), im Vordergrund der Untersuchungen steht, sondern vielmehr die gegenseitigen dynamischen Zusammenhänge. Die vorliegende Arbeit zeigt, dass diese Aspekte vielschichtig aufeinander einwirken und die Sichtweise der Haftentlassenen eine komplementäre Perspektive darstellt. In dieser Verknüpfung der internalen Veränderung und der sozialen Aspekte liegt gleichzeitig die spezifische Problematik, die insbesondere für Personen, die eine Sexualstraftat begangen haben, bei der Umsetzung dieser Prozesse hinderlich werden kann. Es besteht eine Lücke zwischen dem Streben und dem Selbstkonzept auf der einen Seite und der Resonanz darauf in der Gesellschaft auf der anderen.

Während der Großteil der Befragten zum Ausdruck bringt, normal leben zu wollen – „a full citizen and member of society" – etikettiert die Gesellschaft sie weiterhin als Straffällige (*Shapland & Bottoms* 2011, S. 275). Das große Bedürfnis nach Normalität und die Bedeutung der Stigmatisierungsthematik speist sich aus dem stark emotional aufgeladenen Diskurs und den Reaktionen der Öffentlichkeit auf Sexualdelinquenz. Personen, die in diesem Deliktsbereich straffällig werden, wird wie eingangs beschrieben starke Ablehnung entgegengebracht (siehe beispielsweise *Griffin & West* 2006, S. 157 f.; *Victor & Waldram* 2015, S. 110; oder *Jahnke et al.* 2015, S. 21 f.). Der Grundgedanke hinter Theorien zu Legalbewährung ist jedoch der, dass Täterinnen und Täter Menschen sind, die nach der Sanktionierung der begangenen

Straftat die Möglichkeit verdienen, ein normales Leben zu führen – Sexualstraftäter scheinen davon dennoch ausgenommen (vgl. *Willis et al.* 2010, S. 546).

Selbst wenn „community reintegration“ (*Lussier & McCuish* 2016, S. 1791) tatsächlich für den Legalbewährungsprozess nach Sexualdelikten nicht zwingend notwendig sein sollte, so haben die Befragten dennoch eine größere Chance, ihre Ziele zu erreichen. Sie können eher Normalität herstellen, wenn die Gegebenheiten es zulassen und unterstützend einwirken, obwohl selbst unter diesen Umständen eine erfolgreiche Legalbewährung natürlich nicht in allen Fällen die Folge sein muss. Damit ist Legalbewährung ohne Wiedereingliederung zwar möglich, aber wesentlich schwieriger und somit nicht für alle Haftentlassenen zu bewältigen. Daher sollte die Wiedereingliederung dennoch als erstes und maßgebliches Ziel im Fokus stehen, um so gleichzeitig auch einen Verlauf ohne Rückfall zu begünstigen.

Vor diesem Hintergrund werden haftentlassenen Personen im Falle der sozialen Exklusion grundlegende Voraussetzungen für eine erfolgreiche Legalbewährung verwehrt und Entwicklungen wie der Rückzug und eine Gewöhnung an das zugeschriebene Label bis hin zur vollständigen Identifikation damit werden wahrscheinlicher (vgl. *Becker* [1963] 2014, S. 49–51). Gleichgültigkeit steht folglich statt der Bemühung um Normalität im Vordergrund. Diese Identifikation begünstigt wiederum weitere destabilisierende Faktoren im Nachentlassungsverlauf, wie Isolation oder ein Benachteiligungsnarrativ (vgl. *Woessner et al.* 2019, S. 73 f., 76). Für die Wiedereingliederung und die Legalbewährung der Befragten bedeuten diese Annahmen Folgendes: Zum einen ist die Möglichkeit der Stigmatisierung einer der Auslöser für den Wunsch nach Normalitätswiederherstellung, zum anderen können die Haftentlassenen ohne die entsprechenden äußeren Strukturen und aufgrund der erfahrenen und/oder internalisierten Stigmatisierung diese nicht umsetzen – unabhängig davon, wie groß ihre eigene Motivation dazu ist. Damit ist auch die Legalbewährung gefährdet. Vorgaben und Restriktionen, die zwar dazu gedacht sind, die Bevölkerung vor Übergriffen zu schützen, sorgen zusätzlich für eine Ausgrenzung der betreffenden Personen und die Gefahr eines Rückfalls wird damit eher erhöht (vgl. *LeBel et al.* 2008, S. 137; vgl. *Willis et al.* 2010, S. 546; vgl. *Harris* 2017, S. 260 f.). Obwohl in Deutschland die angesprochenen öffentlich einsehbaren Register über Personen, die Sexualstraftaten begangen haben, und auferlegte Wohnbeschränkungen in dieser Form nicht existieren, wirken hier offenbar ähnliche Dynamiken der angestrebten Normalitätswiederherstellung entgegen.

Insgesamt stützen die vorliegenden Ergebnisse die These, dass vor allem an der Rückkopplung durch Stigmatisierung gearbeitet werden müsste sowie an der Akzeptanz und dem Umgang mit Personen, die aufgrund einer Straftat gegen die sexuelle Selbstbestimmung verurteilt wurden – ohne die begangenen Straftaten beziehungsweise die Folgen für die Geschädigten der Straftat auszublenden und etwaiges Risikopotenzial zu ignorieren. Denn obwohl der Großteil der Befragten Normalität zwar als wünschenswert thematisiert, sind Bemühungen und ein Antrieb zur Umsetzung nicht bei allen im gleichen Maße zu beobachten. Trotz dieser Einschränkungen ist es entscheidend, die Haltungen und Einstellungen der Öffentlichkeit gegenüber entlassenen Sexualstraftätern anzugehen (vgl. *Harris* 2017, S. 264), um überhaupt die Möglichkeit für eine Normalitätswiederherstellung und damit auch für Legalbewährung und Wiedereingliederung zu eröffnen. Ein vielversprechender Ansatz wäre beispielsweise die weitere Implementierung und wissenschaftliche Begleitung von Nachsorge-Konzepten, die die Gemeinschaft einbinden, in die die Inhaftierten entlassen werden. Es ist bekannt, dass sich Vorurteile am ehesten durch den persönlichen Kontakt zu Menschen relativieren lassen. Stigmatisierung geht unter diesen Bedingungen deutlich zurück (vgl. *Willis et al.* 2010, S. 551 f.). Eine Möglichkeit, die an diesem Punkt ansetzt, Wiedereingliederung befördert und damit gleichzeitig wichtige protektive Faktoren bezüglich der Legalbewährung bereitstellt, wäre die Einbindung von sogenannten Circles of Support and Accountability (vgl. *Thompson & Thomas* 2016, S. 33) für haftentlassene Sexualstraftäter. Dabei handelt es sich um Gruppen ehrenamtlicher Personen, die auf der Basis einer gewissen gegenseitigen Verpflichtung unterstützend den Wiedereingliederungsprozess der Haftentlassenen begleiten und dabei von ausgebildeten Koordinatorinnen oder Koordinatoren unterstützt werden. Zwar gibt es noch nicht viele Untersuchungen zu diesem Ansatz, die bisher durchgeführten weisen aber eine positive Evaluation der jeweiligen Projekte aus (vgl. *Thompson & Thomas* 2016, S. 39–43). Eine entsprechend begleitete Einführung von Pilotprojekten in die Nachbetreuung wäre insbesondere in Deutschland erstrebenswert, wo es bisher keinerlei diesbezügliche Umsetzungen gibt.

Laws und *Ward* stellen in ihrer Arbeit abschließend fest:

> A Final Note: Offenders deserve the chance for better lives, not merely the promise of less harmful ones. This is only possible in a society that, while punishing unlawful acts, actively assists errant individuals to find their way back to us, people like them (*Laws & Ward* 2011, S. 284).

Idealerweise können unter diesen Bedingungen weitaus mehr Personen nach der Haftentlassung nicht nur den Wunsch äußern: „Ich möchte mein normales freies Leben führen soweit es denn noch geht“ *(Dieter)*, sondern auch an den Punkt kommen, an dem sie keine erneuten Straftaten begehen und sagen: „Ich bin normal, zufrieden und glücklich“ *(Yannick)*.

Literaturverzeichnis

Anderson-Facile, D. (2009): Basic Challenges to Prisoner Reentry. Sociology Compass 3/2, 183–195.

Atkin, C.A. & Armstrong, G.s. (2013): Does the Concentration of Parolees in a Community Impact Employer Attitudes Toward the Hiring of Ex-Offenders? Criminal Justice Policy Review 24/1, 71–93.

Austin, J. (2001): Prisoner Reentry: Current Trends, Practices, and Issues. Crime & Delinquency 47/3, 314–334.

Bachman, R., Kerrison, E., Paternoster, R., O'Connell, D. & Smith, L. (2016): Desistance for a Long-Term Drug-Involved Sample of Adult Offenders. The Importance of Identity Transformation. Criminal Justice and Behavior 43/2, 164–186.

Balke, F. (2003): Der Zwang des „Habitus". Bourdieus Festschreibung des „subjektiven Faktors", in: J. Link, T. Loer & H. Neuendorff (Hrsg.), „Normalität" im Diskursnetz soziologischer Begriffe, 135–149, Heidelberg.

Bammann, K. (2008): Der Körper als Zeichen und Symbol. Tattoo, Piercing und *body modification* als Medium von Exklusion und Inklusion in der modernen Gesellschaft, in: D. Klimke (Hrsg.), Exklusion in der Marktgesellschaft, 257–271, Wiesbaden.

Baur, N. (2005): Verlaufsmusteranalyse. Methodologische Konsequenzen der Zeitlichkeit sozialen Handelns. Wiesbaden.

Beck, U. & Beck-Gernsheim, E. (1994): Individualisierung in modernen Gesellschaften – Perspektiven und Kontroversen einer subjektorientierten Soziologie, in: U. Beck & E. Beck-Gernsheim (Hrsg.), Riskante Freiheiten. Individualisierung in modernen Gesellschaften, 10–39, Frankfurt am Main.

Becker, H.s. ([1963] 2014): Außenseiter. Zur Soziologie abweichenden Verhaltens, 2. Aufl. Wiesbaden.

Begun, A.L., Hodge, A.I. & Early, T.J. (2017): A Family System Perspective in Prisoner Reentry, in: S. Stojkovic (ed.), Prisoner Reentry. Critical Issues and Policy Directions, 85–144, New York.

Beier, K.M. (Hrsg.) (2018): Pädophilie, Hebephilie und sexueller Kindesmissbrauch. Die Berliner Dissexualitätstherapie. Berlin.

Belz, H. (2019): Übergangsmanagement in Baden-Württemberg durch das Netzwerk Straffälligenhilfe in Baden-Württemberg, in: DBH-Fachverband (Hrsg.), Straftat

– Verurteilung – Und dann? Community Justice – Wiedereingliederung als gemeinschaftliche Aufgabe! Tagungsdokumentation der 23. DBH-Bundestagung vom 09. –11.10.2018 in Heidelberg, 63–86, Köln.

Bereswill, M. (2011): Inside-out: transitions from prison to everyday life. A qualitative longitudinal approach, in: S. Farrall, M. Hough, S. Maruna & R. Sparks (eds.), Escape Routes. Contemporary Perspectives on Life After Punishment, 202–220, New York.

Bereswill, M. (2010): Adoleszenz und biographische Diskontinuität bei hafterfahrenen jungen Männern. Diskurs Kindheits- und Jugendforschung 1, 33–45.

Bereswill, M. (2007): „Von der Welt abgeschlossen". Die einschneidende Erfahrung einer Inhaftierung im Jugendstrafvollzug, in: J. Goerdeler & P. Walkenhorst (Hrsg.), Jugendstrafvollzug in Deutschland. Neue Gesetze, neue Strukturen, neue Praxis? [3. Praktikertagung zum Jugendstrafvollzug, vom 26. bis 28.10.2005 in Stade], 163–183, Mönchengladbach.

Bereswill, M., Koesling, A. & Neuber, A. (2007): Brüchige Erfolge – Biographische Diskontinuität, Inhaftierung und Integration, in: J. Goerdeler & P. Walkenhorst (Hrsg.), Jugendstrafvollzug in Deutschland. Neue Gesetze, neue Strukturen, neue Praxis? [3. Praktikertagung zum Jugendstrafvollzug, vom 26. bis 28.10.2005 in Stade], 294–312, Mönchengladbach.

Berner, W. (2013): Sexueller Missbrauch – Epidemologie und Phänomenologie, in: T. Stompe, W. Laubichler & H. Schanda (Hrsg.), Sexueller Kindesmissbrauch und Pädophilie, 1–14, Berlin.

Blagden, N., Winder, B., Gregson, M. & Thorne, K. (2014): Making sense of denial in sexual offenders: a qualitative phenomenological and repertory grid analysis. Journal of Interpersonal Violence 29/9, 1698–1731.

Bosch, G. (2017): Erwerbslosigkeit, in: H. Hirsch-Kreinsen & H. Minssen (Hrsg.), Lexikon der Arbeits- und Industriesoziologie, 2. Aufl., 125–129, Baden-Baden.

Bottoms, A. (2002): Morality, crime, compliance and public policy, in: A. Bottoms & M. Tonry (eds.), Ideology, Crime and Criminal Justice. A symposium in honour of Sir Leon Radzinowicz, 20–51, Cullompton.

Braithwaite, J. (1989): Crime, shame and reintegration. Cambridge.

Bruns, S. & Reichenbach, M.-T. (2018): Einleitung, in: M.-T. Reichenbach & S. Bruns (Hrsg.), Resozialisierung neu denken. Wiedereingliederung straffällig gewordener Menschen als gesamtgesellschaftliche Aufgabe, 7–16, Freiburg im Breisgau.

Bublitz, H. (2003): Diskurs und Habitus. Zentrale Kategorien der Herstellung gesellschaftlicher Normalität, in: J. Link, T. Loer & H. Neuendorff (Hrsg.), „Normalität" im Diskursnetz soziologischer Begriffe, 151–162, Heidelberg.

Buchholz, M.B., Lamott, F. & Mörtl, K. (2008): Tat-Sachen. Narrative von Sexualstraftätern. Gießen.

Bundeskriminalamt (2020): Polizeiliche Kriminalstatistik. Bundesrepublik Deutschland. Jahrbuch 2019. Band 4: Einzelne Straftaten/-gruppen und ausgewählte Formen der Kriminalität; bka.de/DE/AktuelleInformationen/StatistikenLagebilder/PolizeilicheKriminalstatistik/PKS2019/PKSJahrbuch/pksJahrbuch_node.html [31.07.2020].

Burchardt, T., Le Grand, J. & Piachaud, D. (2009): Degrees of social exclusion: Developing a dynamic multidimensional measure, in: J. Hills, J. Le Grand & D. Piachaud (eds.), Understanding social exclusion, 30–43, New York.

Bushway, S.D. (2006): The Problem of Prisoner (Re)Entry. Contemporary Sociology: A Journal of Reviews 35/6, 562–565.

Bushway, S.D., Piquero, A.R., Broidy, L.M., Cauffman, E. & Mazerolle, P. (2001): An Empirical Framework for Studying Desistance as a Process. Criminology 39/2, 491–516.

Carlsson, C. (2012): Using "Turning Points" to Understand Processes of Change in Offending. Notes from a Swedish Study on Life Courses and Crime. British Journal of Criminology 52/1, 1–16.

Cid, J. & Martí, J. (2017): Imprisonment, Social Support, and Desistance: A Theoretical Approach to Pathways of Desistance and Persistence for Imprisoned Men. International Journal of Offender Therapy and Comparative Criminology 61/13, 1433–1454.

Corbin, J. & Strauss, A. (2008): Basics of qualitative research: Techniques and procedures for developing Grounded Theory, 3. Aufl. Thousand Oaks.

Cornel, H. (2018): Zum Begriff der Resozialisierung, in: H. Cornel, G. Kawamura-Reindl & B.-R. Sonnen (Hrsg.), Resozialisierung. Handbuch, 4. Aufl., 31–63, Baden-Baden.

Cornel, H. (2013): Soziale Gerechtigkeit durch Resozialisierung – Übergänge für Straffällige gestalten statt vermehrt Ausgrenzung und Marginalisierung, in: DBH-Fachverband (Hrsg.), Krise der sozialen Gerechtigkeit. Herausforderungen für Kriminalpolitik und Soziale Arbeit mit Straffälligen. Beiträge der 21. DBH-Bundestagung, 12–35, Köln.

Crewe, B. (2009): The Prisoner Society. Power, Adaptation, and Social Life in an English Prison. New York.

Diewald, M. (2010): Lebenslaufregime: Begriff, Funktion und Hypothesen zum Wandel, in: A. Bolder, R. Epping, R. Klein, G. Reutter & A. Seiverth (Hrsg.), Neue Lebenslaufregimes – neue Konzepte der Bildung Erwachsener?, 25–41, Wiesbaden.

Doekhie, J. & van Ginneken, E. (2019): House, bells and bliss? A longitudinal analysis of conventional aspirations and the process of desistance. European Journal of Criminology/online first, 1–20.

Dünkel, F. (2020): Entlassene aus dem Strafvollzug in Deutschland 2019. Universität Greifswald.

Dünkel, F., Cornel, H., Pruin, I., Sonnen, B.-R. & Weber, J. (2018): Brauchen wir ein Resozialisierungsgesetz?, in: M.-T. Reichenbach & S. Bruns (Hrsg.), Resozialisierung neu denken. Wiedereingliederung straffällig gewordener Menschen als gesamtgesellschaftliche Aufgabe, 42–77, Freiburg im Breisgau.

Durkheim, É. (1961): Regeln der soziologischen Methode. Neuwied.

Egg, R. (1998): Zur Rückfälligkeit von Sexualstraftätern, in: H.-L. Kröber & K.-P. Dahle (Hrsg.), Sexualstraftaten und Gewaltdelinquenz. Verlauf – Behandlung – Opferschutz, 57–69, Heidelberg.

Elz, J. (2001): Legalbewährung und kriminelle Karrieren von Sexualstraftätern. Sexuelle Mißbrauchsdelikte. Wiesbaden.

Farkas, M.A. & Miller, G. (2007): Reentry and Reintegration: Challenges Faced by the Families of Convicted Sex Offenders. Federal Sentencing Reporter 20/1, 88–92.

Farmer, M., McAlinden, A.-M. & Maruna, S. (2016): Sex Offending and Situational Motivation: Findings From a Qualitative Analysis of Desistance From Sexual Offending. International Journal of Offender Therapy and Comparative Criminology 60/15, 1756–1775.

Farrall, S., Bottoms, A. & Shapland, J. (2010): Social structures and desistance from crime. European Journal of Criminology 7/6, 546–570.

Farrall, S. & Calverley, A. (2006): Understanding Desistance from Crime. Emerging Theoretical Directions in Resettlement and Rehabilitation. Berkshire.

Flick, U. (1995): Qualitative Forschung. Theorie, Methoden Anwendung in Psychologie und Sozialwissenschaften. Reinbek bei Hamburg.

Försterling, F. (2009): Attributionstheorie und attributionale Theorien, in: V. Brandstätter & J. H. Otto (Hrsg.), Handbuch der allgemeinen Psychologie – Motivation und Emotion, 126–134, Göttingen.

Foucault, M. (2007): Die Anormalen. Vorlesungen am Collège de France (1974–1975), 5. Aufl. Frankfurt am Main.

Fuchs-Heinritz, W. (2009): Biographische Forschung. Wiesbaden.

Gauder, K.-s. & Wößner, G. (2019): The "Reoffence Mind-Set" of rearrested violent and sex offenders. Exploring implicit theories of persistent criminal behaviour. Freiburg im Breisgau.

Gaum, G., Hoffman, S. & Venter, J.H. (2006): Factors that influence adult recidivism: An explanatory study in Pollsmoor prison. Psychological Society of South Africa 36/2, 407–424.

Generalstaatsanwaltschaft Dresden (o. J.): ISIS: justiz.sachsen.de/gensta/content/619.htm [24.10.2019].

Giordano, P.C., Cernkovich, S.A. & Rudolph, J.L. (2002): Gender, Crime, and Desistance: Toward a Theory of Cognitive Transformation. American Journal of Sociology 107/4, 990–1064.

Glaser, B.G. & Strauss, A. (1967): The Discovery of Grounded Theory: Strategies for Qualitative Research. New Brunswick.

Glaser, D. (1964): The Effectiveness of a Prison and Parole System. Indianapolis/ New York/ Kansas City.

Goffman, E. (1981): Asyle. Über die soziale Situation psychiatrischer Patienten und anderer Insassen, 4. Aufl. Frankfurt am Main.

Goffman, E. (1979): Stigma. Über Techniken der Bewältigung beschädigter Identität, 3. Aufl. Frankfurt am Main.

Goffman, E. (1974): Das Individuum im öffentlichen Austausch. Mikrostudien zur öffentlichen Ordnung. Frankfurt am Main.

Griffin, M.P. & West, D.A. (2006): The Lowest of the Low? Addressing the Disparity between Community View, Public Policy, and Treatment Effectiveness for Sex Offenders. Law and Psychology Review 30, 143–169.

Guest, G., Bunce, A. & Johnson, L. (2006): How Many Interviews Are Enough? An Experiment with Data Saturation and Variability. Field Methods 18/1, 59–82.

Gunnison, E. & Helfgott, J. B. (2013): Offender Reentry. Beyond Crime and Punishment. Boulder.

Hahn, A. (2003): Aufmerksamkeit und Normalität, in: J. Link, T. Loer & H. Neuendorff (Hrsg.), „Normalität" im Diskursnetz soziologischer Begriffe, 23–37, Heidelberg.

Hahn, G. (2008): Behandlung der Sexualdelinquenz, in: DBH-Fachverband (Hrsg.), Betreuung und Kontrolle von gefährlichen Straftätern – Prävention von Rückfällen, 95–110, Köln.

Hahn, G. (2007): Rückfallfreie Sexualstraftäter. Salutogenetische Faktoren bei ehemals im Maßregelvollzug behandelten Patienten. Bonn.

Harding, D.J., Morenoff, J.D. & Wyse, J.J.B. (2019): On the outside. Prisoner reentry and reintegration. Chicago.

Harris, D.A. (2017): Desistance from Sexual Offending. Narratives of Retirement, Regulation and Recovery. Cham.

Healy, D. (2014): Becoming a Desister. Exploring the Role of Agency, Coping and Imagination in the Construction of a New Self. British Journal of Criminology 54/5, 873–891.

Healy, D. (2010): The Dynamics of Desistance. Charting pathways through change. Cullompton.

Hefendehl, R. (2000): Wie steht es mit der Kriminalitätsfurcht und was hat der Staat damit zu tun? – zugleich ein Beitrag zur Tauglichkeit der Sicherheitswacht. Kritische Justiz 33/2, 174–187.

Helfferich, C. (2012): Einleitung: Von roten Heringen, Gräben und Brücken. Versuche einer Kartierung von Agency-Konzepten, in: S. Bethmann, C. Helfferich, H. Hoffmann & D. Niermann (Hrsg.), Agency. Qualitative Rekonstruktionen und gesellschaftstheoretische Bezüge von Handlungsmächtigkeit, 9–39, Weinheim.

Henke, G. & Schmitt-Wenkebach, A. (2008): Berufliche Wiedereingliederung von Strafgefangenen – Anspruch und Wirklichkeit in der Arbeitsmarktpolitik, in: K. Bammann, R. Bührs, B. Hansen & E. Matt (Hrsg.), Bildung & Qualifizierung im Gefängnis. Lösungsbeispiele aus der Praxis, 147–159, Oldenburg.

Hirschfield, P.J. & Piquero, A.R. (2010): Normalization and Legitimation: Modeling Stigmatizing Attitudes toward Ex-Offenders. Criminology 48/1, 27–55.

Hofinger, V. (2012): „Desistance from Crime" – eine Literaturstudie. 1. Teilbericht zur Evaluation der Haftentlassenenhilfe.

Hosser, D., Lauterbach, O. & Höynck, T. (2007): Und was kommt danach? Entlassungsvorbereitung und Nachentlassungssituation junger Strafentlassener, in: J. Goerdeler & P. Walkenhorst (Hrsg.), Jugendstrafvollzug in Deutschland. Neue Gesetze, neue Strukturen, neue Praxis? [3. Praktikertagung zum Jugendstrafvollzug, vom 26. bis 28.10.2005 in Stade], 396–411, Mönchengladbach.

Hulley, J.L. (2016): "While This Does Not in Any Way Excuse My Conduct … ": The Role of Treatment and Neutralizations in Desistance From Sexual Offending. International Journal of Offender Therapy and Comparative Criminology 60/15, 1776–1790.

Jahnke, S., Imhoff, R. & Hoyer, J. (2015): Stigmatization of people with pedophilia. Two comparative surveys. Archives of Sexual Behavior 44/1, 21–34.

Jehle, J.-M., Albrecht, H.-J., Hohmann-Fricke, S., Tetal, C. & in Kooperation mit dem Bundesamt für Justiz (2016): Legalbewährung nach strafrechtlichen Sanktionen. Eine bundesweite Rückfalluntersuchung 2010 bis 2013 und 2004 bis 2013. Mönchengladbach.

Kazemian, L. (2007): Desistance From Crime. Theoretical, Empirical, Methodological, and Policy Considerations. Journal of Contemporary Criminal Justice 23/1, 5–27.

Kilchling, M. (2017): Täter-Opfer-Ausgleich im Strafvollzug. Wissenschaftliche Begleitung des Modellprojekts Täter-Opfer-Ausgleich im baden-württembergischen Justizvollzug. Berlin.

Klein, L., Petran, W. & Weber, J. (2007): Übergangsmanagement beginnt mit der Kompetenzfeststellung – Ein Diagnose-Qualifizierungs- und Reintegrationsprogramm. Erfahrungsberichte eines Modellversuchs in der JVA Wiesbaden, in: J. Goerdeler & P. Walkenhorst (Hrsg.), Jugendstrafvollzug in Deutschland. Neue Gesetze, neue Strukturen, neue Praxis? [3. Praktikertagung zum Jugendstrafvollzug, vom 26. bis 28.10.2005 in Stade], 450–467, Mönchengladbach.

Kleining, G. (1982): Umriss zu einer Methodologie qualitativer Sozialforschung. Kölner Zeitschrift für Soziologie und Sozialpsychologie 34/2, 224–253.

Koch-Arzberger, C., Bott, K., Kerner, H.-J. & Reich, K. (2011): Rückfallgefährdete Sexualstraftäter in Hessen. Wiesbaden.

Kohli, M. (1988): Normalbiographie und Individualität: Zur institutionellen Dynamik des gegenwärtigen Lebenslaufregimes, in: H.-G. Brose & B. Hildebrand (Hrsg.), Vom Ende des Individuums zur Individualität ohne Ende, 33–53, Opladen.

Köllisch, T. & Oberwittler, D. (2004): Wie ehrlich berichten männliche Jugendliche über ihr delinquentes Verhalten? Kölner Zeitschrift für Soziologie und Sozialpsychologie 56/4, 708–735.

Kras, K.R. & Blasko, B.L. (2016): Pathways to Desistance Among Men Convicted of Sexual Offenses: Linking Post Hoc Accounts of Offending Behavior and Outcomes. International Journal of Offender Therapy and Comparative Criminology 60/15, 1738–1755.

Kröber, H.-L. (2018): Sexualstraftäter. Forensische Psychiatrie, Psychologie, Kriminologie 12/4, 291–293.

Kruse, J. (2015): Qualitative Interviewforschung. Ein integrativer Ansatz, 2. Aufl. Weinheim.

Kuckartz, U. (2006): Computerunterstützte Analyse qualitativer Daten, in: A. Diekmann (Hrsg.), Methoden der Sozialforschung, 453–478, Wiesbaden.

Kuhle, L.F., Grundmann, D. & Beier, K.M. (2015): Sexueller Missbrauch von Kindern: Ursachen und Verursacher, in: J. M. Fegert, U. Hoffmann, E. König, J. Niehues & H. Liebhardt (Hrsg.), Sexueller Missbrauch von Kindern und Jugendlichen. Ein Handbuch zur Prävention und Intervention für Fachkräfte im medizinischen, psychotherapeutischen und pädagogischen Bereich, 109–129, Berlin.

Kupka, K. (2018): Was leistet die Straffälligenhilfe? Chancen in Freiheit!, in: M.-T. Reichenbach & S. Bruns (Hrsg.), Resozialisierung neu denken. Wiedereingliederung straffällig gewordener Menschen als gesamtgesellschaftliche Aufgabe, 134–143, Freiburg im Breisgau.

Kurze, M. (2004): Nachsorge und Bewährungshilfe/Führungsaufsicht, in: R. Egg (Hrsg.), Ambulante Nachsorge nach Straf- und Maßregelvollzug. Konzepte und Erfahrungen, 247–263, Wiesbaden.

La Vigne, N.G., Shollenberger, T.L. & Debus, S.A. (2009): One year out: Tracking the experiences of male prisoners returning to Houston, Texas. Washington.

Lakotta, B. (2016): Resozialisierung von Hochrisikostraftätern in den Medien – Teil des Problems und Teil der Lösung, in: F. Dünkel, J. Jesse, I. Pruin & M. von der Wense (Hrsg.), Die Wiedereingliederung von Hochrisikotätern in Europa – Behandlungskonzepte, Entlassungsvorbereitung und Übergangsmanagement. Ergebnisse der Abschlusskonferenz in Rostock-Warnemünde, 3.-5. September 2014, und Evaluation des Justice-Cooperation-Netzwerk-(JCN)-Projekts „Behandlung und Übergangsmanagement bei Hochrisikotätern in Europa", 339–342, Mönchengladbach.

Laub, J.H., Nagin, D.s. & Sampson, R.J. (1998): Trajectories of Change in Criminal Offending: Good Marriages and the Desistance Process. American Sociological Review 63/2, 225–238.

Laub, J.H. & Sampson, R.J. (2001): Understanding desistance from crime. Crime and Justice 28, 1–69.

Laub, J.H. & Sampson, R.J. (1993): Turning points in the life course: Why change matters to the study of crime. Criminology 31/3, 301–325.

Laws, R.D. & Ward, T. (2011): Desistance from Sex Offending. Alternatives to Throwing Away the Keys. New York.

LeBel, T.P. (2012): Invisible Stripes? Formerly Incarcerated Persons' Perceptions of Stigma. Deviant Behavior 33/2, 89–107.

LeBel, T.P., Burnett, R., Maruna, S. & Bushway, S.D. (2008): The "Chicken and Egg" of Subjectivity and Social Factors in Desistance from Crime. European Journal of Criminology 5/2, 131–159.

Levenson, J.s. & D'Amora, D.A. (2007): Social Policies Designed to Prevent Sexual Violence. Criminal Justice Policy Review 18/2, 168–199.

Levenson, J.S., D'Amora, D.A. & Hern, A.L. (2007): Megan's law and its impact on community re-entry for sex offenders. Behavioral Sciences & the Law 25/4, 587–602.

Levenson, J.s. & Hern, A.L. (2007): Sex Offender Residence Restrictions: Unintendet Consequences and Community Reentry. Justice Research and Policy 9/1, 59–73.

Levy, R. (1977): Der Lebenslauf als Statusbiographie. Die weibliche Normalbiographie in makrosoziologischer Perspektive. Stuttgart.

Leygraf, N. (2004): Nachbetreuung nach Straf- und Maßregelvollzug, in: R. Egg (Hrsg.), Ambulante Nachsorge nach Straf- und Maßregelvollzug. Konzepte und Erfahrungen, 55–64, Wiesbaden.

Link, J. (2014): Normalismus und Moderne: Individualisierung und Prekarität als Funktionsprobleme des flexiblen Normalismus, in: W. Schneider & W. Kraus (Hrsg.), Individualisierung und die Legitimation sozialer Ungleichheit in der reflexiven Moderne, 103–116, Opladen.

Link, J. (1997): Versuch über den Normalismus. Wie Normalität produziert wird. Opladen.

Link, J., Loer, T. & Neuendorff, H. (2003): Zur Einleitung: „Normalität" im Diskursnetz soziologischer Begriffe, in: J. Link, T. Loer & H. Neuendorff (Hrsg.), „Normalität" im Diskursnetz soziologischer Begriffe, 7–20, Heidelberg.

Loeber, R. & Farrington, D.P. (2014): Age-Crime Curve, in: G. Bruinsma & D. Weisburd (eds.), Encyclopedia of Criminology and Criminal Justice, 12–18, New York.

Lofland, J. (1969): Deviance and Identity. Englewood Cliffs, N.J.

Lussier, P. & Gress, C.L.Z. (2014): Community re-entry and the path toward desistance. A quasi-experimental longitudinal study of dynamic factors and community risk management of adult sex offenders. Journal of Criminal Justice 42/2, 111–122.

Lussier, P., Harris, D. A. & McAlinden, A.-M. (2016): Desistance From Sexual Offending. A Policy and Research Agenda Whose Time Has Come. International Journal of Offender Therapy and Comparative Criminology, 1711–1716.

Lussier, P. & McCuish, E. (2016): Desistance From Crime Without Reintegration. A Longitudinal Study of the Social Context and Life Course Path to Desistance in a Sample of Adults Convicted of a Sex Crime. International Journal of Offender Therapy and Comparative Criminology 60/15, 1791–1812.

MacQueen, K.M., McLellan, E., Milstein, K.K. & Milstein, B. (1998): Codebook Development for Team-Based Qualitative Analysis. Cultural Anthropology Methods 10/2, 31–36.

Mandl, H. & Gerstenmaier, J. (Hrsg.) (2000): Die Kluft zwischen Wissen und Handeln. Empirische und theoretische Lösungsansätze. Göttingen/Bern/Toronto/Seattle.

Maruna, S. (2001): Making good: How ex-convicts reform and rebuild their lives. Washington.

Maruna, S. & Farrall, S. (2004): Desistance From Crime: A Theoretical Reformulation, in: D. Oberwittler & S. Karstedt (Hrsg.), Soziologie der Kriminalität, 171–194, Wiesbaden.

Maruna, S. & Mann, R.E. (2006): A fundamental attribution error? Rethinking cognitive distortions. Legal and Criminal Psychology 11, 155–177.

Maruna, S. & Toch, H. (2005): The Impact of Imprisonment on the Desistance Process, in: J. Travis & C. A. Visher (eds.), Prisoner Reentry and Crime in America, 139–178, New York.

Matt, E. (2014): Übergangsmanagement und der Ausstieg aus Straffälligkeit. Wiedereingliederung als gemeinschaftliche Aufgabe. Herbolzheim.

Matt, E. (2010): Übergangsmanagement. Zur Konzeption einer systematischen Wiedereingliederungsstrategie von (Ex-)Strafgefangenen und Straffälligen. Neue Kriminalpolitik 22/1, 34–39.

McAlinden, A.-M., Farmer, M. & Maruna, S. (2017): Desistance from sexual offending: Do the mainstream theories apply? Criminology and Criminal Justice 17/3, 266–283.

Mears, D.P. & Cochran, J.C. (2015): Prisoner reentry in the era of mass incarceration. Los Angeles.

Menzel, B. (2017): Goffman, Erving (1985/1967): Stigma. Über Techniken der Bewältigung beschädigter Identität. Frankfurt am Main: Suhrkamp, in: C. Schlepper & J. Wehrheim (Hrsg.), Schlüsselwerke der Kritischen Kriminologie, 130–139, Weinheim.

Mercado, C.C., Alvarez, S. & Levenson, J. (2008): The Impact of Specialized Sex Offender Legislation on Community Reentry. Sexual Abuse: A Journal of Research and Treatment 20/2, 188–205.

Middlemass, K.M. (2017): Convicted and condemned. The politics and policies of prisoner reentry. New York.

Miller, W. (2016): Der auf (Re-)Sozialisierung ausgerichtete Strafvollzug im Lichte der Verfassung. Baden-Baden.

Mühlfeld, C., Windolf, P., Lampert, N. & Krüger, H. (1981): Auswertungsprobleme offener Interviews. Soziale Welt 32, 325–352.

Neubacher, F. (2017): Kriminologie, 3. Aufl. Baden-Baden.

Niemeczek, A. & Richter, K. (2012): Sexualstraftäter im Land Sachsen-Anhalt. Eine Vergleichsstudie im Maßregelvollzug, in der Sozialtherapeutischen Anstalt Halle (Saale) und im Regelvollzug. Monatsschrift für Kriminologie und Strafrechtsreform 95/3, 205–217.

Oberwittler, D. (2012): Kriminalität und Delinquenz als soziales Problem, in: G. Albrecht & A. Groenemeyer (Hrsg.), Handbuch soziale Probleme, 2. Aufl., 772–860, Wiesbaden.

Petersilia, J. (2003): When Prisoners Come Home. Parole and Prisoner Reentry. New York.

Petersilia, J. (2001): Prisoner Reentry: Public Safety and Reintegration Challenges. The Prison Journal 81/3, 360–375.

Pruin, I. (2016): „What works" and what else do we know? Hinweise zur Gestaltung des Übergangsmanagements aus der kriminologischen Forschung, in: F. Dünkel, J. Jesse, I. Pruin & M. von der Wense (Hrsg.), Die Wiedereingliederung von Hochrisikotätern in Europa – Behandlungskonzepte, Entlassungsvorbereitung und Übergangsmanagement. Ergebnisse der Abschlusskonferenz in Rostock-Warnemünde, 3.–5. September 2014, und Evaluation des Justice-Cooperation-Netzwerk-(JCN)-Projekts „Behandlung und Übergangsmanagement bei Hochrisikotätern in Europa", 251–274, Mönchengladbach.

Quenzer, C. (2010): Jugendliche und heranwachsende Sexualstraftäter. Eine empirische Studie über Rückfälligkeit und Risikofaktoren im Vergleich mit Gewaltstraftätern. Berlin.

Rehder, U. & Suhling, S. (2008): Rückfälligkeit haftentlassener Sexualstraftäter. Monatsschrift für Kriminologie und Strafrechtsreform 91/4, 250–268.

Reker, M. (2012): Arbeit mit jungen Suchtgefährdeten im Übergang zwischen Haft, Nachsorge, Klinik, in: DBH-Fachverband (Hrsg.), Übergangsmanagement für junge Menschen zwischen Strafvollzug und Nachbetreuung, 232–239, Köln/Halle.

Renkl, A. (1996): Träges Wissen: Wenn erlerntes nicht genutzt wird. Psychologische Rundschau 47/2, 78–92.

Roggenthin, K. (2018): Freie Straffälligenhilfe – Probleme und Perspektiven angemessener Wirkungsforschung, in: B. Maelicke & S. Suhling (Hrsg.), Das Gefängnis auf dem Prüfstand. Zustand und Zukunft des Strafvollzugs, 549–565, Wiesbaden.

Salter, A.C. (1988): Treating child sex offenders and victims. A practical guide. Newbury Park.

Sampson, R J. & Laub, J.H. (2005): A Life-Course View of the Development of Crime. The ANNALS of the American Academy of Political and Social Science 602/1, 12–45.

Sampson, R.J. & Laub, J.H. (1997): A Life-Course Theory of Cumulative Disadvantage and the Stability of Delinquency, in: T. P. Thornberry (ed.), Developmental Theories of Crime and Delinquency, 133–161, New Brunswick.

Sampson, R.J. & Laub, J.H. (1993): Crime in the making. Pathways and turning points through life. Cambridge, Massachusetts.

Scherger, S. (2007): Destandardisierung, Differenzierung, Individualisierung. Westdeutsche Lebensläufe im Wandel. Wiesbaden.

Scherner, G., Amelung, T., Schuler, M., Grundmann, D. & Beier, K.M. (2018): Pädophilie und Hebephilie, in: K. M. Beier (Hrsg.), Pädophilie, Hebephilie und sexueller Kindesmissbrauch. Die Berliner Dissexualitätstherapie, 1–13, Berlin.

Schlager, M. (2013): Rethinking the Reentry Paradigm. A blueprint for action. Durham, North Carolina.

Schmidt, C. (2000): Analyse von Leitfadeninterviews, in: U. Flick, E. von Kardoff & I. Steinke (Hrsg.), Qualitative Forschung. Ein Handbuch, 447–456, Reinbek bei Hamburg.

Schütze, F. (1983): Biographieforschung und narratives Interview. Neue Praxis 13/3, 283–293.

Seifert, S. (2014): Der Umgang mit Sexualstraftätern. Bearbeitung eines sozialen Problems im Strafvollzug und Reflexion gesellschaftlicher Erwartungen. Wiesbaden.

Seiter, R.P. & Kadela, K.R. (2003): Prisoner Reentry: What Works, What Does Not, and What Is Promising. Crime & Delinquency 49/3, 360–388.

Sen, A. (2009): The Idea of Justice. Cambridge, Massachusetts.

Shapland, J. & Bottoms, A. (2011): Reflections on social values, offending and desistance among young adult recidivists. Punishment & Society 13/3, 256–282.

Shapland, J., Robinson, G. & Sorsby, A. (2011): Restorative justice in practice. Evaluating what works for victims and offenders. New York.

Soyer, M. (2014): The imagination of desistance. A juxtaposition of the construction of incarceration as a turning point and the reality of recidivism. British Journal of Criminology 54, 91–108.

Statistisches Bundesamt DESTATIS (2020): Strafvollzug – Demographische und kriminologische Merkmale der Strafgefangenen zum Stichtag 31.3. – Fachserie 10 Reihe 4.1 – 2019; statistischebibliothek.de/mir/receive/DESerie_mods_00000108; [31.07.2020].

Stelly, W. & Thomas, J. (2001): Einmal Verbrecher – Immer Verbrecher? Wiesbaden.

Stelly, W., Thomas, J. & Kerner, H.-J. (2003): Verlaufsmuster und Wendepunkte in der Lebensgeschichte. Eine Untersuchung des Einflusses soziobiographischer Merkmale auf sozial abweichende und sozial integrierte Karrieren. Tübingen.

Stojkovic, S. (ed.) (2017): Prisoner Reentry. Critical Issues and Policy Directions. New York.

Strauss, A. & Corbin, J. (1996): Grounded Theory: Grundlagen Qualitativer Sozialforschung. Weinheim.

Strübing, J. (2013): Qualitative Sozialforschung. Eine komprimierte Einführung für Studierende. München.

Sugie, N.F. (2012): Punishment and Welfare: Paternal Incarceration and Families' Receipt of Public Assistance. Social Forces 90/4, 1403–1427.

Sykes, G.M. & Matza, D. (1957): Techniques of Neutralization: A Theory of Delinquency. American Sociological Review 22/6, 664–670.

Thompson, D. & Thomas, T. (2016): The Resettlement of Sex Offenders after Custody. Circles of Support and Accountability. London.

Travis, J. (2005): But they all come back: Facing the challenges of prisoner reentry. Washington.

Travis, J. & Visher, C.A. (eds.) (2005): Prisoner Reentry and Crime in America. New York.

Trimmel, M. (2003): Allgemeine Psychologie. Motivation, Emotion, Kognition. Wien.

Ugelvik, T. (2015): The Rapist and the proper Criminal. The Exclusion of Immoral Others as Narrative Work on the Self, in: L. Presser & S. Sandberg (eds.), Narrative Criminology. Understanding Stories of Crime, 23–41, New York.

Uggen, C. (2000): Work as a Turning Point in the Life Course of Criminals. A Duration Model of Age, Employment, and Recidivism. American Sociological Review 65/4, 529–546.

Victor, J. & Waldram, J.B. (2015): Moral Habilitation and the New Normal. Sexual Offender Narratives of Posttreatment Community Integration, in: L. Presser & S. Sandberg (eds.), Narrative Criminology. Understanding Stories of Crime, 96–121, New York.

Visher, C.A. & Travis, J. (2003): Transitions from Prison to Community: Understanding Individual Pathways. Annual Review of Sociology 29/1, 89–113.

Visher, C.A., Yahner, J. & La Vigne, N. (2010): Life after prison: tracking the experiences of male prisoners returning to Chicago, Cleveland, and Houston. Washington.

Wagner, U. (2019): Übergänge hinter Gittern. Übergangserfahrungen junger Menschen von Haft in Freiheit im Spiegel institutioneller Bedingungen. Weinheim.

Waldram, J.B. (2009): "It's Just You and Satan, Hanging Out at a Pre-School:" Notions of Evil and the Rehabilitation of Sexual Offenders. Anthropology and Humanism 34/2, 219–234.

Wienhausen-Knezevic, E. (2020): Lebensverlaufsdynamiken junger Haftentlassener. Entwicklung eines empirischen Interaktionsmodells (ZARIA-Schema) zur Analyse von Haftentlassungsverläufen. Berlin.

Willems, H. (2003): Normalität, Normalisierung, Normalismus, in: J. Link, T. Loer & H. Neuendorff (Hrsg.), „Normalität" im Diskursnetz soziologischer Begriffe, 51–83, Heidelberg.

Willis, G.M., Levenson, J.s. & Ward, T. (2010): Desistance and Attitudes Towards Sex Offenders: Facilitation or Hindrance? Journal of Family Violence 25/6, 545–556.

Wirth, W. (2018): Jugendstrafvollzug: Maßnahmen der Wiedereingliederung und Übergangsmanagement aus kriminal- und sozialpolitischer Sicht, in: B. Dollinger and H. Schmidt-Semisch (Hrsg.), Handbuch Jugendkriminalität. Interdisziplinäre Perspektiven, 3. Aufl., 711–728, Wiesbaden.

Wirth, W. (2012): Übergangsmanagement zur Arbeitsmarktintegration – Erfahrungen und Perspektiven im nordrhein-westfälischen Strafvollzug, in: DBH-Fachverband (Hrsg.), Übergangsmanagement für junge Menschen zwischen Strafvollzug und Nachbetreuung, 121–138, Köln/Halle.

Wirth, W. (2010): Übergangsmanagement aus dem Strafvollzug: Fokus „Arbeitsmarktintegration"; baden-wuerttemberg.dvjj.de/veroeffentlichungen-2/#toggle-id-8 [14.11.2019].

Wirth, W. (2006a): Arbeitslose Haftentlassene: Multiple Problemlagen und vernetzte Wiedereingliederungshilfen. Bewährungshilfe – Soziales, Strafrecht, Kriminalpolitik 53/2, 137–152.

Wirth, W. (2006b): Ausbildungs- und Beschäftigungsintegration für Haftentlassene: die Entwicklungspartnerschaft MABiS.NeT, in: A. Dessecker (Hrsg.), Jugendarbeitslosigkeit und Kriminalität, 257–275, Wiesbaden.

Woessner, G. (in Vorbereitung): Dimensions of Recidivism among Sex and Violent Offenders (Working Title). o. A.

Woessner, G., Gauder, K.-s. & Czudnochowski, D. (2019): Life courses of sex and violent offenders after prison release: The interaction between individual- and community-related factors, in: K.M. Middlemass & C. Smiley (eds.), Prisoner Reentry in the 21st Century. Critical Perspectives of Returning Home, 66–78, New York.

Wößner, G. & Brinkmann, M. (2013): Im Fokus: Das sozialtherapeutische Behandlungskonzept der JVA Waldheim., in: G. Wößner, R. Hefendehl & H.-J. Albrecht (Hrsg.), Sexuelle Gewalt und Sozialtherapie. Bisherige Daten und Analysen zur Langzeitstudie „Sexualstraftäter in den sozialtherapeutischen Abteilungen des Freistaates Sachsen", 91–106, Berlin.

Wößner, G., Gauder, K.-s. & Wienhausen-Knezevic, E. (2016): Erleben von Gefangenen zwischen drinnen und draußen, in: G. Koop & B. Kappenberg (Hrsg.), Weichen gestellt für den Justizvollzug? Herausforderungen und Strategien, 90–125, Wiesbaden.

Wößner, G., Hefendehl, R. & Albrecht, H.-J. (Hrsg.) (2013): Sexuelle Gewalt und Sozialtherapie. Bisherige Daten und Analysen zur Langzeitstudie „Sexualstraftäter in den sozialtherapeutischen Abteilungen des Freistaates Sachsen“. Berlin.

Wößner, G., Wienhausen-Knezevic, E. & Gauder, K.-s. (2015): “I was thrown in at the deep end …“ Prisoner reentry: Patterns of transition from prison to community among sexual and violent offenders. Freiburg im Breisgau.

Yoder, J. & Farkas, M.A. (2017): Unique Challenges of Reentry for Convicted Sex Offenders, in: S. Stojkovic (ed.), Prisoner Reentry. Critical Issues and Policy Directions, 13–84, New York.

Zinsstag, E. & Keenan, M. (eds.) (2017): Restorative Responses to Sexual Violence. Legal, Social and Therapeutic Dimensions. London.

Anhang

1. Auszug Strafvollzugsgesetze

1.1 Früheres Bundesrecht – StVollzG (seit 1977)

Resozialisierung von straffällig gewordenen Personen als Vollzugsziel:

- **§ 2 StVollzG Aufgaben des Vollzuges**

  Im Vollzug der Freiheitsstrafe soll der Gefangene fähig werden, künftig in sozialer Verantwortung ein Leben ohne Straftaten zu führen (Vollzugsziel). Der Vollzug der Freiheitsstrafe dient auch dem Schutz der Allgemeinheit vor weiteren Straftaten

- **§ 3 StVollzG Gestaltung des Vollzuges**

  (1) Das Leben im Vollzug soll den allgemeinen Lebensverhältnissen soweit als möglich angeglichen werden.

  (2) Schädlichen Folgen des Freiheitsentzuges ist entgegenzuwirken.

  (3) Der Vollzug ist darauf auszurichten, daß er dem Gefangenen hilft, sich in das Leben in Freiheit einzugliedern.

Gesonderte therapeutische Maßnahmen und Unterbringung in Haft:

Nach dem am 26.01.1998 in Kraft getretenen „Gesetz zur Bekämpfung von Sexualdelikten und anderen gefährlichen Straftaten" (BGBl. I 1998, S.160) wurde die verpflichtende Verlegung in sozialtherapeutische Abteilungen unter gewissen Bedingungen geregelt. Hier steht unter anderem die Deliktgruppe der Sexualstraftaten im Fokus.

- **§ 6 StVollzG Behandlungsuntersuchung**

  Beteiligung des Gefangenen

  (1) [...]

  (2) Die Untersuchung erstreckt sich auf die Umstände, deren Kenntnis für eine planvolle Behandlung des Gefangenen im Vollzug und für die Eingliederung nach seiner Entlassung notwendig ist. Bei Gefangenen, die wegen einer Straftat nach den §§ 174 bis 180 oder 182 des Strafgesetzbuches verurteilt worden sind, ist besonders gründlich zu prüfen, ob die Verlegung in eine sozialtherapeutische Anstalt angezeigt ist.

- **§ 9 StVollzG Verlegung in eine sozialtherapeutische Anstalt**

  (1) Ein Gefangener ist in eine sozialtherapeutische Anstalt zu verlegen, wenn er wegen einer Straftat nach den §§ 174 bis 180 oder 182 des Strafgesetzbuches zu zeitiger Freiheitsstrafe von mehr als zwei Jahren verurteilt worden ist und die Behandlung in einer sozialtherapeutischen Anstalt nach § 6 Abs. 2 Satz 2 oder § 7 Abs. 4 angezeigt ist. […]

  (2) […]

Entlassungsvorbereitung:

- **§ 15 StVollzG Entlassungsvorbereitung**

  (1) Um die Entlassung vorzubereiten, soll der Vollzug gelockert werden (§ 11).

  (2) Der Gefangene kann in eine offene Anstalt oder Abteilung (§ 10) verlegt werden, wenn dies der Vorbereitung der Entlassung dient.

  (3) Innerhalb von drei Monaten vor der Entlassung kann zu deren Vorbereitung Sonderurlaub bis zu einer Woche gewährt werden. § 11 Abs. 2, § 13 Abs. 5 und § 14 gelten entsprechend.

  (4) Freigängern (§ 11 Abs. 1 Nr. 1) kann innerhalb von neun Monaten vor der Entlassung Sonderurlaub bis zu sechs Tagen im Monat gewährt werden. § 11 Abs. 2, § 13 Abs. 5 und § 14 gelten entsprechend. Absatz 3 Satz 1 findet keine Anwendung.

- **§ 74 StVollzG Hilfe zur Entlassung**

  Um die Entlassung vorzubereiten, ist der Gefangene bei der Ordnung seiner persönlichen, wirtschaftlichen und sozialen Angelegenheiten zu beraten. Die Beratung erstreckt sich auch auf die Benennung der für Sozialleistungen zuständigen Stellen. Dem Gefangenen ist zu helfen, Arbeit, Unterkunft und persönlichen Beistand für die Zeit nach der Entlassung zu finden.

1.2 Sächsisches Strafvollzugsgesetz – SächsStVollzG (seit 2013)

Sozialtherapeutische Behandlung im Freistaat Sachsen:

- **§ 17 SächsStVollzG Sozialtherapie**

  (1) Sozialtherapie dient der Verringerung einer erheblichen Gefährlichkeit der Gefangenen. Auf der Grundlage einer therapeutischen Gemeinschaft bedient sie sich psychologischer, psychotherapeutischer, sozialpädagogischer und arbeitstherapeutischer Methoden, die in umfassenden Behandlungsprogrammen verbunden werden. Personen aus dem Lebensumfeld der Gefangenen außerhalb des Vollzugs werden in die Behandlung einbezogen.

(2) Gefangene sind in einer sozialtherapeutischen Abteilung unterzubringen, wenn ihre Teilnahme an den dortigen Behandlungsprogrammen zur Verringerung ihrer erheblichen Gefährlichkeit angezeigt ist. Eine erhebliche Gefährlichkeit liegt vor, wenn schwerwiegende Straftaten gegen Leib oder Leben, die persönliche Freiheit oder gegen die sexuelle Selbstbestimmung zu erwarten sind.

(3) Andere Gefangene können in einer sozialtherapeutischen Abteilung untergebracht werden, wenn die Teilnahme an den dortigen Behandlungsprogrammen zur Erreichung des Vollzugsziels angezeigt ist

- **§ 42 SächsStVollzG Vorbereitung der Eingliederung**

(1) [1]Die Maßnahmen zur sozialen und beruflichen Eingliederung sind auf den Zeitpunkt der voraussichtlichen Entlassung in die Freiheit auszurichten. [2]Die Gefangenen sind bei der Ordnung ihrer persönlichen, wirtschaftlichen und sozialen Angelegenheiten zu unterstützen. [3]Dies umfasst die Vermittlung in nachsorgende Maßnahmen.

(2) [1]Durch eine frühzeitige Zusammenarbeit mit Personen und Einrichtungen außerhalb des Vollzugs soll insbesondere erreicht werden, dass die Gefangenen nach ihrer Entlassung über eine geeignete Unterbringung und eine Arbeits- oder Ausbildungsstelle verfügen. [2]Bewährungshilfe und Führungsaufsichtsstelle beteiligen sich frühzeitig an der sozialen und beruflichen Eingliederung der Gefangenen.

(3) [1]Den Gefangenen können Aufenthalte in Einrichtungen außerhalb des Vollzugs (Übergangseinrichtungen) gewährt werden, wenn dies zur Vorbereitung der Eingliederung erforderlich ist. [2] haben sich die Gefangenen mindestens sechs Monate im Vollzug befunden, kann ihnen auch ein zusammenhängender Langzeitausgang bis zu sechs Monaten gewährt werden, wenn dies zur Vorbereitung der Eingliederung erforderlich ist. [3]§ 38 Abs. 2 und 4 und § 40 gelten entsprechend.

(4) In einem Zeitraum von sechs Monaten vor der voraussichtlichen Entlassung sind den Gefangenen die zur Vorbereitung der Eingliederung erforderlichen Lockerungen zu gewähren, sofern nicht mit hoher Wahrscheinlichkeit zu erwarten ist, dass die Gefangenen sich dem Vollzug der Freiheitsstrafe entziehen oder die Lockerungen zu Straftaten missbrauchen werden.

- **§§ 43–45 SächsStVollzG**

[…]

2. Straftaten gegen die sexuelle Selbstbestimmung nach StGB

Straftaten gegen die sexuelle Selbstbestimmung sind im Strafgesetzbuch in den §§ 174 – 184j StGB normiert. Für die vorliegende Arbeit von Belang sind vornehmlich:

§ 176 StGB Sexueller Missbrauch von Kindern

§ 176a StGB Schwerer sexueller Missbrauch von Kindern

§ 176b StGB Sexueller Missbrauch von Kindern mit Todesfolge

§ 177 StGB Sexueller Übergriff; sexuelle Nötigung; Vergewaltigung

§ 187 StGB Sexueller Übergriff, sexuelle Nötigung und Vergewaltigung mit Todesfolge

§ 182 StGB Sexueller Missbrauch von Jugendlichen

3. Führungsaufsicht und Weisungen nach StGB

- **§ 68 StGB Voraussetzungen der Führungsaufsicht**

  (1) Hat jemand wegen einer Straftat, bei der das Gesetz Führungsaufsicht besonders vorsieht, zeitige Freiheitsstrafe von mindestens sechs Monaten verwirkt, so kann das Gericht neben der Strafe Führungsaufsicht anordnen, wenn die Gefahr besteht, daß er weitere Straftaten begehen wird.

  (2) […]

- **§ 68a StGB Aufsichtsstelle, Bewährungshilfe, forensische Ambulanz**

  (1) Die verurteilte Person untersteht einer Aufsichtsstelle; das Gericht bestellt ihr für die Dauer der Führungsaufsicht eine Bewährungshelferin oder einen Bewährungshelfer.

  (2) Die Bewährungshelferin oder der Bewährungshelfer und die Aufsichtsstelle stehen im Einvernehmen miteinander der verurteilten Person helfend und betreuend zur Seite.

  (3) Die Aufsichtsstelle überwacht im Einvernehmen mit dem Gericht und mit Unterstützung der Bewährungshelferin oder des Bewährungshelfers das Verhalten der verurteilten Person und die Erfüllung der Weisungen.

  (4) – (8) […]

- **§ 68b StGB Weisungen**

  (1) Das Gericht kann die verurteilte Person für die Dauer der Führungsaufsicht oder für eine kürzere Zeit anweisen,

  1. den Wohn- oder Aufenthaltsort oder einen bestimmten Bereich nicht ohne Erlaubnis der Aufsichtsstelle zu verlassen,

2. sich nicht an bestimmten Orten aufzuhalten, die ihr Gelegenheit oder Anreiz zu weiteren Straftaten bieten können,

3. zu der verletzten Person oder bestimmten Personen oder Personen einer bestimmten Gruppe, die ihr Gelegenheit oder Anreiz zu weiteren Straftaten bieten können, keinen Kontakt aufzunehmen, mit ihnen nicht zu verkehren, sie nicht zu beschäftigen, auszubilden oder zu beherbergen,

4. bestimmte Tätigkeiten nicht auszuüben, die sie nach den Umständen zu Straftaten missbrauchen kann,

5. bestimmte Gegenstände, die ihr Gelegenheit oder Anreiz zu weiteren Straftaten bieten können, nicht zu besitzen, bei sich zu führen oder verwahren zu lassen,

6. Kraftfahrzeuge oder bestimmte Arten von Kraftfahrzeugen oder von anderen Fahrzeugen nicht zu halten oder zu führen, die sie nach den Umständen zu Straftaten missbrauchen kann,

7. sich zu bestimmten Zeiten bei der Aufsichtsstelle, einer bestimmten Dienststelle oder der Bewährungshelferin oder dem Bewährungshelfer zu melden,

8. jeden Wechsel der Wohnung oder des Arbeitsplatzes unverzüglich der Aufsichtsstelle zu melden,

9. sich im Fall der Erwerbslosigkeit bei der zuständigen Agentur für Arbeit oder einer anderen zur Arbeitsvermittlung zugelassenen Stelle zu melden,

10. keine alkoholischen Getränke oder andere berauschende Mittel zu sich zu nehmen, wenn aufgrund bestimmter Tatsachen Gründe für die Annahme bestehen, dass der Konsum solcher Mittel zur Begehung weiterer Straftaten beitragen wird, und sich Alkohol- oder Suchtmittelkontrollen zu unterziehen, die nicht mit einem körperlichen Eingriff verbunden sind,

11. sich zu bestimmten Zeiten oder in bestimmten Abständen bei einer Ärztin oder einem Arzt, einer Psychotherapeutin oder einem Psychotherapeuten oder einer forensischen Ambulanz vorzustellen oder

12. die für eine elektronische Überwachung ihres Aufenthaltsortes erforderlichen technischen Mittel ständig in betriebsbereitem Zustand bei sich zu führen und deren Funktionsfähigkeit nicht zu beeinträchtigen.

- **§ 181b StGB Führungsaufsicht**

In den Fällen der §§ 174 bis 174c, 176 bis 180, 181a und 182 kann das Gericht Führungsaufsicht anordnen (§ 68 Abs. 1).

4. Interviewleitfaden

Interviewleitfaden: überarbeitete Version 2011
entwickelt von *Dr. Gunda Wössner* und *Sonja Brauner*

Begrüßung

[Willkommen heißen]	Ich freue mich, dass Sie gekommen sind.
[Überblick Studie] – Rückfallbedingungen – Betonung der Individualität	Sie haben sich ja damals bereit erklärt, an unserer Studie teilzunehmen. In dieser geht es um die Bedingungen, die dazu führen, dass jemand eine Straftat begeht. Wir wollen erfahren, wie Ihr Leben nach Ihrer Entlassung weiter verlief.
[Zhg. zum Interview] [Ablauf der heutigen Erhebung] – Fragebogen – Interview · Dauer · 15-20 Min. Eingangsbericht · 10 Min. pro Lebensbereich · Unterbrechungen	Darum geht es in dem Gespräch, was ich nun gern mit Ihnen führen möchte. Zuerst werde ich Ihnen einige der Fragebögen zum Ausfüllen vorlegen, die Sie z. T. schon von den beiden Erhebungen aus Ihrer Haftzeit kennen. Das Gespräch wird dann etwa zwei Stunden dauern. Sie werden ca. 15-20 Minuten Zeit bekommen, mir erst einmal zu berichten, was für sie in dieser Zeit wichtig war. Im Anschluss daran, werde ich sie zu einzelnen Bereichen noch mehr fragen. Nehmen Sie es mir also nicht übel, wenn ich sie immer wieder auch unterbreche, aber ich denke, dass unsere Zeit nicht ausreichen wird und wir gezwungen sind uns auf das Wesentliche zu beschränken.
[Datenschutz & Schweigepflicht]	Für alle Ihre Angaben in diesem Gespräch gilt dasselbe wie für die gesamte Studie: Ich unterliege der Schweigepflicht, d.h. was ich von Ihnen erfahre, darf ich niemandem erzählen und ich muss Ihre Anonymität wahren.
[Notizen/Tonband]	Manchmal werde ich mir evtl. Notizen machen und in meinem Leitfaden blättern. Die Notizen sind für mich als Hilfe im Gesprächsverlauf gedacht und werden im Anschluss an das Gespräch von mir vernichtet. Darüber hinaus werde ich das Gespräch auf Tonband aufnehmen. Ich kann mir unmöglich all das merken, was Sie mir gleich erzählen werden.

[Freiwilligkeit]	Wenn ich Ihnen im Gespräch eine Frage stelle, auf die Sie nicht antworten wollen, oder einen Bereich anspreche, über den Sie mit mir nicht reden wollen, so sagen Sie mir das bitte einfach.
[Fragen klären]	Haben Sie, bevor wir mit dem Gespräch beginnen, noch Fragen?
[Vereinbarung unterschreiben lassen]	Dann möchte ich Sie bitten, sich die → Vereinbarung hier noch einmal durchzulesen und zu unterschreiben.
[Fragebögen]	Dann beginnen Sie nun mit dem Ausfüllen der Bögen.

TEIL I: Lebensumstände

	<u>Einleitung</u>
[Tonband an]	
[Einführung ins Thema „Lebensverlauf seit Entlassung"]	Also, dann würde ich nun gerne mit dem Interview beginnen.
[Individualität betonen]	Das Leben kann ja ganz unterschiedliche Verläufe nehmen: Dem einen fällt der Übergang in Freiheit leicht, ein anderer hat mit verschiedensten Schwierigkeiten zu kämpfen
[offener Erzählanstoß]	Ich würde Sie nun also bitten, mir zu erzählen, wie <u>Sie</u> die zurückliegende Zeit seit Ihrer Entlassung erlebt haben.

	Bereich „Arbeit/Ausbildung/Schule"
[Bereich benennen]	Wenn es in Ordnung ist, würde ich gern noch etwas mehr zu Ihrer Beschäftigung wissen.
[evtl. Wissen zusammenfassen]	Sie haben mir diesbezüglich ja schon einiges berichtet…
[Zusammenfassungen und gerichtete Erzählanstöße] ( ) Derzeitige Beschäftigung ( ) Vermittler der Beschäftigung ( ) Stellenwechsel ( ) Probleme ( ) Fortsetzung von in der Unterbringung begonnener Schul-/Berufsausbildung	Was mich noch interessieren würde…
[Vollständigkeit]	Gibt es noch etwas Wichtiges, was Sie bisher nicht berichtet haben oder wonach ich Sie nicht gefragt habe?
[Zufriedenheitsskala Nr. 1]	Abschießend würde ich Sie gern um Einschätzung bitten. Wenn Sie Ihre Zufriedenheit auf dieser Skala hier angeben müssten, was würden Sie ankreuzen? → Zufriedenheitsskala Nr. 1

Bereich „Wohnsituation“

[Bereich benennen]	Ich würde auch gern noch etwas mehr zur Ihrer Wohnsituation erfahren.
[Wissen zusammenfassen]	Was ich schon von Ihnen erfahren habe, ist …
[Zusammenfassungen und gerichtete Erzählanstöße] ( ) Entlassumfeld / Rückzug ins Vorentlassumfeld ( ) Vermittler der ersten Wohnung	Vielleicht können Sie mir helfen, mir das noch genauer vorzustellen. Wie ist das abgelaufen, bis Sie Ihre erste Wohnung hatten?
( ) Wohnortwechsel · ( ) Anzahl · ( ) Dauer der Mietverhältnisse · ( ) Gründe	Und da wohnen Sie heute noch?
( ) Wohnung/en · ( ) Art · ( ) Größe · ( ) Miethöhe · ( ) Anzahl der Bewohner · ( ) Art der Mitbewohner	Was waren das denn für Wohnungen? / Was ist das denn für eine Wohnung?
( ) Probleme	Gab es (sonst noch) hinsichtlich ihrer Wohnsituation Probleme?
[Vollständigkeit]	Haben Sie das Gefühl, dass noch etwas Wichtiges fehlt?
[Zufriedenheitsskala Nr. 2]	Dann würde ich Sie gern abschließend wieder um eine Einschätzung bitten. → Zufriedenheitsskala Nr. 2

Bereich „finanzielle Situation“

[Bereich benennen]	Ich würde jetzt gern über Ihre finanzielle Situation sprechen.
[evtl. Wissen zusammenfassen] [Zusammenfassungen und gerichtete Erzählanstöße] ( ) Quelle/n des Lebensunterhalts ( ) Höhe des monatlich zur Verfügung stehenden Geldes ( ) monatliche Belastungen · ( ) Art · ( ) Höhe ( ) Schulden · ( ) Gläubiger · ( ) Höhe ( ) Konsequenzen	Wenn ich mir das richtig gemerkt habe, haben Sie zu Beginn schon berichtet, dass… Welche „Einnahmequellen“ stehen Ihnen denn zur Verfügung? Reicht Ihnen das monatlich zur Verfügung stehende Geld?
[Vollständigkeit]	Haben Sie das Gefühl, dass noch etwas Wichtiges fehlt?
[Zufriedenheitsskala Nr. 3]	Dann würde ich Sie gern abschließend wieder um eine Einschätzung bitten. → Zufriedenheitsskala Nr. 3

Bereich „Beziehung“

[Bereich benennen] [evtl. Wissen zusammenfassen]	Nun würde ich gern etwas über Ihre Beziehungen zu anderen Menschen erfahren.
[Zusammenfassungen und gerichtete Erzählanstöße] ( ) Familienstand ( ) Hauptbezugsperson · ( ) Qualität der Beziehung im Haftverlauf → Zufriedenheitsskala Nr. 4	Sie haben mir ja am Anfang schon erzählt. …
( ) Partnerschaft(en) · ( ) vor/während der Haft · ( ) Auswirkungen der Haft · ( ) Jetzige Partnerschaft · ( ) seit wann · ( ) Alter und Persönlichkeit der Partnerin → Zufriedenheitsskala Nr. 5	Waren oder sind Sie verheiratet? Welche Person steht Ihnen am nächsten? Hatten Sie zum Zeitpunkt Ihrer Verurteilung eine Partnerin?
( ) Kinder	Haben Sie Kinder?
( ) Freundeskreis · ( ) Qualität des Kontakts zu verschiedenen Zeitpunkten der Haft → Zufriedenheitsskala Nr. 6	Was ist aus Ihren Freunden geworden, die Sie vor der Haft hatten?
( ) Kontakt zu Mitinsassen	Zu welchen Personen, die Sie während der Haft kennengelernt haben, halten Sie heute noch den Kontakt?
[Vollständigkeit]	Haben Sie das Gefühl, dass noch etwas Wichtiges fehlt?

Bereich „Erlebte Unterstützung"

[Bereich benennen]	Ich würde jetzt gern etwas darüber erfahren, von wem Sie im zurückliegenden Jahr Unterstützung erhalten haben.
[Wissen zusammenfassen]	Was ich ja schon weiß, ist …
[Zusammenfassungen und gerichtete Erzählanstöße] ( ) von wem was wann ( ) von wem was nicht	Wen haben Sie um Hilfe gebeten oder wer hat Ihnen Hilfe angeboten? Wer hat Ihnen Hilfe verweigert?
( ) Anstalt/en	Haben Sie sich in irgendeiner Form durch die Anstalt bzw. deren Mitarbeitern unterstützt gefühlt?
[psychologische Nachbetreuung] ( ) Hilfe von wem und warum? ( ) wer hat Hilfe organisiert	Haben Sie nach Ihrer Entlassung psychologische Hilfe in Anspruch genommen? Von wem erhalten Sie diese Hilfe? Sind Sie aufgrund einer Weisung im Rahmen der Bewährungs-/Führungsaufsicht zur psychologischen Nachbetreuung verpflichtet? Wenn ja, würden Sie die Hilfe auch ohne diese Weisung in Anspruch nehmen? Sind Sie selbst für die Organisation der einzelnen Termine verantwortlich? Haben Sie bereits aus der Haft heraus Kontakt zu dieser Institution / zu diesem Psychologen aufgenommen?
( ) Regelmäßigkeit	Finden die Termine regelmäßig statt? Wie viele Termine haben Sie bislang wahrgenommen? Handelt es sich um Einzel- oder Gruppensitzungen?
( ) Output	Können / Konnten Sie von der Nachbetreuung profitieren?
( ) Suchtberatung, Schuldnerberatung, etc	Welche weiteren Beratungsangebote haben Sie seit Ihrer Entlassung in Anspruch genommen?
[Vollständigkeit]	Haben Sie das Gefühl, dass noch etwas Wichtiges fehlt?
[Zufriedenheitsskala Nr. 7]	Ich würde Sie gern auch hier um Einschätzung auf der Skala bitten. → Zufriedenheitsskala Nr. 7

	Bereich „Bewährungshilfe / Führungsaufsicht“
[Bereich benennen]	Ich würde nun gern noch etwas bei dem Thema „Unterstützung“ bleiben. Die Aufgabe der Bewährungshilfe bzw. Führungsaufsicht ist ja auch in gewisser Weise als eine Form der Unterstützung gedacht.
[evtl. Wissen zusammenfassen]	Das, was ich schon aus Ihrem Eingangsbericht weiß, ist …
[Zusammenfassungen und gerichtete Erzählanstöße]	
( ) Dauer	Über welchen Zeitraum standen sie unter Führungsaufsicht bzw. Bewährungshilfe?
( ) Frequenz	Wie oft hatten Sie Kontakt?
( ) Weisungen/Auflagen	Welche Auflagen hatten Sie?
( ) Verhältnis zum Bewährungshelfer	Wie gut verstanden Sie sich mit dem Bewährungshelfer?
( ) Verbesserungsvorschläge	Aus Ihrer Erfahrung heraus: Wie hätte die Bewährungshilfe für Sie hilfreicher sein können?
[Vollständigkeit]	Haben Sie das Gefühl, dass noch etwas Wichtiges fehlt?
[Zufriedenheitsskala Nr. 8]	Dann würde ich Sie gern abschließend wieder um eine Einschätzung bitten. → Zufriedenheitsskala Nr. 8

Bereich „Umgang mit Haftstrafe / Folgen der Haftstrafe / Opfererfahrung“

[Bereich benennen]	Ich würde jetzt gern etwas über die Art und Weise erfahren, mit der Sie mit der Haftstrafe umgegangen sind. Auch interessieren mich die Folgen, die Sie aufgrund der Haft erlebt haben.
[Wissen zusammenfassen] [Zusammenfassungen und gerichtete Erzählanstöße]	Sie haben ja schon berichtet, dass …
( ) „Mitwisser“ · ( ) Reaktionen	Wer weiß von der Haftstrafe? Wie haben diese Personen reagiert?
( ) Konsequenzen	Wenn Sie die Uhr bis zum Zeitpunkt der Entlassung zurückdrehen könnten, wie offen würden Sie dann mit ihrer Vergangenheit umgehen? Warum?
· ( ) Benachteiligungen · ( ) Gründe für vorschnelle Verdächtigungen	Gab es einen Moment, wo Sie gedacht haben: „Das passiert mir jetzt nur, weil die anderen oder der andere weiß, dass ich vorbestraft bin“?
( ) eigene Opfererfahrung · welche Straftat · eigener Schaden · Polizeikontakt ( ) Anzeige bei der Polizei erstattet · ( ) ja · ( ) nein	Sind Sie seit Ihrer Entlassung selbst Opfer einer Straftat geworden?
[Vollständigkeit]	Haben Sie das Gefühl, dass noch etwas Wichtiges fehlt?
[Zufriedenheitsskala Nr. 9]	Ich würde Sie gern auch hier um Einschätzung auf der Skala bitten. → Zufriedenheitsskala Nr. 9

Bereich „Freizeit“

[Bereich benennen]	Ich würde sie jetzt gern bitten, mir etwas darüber zu erzählen, wie sie Ihre Freizeit verbringen.
[evtl. Wissen zusammenfassen]	
[Zusammenfassungen und gerichtete Erzählanstöße] ( ) zeitlicher Umfang ( ) Art der Aktivitäten ( ) Träume/ Wünsche/ Unzufriedenheiten	Wie viel Freizeit bleibt Ihnen? Was konkret machen Sie in Ihrer Freizeit? Gibt es etwas, was Sie gern täten, es bislang aber noch nicht umsetzen?
[Vollständigkeit]	Haben Sie das Gefühl, dass noch etwas Wichtiges fehlt?
[Zufriedenheitsskala Nr. 10]	Dann würde ich Sie gern abschließend wieder um eine Einschätzung bitten. → Zufriedenheitsskala Nr. 10

Übergang

[Dank]

Nun haben Sie mir ja eine ganze Menge über die zurückliegende Zeit und über Ihr Leben erzählt. Dafür möchte ich mich erst einmal bedanken.

[Expertenschaft]

Teilweise haben mich bestimmte Themenbereiche besonders interessiert und deshalb habe ich nachgefragt. Mir geht es ja darum, zu verstehen, was Ihr Leben im Zeitraum nach Ihrer Entlassung aus der Haft ausgezeichnet hat. Nun ist es Ihr Leben und ich sehe Sie da als Experte, der mir diese Frage beantworten kann. Daher ist es durchaus gut möglich, dass es etwas gibt, das eigentlich viel wichtiger ist als die Bereiche, nach denen ich Sie gefragt habe.

[Lücke]

Welcher wichtige Punkt oder Bereich ist bisher noch nicht zur Sprache gekommen?

[Zusammenfassung/en]

Okay, also …

[Zufriedenheitsskala Nr. 11]

Nun möchte ich Sie abschließend noch mal um eine allerletzte Einschätzung bitten. Wenn Sie mal alles zusammennehmen, wie zufrieden sind Sie dann mit Ihrem momentanen Leben? → Zufriedenheitsskala Nr. 11

TEIL II: Dunkelfeld

	Stützende Faktoren
[Interesse der Studie]	Worum es uns auch geht, ist die Frage, welche Lebensumstände dazu führen können, dass jemand quasi „in der Spur" bleibt oder mal „ins Schleudern" gerät.
[Thema „stützende Faktoren" benennen]	Jeder Mensch kann wohl Dinge, Personen oder Umstände seines Lebens benennen, von dem er sagt: „Das tut mir gut", „Das macht mich glücklich" oder „Das würde ich nicht missen wollen!"
[offenen Erzählanstoß]	Wie ist das bei Ihnen?
[evtl. Zusammenfassungen und **max. 3** gerichtete Erzählanstöße] ( ) Umgebungsvariablen · Unbelebte Umwelt (Arbeitsplatz, Wohnort) · Soziales Umfeld ( ) eigene Person · Fähigkeiten · Hobbys · Bereitschaft, Hilfe anzunehmen	Beschreiben Sie mir das noch genauer. Was macht Ihr Leben schön? Was hilft Ihnen in schwierigen Zeiten? Was wäre, wenn Sie es nicht hätten? Wobei hat es Ihnen geholfen? Was sonst noch?
[Beitrag der Anstalt]	Hat die Anstalt irgendetwas dazu beitragen können?
[Vollständigkeit]	Fehlt noch etwas Wichtiges?

	Kritische Situationen
[Thema „schwierige Situationen" benennen]	Nun haben Sie mir einiges über die positiven Seiten Ihres Lebens berichtet.
[offenen Erzählanstoß]	Ich würde auch gern etwas von Ihnen dazu erfahren, welche Situationen Sie seit Entlassung als schwierig erlebt haben.
[evtl. Zusammenfassungen und gerichtete Erzählanstöße]	Welche Zeiten in Ihrem Leben seit Entlassung haben Sie als schwierig oder belastend erlebt?
( ) Situationen explorieren · ( ) Was hat sie ausgezeichnet? · ( ) Was hat sie mit dem Betroffenen gemacht? · ( ) Wie hat er reagiert?	Beschreiben Sie mir das noch genauer. Wie ging es Ihnen damit? Was haben Sie damals getan, um … zu ändern? Was sonst noch?
( ) fehlende Vorbereitung	Worauf haben Sie sich trotz der Maßnahmen während der Strafzeit nicht vorbereitet gefühlt?
( ) Verbesserungsideen	Haben Sie eine Idee, wie Sie noch besser hätten vorbereitet werden können?
[Vollständigkeit]	Fehlt noch etwas Wichtiges?
[Tonband aus]	

	Rückfall
[Weiteren Verlauf erläutern → Selbstbericht]	Ich möchte an dieser Stelle unser Gespräch kurz unterbrechen.
( ) Dunkelfeldfragebogen ( ) Hinweisblatt ( ) Briefumschlag ( ) räumlicher Rückzug des Interviewers [Briefumschlag übergeben → Tonband an] [Fiktives Szenario einführen]	Ich möchte Sie nun bitten, diesen Bogen auszufüllen. Dabei geht es uns darum, das Dunkelfeld zu erforschen. Wir sind nur darum bemüht, möglichst alle Straftaten abzufragen. Die große Anzahl an Fragen hat also nicht mit Ihnen persönlich zu tun. Bitte lesen Sie sich zuerst das Hinweisblatt in Ruhe durch und füllen dann den Bogen aus. Wenn Sie fertig sind, stecken Sie den Bogen bitte in den Briefumschlag und geben ihn mir zurück. Sollten Sie Fragen haben, sprechen Sie mich bitte an. Ich werde mich, solange Sie den Bogen ausfüllen, etwas abseits setzen und lesen. Okay?
[gerichtete Erzählanstöße]	Die Belastungen können ja durchaus auch so weit ansteigen, dass sie für jemanden nicht mehr bewältigbar erscheinen. Ich möchte Sie jetzt auf ein Gedankenexperiment einladen. Nehmen wir also einmal an, Sie hätten wieder eine Straftat begangen, die bislang unentdeckt oder ohne Anzeige geblieben ist.
( ) Subjektive Erklärung, warum es dazu gekommen ist	Können Sie sich vorstellen, was dazu hätte führen können? Wie würden Sie sich das selbst erklären?
( ) denkbare Rückfallbedingungen	Was könnte Ihrer Meinung nach noch dazu führen, dass ein entlassener Straftäter wieder rückfällig wird? Vielleicht haben Sie sich ja während Ihrer Haft mit anderen unterhalten. Denken Sie mal an diese Gespräche.

[abschließende Zusammenfassung] [Vollständigkeit]	Also, Sie haben mir jetzt eine ganze Menge dazu berichtet, was aus Ihrer Sicht einen erneuten Rückfall begünstigen kann. Lassen Sie mich versuchen es noch mal zusammenzufassen. Da ist zum einen.... Habe ich etwas Wichtiges vergessen oder gibt es einen weiteren Punkt, den Sie für wichtig halten?

Abschluss

[Dank]	Vielen Dank für Ihre Offenheit und Bereitschaft, mit der Sie mir in diesem Gespräch meine Fragen beantwortet und von sich erzählt haben.

ENDE

5. Tabellen zur Stichprobe

5.1 Delikt- und Vollzugsspezifika

Tabelle 15 Delikt- und Vollzugsspezifika

Sample[65]

Teilnehmer	69 gesamt			
Alter	M = 44,2 Jahre (min. 26 Jahre; max. 76 Jahre)			
Vollzugsart	15 Regelvollzug ≙ 21,7 %	46 SothA ≙ 66,7 %	8 SothA-Abbruch ≙ 11,6 %	
Indexdelikt	51 sexueller Missbrauch[66] ≙ 73,9 %	15 Vergewaltigung ≙ 21,7 %	2 sexuelle Nötigung ≙ 2,9 %	1 sexueller Missbrauch + Totschlag ≙ 1,5 %
Dauer der Inhaftierung (Indexdelikt)	M = 4,4 Jahre (min. 1 Jahr; max. 10 Jahre)			
Vorstrafen	M = 3,8 (min. 0; max. 16) Anzahl Vorstrafen	17 ≙ 24,6 % Pb mit einschlägigen Vorstrafen		
vorangegangene Haftstrafe	41 Erstinhaftierte ≙ 59,4 %	28 wiederholt inhaftiert ≙ 40,6 %		

65 Die prozentualen Angaben sind auf- beziehungsweise abgerundet. Dementsprechend addieren sich die Werte nicht in allen Fällen auf 100 %.

66 Zusammengefasst: § 176 StGB, § 176a StGB und § 182 StGB.

5.2 Lebenssituation zum Tatzeitpunkt und t3 – absolute Zahlen

Tabelle 16 Lebenssituation der Probanden in absoluten Zahlen

Bildungsabschluss	11 Förderschule	3 Sonderschule	8 Hauptschule	6 Mittlere Reife	19 POS[67] 10. Klasse	10 POS 8. Klasse	2 Abitur	1 Hochschul-abschluss	9 kein Ab-schluss
Beziehungssituation Tatzeitpunkt	23 ledig	21 ledig, in Beziehung	9 verheiratet	12 geschieden	4 getrennt lebend				
Beziehungssituation t3	21 ledig	20 ledig, in Beziehung	7 verheiratet	20 geschieden	1 getrennt lebend				
Beschäftigungsver-hältnis Tatzeitpunkt	40 arbeitslos	2 Ausbildung	19 Arbeits-verhältnis	2 selbstständig	1 Erziehungs-urlaub	3 Rentner	2 in Haft		
Beschäftigungsver-hältnis t3	34 arbeitslos	4 Ausbildung	18 Arbeits-verhältnis	2 selbstständig	0 Erziehungs-urlaub	9 Rentner	2 in Haft		
Wohnsituation Tatzeitpunkt	30 allein	27 eheähnlich	7 Herkunfts-familie	1 WG	1 obdachlos	2 in Haft	1 häufig wechselnd		
Wohnsituation t3	34 allein	21 eheähnlich	10 Herkunfts-familie	1 WG	0 obdachlos	1 in Haft[68]	1 häufig wechselnd	1 keine Angabe	

67 POS steht für polytechnische Oberschule.

68 Zum Zeitpunkt des Interviews befanden sich vier Befragte erneut in Haft. Es ist davon auszugehen, dass sich die restlichen drei bei der Angabe der Wohnsituation nicht auf den aktuellen Zeitpunkt, sondern auf den Nachentlassungszeitraum vor der Wiederinhaftierung bezogen haben.

5.3 Lebenssituation zum Tatzeitpunkt und t3 – Prozent[69]

Tabelle 17 Lebenssituation der Probanden in Prozent

Bildungsabschluss	15,9 % Förderschule	4,4 % Sonderschule	11,6 % Hauptschule	8,7 % Mittlere Reife	27,5 % POS 10. Klasse	14,5 % POS 8. Klasse	2,9 % Abitur	1,5 % Hochschulabschluss	13,0 % kein Abschluss
Beziehungssituation Tatzeitpunkt	33,3 % ledig	30,4 % ledig, in Beziehung	13,0 % verheiratet	17,4 % geschieden	5,8 % getrennt lebend				
Beziehungssituation t3	30,4 % ledig	29,0 % ledig, in Beziehung	10,2 % verheiratet	29,0 % geschieden	1,5 % getrennt lebend				
Beschäftigungsverhältnis Tatzeitpunkt	58,0 % arbeitslos	2,9 % Ausbildung	28,5 % Arbeitsverhältnis	2,9 % selbstständig	1,5 % Erziehungsurlaub	4,4 % Rentner	2,9 % Haft		
Beschäftigungsverhältnis t3	49,3 % arbeitslos	5,8 % Ausbildung	26,1 % Arbeitsverhältnis	2,9 % selbstständig	0 % Erziehungsurlaub	13,0 % Rentner	2,9 % Haft		
Wohnsituation Tatzeitpunkt	43,5 % allein	39,1 % eheähnlich	10,2 % Herkunftsfamilie	1,5 % WG	1,5 % obdachlos	2,9 % in Haft	1,5 % häufig wechselnd		
Wohnsituation t3	49,3 % allein	30,4 % eheähnlich	14,5 % Herkunftsfamilie	1,5 % WG	0 % obdachlos	1,5 % in Haft[70]	1,5 % häufig wechselnd	1,5 % keine Angabe	

69 Die prozentualen Angaben sind auf- beziehungsweise abgerundet. Dementsprechend addieren sich die Werte nicht in allen Fällen auf 100 %.

70 Zum Zeitpunkt des Interviews befinden sich vier Befragte erneut in Haft. Es ist davon auszugehen, dass die restlichen drei sich bei der Angabe der Wohnsituation nicht auf den aktuellen Zeitpunkt, sondern auf den Nachentlassungszeitraum vor der Wiederinhaftierung bezogen haben.

6. Kodierleitfaden – Grundlage der Querschnittauswertung

* Mit den Hauptkategorien und *kursiv* gedruckten Elementen wird nicht kodiert. Sie dienen lediglich als eine Art Überschrift oder Gliederungsebene. Die Einteilungen der Spalten können bei einzelnen Hauptkategorien verschoben sein, da sie entsprechend des Inhalts unterschiedliche konzipiert sind und daher in einer zusammenfassenden Tabelle nur schwer darstellbar sind.

Hauptkategorie*	Subkategorie / Eigenschaft / Dimension / Ausprägung*			Definition
Autonomie	Betonung der Autonomie			Der Pb legt viel Wert darauf, als selbstständig und unabhängig wahrgenommen zu werden. Er stellt seine Handlungsmächtigkeit stets in den Vordergrund, betont, dass er alles in seinem Nachentlassungsverlauf eigenverantwortlich regeln und gestalten kann. Dies ist Teil seiner Selbstdarstellung.
	Streben nach Autonomie			Der Pb strebt nach Autonomie. Er will sich einen maximalen Handlungsspielraum einräumen, von anderen Menschen unabhängig agieren können und fühlt sich von Vorschriften und Auflagen eingeengt. Er ist sehr bemüht darum, Einschränkungen zu entgehen und sich von Institutionen sowie anderen Personen (häufig der Herkunftsfamilie) abzunabeln.
soziales Umfeld				Diese Kategorie nimmt den Kontext/Zeitlichkeit und den Einfluss der sozialen Kontakte auf.
	fehlende (Re-)Integration/ keine Kontakte			Wenn die Person mehr oder weniger isoliert lebt, nicht Teil eines sozialen Netzwerkes ist und dies aber nicht als Schwierigkeit thematisiert (ansons-

Hauptkategorie*	Subkategorie / Eigenschaft / Dimension / Ausprägung*			Definition
				ten wäre es Teil der Kodierung Schwierigkeiten/Isolation). Es handelt sich dabei mehr um eine Zustandsbeschreibung, als um eine Bewertung.
	Reintegration – altes Umfeld			Im Falle, dass der Pb sich in sein früheres Umfeld reintegriert, seine sozialen Kontakte wiederaufnimmt und sich nach der Inhaftierung beispielsweise seiner Herkunftsfamilie/alten Freunden/einer früheren Partnerschaft zuwendet. Spricht der Pb von seinen ehemaligen Mithäftlingen, werden diese ebenfalls dem früheren Umfeld zugeordnet, weil er sie bereits vor der Entlassung kennen gelernt hat.
		Output		Interessant ist, wie sich die sozialen Beziehungen auf den Pb auswirken. Die Konsequenz, die sich aus der Beziehung ergibt wird pro Person nur mit einem der möglichen Begriffe kategorisiert.
			soziales Kapital	Der Pb kann durch die Wiederherstellung des Kontaktes soziales Kapital erlangen und Ressourcen nutzen, Beziehungen spielen lassen, instrumentelle oder emotionale Unterstützung erhalten.
			positiv	Hier handelt es sich um positiv belegte Kontakte, die aber kein soziales Kapital im eigentlichen Sinne eröffnen. Meist sind es eher lose Kontakte,

Hauptkategorie*	Subkategorie / Eigenschaft / Dimension / Ausprägung*			Definition
				die Person kann aber dennoch als positiver Einfluss im Leben des Pb kategorisiert werden.
			ambivalent	Diese Kategorie bezeichnet Kontakte, die zum einen vom Pb positiv eingeschätzt werden bzw. ihm eventuell eingeschränkt soziales Kapital eröffnen können, ihn aber zum anderen gleichzeitig einem Risiko aussetzen. Hinweis: Hier werden sowohl die positiven als auch die risikobehafteten Aspekte dieser sozialen Beziehung kodiert.
			negativ	Negativ besetzte Kontakte, die aber kein Risiko für den Pb darstellen. Häufig sind diese Kontakte konfliktbehaftet.
			risikobehaftet	Ausschließlich problematisch einzuschätzende Kontakte, also risikobehaftete Personen, die einen Rückfall des Pb begünstigen oder anderweitig destabilisierend Einfluss nehmen. Hinweis: Diese Kontakte werden nicht zusätzlich unter „weitere Risikofaktoren" gefasst bzw. doppelt kodiert.
	neue Kontakte			Diese Kategorie umfasst alle neuen sozialen Kontakte. Also diejenigen Personen, die der Pb erst nach seiner Haftentlassung kennen lernt.

Hauptkategorie*	Subkategorie / Eigenschaft / Dimension / Ausprägung*			Definition
		Output		Interessant ist, wie sich die sozialen Beziehungen auf den Pb auswirken. Die Konsequenz, die sich aus der Beziehung ergibt wird pro Person nur mit einem der möglichen Begriffe kategorisiert.
			soziales Kapital	Der Pb kann durch die Wiederherstellung des Kontaktes soziales Kapital erlangen und Ressourcen nutzen, Beziehungen spielen lassen, instrumentelle oder emotionale Unterstützung erhalten.
			positiv	Hier handelt es sich um positiv belegte Kontakte, die aber kein soziales Kapital im eigentlichen Sinne eröffnen. Meist sind es eher lose Kontakte, die Person kann aber dennoch als positiver Einfluss im Leben des Pb kategorisiert werden.
			ambivalent	Diese Kategorie bezeichnet Kontakte, die zum einen vom Pb positiv eingeschätzt werden, bzw. ihm eventuell eingeschränkt soziales Kapital eröffnen können, ihn aber zum anderen gleichzeitig einem Risiko aussetzen. Hinweis: Hier werden sowohl die positiven als auch die risikobehafteten Aspekte dieser sozialen Beziehung kodiert.
			negativ	Negativ besetzte Kontakte, die aber kein Risiko für den Pb darstellen. Häufig sind diese Kontakte konfliktbehaftet.

Hauptkategorie*	Subkategorie / Eigenschaft / Dimension / Ausprägung*			Definition
			risikobehaftet	Ausschließlich problematisch einzuschätzende Kontakte, also risikobehaftete Personen, die einen Rückfall des Pb begünstigen oder anderweitig destabilisierend Einfluss nehmen. Hinweis: Diese Kontakte werden nicht zusätzlich unter „weitere Risikofaktoren" gefasst bzw. doppelt kodiert.
Desistance-Rahmung				Es geht um die Interpretation und die Rahmung des Pb hinsichtlich seines Nachentlassungsverlaufs und des Desistance-Prozesses. Hinweis: Hier nur die Aspekte kodieren, die konkret mit dem Desistance-Prozess zu tun haben und nicht ungeprüft alle Aspekte einbeziehen. Häufig wird dieses Phänomen erst in der Verbindung und durch Kontrastierung verschiedener Passagen deutlich – dies muss mithilfe von Dokument-Links o.Ä. deutlich markiert werden.
	Reframing als Desistance-Konstruktion			Reframing bezeichnet die Fähigkeit des Pb – auch wenn er in grundsätzlich destabilisierenden Umständen lebt – eine Desistance-Konstruktion aufrecht zu erhalten, indem er seine Lebensumstände entsprechend rahmt. Dieser Überbau beeinflusst den Desistance-Prozess und damit den Wiedereingliederungsprozess. So lange der Pb in der Lage ist, diese Rahmung aufrecht zu erhalten

Hauptkategorie*	Subkategorie / Eigenschaft / Dimension / Ausprägung*			Definition
				und daran zu arbeiten, entwickelt sich der Verlauf positiv. Somit stabilisieren den Pb nicht die Umstände, sondern die Bedeutung, die er ihnen selbst zuschreibt. Es bleibt nicht zwingend eine Konstruktion – die Konstruktion kann auch über die Zeit verinnerlicht und somit faktisch werden.
	fehlende Ausschöpfung unterstützender Rahmenbedingungen			Entgegengesetzt kann eine fehlende Ausschöpfung der vorhandenen stabilisierenden Ressourcen beobachtet werden. Der Pb hat zwar die (in der Theorie/in seiner Beschreibung) entscheidenden stützenden Faktoren um sich, kann von ihnen aber nicht profitieren und lehnt beispielsweise angebotene Hilfe ab. Er ist nicht in der Lage, sich durch die Rahmung stabilisieren zu lassen und dadurch wird sein Verlauf nach der Entlassung negativ beeinflusst. Seine Integration in den bestehenden unterstützenden Rahmen ist lediglich oberflächlich gegeben. Hinweis: Dieses Muster wird nicht mit „weitere Risikofaktoren" doppelt kodiert, da es selbst schon ein gewisses Risikopotenzial anzeigt.
	positive Rahmung negativer Aspekte			Diese Kategorie ähnelt dem Reframing, reicht aber nicht ganz so weit. Sie beschreibt den Versuch des Pb, vermeintlich destabilisierende und problematische Aspekte im Leben positiv zu rahmen bzw. darzustellen. Er versucht diese Aspekte

Hauptkategorie*	Subkategorie / Eigenschaft / Dimension / Ausprägung*			Definition
				für sich positiv umzudeuten, um ihnen somit den negativen Einfluss zu nehmen oder ihn wenigstens zu verringern. Dies ist auch eher problematisch zu sehen, weil dem Pb die Einsicht in risikoreiche Einflüsse fehlt. Hinweis: Dieses Muster wird nicht mit „weitere Risikofaktoren“ doppelt kodiert, da es selbst schon ein gewisses Risikopotenzial anzeigt.
Normalitäts-(wieder-)herstellung				Der Pb sucht oder strebt nach Normalität. Entweder versucht er, diese nach der Entlassung wiederherzustellen oder sie überhaupt zu erreichen, wenn das Leben vor der Haft keine entsprechenden Anknüpfungspunkte bietet. Die Definitionen und Vorstellungen von Normalität sowie die Bemühungen, um sie zu erreichen, fallen sehr unterschiedlich aus.
	Anpassung			Anpassung ist eine Antwort auf vorgefundene Umstände, Erwartungen und Anforderungen, die an den Pb gestellt werden. Sie kommt in unterschiedlichen Dimensionen vor und zielt auf variierende Normalitätskonzepte.
		assimilierend		Die assimilierende Ausprägung der Anpassung konzentriert sich auf die Erfüllung aller Erwartungen, die nach der Entlassung an den Pb gestellt werden. Die (zumindest angenommenen)

Hauptkategorie*	Subkategorie / Eigenschaft / Dimension / Ausprägung*			Definition
				Erwartungen der Mehrheitsgesellschaft werden als Orientierungsmuster genutzt. Er ist bemüht, den Anforderungen zu genügen und als angepasstes Mitglied der Gesellschaft anerkannt zu werden.
		sanktions-vermeidend		Der Pb versucht sich anzupassen, hält sich soweit notwendig an Anforderungen und nimmt Aufgaben wahr (z.B. Formulare ausfüllen, Termine einhalten etc.) und versucht, möglichst nicht negativ aufzufallen. Auf diesem Weg ist er bemüht, Sanktionen zu entgehen und ansonsten weitgehend unbehelligt leben zu können.
	Konventionalität			Der Befragte hat einen Entwurf für sein Leben nach der Haftentlassung und möchte es nach diesen Aspekten (neu) gestalten. Es gibt häufig genannte wichtige Grundpfeiler, die diesen Orientierungsrahmen ausmachen. Überschneidungen gibt es mit Bereichen der Anpassung, jedoch werden sie im Orientierungsrahmen kondensiert und mit weiteren Aspekten kombiniert zu einem umfassenderen Konzept verwoben, nach dem das Leben ausgerichtet wird, bzw. welches es ausmacht.
		Partnerschaft		Der Pb konstruiert seinen Lebensentwurf rund um eine Partnerschaft. Er braucht die Partnerin

Hauptkategorie*	Subkategorie / Eigenschaft / Dimension / Ausprägung*			Definition
				oder den Partner, um außerhalb der Haft ein neues Leben anfangen zu können und insbesondere, um ein normales, nicht straffälliges Leben führen zu können. Das kann sich je nach Ausprägung und Intensität, bzw. Beständigkeit der Beziehung stabilisierend, aber auch problematisch auswirken. Hinweis: Im Falle einer risikobehafteten Partnerschaft wird diese nicht zusätzlich unter „weitere Risikofaktoren“ doppelt kodiert. Die weiteren Ausprägungen müssen nach Abschluss der Analyse herausgearbeitet werden.
		Lebensentwurf		Der Pb strebt einen Lebensentwurf an, dem eine eher konservative und konventionelle Vorstellung zu Grunde liegt. Insbesondere Eigenheim, Ehe und Familiengründung stehen hier im Mittelpunkt. Der Pb arbeitet auf biographische Eckpunkte hin, die er unter anderem bei Gleichaltrigen beobachtet.
	Deutungsmacht			Der Pb versucht, sich die Deutungsmacht bezüglich der begangenen Straftat anzueignen. Er positioniert sich zu seinem Haftaufenthalt, dem Tatgeschehen oder zu anderen Straftätern.
		Distanzierung		Dies geschieht vor allem über die Distanzierung von anderen Straftätern oder den Vergleich der

Hauptkategorie*	Subkategorie / Eigenschaft / Dimension / Ausprägung*			Definition
				eigenen Tat mit denen anderer, wodurch er für sich eine gewisse Normalisierung beansprucht.
			Distanzierung von anderen (Sexual-)Straftätern	Der Pb distanziert sich von anderen Sexualstraftätern und insbesondere von Pädophilen. Er streitet eine pädosexuelle Paraphilie ab oder distanziert sich gänzlich von Personen, die eine Sexualstraftat begangen haben. Damit betont er die Abgrenzung zu der Abweichung anderer. Hinweis: Falls ein Pb überhaupt nicht über seine Tat spricht, kann das lediglich im Fallmemo erfasst werden. Berichtet er im Interview nur von anderen Taten, wird ebenfalls hier kodiert. Man kann dann davon ausgehen, dass er es nicht thematisiert, um eben nicht dieser Gruppe zugerechnet zu werden. Bestreitet er die Tat, ist dies bei „Unschuldsbeteuerung“ zu erfassen.
			Distanzierung von der Vergangenheit	Der Pb versucht in der Nachentlassungssituation Normalität herzustellen, indem er sich von seiner Vergangenheit distanziert, sein früheres Verhalten hinter sich lassen will und sich in Richtung Zukunft orientiert. Die Tat wird nicht mehr als Teil des aktuellen Lebens dargestellt.

Hauptkategorie*	Subkategorie / Eigenschaft / Dimension / Ausprägung*			Definition
			Bagatellisierung/ Externalisierung	Der Pb bestreitet die Straftat zwar nicht, relativiert das Geschehene aber, externalisiert die Verantwortung oder führt Erklärungen für sein Verhalten an.
			Unschulds-beteuerung	Der Pb bestreitet die Straftat. Er betont seine Unschuld und versucht, andere davon zu überzeugen. In extremen Fällen entwickelt er Verschwörungstheorien bezüglich der Anschuldigungen oder seiner Verurteilung.
		Einsicht/Scham/ Verantwortungs-übernahme		Der Pb übernimmt die Verantwortung für die Straftat und zeigt sich einsichtig. Unter Umständen äußert er zudem Schamgefühle. Hinweis: Nicht verwechseln mit „Reflexivität" in der Hauptkategorie „Pseudoreflexivität" (s.u.).
	Wiedergut-machung			Der Pb möchte etwas ausgleichen oder zurückgeben. Dies trifft zu, wenn der Pb versucht etwas wieder gut zu machen, das Folge der Straftat ist. Alternativ möchte er die negativen Auswirkungen, die seine Haftstrafe für andere hatte, ausgleichen.
		Motivation/ Adressat		Der Adressat der Bemühungen, bzw. die Motivation, die den Pb zu dieser Wiedergutmachung antreibt, werden hier erfasst. Was möchte er bei wem wiedergutmachen?

Hauptkategorie*	Subkategorie / Eigenschaft / Dimension / Ausprägung*			Definition
		Strategie		Wie möchte er die Wiedergutmachung erreichen?
	Sinnsuche			Der Pb sucht nach einer Orientierung im Leben, die ihn stabilisiert und sinnstiftend für ihn ist.
		strukturgebende Aktivitäten		Der Pb versucht sich eine Struktur im Alltag aufzubauen, weil er einen Grund, eine Verpflichtung oder eine Aufgabe im Tagesablauf benötigt. Insbesondere wenn die Arbeit als Strukturgeber fehlt, kann diese Funktion einer Bandbreite anderer Aktivitäten zugeschrieben werden.
		Engagement		Der Pb legt Engagement für etwas an den Tag und bringt sich ein. Diese Aufgabe ist für ihn erfüllend und sinnstiftend. Hinweis: Diese Kategorie beinhaltet nicht den Aspekt der Wiedergutmachung. Es geht ihm nicht darum, etwas auszugleichen, sondern eher um die Sache an sich oder ein sinnstiftendes Moment.
	Schleifen-Lassen/ Gleichgültigkeit			Das Gegenbeispiel zur Herstellung von Normalität ist: ‚schleifen lassen'. Wenn der Pb keinerlei Bemühungen zeigt, sondern das Leben so laufen lässt, wie es sich eben ergibt. Er richtet sich in allem ein und nimmt es hin. Außerdem sind auch diejenigen hier zu kodieren, die keine der oben genannten Bemühungen zeigen. So gesehen kann

Hauptkategorie*	Subkategorie / Eigenschaft / Dimension / Ausprägung*			Definition
				in diesem Fall angenommen werden, dass Normalität für sie nicht erreichbar scheint oder anders besetzt ist als für diejenigen, die die oben genannten Ausprägungen zeigen. Sie stellen damit die Kontrastfolie zu den oben kodierten Fällen dar. Hinweis: Berührungspunkte mit den Kategorien „Passivität“ und „Fatalismus“. Außerdem wird es nicht mit „weitere Risikofaktoren“ doppelt kodiert, da sie bereits ein problematisches Moment in sich trägt, aber nicht zwingend als Risikofaktor einzustufen ist. Das ist im Einzelfall zu prüfen.
Pseudoreflexivität				Diese Kategorie zeigt die Diskrepanzen zwischen Reflexion/Thematisierung und dem Verhalten des Pb auf. Er ist sich über einige Dinge im Klaren und zeigt Einsicht in kriminalitätsfördernde Dynamiken, dennoch verhält er sich gegenläufig. Hinweis: Häufig wird dieses Phänomen erst in der Verbindung und Kontrastierung verschiedener Passagen deutlich – dies muss mithilfe von Dokument-Links o.Ä. deutlich markiert werden.
		Diskrepanzen		Diskrepanzen sind ein Anzeichen von Pseudoreflexivität und dann vorhanden, wenn zwischen der Wahrnehmung und den restlichen Erzählungen des Pb deutliche Abweichungen sichtbar

Hauptkategorie*	Subkategorie / Eigenschaft / Dimension / Ausprägung*			Definition
				werden oder er sich in maßgeblichen Dingen widerspricht.
		fehlende Selbstwirksamkeit trotz Selbstwirksamkeitserwartung		Dies liegt vor, wenn der Pb um die entscheidende Rolle von Selbstwirksamkeit weiß und diese hervorhebt, gleichzeitig aber nicht in der Lage ist, sich selbst handlungsmächtig zu zeigen. Ihm ist also klar, dass die Verantwortung und Handlungsmacht bei ihm liegen, kann dieses Wissen aber nicht in seine Handlungen überführen. Hinweis: Hier wird keine zusätzliche Agency-Kodierung vorgenommen.
		fehlende Umsetzung bekannter Desistance-Strategien		Diese Kategorie ist ähnlich gelagert wie die vorherige. Hier weiß der Pb zwar um Risikofaktoren und welche Strategien zur Legalbewährung beitragen/hat diese in Haft erlernt, setzt sie aber dennoch in seinem Leben draußen nicht um. Er thematisiert sie eher, als dass er sie praktisch umsetzt. Hinweis: Dieses Muster wird nicht mit „weitere Risikofaktoren“ doppelt kodiert, da es selbst schon ein gewisses Risikopotenzial anzeigt. Außerdem erfolgt keine zusätzliche Kodierung mit „Desistance-Strategien“, weil dies aufgrund der unterschiedlichen Umsetzungsgrade die Ergebnisse verzerren würde.

Hauptkategorie*	Subkategorie / Eigenschaft / Dimension / Ausprägung*			Definition
	Reflexivität			Pseudoreflexivität enthält als Gegenpol die „Reflexivität“. Hier geht es um die Einsicht des Pb in seine Rückfallgefährdung, wenn er erkennt, dass es kritische Situationen für ihn gibt und er ihnen gegenüber sozusagen „wachsam“ ist. Basierend auf dieser Einsicht kann er sich aber auch dementsprechend verhalten und Risikosituationen besser reflektieren. Hinweis: Nicht verwechseln mit Einsicht/Scham/Verantwortungsübernahme, denn hier geht es um die aktuelle und zukünftige Rückfallgefahr, nicht retrospektiv um die bereits geschehene Straftat.
Veränderung				Der Pb thematisiert Veränderung bezüglich der Einstellungen, des Verhaltens oder des Charakters. Er beschreibt sich verändert – er ist nicht mehr die gleiche Person, die er vor der Inhaftierung war. Ob diese Veränderung tatsächlich in diesem Ausmaß umgesetzt oder eher Teil einer nach außen gerichteten Selbstdarstellung ist, ist in diesem Fall zweitrangig. Sie nimmt in jedem Fall eine entscheidende Rolle im Narrativ zur Nachentlassungssituation ein. Die Gründe für diese Veränderung können unterschiedlich gelagert sein.

Hauptkategorie*	Subkategorie / Eigenschaft / Dimension / Ausprägung*			Definition
				Hinweis: Hier werden zwei Kodierungen gesetzt – sowohl die Art der Veränderung als auch die Attribution der beteiligten Akteure.
	Veränderungs-prozess			Der Pb beschreibt einen Veränderungsprozess, der sich auf unterschiedlichen Ebenen abspielen kann. Was sich inwiefern verändert hat, wird hier festgehalten.
		Faktoren		Was die Veränderung auslöst oder ausgelöst hat ist erkennbar an der Positionierung bezüglich externer Einflüsse.
			Zuschreibung an externe Faktoren	Der Pb sieht sich beispielsweise aufgrund der Therapie in Haft verändert. Damit erkennt er einen Einfluss äußerer Faktoren bei seinem Veränderungsprozess an.
			Zurückweisung externer Faktoren	Der Pb sieht sich allein verantwortlich für seine Veränderung und weist die Beteiligung andere Akteure und insbesondere der Therapie-Maßnahmen zurück. Er versucht sich von diesen Prozessen loszulösen und die Veränderung auf seine eigene Handlungsmächtigkeit zurückzuführen. Beispielsweise die Themen Alter und Reife können hier eine Rolle spielen.

Hauptkategorie*	Subkategorie / Eigenschaft / Dimension / Ausprägung*			Definition
Internalisierung des Stigmatisierungs-diskurses				Stigmatisierung/Labeling ist ein gängiges Thema nach der Haftentlassung und prägt den Nachentlassungsverlauf maßgeblich.
	Umgang mit der Hafterfahrung/ Kommunikation			Es besteht eine Wechselwirkung zwischen der Internalisierung des Stigmatisierungsdiskurses und der Art, in der der Pb seine Hafterfahrung und die Straftat nach außen kommuniziert. Daher wird der Umgang mit der Hafterfahrung kodiert.
		Strategie		Die Pb haben unterschiedliche Strategien bezüglich des Umgangs.
			Offenheit	Der Pb geht offen mit seiner Hafterfahrung bzw. seiner Straftat um und berichtet anderen Personen davon.
			Differenzierung	Der Pb geht vorsichtig mit dieser Information um und differenziert beispielsweise nach Person oder Situation, wem er was wann und auf welche Weise erzählt. Auch das Verschweigen des Delikts bei einem gleichzeitig offenen Umgang mit der Haftstrafe ist hier möglich.
			Verheimlichen	Der Pb versucht sowohl die Straftat als auch seine Hafterfahrung vor anderen zu verschweigen. Nur, wenn er sich gezwungen sieht, berichtet er davon.

Hauptkategorie*	Subkategorie / Eigenschaft / Dimension / Ausprägung*			Definition
	Stigmatisierungs-erfahrung			Erfasst unterschiedliche Arten der Erfahrung mit Stigmatisierung.
			Angst/Erwartung	Die Internalisierung des Stigmatisierungsdiskurses kann zur Folge haben, dass der Pb die Erwartung hat, Stigmatisierung zu erleben, bzw. Angst davor äußert. Beim Auftreten dieser Erfahrung ist er nicht überrascht, sondern es deckt sich mit seinen Erwartungen. Dies kann so weit führen, dass er vermeidet, mit anderen Menschen in Kontakt zu kommen oder bewusst seine Hafterfahrung verschweigt.
			Labeling	Gelabelt zu werden bezeichnet eine abgeschwächte Form der Ausgrenzung. Der Pb wird von anderen Personen entsprechend bezeichnet. Der Haftaufenthalt und/oder die Straftat werden mit ihm in Verbindung gebracht.
			Ausgrenzung	Stigmatisierung kann sich in tatsächlicher Ausgrenzung des Pb äußern. Er wird aus unterschiedlichen Lebensbereichen ausgeschlossen oder andere Menschen versuchen ihn auszugrenzen.
		Akteur		Um ein deutlicheres Bild dieser Ausgrenzungserfahrung zeichnen zu können, wird auch erfasst, wer den Pb stigmatisiert.

Hauptkategorie*	Subkategorie / Eigenschaft / Dimension / Ausprägung*			Definition
	Diskrepanz Erwartung – Erfahrung			Beim Pb ist eine Diskrepanz zwischen der Angst stigmatisiert zu werden und einer tatsächlich stattfindenden Ausgrenzung zu beobachten. Er hat zwar Angst davor, macht selbst aber nie oder nur sehr punktuell entsprechende Erfahrungen – das zeigt, dass der Pb den Diskurs verinnerlicht hat – woraus die Angst resultiert – er aber dennoch nicht mit negativen Konsequenzen konfrontiert wird.
	Sexualstraftäter-Label als besonderer Makel			Für den Pb ist nicht die Hafterfahrung das problematische Attribut, sondern die Tatsache ein Sexualstraftäter zu sein. Die Art des Delikts ist somit der Grund dafür, weshalb er sich von Ausgrenzung bedroht sieht. Dementsprechend verheimlicht er beispielsweise den Grund der Inhaftierung.
	fehlende Stigmatisierungs-thematik			Es gibt Pb, die schlichtweg keine Erfahrungen mit Stigmatisierung machen und auch keine entsprechenden Erwartungen äußern. Diese Kategorie stellt den Gegenpol zu den diversen Facetten dar, die ansonsten in dieser Kategorie erfasst werden. Hinweis: Hier muss darauf geachtet werden, dass durch die direkte Nachfrage im Leitfaden manchmal der Eindruck erzeugt wird, als habe ein Pb

Hauptkategorie*	Subkategorie / Eigenschaft / Dimension / Ausprägung*			Definition
				diese Erwartung, obwohl sie lediglich durch die Frage erzeugt wurde.
weitere Risikofaktoren				Diese Kategorie bezieht sich nicht auf die explizit thematisierten Aspekte wie bei „Desistance“, sondern die destabilisierenden und risikobehafteten Aspekte werden auch erfasst, wenn sie nicht vom Pb als rückfallrelevant identifiziert und thematisiert werden. Hinweis: Aspekte, die schon in anderen Kategorien erfasst werden wie z.B. risikobehaftete Kontakte werden nicht doppelt kodiert und fallen hier weg.
	sozial deviante/ illegale Handlung			Diese Kategorie deckt alle tatsächlich strafrechtlich relevanten Handlungen ab, aber auch sozial deviantes Verhalten.
	Faktor			Risikofaktoren sind destabilisierende Einflüsse im Nachentlassungsverlauf, die die Legalbewährung bedrohen.
	assoziierte Rückfalltheorie			Hier geht es um Theorien, die mit einem Rückfall in Zusammenhang stehen.
Ankerzitate				Dies ist eine spezielle Kategorie, die alle besonders deutlichen oder originellen Zitate erfasst. Hier steht es der kodierenden Person frei, Entscheidungen zu Länge, Thema u.Ä. zu treffen.

Hauptkategorie*	Subkategorie / Eigenschaft / Dimension / Ausprägung*			Definition
Phasen				Um den Lebensverlauf der Pb nachzeichnen zu können, benötigt man Informationen bezüglich der Abläufe und Phasen.
	Übergangs-erleben			Das Übergangserleben ist in seinen unterschiedlichen Erscheinungsformen an die erarbeiteten Übergangsformate aus der Publikation von *Wößner et al.* (2015; 2016) angelehnt. Hinweis: Wenn ein Pb im offenen Vollzug war, wird dies ebenfalls in diesen Kategorien festgehalten. Er ist Teil des Übergangserlebens.
		schwierig		Der Übergang wird als belastend erlebt. Der Pb äußert (beinahe) ausschließlich Schwierigkeiten im unmittelbaren Nachentlassungszeitraum. Unterstützung erfährt er gar nicht oder nur in sehr begrenztem Maß. Siehe *Wößner et al.* 2015 und *Wößner et al.* 2016.
		relativ gut		Der Übergang gestaltet sich nicht ganz reibungslos, aber der Pb ist im Großen und Ganzen in der Lage die auftretenden Schwierigkeiten zu bewältigen und findet sich zumindest nach und nach in seiner Nachentlassungssituation zurecht. Siehe *Wößner et al.* 2015 und *Wößner et al.* 2016.

Hauptkategorie*	Subkategorie / Eigenschaft / Dimension / Ausprägung*			Definition
		idealer Start		Der Pb erlebt einen positiven und leichten Übergang von Haft in Freiheit. Er beschreibt wenig bis keine Schwierigkeiten und deutlich mehr Unterstützung. Siehe *Wößner et al.* 2015 und *Wößner et al.* 2016.
	Eingewöhnungsphase			Der Pb erlebt eine Zeit der Eingewöhnung und Orientierung nach der Entlassung. Er braucht Zeit, um Fuß zu fassen oder räumt sich diese Phase sogar bewusst ein. Diese Phase kann sowohl positiv als auch negativ empfunden werden.
	Zukunftspläne			Der Pb äußert Pläne für seine Zukunft und wie er den weiteren Nachentlassungsverlauf gestalten möchte.
Schwierigkeiten				Diese Kategorie ist deskriptiv und deckt die von den Pb thematisierten Schwierigkeiten ab. Weil diese Schwierigkeiten sehr unterschiedliche Lebensbereiche betreffen können, gibt es entsprechende Subkategorien.
	Diskrepanzen			Der Pb sieht sich mit Diskrepanzen konfrontiert, wie beispielsweise den Unterschieden zwischen seinen Erwartungen und der Realität oder den Gegebenheiten drinnen und draußen.

Hauptkategorie*	Subkategorie / Eigenschaft / Dimension / Ausprägung*			Definition
	Haftschäden			Diese Kategorie umfasst alle Schwierigkeiten, die der Pb auf seinen Haftaufenthalt zurückführt und die sich für ihn damit direkt als Folge der Haft ergeben.
	alltägliche Probleme			Diese Kategorie umspannt eine große Bandbreite an Schwierigkeiten, die unterschiedliche Lebensbereiche tangieren.
		Beziehung/ Konflikt		Alle Streitigkeiten und Konflikte mit anderen Personen, insbesondere Probleme in der Partnerschaft.
		Langeweile		Monotonie und Langeweile bestimmen das Leben des Pb. Er weiß nichts mit seiner Zeit anzufangen.
		Überforderung		Der Pb sieht sich nicht in der Lage, anfallende Aufgaben zu erledigen und sich um seine Angelegenheiten zu kümmern. Alles wird ihm zu viel.
		Gesundheit		Gesundheitliche Probleme physischer oder psychischer Ursache.
		Bedrohung		Der Pb wird von einer anderen Person bedroht. Die Gründe hierfür können vielfältig sein.
		Arbeitsplatz		Der Pb hat eine Arbeitsstelle, sieht sich in deren Rahmen aber mit Problemen konfrontiert, fühlt

Hauptkategorie*	Subkategorie / Eigenschaft / Dimension / Ausprägung*			Definition
				sich dort unwohl oder es ergeben sich Konflikte am Arbeitsplatz.
		Verlust		Im Falle des Todes einer ihm nahestehenden Person muss der Pb den Verlust verarbeiten und trauert. Aber auch der Verlust des Kontakts zu anderen Menschen kann hier erfasst werden.
		Bürokratie		Nach der Haftentlassung ist der Pb mit vielen bürokratischen Abläufen konfrontiert, hat Schwierigkeiten mit Ämtern, Behörden und Schriftlichem.
		fehlende Mobilität		Der Pb besitzt keinen Führerschein oder sieht sich anderweitig in seiner Mobilität eingeschränkt.
		Wohnsituation		Die Wohnungssuche oder die aktuelle Wohnsituation werden als problematisch thematisiert.
		Isolation/fehlende Unterstützung		Der Pb fühlt sich isoliert, einsam und es gibt niemanden, der ihm Hilfe anbietet.
		Finanzen		Finanzielle Zwänge belasten den Pb oder er kämpft mit Schulden.
		Arbeitslosigkeit/ Arbeitssuche		Die Arbeitslosigkeit macht dem Pb zu schaffen und er problematisiert die Arbeitssuche.

Hauptkategorie*	Subkategorie / Eigenschaft / Dimension / Ausprägung*			Definition
		Rückschlag		Erfasst Enttäuschungen und Fehlschläge, immer wenn der Pb eine positive Erfahrung oder Unterstützung erwartet und diese dann so nicht eintrifft/sich aus seiner Sicht umkehrt.
Agency				Agency ist entscheidend für den Nachentlassungsverlauf, weil sie den Rahmen bestimmt, in dem der Pb ihn gestalten und beeinflussen kann. Agency kann in unterschiedlichen Formen ihrer Negativ- oder Positiv-Ausprägung vorkommen.
	Handlungsmächtigkeit			Der Pb zeigt sich aktiv oder schreibt sich selbst Handlungsmächtigkeit zu.
		Selbstwirksamkeit		Der Pb zeigt sich tatsächlich handlungsmächtig und gestaltet Aspekte seines Lebensverlaufs aktiv. Er sieht sich verantwortlich für seine Handlungen und damit auch für die Entwicklung in seinem Nachentlassungsverlauf.
		Selbstwirksamkeitserwartung		Der Pb spricht von Handlungsmächtigkeit. Diese ist in ihrer Umsetzung aber (noch) nicht erkennbar, sondern bezieht sie auf einen späteren Zeitpunkt oder ein abstraktes Szenario.
	Fehlende Handlungsmächtigkeit			Der Pb zeigt sich nicht aktiv, sondern abwartend, erduldend, zurückhaltend o.Ä.

Hauptkategorie*	Subkategorie / Eigenschaft / Dimension / Ausprägung*			Definition
		Passivität		Passivität ist gegeben, wenn der Pb keine oder nur sehr wenig Bemühungen zeigt, seinen Nachentlassungsverlauf zu gestalten.
		Externalisierung		Der Pb sieht nicht sich, sondern andere als handlungsmächtig an. Er projiziert Verantwortung auf andere. Dabei wartet er eher darauf, dass andere aktiv werden, als selbst aktiv zu sein.
		Fatalismus		Wenn Passivität oder Externalisierung in ihrem Extrem vorkommen, greift diese Kategorie. Der Pb wartet nur ab, egal, ob die Dinge sich dann zu seinen Gunsten oder seinem Nachteil entwickeln. Er sieht sich ausgeliefert und zeigt sich teilweise resigniert.
	Output			Die Kategorie gibt einen Überblick darüber, ob der Pb mit seiner Handlungsmächtigkeit bzw. mit seiner passiven Haltung eher Erfolgserlebnisse oder Enttäuschungen und Rückschläge erlebt. Diese Erfahrungen könnten im weiteren Verlauf sein Verhalten festigen oder eine Verhaltensänderung bewirken.
		Erfolg		Hier werden alle positiven Entwicklungen und Ergebnisse festgehalten, die aus der Agency des Pb resultieren.

Hauptkategorie*	Subkategorie / Eigenschaft / Dimension / Ausprägung*			Definition
		Scheitern		Hier werden alle negativen Entwicklungen und Ergebnisse festgehalten, die aus der Agency des Pb resultieren.
Desistance				Es handelt sich um eine deskriptive Kategorie, nicht wie „weitere Risikofaktoren". Grundgedanke hierfür ist, die Kategorie nicht zu einer Sammelkategorie für alle stabilisierenden und positiven Einflüsse werden zu lassen. Es geht lediglich um die Aspekte, die der Pb selbst identifiziert, thematisiert und mit einer positiven Entwicklung innerhalb seines Desistance-Prozesses in Verbindung sieht. Nur unter dieser Voraussetzung kann er selbst diese Ressourcen voll ausschöpfen, sie aktiv suchen/aufbauen oder ihnen den nötigen Raum geben, sich zu entfalten.
	Faktor			Desistance-Faktoren sind Aspekte, die der Pb explizit als stabilisierend und förderlich für seinen Desistance-Prozess identifiziert; also Faktoren, die positiv auf seinen Verlauf einwirken und ihm aus seiner Sicht helfen nicht straffällig zu werden.
	Strategie			Hier werden konkret vom Pb benannte Desistance-Strategien kodiert; also Verhaltensweisen, die er gezielt an den Tag legt/legen will, um eine erneute Straffälligkeit zu vermeiden. Dies können

Hauptkategorie*	Subkategorie / Eigenschaft / Dimension / Ausprägung*				Definition
					zum einen Handlungen sein, die er bewusst vollzieht oder zum anderen Dinge, die er bewusst vermeidet. Hinweis: Im Falle der fehlenden Umsetzung dieser Strategien, sind sie bei Pseudoreflexivität und der entsprechenden Unterkategorie festzuhalten und nicht an dieser Stelle.
Maßnahmen					Hier geht es um alle wiedereingliederungsrelevanten Maßnahmen, die von außen an den Pb herangetragen werden, bzw. Angebote, die der Pb von außen annimmt und die zu seiner Wiedereingliederung beitragen sollen.
	Entlassungs-vorbereitung				Alle resozialisierenden Maßnahmen, die der Pb noch in Haft durchlaufen hat. Diese sind für die Fragestellung interessant, obwohl sie nicht im Beobachtungszeitraum verortet sind, da sie einen direkten Einfluss auf den Übergang und die unmittelbare Nachentlassungssituation nehmen können.
		Akzeptanz			Die Akzeptanz erfasst, inwieweit der Pb die Maßnahmen annimmt, mitmacht bzw. sie verweigert.
		Bewertung			Die Bewertung der jeweiligen entlassungsvorbereitenden Maßnahme wird erfasst.

Hauptkategorie*	Subkategorie / Eigenschaft / Dimension / Ausprägung*				Definition
			positiv		Alle positiven Aspekte, Erfahrungen und Eindrücke, die der Pb mit der Maßnahme verbindet.
			negativ		Alle negativen Aspekte, Erfahrungen und Eindrücke, die der Pb mit der Maßnahme verbindet.
	Maßnahmen				Alle Maßnahmen, die der Pb nach der Haftentlassung durchläuft. Bezüglich dieser Maßnahmen gibt es zwei Hauptstränge.
		Bewährungshilfe/ Führungsaufsicht			Der erste Strang: die Bewährungshilfe oder Führungsaufsicht mit den jeweiligen Auflagen bzw. Weisungen.
			Rolle/ Beziehung Bewährungshelfer*in		Die Beziehung zum Bewährungshelfer oder der Bewährungshelferin prägen die durchlaufene Maßnahme entscheidend. Es geht hier um die Person und weniger um die Funktion, die sie erfüllt oder die Institution, für die sie steht.
			Akzeptanz		Die Akzeptanz erfasst, inwieweit der Pb die Maßnahmen annimmt, mitmacht bzw. sie verweigert und insbesondere, ob er die Auflagen/Weisungen einhält oder übertritt.
			Bewertung		Die Bewertung der jeweiligen Maßnahme wird erfasst.

Hauptkategorie*	Subkategorie / Eigenschaft / Dimension / Ausprägung*				Definition
				positiv	Alle positiven Aspekte, Erfahrungen und Eindrücke, die der Pb mit der Bewährungshilfe/Führungsaufsicht/den Auflagen/Weisungen verbindet.
				negativ	Alle negativen Aspekte, Erfahrungen und Eindrücke, die der Pb mit der Bewährungshilfe/Führungsaufsicht/den Auflagen/Weisungen verbindet.
		weitere Angebote/ Anforderungen			Der zweite Strang: Neben der Bewährungshilfe oder Führungsaufsicht kann es andere Maßnahmen geben, die der Pb nach der Entlassung durchläuft. All jene werden hier erfasst – unabhängig davon, ob er sie freiwillig aufsucht oder durchlaufen muss.
			Akzeptanz		Die Akzeptanz erfasst, inwieweit der Pb die Maßnahmen annimmt, mitmacht bzw. sie verweigert. An dieser Stelle ist besonders interessant, ob der Pb die Maßnahme freiwillig durchläuft, oder ob er sie auferlegt bekommt.
			Bewertung		Die Bewertung der jeweiligen Maßnahme wird erfasst.
				positiv	Alle positiven Aspekte, Erfahrungen und Eindrücke, die der Pb mit der Maßnahme verbindet.
				negativ	Alle negativen Aspekte, Erfahrungen und Eindrücke, die der Pb mit der Maßnahme verbindet.

7. Das Kategoriensystem Teil 1

Abbildung 13 Kategoriensystem Teil 1

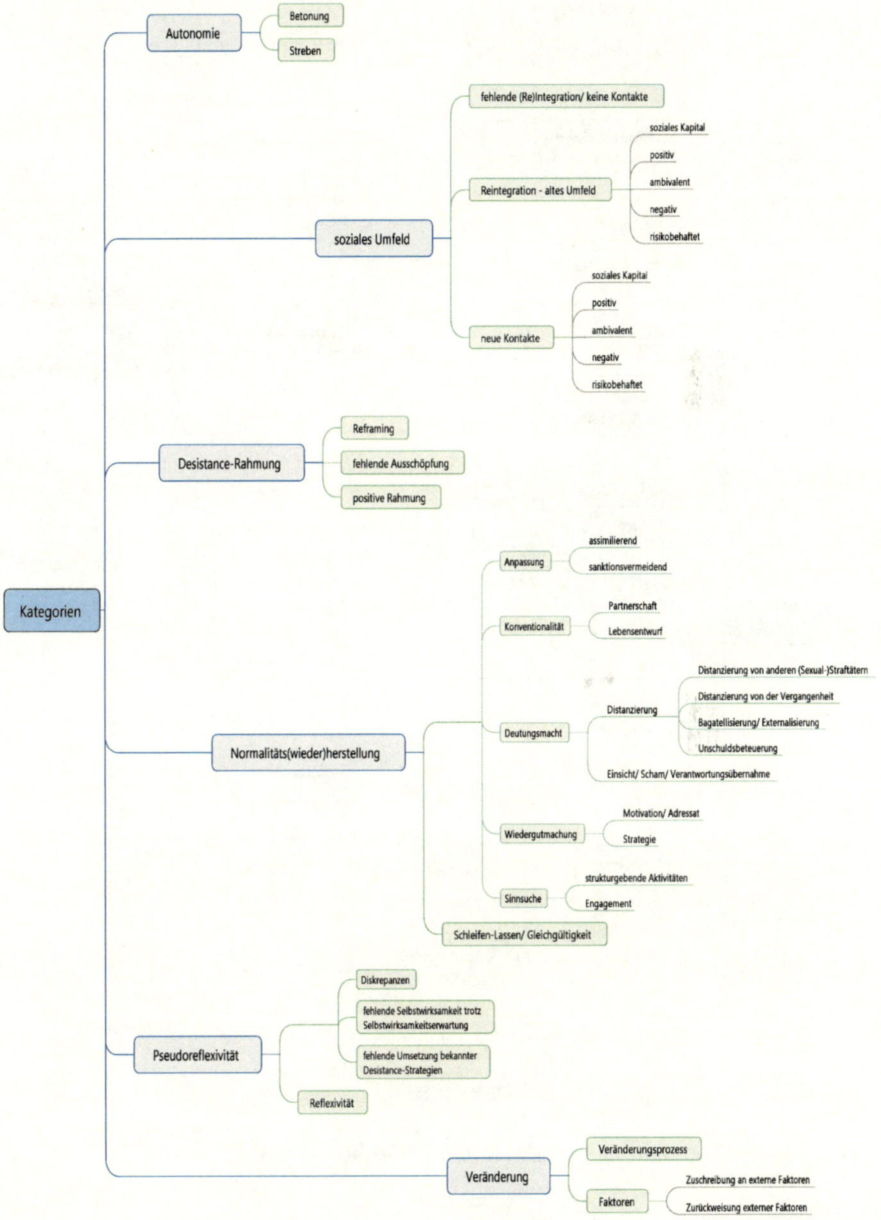

8. Das Kategoriensystem Teil 2

Abbildung 14 Kategoriensystem Teil 2

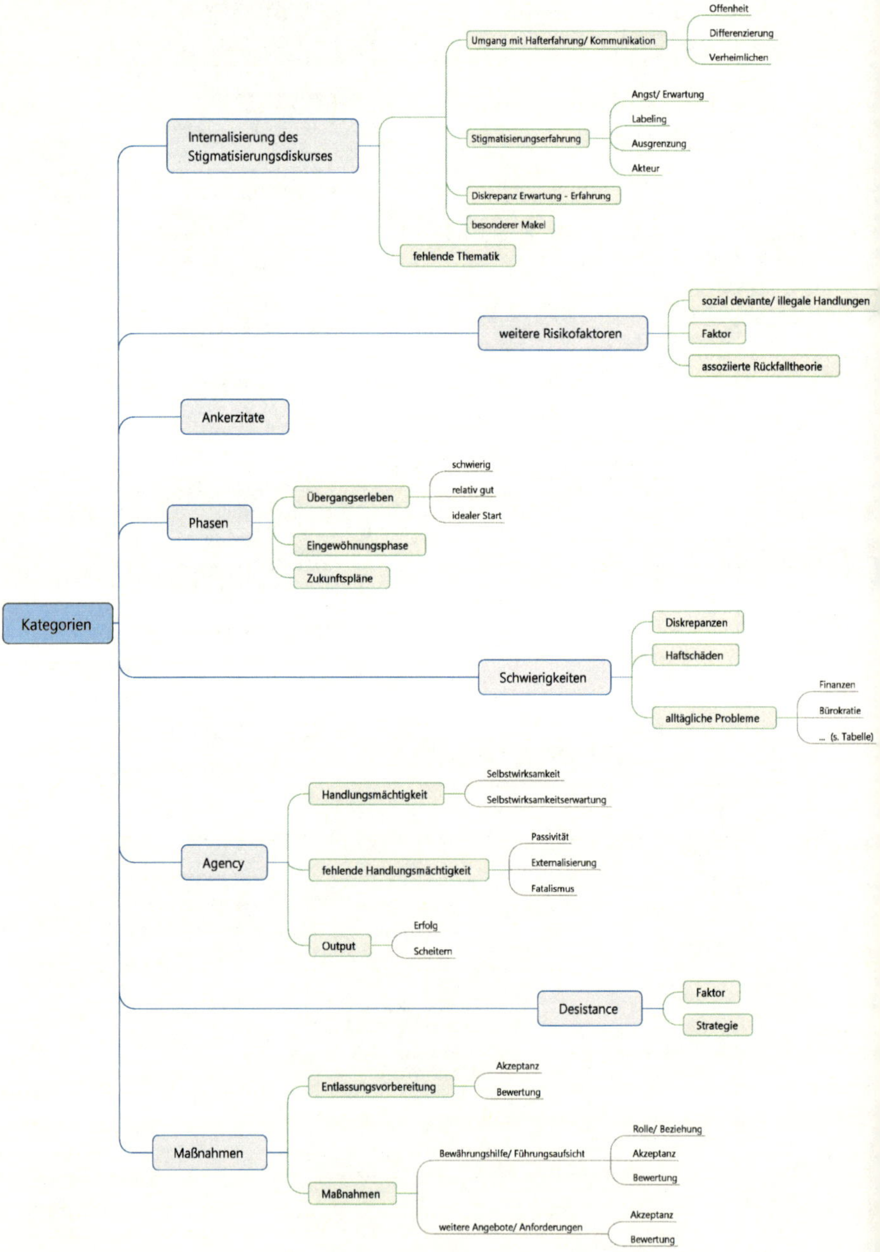

Max-Planck-Institut für ausländisches
und internationales Strafrecht

Schriftenreihe des Max-Planck-Instituts für ausländisches und internationales Strafrecht

Die zentralen Veröffentlichungen des Max-Planck-Instituts für ausländisches und internationales Strafrecht werden in Zusammenarbeit mit dem Verlag Duncker & Humblot in den folgenden fünf Unterreihen der „Schriftenreihe des Max-Planck-Instituts für ausländisches und internationales Strafrecht“ vertrieben:

- „Strafrechtliche Forschungsberichte“,
- „Kriminologische Forschungsberichte“,
- „Interdisziplinäre Forschungen aus Strafrecht und Kriminologie“,
- „Publications of the Max Planck Partner Group for Balkan Criminology“ sowie
- „Sammlung ausländischer Strafgesetzbücher in deutscher Übersetzung“.

Diese Publikationen können direkt über das Max-Planck-Institut unter www.csl.mpg.de oder über den Verlag Duncker & Humblot unter www.duncker-humblot.de erworben werden.

Darüber hinaus erscheinen im Hausverlag des Max-Planck-Instituts in der Unterreihe „research in brief“ zusammenfassende Kurzbeschreibungen von Forschungsergebnissen und in der Unterreihe „Arbeitsberichte“ Veröffentlichungen vorläufiger Forschungsergebnisse. Diese Veröffentlichungen können über das Max-Planck-Institut bezogen werden.

Detaillierte Informationen zu den einzelnen Publikationen sind unter www.csl.mpg.de abrufbar.

Research Series of the Max Planck Institute for Foreign and International Criminal Law

The main research activities of the Max Planck Institute for Foreign and International Criminal Law are published in the following five subseries of the “Schriftenreihe des Max-Planck-Instituts für ausländisches und internationales Strafrecht/Research Series of the Max Planck Institute for Foreign and International Criminal Law”, which are distributed in cooperation with the publisher Duncker & Humblot:

- “Strafrechtliche Forschungsberichte” (Reports on Research in Criminal Law),
- “Kriminologische Forschungsberichte” (Reports on Research in Criminology),
- “Interdisziplinäre Forschungen aus Strafrecht und Kriminologie” (Reports on Interdisciplinary Research in Criminal Law and Criminology),
- “Publications of the Max Planck Partner Group for Balkan Criminology“, and
- “Sammlung ausländischer Strafgesetzbücher in deutscher Übersetzung” (Collection of Foreign Criminal Laws in German Translation).

These publications can be ordered from the Max Planck Institute at www.csl.mpg.de or from Duncker & Humblot at www.duncker-humblot.de.

Two additional subseries are published directly by the Max Planck Institute for Foreign and International Criminal Law: “research in brief” contains short reports on results of research activities, and “Arbeitsberichte” (working materials) present preliminary results of research projects. These publications are available at the Max Planck Institute.

Detailed information on all publications can be found at www.csl.mpg.de.

Max-Planck-Institut für ausländisches und internationales Strafrecht

Auswahl weiterer noch lieferbarer Publikationen aus der kriminologischen Veröffentlichungsreihe K:

K 179 *Michael Kilchling*
Opferschutz innerhalb und außerhalb des Strafrechts
Perspektiven zur Übertragung opferschützender Normen aus dem Strafverfahrensrecht in andere Verfahrensordnungen
Berlin 2018 • 165 Seiten • ISBN 978-3-86113-267-7 € 32,-

K 177 *Tillmann Bartsch, Martin Brandenstein, Volker Grundies, Dieter Hermann, Jens Puschke, Matthias Rau* (Hrsg.)
50 Jahre Südwestdeutsche und Schweizerische Kriminologische Kolloquien
Berlin 2017 • 312 Seiten • ISBN 978-3-86113-265-3 € 35,-

K 175 *Michael Kilchling*
Täter-Opfer-Ausgleich im Strafvollzug
Wissenschaftliche Begleitung des Modellprojekts Täter-Opfer-Ausgleich im baden-württembergischen Justizvollzug
Berlin 2017 • 218 Seiten • ISBN 978-3-86113-262-2 € 35,-

K 174 *Min Kyung Han*
The Effectiveness of Electronic Monitoring in Korea
Berlin 2017 • 210 Seiten • ISBN 978-3-86113-261-5 € 35,-

K 173 *Jing Lin*
Compliance and Money Laundering Control by Banking Institutions in China
Self-Control, Administrative Control, and Penal Control
Berlin 2016 • 222 Seiten • ISBN 978-3-86113-260-8 € 35,-

K 172 *Julia Kasselt*
Die Ehre im Spiegel der Justiz
Eine Untersuchung zur Praxis deutscher Schwurgerichte im Umgang mit dem Phänomen der Ehrenmorde
Berlin 2016 • 495 Seiten • ISBN 978-3-86113-255-4 € 42,-

K 171 *Rita Haverkamp, Harald Arnold* (Hrsg.)
Subjektive und objektivierte Bedingungen von (Un-)Sicherheit
Studien zum Barometer Sicherheit in Deutschland (BaSiD)
Berlin 2015 • 384 Seiten • ISBN 978-3-86113-254-7 € 38,-

K 170 *Moritz Tauschwitz*
Die Dopingverfolgung in Deutschland und Spanien
Eine strafrechtliche und kriminologische Untersuchung
Berlin 2015 • 332 Seiten • ISBN 978-3-86113-253-0 € 37.-

K 169 *Andreas Schwedler, Gunda Wössner*
Elektronische Aufsicht bei vollzugsöffnenden Maßnahmen
Implementation, Akzeptanz und psychosoziale Effekte des baden-württembergischen Modellprojekts
Berlin 2015 • 126 Seiten • ISBN 978-3-86113-252-3 € 25,-

Max-Planck-Institut für ausländisches und internationales Strafrecht

Auswahl weiterer noch lieferbarer Publikationen aus der kriminologischen Veröffentlichungsreihe K:

K 157 *Ghassem Ghassemi*
Criminal Policy in Iran Following the Revolution of 1979
A Comparative Analysis of Criminal Punishment and Sentencing in Iran and Germany
Berlin 2013 • 265 Seiten • ISBN 978-3-86113-116-8 € 35,-

K 156 *Gunther Olt*
Pressefreiheit im Kontext strafrechtlicher Ermittlungsmaßnahmen
Berlin 2013 • 265 Seiten • ISBN 978-3-86113-114-4 € 35,-

K 155 *Anna-Maria Getoš*
Politische Gewalt auf dem Balkan
Schwerpunkt Terrorismus und Hasskriminalität: Konzepte, Entwicklungen und Analysen
Berlin 2012 • 330 Seiten • ISBN 978-3-86113-113-7 € 35,-

K 154 *Alke Glet*
Sozialkonstruktion und strafrechtliche Verfolgung von Hasskriminalität in Deutschland
Berlin 2011 • 387 Seiten • ISBN 978-3-86113-112-0 € 35,-

K 153 *Mustafa Abdelbaqi*
The Administration of Criminal Justice in Palestine
Berlin 2011 • 387 Seiten • ISBN 978-3-86113-105-2 € 35,-

K 152 *Tim Lukas*
Kriminalprävention in Großsiedlungen
Berlin 2010 • 315 Seiten • ISBN 978-3-86113-104-5 € 35,-

K 151 *Carolin Quenzer*
Jugendliche und heranwachsende Sexualstraftäter
Berlin 2010 • 292 Seiten • ISBN 978-3-86113-103-8 € 35,-

K 150 *Ying Wang*
Der strafrechtliche Schutz des Urheberrechts
Eine vergleichende Untersuchung zum deutschen und chinesischen Strafrecht
Berlin 2011 • 262 Seiten • ISBN 978-3-86113-102-1 € 35,-

K 149 *Anne Wildfang*
Terrorismus
Berlin 2010 • 304 Seiten • ISBN 978-3-86113-101-4 € 31,-

K 148 *Figen Özsöz*
Rechtsextremistische Gewalttäter im Jugendstrafvollzug
Berlin 2009 • 284 Seiten • ISBN 978-3-86113-100-7 € 35,-

K 147 *Wen Fan*
Kriminelle Karrieren
Berlin 2009 • 345 Seiten • ISBN 978-3-86113-099-4 € 31,-

Max-Planck-Institut für ausländisches und internationales Strafrecht

Auswahl aktueller Publikationen aus der kriminologischen Reihe BC und der interdisziplinären Reihe I:

BC 6 *Reana Bezić*
Juvenile Delinquency in the Balkans
A Regional Comparative Analysis based on the ISRD3-Study Findings
Berlin 2020 • 201 Seiten • ISBN 978-3-86113-281-3 € 32,-

BC 5 *Filip Vojta*
Imprisonment for International Crimes
An Interdisciplinary Analysis of the ICTY Sentence Enforcement
Berlin 2020 • 375 Seiten • ISBN 978-3-86113-280-6 € 40,-
Ausgezeichnet mit der Otto-Hahn-Medaille der Max-Planck-Gesellschaft

BC 3 *Lucija Sokanović*
Fraud in Criminal Law
A Normative and Criminological Analysis of Fraudulent Crime in Croatia and the Regional Context
Berlin 2019 • 280 Seiten • ISBN 978-3-86113-273-8 € 35,-

BC 2 *Sunčana Roksandić Vidlička*
Prosecuting Serious Economic Crimes as International Crimes
A New Mandate for the ICC?
Berlin 2017 • 530 Seiten • ISBN 978-3-86113-264-6 € 44,-

BC 1 *Anna-Maria Getoš Kalac, Hans-Jörg Albrecht, Michael Kilchling* (eds.)
Mapping the Criminological Landscape of the Balkans
A Survey on Criminology and Crime
with an Expedition into the Criminal Landscape of the Balkans
Berlin 2014 • 540 Seiten • ISBN 978-3-86113-248-6 € 44,-

I 27 *Zishi Zhou*
Das Sexualstrafrecht in Deutschland und China
Eine vergleichende Darstelung von Geschichte, Stand und Entwicklung
Berlin 2020 • 270 Seiten • ISBN 978-3-86113-278-3 € 35,-

I 25 *Chenguang Zhao*
The ICC and China
The Principle of Complementarity and National Implementation of International Criminal Law
Berlin 2017 • 245 Seiten • ISBN 978-3-86113-266-0 € 35,-

I 24 *Ulrich Sieber* (Hrsg.)
Strafrecht in einer globalen Welt
Internationales Kolloquium zum Gedenken an Professor Dr. Hans-Heinrich Jescheck vom 7. bis 8. Januar 2011
Berlin 2016 • 200 Seiten • ISBN 978-3-86113-259-2 € 30,-

I 23 *Hans-Jörg Albrecht* (Hrsg.)
Kriminalität, Kriminalitätskontrolle, Strafvollzug und Menschenrechte
Internationales Kolloquium zum Gedenken an Professor Dr. Günther Kaiser am 23. Januar 2009
Berlin 2016 • 176 Seiten • ISBN 978-3-86113-258-5 € 30,-